# 湖南交通文化遗产

HU NAN JIAOTONG WENHUA YICHAN

蒋响元◎编著

人民交通出版社
China Communications Press

## 内 容 提 要

本书概述了湖南交通历史发展进程，系统介绍了湖南境内的交通文化遗产。全书包括绪论、古道路、古桥梁、其它交通文化遗产、非物质交通文化遗产等内容，并附录入选世界遗产名录和全国重点文物保护单位名录的交通古遗存供读者参考。

**图书在版编目（CIP）数据**

湖南交通文化遗产 / 蒋响元编著 .—北京：人民交通出版社，2012.7
ISBN 978-7-114-09785-0

Ⅰ . ①湖… Ⅱ . ①蒋… Ⅲ . ①交通运输—文化遗产—湖南省 Ⅳ . ① F512.9

中国版本图书馆 CIP 数据核字（2012）第 086099 号

书　　名：湖南交通文化遗产
著 作 者：蒋响元
责任编辑：张征宇　赵瑞琴
出版发行：人民交通出版社
地　　址：（100011）北京市朝阳区安定门外外馆斜街 3 号
网　　址：http://www.ccpress.com.cn
销售电话：（010）59757969，59757973
总 经 销：人民交通出版社发行部
经　　销：各地新华书店
印　　刷：北京盛通印刷股份有限公司
开　　本：880 × 1230　1/16
印　　张：22
字　　数：430 千
版　　次：2012 年 7 月　第 1 版
印　　次：2012 年 7 月　第 1 次印刷
书　　号：ISBN 978-7-114-09785-0
定　　价：100.00 元

# 前言

preface

湖南交通文化遗产

湖南地处南北要冲，境内交通历史源远流长。大量的考古和文献资料证明，境内水陆交通的历史可远溯新石器时代中晚期。

1991 年，洪江高庙遗址发掘出距今 7800 年前的陶画，其上绘有帆船及画舫图像，这是世界交通史上有关帆船的最早记录。

1999 年，南县涂家台遗址出距今 7000 年前的船形墓，反映当时的古先民已把舟楫作为重要的交通工具。

2001 年，在澧县城头山遗址发掘出距今 5300 年前的道路遗迹。城垣外环以 30~40 米宽的壕沟，说明木梁桥在那时已经出现。环壕沉积层中发掘出船桨、艄以及木构件、陶器、石器等遗物，是世界上保存最为久远的船构。

我国父系氏族后期部落联盟首领——“三皇五帝”中的炎帝、尧帝、舜帝均有在湖南活动的文献、传说或遗迹。湖南地区至迟在尧舜时期已经修筑了可以通行车辆的大道。

湖南境内最早有文献记载的驿道始建于周，《左传·昭公五年》：“楚子以驿至于罗汭（今湘阴县境）”。2002 年龙山里耶发掘出秦简牍，其中有我国现存最早的邮传里程记载。

交通遗产是文明的活化石，湖湘文明积淀深厚，留存了十分丰富而珍贵的交通文化遗产。2009 年 1 月，笔者向省委提出《关于迅速启动我省古道、古桥普查及立法保护的建议》，得到了湖南省委主要领导迅速回应和省交通厅、省文物局的高度重视。2009 年 3 月，湖南省交通厅联合省文物局，启动了新中国成立以来全省第一次大规模、跨部门、全方位的交通文化遗产普查，取得了湖南境内交通文化遗产的第一手普查数据及图像资料，新发现并确认了一批在我省乃至全国交通史上有重要意义的交通遗存。

湖南现存最早的石拱桥是位于湘鄂古驿道上的澧县花瓦桥，系唐贞观初年（629—632 年）名将尉迟敬德出任襄州都督期间监造。临澧佘市桥则是国内建成时间最早的连拱石桥（九孔，公元 1336 年建成）。

1979 年，有关部门认定我国现存最古老的石梁桥是建于北宋太平兴国年间（976—984 年）的福建晋江县大桥和小桥。2009 年出版的《中国桥梁史纲》将这一记录推前到唐天复元年

（901 年）建造的福建福州沈公桥。同年开始的湖南交通文化遗产普查显示，建于唐宪宗元和十年（815 年）的桃江牛剑桥是已知我国现存最早的石梁桥。

新邵踏水桥（明）、隆回车田桥（清）属托木上置石墩的木石组合墩结构，邵阳谭俊桥（明）是湖南唯一一座托木上置石梁的木石组合梁桥，新田石羊史家村平板大桥（明）是省内唯一的三孔独柱石梁桥。

江永寿隆桥（宋）和汉缕桥（明）、新田莲花桥（元）和惠通三桥（明）以及道县五谷桥（清）采用了国内罕见的石卯榫结构建造。它们的发现填补了木梁桥向石梁桥过渡的空白。

塔桥系桥塔组合结构，在国内桥梁史上为郴州独创，宜章白沙观音阁桥（清）是现存最早的塔桥。

通道普济桥跨径 19.8 米，是省内单孔跨径最大的木拱桥。该桥采用的建造工艺被称为“我国古老造桥术的尾闾”、“桥梁化石”。

道县种福亭位于潇贺古道起点，始建于秦，是湖南现存年代最为久远的路亭。主要分布在湘西南地区的廊桥及风雨桥属桥亭组合建筑，亭驿合一的建筑包括洞口思义亭和宁远路亭，双峰清峻亭是湖南境内唯一留存至今的亭殿组合建筑。

湘境路亭最长联，当数湖广驿道祁阳熊罴岭驿亭联：“今日之东，明日之西，青山叠叠，绿水悠悠，走不尽楚峡秦关，填不满心潭欲壑，力兮项羽，智兮曹操，乌江赤壁空烦恼，忙什么，请君静坐片时，把寸心想后思前，得安闲处且安闲，莫放春秋佳日过；

这条路来，那条路去，风尘扰扰，驿路迢迢，带不去白璧黄金，留不住朱颜皓齿，富若石崇，贵若杨素，绿珠红拂终成梦，恨怎的，劝汝解下几文，沽一壶猜三度四，遇畅饮时姑畅饮，最难风雨故人来。”

上联劝人善待自己，下联劝人珍惜友情，联语飘逸豁达，读来如沐清风。

交通文化遗产见证了湖南数千年交通发展的历史进程，记载了湖南古先民征服自然、改造自然的艰辛和智慧，凝聚了厚重的湖湘文化。保护和传承交通文化遗产，对贯彻中共中央十七届六中全会精神、实践科学发展观、实施文化强省战略具有十分重要的现实意义和深远的历史意义。

湖南加大交通文化遗产保护力度的举措，得到了社会的热烈反应和广泛关注，中央电视台、凤凰卫视等国内主要媒体均有报道，促成了一大批珍贵的交通文化遗产入选各级文物保护单位。2011 年公布的第九批湖南省级文物保护单位中，湘粤古驿道（郴州段）、湘桂（潇贺）古驿道（江永、江华、道县段）、湘黔古驿道（洞口段）、泸溪高山坪古驿道以及沅陵沅水古纤道、南岳朝圣古道、炎陵御祭古道（含“邑有圣陵”碑刻）、益阳枫林桥、邵东洪桥、武冈木瓜桥、蓝山万年桥、凤凰虹桥、能滩吊桥等位列其中，是交通遗存入选省文保单位数量最多、范围最广的一批，其中古驿道、古纤道、古路亭及古驿站首次入选省级文物保护单位。

《湖南交通文化遗产》参考有关文献传说，荟萃交通文物部门联合普查成果，经过近两年的整理考证，2011 年 6 月完成初稿，几经审改终于 2012 年 3 月定稿。

本书概述了湖南交通历史发展进程，系统介绍了湖南境内的交通文化遗产。全书包括绪

论、古道路、古桥梁、其它交通文化遗产、非物质交通文化遗产等内容，并附录入选世界遗产名录和全国重点文物保护单位名录的交通古遗存供读者参考。

本书编写过程中得到原交通部部长、曾任中共湖南省委书记、现任中共新疆维吾尔自治区委书记张春贤同志的亲切勉励。在湖南省交通运输厅、湖南省文物局的支持和湖南交通文化遗产保护领导小组办公室的督导下，基层交通文物部门的同志通过扎实的田野作业，采录了大量的原始普查数据。知名文史专家陈先枢、考古专家吴顺东以及何春平、姜子程、杨雄心、钟进云、陈凌霄等人补充了珍贵的图文资料，张婧、刘巧眉对普查材料进行了细致的勘校和整理工作，在此一并表示感谢。

蒋响元

2012 年 3 月

# 目录 contents

湖南交通文化遗产

# 目录 contents

湖南交通文化遗产

目录 contents
湖南交通文化遗产

目录 contents
湖南交通文化遗产

目录 contents
湖南交通文化遗产

Chapter 1

# 第一章 绪论

# 第一节　湖南古代交通发展概述

湖南位居长江中游和南岭内侧的腹地，地貌呈复式马蹄形格局，南部层峦叠嶂，北部洞庭平原，东部岭谷相间，西部山势巍峨，中部丘陵盆地交错分布。境内自古就是苗、瑶、土家等多个民族的重要发源地，被称之为“三苗之国”。

湖南地处南北要冲，扼踞东西咽喉。大量的考古和文献资料证明，境内交通的历史可远溯新石器时代中晚期（距今 8000—4500 年）。

1991 年，在洪江安江镇岩里村的高庙发掘出距今 7800 年前的新石器时代遗址，其中出土的陶画上绘有帆船及画舫图像，这是世界上有关帆船的最早记录。

1999 年，南县涂家台遗址发掘出距今 7000 年前的船形墓，从一个侧面反映了当时的古先民已把舟楫作为重要的交通工具。

2001 年，在澧县城头山发掘出约 5300 年前用红烧土铺成的道路遗址，宽 2 米，厚 10~15 厘米，长约 300 米。该道路遗址是世界上已知最古老的道路，比印度文明的道路遗址（约 4500 年前）还要早 800 年。城垣外环以 30~40 米宽的壕沟，说明木梁桥在那时已经出现。环壕大溪文化早中期沉积层中，还发掘出船桨、艄以及木构件、陶器、石器等遗物，距今约 6000 年前。

原始社会中晚期，中原部族和南方苗蛮以及百粤部族等就有很多接触，彼此之间的文化交流、甚至是民族间的融合时有发生。《中国通史简编》：“被称为蛮族的黎族和苗族先进入中原地区，其次进入中原地区的是羌族中的炎帝族。……炎帝族被黎族压迫，向黄帝族求助，黄帝击败黎族，又击败炎帝族。黄炎两族开始联合和融合，共同对抗强大的苗族。”

华夏文明的始祖炎帝神龙氏生于黄河流域的宝鸡姜水。《国语·晋语》载：“昔少典娶于有蟜氏，生黄帝、炎帝。黄帝以姬水（今陕西武功县漆水河）成，炎帝以姜水（今陕西宝鸡市清姜河）成。”公元前 26 世纪，炎、黄阪泉（今河北省涿鹿县东）之战后，炎帝被黄帝流放到长江以南地区。炎帝部落的主要活动区域就在今湖南境内。《帝王世纪》：炎帝“在位一百二十年而崩，葬长沙。”《路史》记述得更具体：炎帝“崩葬长沙茶乡之尾，是曰茶陵。”今天，湖南的炎陵、安仁、会同等地，炎帝活动的遗址或遗迹尚存。如列入湖南首批非物质文化遗产名录的安仁“赶分社”，就是为了纪念炎帝神农氏在安仁“制耒耜（古农具名）奠农工基础，尝百草开医药先河”而流传下来的民间盛会。

车是黄帝时期的重要发明之一。《古史考》：“黄帝作车，引重致远。”《释名》：“黄帝造车，故号轩辕氏。”到了尧帝时期，车已成为天子和贵族出行的代步工具。《淮南子》载：“尧为天子，大辂不画”。1938 年至 1962 年，考古学者多次在河南安阳殷墟遗址发掘出马车残骸，其时代上限距今约 3700 至 3000 年不等，属商代晚期。

三皇五帝时期，华夏民族的势力范围已经相当广阔，大体包括东到今山东，南至今湖南益阳，西抵今宁夏固原，北达今河北区域。《史记·五帝本纪》记载：“而诸侯咸尊轩辕为天子，代神农氏，是为黄帝。天下有不顺者，黄帝从而征之，平者去之，披山通道，未尝宁居。东至于海，登丸山及岱宗；西至于空桐，登鸡头。南至于江，登熊、湘；北逐荤粥，合符釜山。”其中的熊湘就是今益阳境内的碧云峰，东汉学者应劭注《汉书·地理志》考证：“湘山在长沙益阳县。”

黄帝为了出行方便，还开劈山岭修筑大道，以利车行，所谓“披山通道，未尝宁居”者即此。杨慎《升庵集》考证：“黄帝游幸天下，道路记以里堆，则堠起轩辕时也。”“里堆”即“堠”，是古代计算里程的土堆，谓之“牌堠，五里一堠”。最早在黄帝时代，湖南中北部地区或已建有可供车行的道路。

到了黄帝的孙子颛顼帝时期，其势力范围“北至于幽陵，南至于交阯，西至于流沙，东至于蟠木”，即北达今河北北部，南到今越南北部，东到大海，西到今内蒙古腾格里一带。

《墨子·节用》记载：“古者尧治天下，南抚交趾，北降幽都，东西至日所出入，莫不宾服。”《史记·五帝本纪》：舜时，“方五千里，至于荒服。南抚交阯、北发，西戎、析枝、渠廋、氐、羌，北山戎、发、息慎，东长、鸟夷。四海之内咸戴帝舜之功。”这里的交阯、北发，均在今越南境内。

巡狩制是上古帝王巡视方国、宣示王权、推行教化的一种制度。巡狩的周期（五载一巡狩）、地点、礼仪等都有严格规定。《竹书纪年·帝尧陶唐氏》：“（尧）七十四年，虞舜初巡狩四岳。”《史记·五帝本纪》：“舜年二十以孝闻，年三十尧举之，年五十摄行天子事，年五十八尧崩，年六十一代尧践帝位。践帝位三十九年，南巡狩，崩于苍梧之野，葬于江南九嶷，是为零陵”。《大清一统志》：“禹南巡，至衡山，筑紫金台，望九疑而祭舜。”

从这些文献记载判断，至迟在尧舜时期，湖南境内已经修筑了可以通行车辆的大道。

舜封弟象于有庳（治所在今双牌的江村镇），有庳的辖区大体包括今永州、桂林、邵阳3市全境及衡阳市部分地区。象在有庳致力于改善虞国与三苗之间的关系，并教化蛮夷。《礼记·王制》：“达其志，通其欲，东方曰寄，南方曰象。”即通译南方语言的官叫做“象”，就是以促进中原与南蛮地区融合交流中做出重要贡献的象的名字来命名。相传象在与三苗打交道的过程中，悟出了与三苗相处之道，并将其演绎为象棋，成为中国象棋之祖。有庳古有象祠，唐元和中被道州刺史薛伯高捣毁，柳宗元曾在《道州毁鼻亭神记》予以记载。

由于舜帝的“苍梧之行”，数千年来，舜帝南巡苍梧到过的湘、粤、桂3省区，舜帝的故事广为流传，许多遗迹至今尚未完全湮没，与舜帝南巡活动有关的地名多达100余处，如韶山、韶关、虞山、舜潭、舜水、舜岩、舜皇山、大庙口等。华夏文明发展到这一时期，中原经湖南到粤桂的道路交通基本成型。

1972年，长沙马王堆三号汉墓中出土了3幅帛书地图，这也是世界上已知最早的地图。其中《长沙国南部地形图》所绘区域位于今永州南部。这幅公元前168年的地图，其九嶷山中心绘有9根柱状物，柱状物有5个山一般的屋脊，旁注“帝舜”二字，意为“九五之尊”。2002—2004年，湖南考古研究所在九疑山玉琯岩进行了3次考古发掘，发现了秦汉至宋元时期的舜帝陵庙遗存，与马王堆帛书地图标注的地点一致，印证了文献关于舜帝南巡的记载。

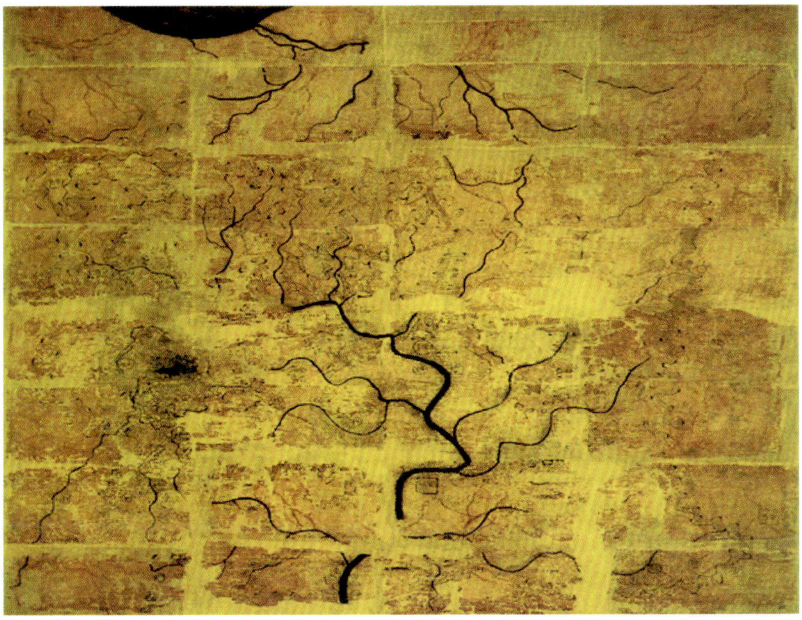

长沙马王堆汉墓出土的《长沙国南部地形图》 *湖南省文物局 供图*

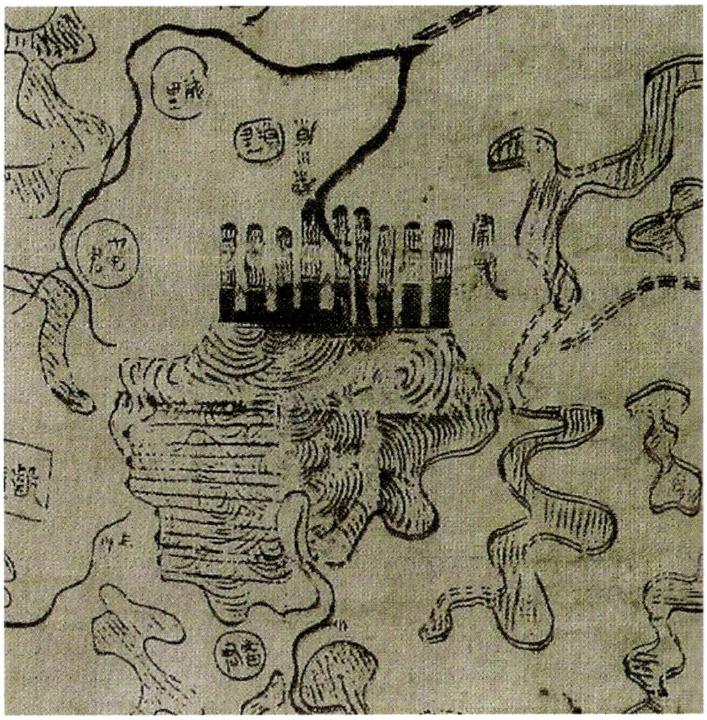

长沙马王堆汉墓出土的长沙国南部地形图上标注的舜庙位置 *湖南省文物局 供图*

大禹治水后，把全国划为九个州，修筑了九条宽广大道。《左传·襄公四年》："芒芒禹迹，画为九州，经启九道。"夏朝还规定了定期整治道路桥梁的管理制度。《国语·周语中》："故《夏令》曰，九月除道，十月成梁。"

历史上的苗族可谓英雄、悲壮的民族。苗族被华夏族压迫迁向长江流域，曾在今湘鄂渝黔地区立国。《说苑·君道》："当舜之时，有苗氏不服，其所以不服者，大山在其南，殿山在其北，左洞庭之波，右彭蠡之川，因此险也，所以不服"。因此，舜"三十五年，帝命夏后征有苗，有苗氏来朝"（《竹书纪年》）。

这一时期的桥梁发展出一种新的结构形式——磴步，磴步是跨越浅水、宽阔河流的简易设施，供行人履石而渡，传说磴步为大禹治水时发明。《拾遗记》载："舜命禹疏川奠岳，济巨海，鼋鼍以为梁。”公元前 965 年，周穆王伐楚，“大起九师，东至九江，架鼋鼍以为梁”（《竹书纪年》）。

商朝是继夏朝之后，由华夏族建立起来的第二个奴隶制王朝。据甲骨文记载，为了旅途方便和防止不测，商朝在通衢大道沿线设置许多歇宿之处，形成了我国最初的驿站制度。

盘庚迁殷后，武丁即位，对荆楚发动了大规模的战争。商朝军队攻入险峻的湘鄂西地区，打败荆蛮，俘获了大量的人口。《诗经·商颂·殷武》：“挞彼殷武，奋伐荆楚。罙（深）入其阻，裒荆之旅。”

随着殷商统治者对荆蛮征伐的胜利，中原与南方地区的交流日益扩大。殷商时期，湖南境内先民的活动愈益广泛，并有城池出现。《水经注》载：“江之右岸有城陵山，山有故城”。清同治《临湘县志》载：“商之大彭故城在城陵矶”。20 世纪 30 年代以来，宁乡、石门、临澧、常宁、岳阳等地相继出土了殷商的青铜器，如兽面纹铜卣、戈形铭文铜卣、大铜铙、人面方鼎、象尊、豕等，其中，1938 年宁乡出土的四羊方尊，是殷商晚期制造的青铜艺术瑰宝。

1976 年 5 月，广西灌阳一石洞发现西周中期云纹铜钟一件。同年 8 月，广西兴安发现一件商代晚期的兽面纹铜卣，提梁作绹索形，颈饰夔龙，腹饰兽面纹，器底刻有铭文“天父乙”3 字。上述青铜器在形制、纹饰、工艺等方面，与黄河流域出土的同类器物相同，应是由中原地区经湘桂走廊传入当地的。

我国有文字记载的第一座桥梁是建于商代的钜桥。《史记·殷本纪》：帝纣“厚赋税以实鹿台之钱，而盈钜桥之粟”。《水经注》：“衡漳又北，迳巨桥邸阁西。旧有大梁横水，故有巨桥之称。昔武王伐纣，发巨桥之粟，以赈殷之饥民。”

《诗经·周南》：“关关雎鸠，在河之洲，窈窕淑女，君子好逑”讲述的是周文王与有莘国女子太姒的爱情故事。文王迎娶太姒需经渭水，当时渭水没桥，于是用船建造临时渡河的浮桥。《诗经·大雅·大明》：“文定厥祥，亲迎于渭。造舟为梁，不（丕）显其光。”造舟为梁即架设浮桥。当时浮桥是稀贵之物，周代礼制规定，浮桥天子专用，用毕即撤除。

公元前 1046 年，周武王在牧野大败商军，纣王自焚，商亡。武王建都于镐京，史称西周。周初，周成王会盟诸侯于歧阳，楚王熊绎会上受到冷遇。回到封地后，楚王立志发奋图强，励精图治。《左传·昭今十二年》记右尹子革答楚灵王语：“昔我先王熊绎辟在荆山，筚路蓝缕以处草奔，跋涉山川以事天子，唯是桃弧棘矢以共御王事。”正是这种筚路蓝缕的精神使得楚国国力逐步增强，疆域不断拓展。至春秋末期，楚国已成长江流域的霸主。《左传襄公十三年》：“抚有蛮夷，奄征南海，以属诸夏”。《淮南子·兵略训》：“昔者楚人地，南卷沅、湘，北绕颍、泗，西包巴蜀，东裹郯、淮”。其所灭麇、罗、鄀、巴、申、许、贰、轸、庸等 11 国的遗民，大部分迁徙至三湘四水流域进行开发。由荆及湘至粤，道路交通也随着民族的融合、文明的进步而发展。

周朝是我国奴隶社会的鼎盛时期，初步形成了比较完整的邮驿系统。湖南境内出现了最早的驿道记载，《左传·昭公五年》：“楚子以驿至于罗汭（今湘阴县境）。”

周朝设有夏官、秋官，夏官掌管车马军政和军赋，秋官掌管道路桥梁的建设和养护。《国

语·周语》:"雨毕而除道，水涸而成梁"、"周制有之曰，列树以表道，立鄙食以守路。"初步形成了道路体系和路政管理制度。

亭始于周，原为设在边防要塞的堡垒。唐马摠撰《通历》载:"周夷王八年（前 887 年）楚子熊渠伐扬越，自是南海事楚，有楚亭"。有学者据此将"楚庭"视为广州筑城之始，今广州越秀山尚存清代所建的石牌坊，上刻"古之楚庭"。秦汉时代，亭作为基层治安单位，多为官府修建，并设有亭吏，汉高祖刘邦在秦朝时曾担任泗水亭长。班固《汉书》载:"亭有两卒，一为亭父，掌开闭扫除；一为求盗，掌逐捕盗贼"。魏晋以后，亭的主要做为旅途歇息之用，或为迎宾送客的礼仪场所，多为民间"积德、积善"，集资或独资在交通要道兴建。

公元前 387 年，"吴起相（楚）悼王，南平蛮越，遂有洞庭、苍梧。"(《后汉书·南蛮传》)，楚都郢经湖南通苍梧的驿道得以开通。《楚辞》:"朝发轫（止车之木，将行则发之）于苍梧兮"是"苍梧之野"（包括今零陵）道可通（马）车的写照。

楚置黔中郡，由于酉水和沅水交汇处的沅陵上通渝黔、下达江海，黔中郡的郡治设在了沅陵。

黔中郡所产铜器、铁器、连锡、长松、文梓和"包匦青茅"等方物，或北运中原，换取齐、鲁、秦的手工业品，或南输百越，换取海贝、玳瑁等海产品，或西销巴蜀、夜郎乃至滇缅西域，换取羽毛、珠矶以至犀象等珍奇，再复扩大南北交易。黔中郡对外交通大致包括 3 条路线：北出洞庭越长江，浮江而下至吴越，溯汉水入中原诸国；南逾五岭达南海；西由临沅（今常德）溯沅水及其支流酉水、舞水以至巴蜀、夜郎诸国。这 3 条通道，对楚国的经济、政治影响颇大。包茅不入贡周室，曾成为齐桓公兴兵伐楚的借口；古籍所载"楚材晋用"、"买椟还珠"等故事，皆与黔中郡沟通南北的商运相关。文献和考古证明，在张骞通西域开辟"丝绸之路"之前，中国就有了一条从西域经过印度、滇缅、巴蜀至黔中转运中原的国际通道。酉水则成为沟通洞庭湖流域与乌江流域的走廊，楚顷襄王二十年（前 279 年），庄硚入滇走的就是这条道路。《元和郡县志》记载:"三亭县（今保靖），自县西水陆路相兼五百里至黔江县，又西三百里至黔州（今重庆彭水）。"

秦灭楚后，改黔中郡为洞庭郡，其地域大致包括今日的湖南、湖北、重庆、贵州、广西等部分地区。

驿传始于殷商，负责官吏、官物输运和传递诏令、军情、文书，可谓最早的交通运输系统。2002 年，龙山里耶发掘出大量的秦简牍，简牍记载有邮路里程等内容，是我国现存最早的邮传里程表。其中记载了这样一条道路:"鄢（今湖北宜城）到销（今湖北荆门）百八十四里，销到江陵（今湖北荆州）二百里，江陵到孱陵（今湖北公安）百一十里，孱陵到索（今汉寿）二百九十五里，索到临沅（今常德）六十里，临沅到迁陵（今龙山里耶）九百一十里"。这条"鄢—销—江陵—孱陵—索—临沅—迁陵"路线是洞庭郡通中原的交通要道。其中鄢至临沅的这段邮路，战国以来一直是湘境沟通南北的重要通道，迁陵也是战国时期的军事要冲和秦朝粮秣兵甲的中转站和补给点。里耶简牍有关于迁陵武库兵器登记册中调拨弩臂的记录:"出弩臂四，输益阳，出弩臂三，输临沅"。

公元前222年，秦将王翦领兵60万灭楚后，便进驻零陵，做南征百越的准备。王翦动用降卒和民工40多万人，历时两年，修筑了零陵经道县至粤桂的峤道，至今道县、江华等地遗迹尚存。《永州府志》载："秦置五岭之戍，萌渚之峤。"《永州大事记》载："王翦平定江南，修都庞之戍。"峤道是比较标准的山丘地区马车道，用于运输物质，传递军令。

公元前219年，"使尉屠睢发卒五十万为五军，一军塞镡城（今湖南靖县境）之岭；一军守九疑（今湖南江华境）之塞；一军处（取）番禺（今广州）之都；一军守南野（今江西南康境）之界；一军结余干（今江西余干境）之水，三年不解甲弛弩（《淮南子·人间训》）。"这次南征作战，遭到了百越的顽强抵抗，根据《淮南子》记载，秦兵"伏尸流血数十万"，主将屠睢也战死沙场，剩下的人马全部退到今湖南、江西南部边界一带，双方形成了对峙局面。"使监禄无以转饷，又以卒凿渠而通粮道。"为保证南下军队给养，应付长期作战的需要，秦军在修筑攀越五岭的峤道同时，开挖了连接长江水系（湘江）和珠江水系（漓江），沟通南北水路运输的灵渠。通过筑峤道、开灵渠，秦军交通运输条件大为改善，军需得到保证，终于在公元前214年平定百越。

经过这次大规模的征伐，湖南与粤桂地区的水陆交通得到修整。峤道特别是灵渠的修筑，使中原和岭南之间有了便捷的通道，促进了中华民族的融合和南北经济文化的交流。"楚粤通道"、"潇贺古道"和"湘桂走廊"由此开通，一由临武入连州通番禺（今广州），一由零陵入道县通富川，一由零陵入静江（今桂林）通南海。同时，湖南境内的交通条件得到了进一步改善。《方舆纪要》载："零陵秦驰道，在永州府东八十里，阔五丈余，类今之河道"。

秦灭六国后，即下令拆毁各诸侯国设置的关塞、壁垒，大规模兴建具有战略意义的军事交通。秦帝国修筑的道路包括驰道、直道、新道、五尺道等，加上遍布全国的驿传，把秦都咸阳同全国各地紧密联系在一起。为方便秦始皇出巡修建的驰道多利用战国原有道路，只有直道、新道、五尺道是在秦统一后规划修筑的。

最初的驰道，是供帝王御用的道路，即令是奉准行驰道的使者也只能行道旁，以后逐渐转化为行旅客商往来的交通要道。有关湖南境内秦驰道的遗迹，后世亦有记载。《赤雅》载："自桂城（桂林）北至全湘七百里，皆长松夹道，秦人置郡时所植。少有摧毁，历代必补益之。"

公元前213年，秦王朝在湖南、江西通两广地区修筑攀越五岭山脉的新道。新道将岭南道路与秦驰道相连，加强了中原地区与南疆的联系。

公元前212年，秦始皇令大将蒙恬修筑由咸阳向北延伸的直道，经云阳、上郡直达九原，全长1800余里，这条"直道"的遗迹现在尚可辨识。另外，派常安修筑从蜀南下经僰道（今四川宜宾）、朱提（今云南昭通）到滇池的道路，由于道路宽仅五尺，故史称"五尺道"。

秦始皇出兵征讨南越的军道后来演变为官道。东汉建初年间，复筑零（陵）桂（阳）峤道。《后汉书·郑弘传》："建初八年（83年），（弘）代郑众为大司农。旧交趾七郡贡献转运，皆从东冶（今福州）泛海而至，风波艰阻，沉溺相系。弘奏开零陵、桂阳峤道，于是夷通，至今遂为常路。"

汉建武二十五年（49年），伏波将军马援率4万余人入湘，征讨武陵五溪蛮夷。"军至临

乡（今桃源），遇贼攻县。援迎击，破之”。马援在桃源休整期间修筑了利兵桥，《大明一统志》卷六四《常德府·关梁》载：“利兵桥，在桃源县治东，相传马援尝驻军于此”。这是有文字可考的湖南境内最早修筑的桥梁。

汉永元四年（92 年），“溇中（今慈利）、澧中（今石门）蛮潭戎等反，燔烧邮亭，杀略吏民，郡兵击破降之。”（《后汉书·南蛮传》）。从上述史实可见，湘西在秦汉时代已经开通了驿路和邮传，文献也印证了龙山里耶秦简有关道路邮传的记载。

汉和帝时（89—105 年），南海郡进贡龙眼荔枝至汉都洛阳，为保持新鲜，采用飞骑递送。《后汉书·和帝纪》:“旧南海献龙眼、荔枝，十里一置，五里一堠，奔腾阻险，死者继路。”这里的“置”和“堠”都是传递交接之点，为了适应飞骑的短距离奔驰，所以置、堠设置较密。

荔贡途经湖南临武，县令唐羌上书和帝请求罢贡获准，“唐羌罢贡”的佳话被后世传颂，其为民请命的情操亦被士子仿效。唐贞元五年（789 年），道州刺史阳城请罢“矮奴贡”获准，白居易曾写长诗《道州民》盛赞此举。北宋苏东坡在《荔支叹》有“永元荔支来交州，天宝岁贡取之涪”的描写，并注:“汉永元中交州进荔支龙眼，十里一置，五里一堠，奔驰死亡，罹猛兽毒虫之害者无数。唐羌字伯游，为临武长，上书言状，和帝罢之。唐天宝中盖取涪州荔支，自子午谷路进入。”南宋理学家张栻:“千年尚忆唐羌疏，不污华清驿骑尘。”清初翰林院检讨潘耒:“谁能上书罢贡献，令人千载思唐羌。”

秦汉时期，湖南境内较重要的州县之间逐步开辟了驿道。马王堆三号汉墓出土的地图中，绘有道路 20 余条，其中营浦（今道县）、南平（今蓝山）等县城间均有表示道路的实线相连。清光绪二年（1876 年）的《东安县志》载:“东安自汉有驿，通零（陵）邵（阳）之路。”20 世纪 50 年代，长沙浏城桥发掘出西汉墓中的车辆，其轮距宽达两米；1981 年，临澧县九里楚墓发掘的车马坑，车辆辐距为 1.6~2 米，尤可证明当时道路的规模。

李唐经贞观之治及开元盛世，形成了以长安为中心，向四方辐射的驿道网络。《元和郡县志》载:“南路由长安东南行三千一百三十里经商州、山南道邓州、襄州（今湖北襄阳城）而至江陵府（今湖北江陵县），再东南行五百七十里至岳州府（今岳阳），五百五十里至潭州（今长沙），四百六十里至衡州（今衡阳），三百七十里至郴州（今郴州），四百一十里至韶州（今广东韶关），五百三十里至广州。”由于社会安定，经济繁荣，湖南生产的粮、茶、木、瓷器等外销量很大，尤其长沙窑瓷器以独特工艺，远销波斯（今伊朗）大食（今阿拉伯诸国）。境内道路系统得到进一步拓展，驿传更趋完善。《商於驿记后序》:“吴、越、江、淮、荆、湘、交、广，郡吏上计，皇华宣风，憧憧往来，皆出是郡，盖半天下矣。故邮传之盛，甲於它州。”驿道里程普遍以堠为标帜，“十里双堠，五里只堠”。

隋唐时期，在我国桥梁发展史上掀开新的一页，建造了许多著名的桥梁。以洛阳天津桥、山西蒲津桥和河北赵州桥为代表的石梁桥、浮桥、石拱桥建造技术趋于成熟。湖南境内同期建造了许多名桥，保存至今的有澧县花瓦桥、桃江牛剑桥、耒阳杜陵桥等。其中位于湘鄂官道上的澧县花瓦桥（石拱桥）相传是唐初名将尉迟敬德监造。有“楚南第一蛮桥”之称的桃江牛剑桥是国内现存最早的石墩石梁桥，始建于唐宪宗元和十年（815 年）。

唐代县际之间驿道逐渐开拓。《新唐书·地理志》:"永泰元年(765年),都督翟灌自望浮驿开新道,经浮丘至湘乡"。望浮驿新道始自今桃江杨林坳,经安化大福、梅城,到达涟源。今桃江县浮丘山麓尚有青石铺砌的驿道遗迹。

马车是古代的主要交通工具,马的需求量很大。安化茶马古道源于境内黑茶产地和西北边疆地区的茶马交易,形成于隋唐年间,这种以茶换马的贸易方式一直延续到民国。明初为增加官府收入及控制马的货源,朝廷实行茶叶官营。由于湖南私商贩运的活跃,使茶叶的官营政策受到很大的冲击。《明史·食货志》载:"湖南产茶,其直(值)贱,商人越境私贩。番人利私茶之贱,因不肯纳马。"

赵宋期间,湖南境内道路以修筑联结主干线的州县间支线驿道为主体工程,这也是驿道网络的形成期。铺、驿有所增加,如:零陵县有顺化、湘江、方溦诸驿,益阳有沧水驿,沅陵有蓬山驿,澧县有竹疏驿,醴陵有醴陵驿等。宋范成大过《醴陵驿》:"绿水桥通县,门前柳已黄。人稀山木寿,土瘦水泉香。乍脱泥中滑,还嗟堠子长。槠州何日到?鼓枻上沧浪。"南宋时期,由于大量北方难民南下,湖南人口增长很快,盐的需求加大。淮盐不继时,湘南各县百姓常结队赴广东连州、仁州挑运食盐,永连、郴连盐道渐次形成。

宋绍兴二年(1132年)七月,抗金名将岳飞率军自江西宜春入湘,进剿盘踞道县的曹成,追歼于湘、桂、粤边境,北还时曾在祁阳大营驿宿营,并题记于驿壁。据《永州府志》记载:"大营驿,今(指清道光时)废为铺。宋岳飞讨湖贼过此,有留题石碑尚存。明唐顺之有题岳将军大营驿碑记"。

宋代科技有了很大进步,中国古代四大发明中的火药、指南针、活字印刷术就诞生在这个朝代。颁行了有关建筑设计和施工的规范书籍《营造法式》和《木经》,其中《营造法式》是世界上最早、最完备的建筑技术专著。造桥技术日臻完善,衡阳青草桥、醴陵渌江桥、武冈石羊桥、道州济川桥是这一时期境内建造的著名桥梁。其中建成于淳熙十三年(1186年)的青草桥,为跨越蒸水之7孔石墩木梁桥,全长240米,桥上有亭阁。除传统桥型外,湘南地区还发展出两种结构独特的桥梁,一种是榫卯结构的石柱石梁桥,保存至今的有江永寿隆桥(宋)、汉缕桥(明)、新田莲花桥(元)、惠通三桥(明)以及道县五谷桥(清)等;另一种是桥塔合一的塔桥,保存至今的有宜章观音桥(明)。

元明期间,境内交通以改善湘北驿路、拓展湘西驿路为主体工程,逐步建成了完整的,连通境内各州府及大部分县治的驿道系统,站、铺、桥、亭与之配套,是驿道完善、驿制完备、驿运量逐渐增长的时期。苏同炳著《明代驿递制度》中,湖广省列有驿站105处。其中属于现在湖南行政区划的有驿站51处:计马驿25处,水驿22处,水马驿4处(笙竹、南坪、江南、河池)。而马驿及水马驿的分布,主要集中于两条路线,一、自临湘经岳阳、湘阴、长沙、衡阳、祁阳、零陵至道县。二、自澧县经常德、桃源、沅陵、辰、怀化、芷江至晃县。位于湘鄂驿道西线,元初建造的临澧佘市桥,是国内现存建成时间最早的联拱石桥。

明代采取民族歧视政策,"治苗、防苗",环湘西苗族聚居地立碉堡,建边墙,设营哨,筑成"营路"千余里,进行封锁钳制。引起"苗民困窘怨怒",导致"苗变"。自永乐至万历年

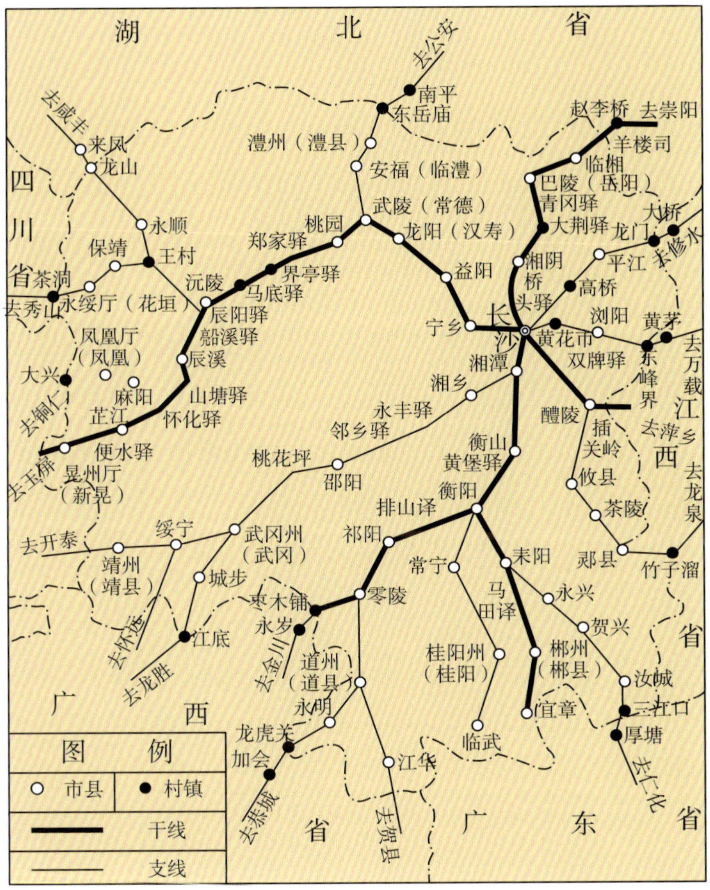


湖南清代驿道网络示意图　图片来源《湖南公路史》

间，苗民起义不断，明王朝大加镇压，因而复筑宝（庆）溆（浦）、溆沅（陵）、武（冈）绥（宁）、绥靖（州）等“新道”，并设驿。

至清代中期，湖南境内的驿道网络完全形成，共设驿 62 处、铺 1277 所，另有负责道路治安的塘汛 1065 所，“邮驿之制大备”。在湘西地区，清廷沿明代边墙遗址，“度险扼衙，筹设屯堡”，“上自铜仁，下至保靖，迤山亘水数百里”，构成一条新的弧形营路。

1886 年，德国人卡尔·本茨发明了汽车，从而带来了道路交通革命。清光绪三十三年（1907 年），邮传部决定裁驿兴邮，由于条件不具备，省内陆路运输仍赖驿道，驿、铺、塘汛并皆保留。民国元年（1912 年），湖南交通司呈准都督府裁汰境内所有驿铺，筹划修筑公路，翌年实施，延续 3000 余年的驿传制度至此退出了历史舞台。

明清以来建桥技术更趋成熟。初步形成了各种桥型的设计、施工规范。清雍正十一年（1733 年）颁布的《工部工程做法则例》，统一了官式建筑（包括桥梁）的模数和用料标准，简化了构造方法。湖南这一时期兴建了大量的官桥、民桥，其中临澧佘市桥、桂阳七拱桥、湘乡万福桥、澧县多安桥、益阳衡龙桥、邵阳踏水桥、衡山白果桥体现了这一时期湖南造桥技术的最高成就。以东安广利桥、芷江龙津风雨桥为代表，湖南各地还建造了大量风格各异、构造形式多样的廊桥和侗族风雨桥。这些融合了中国传统文化、湖南地方历史文化、侗族建筑文化的廊桥和风雨桥，是十分珍贵的交通文化遗产。

我国古代水上运输有“官运”、“民运”（即商运）之分，因而有官船和民船之别。官船主要有战船、水驿船、漕船 3 类。战船有楼船、戈船、斗舰、车船、走舸、舢板、快蟹、长龙等类。

境内舟楫始于新石器时代。洪江高庙遗址出土了距今约 7600 年前的帆船陶画，世界上现存最早的船舵（原始的艄形舵）是在距今约 6000 年前的澧县城头山遗址中发现的。在常德发掘的一面东汉铜镜上，有一艘双帆大楼船的纹饰，楼船尾部有一座“舵楼”，舵楼中安装有艄形舵，似与城头山出土的艄形舵有传承关系。

楚武王南开百濮，拓地至湘北，依靠的是舟楫之利。据鄂君启舟节铭文记载，战国中晚期，湘、资、沅、澧诸水已是楚国重要的商业航道。而由洞庭湖入长江，溯江而上可至巴蜀地区，顺流而下可至鄂州（今湖北武汉）、江州（今江西九江）、扬州（今江苏扬州），由鄂州可入汉水，由江州可入赣地，由扬州可入大运河。

战国说客苏秦和张仪都认识到水路交通对国家安全的重要作用。苏秦说楚王，《史记》：“秦必起两军，一军出武关，一军下黔中。若此，则鄢郢动矣”。张仪说楚王，《战国策》：“秦西有巴蜀，方船积粟，起于汶山，循江而下，至郢三千里。”

公元前 279 年，楚将庄硚率大军从临沅（今常德）出发，溯沅水而上，连克且兰、夜郎等国，直达滇池附近，是一次大规模的水上军运。

秦始皇统一六国后，“使尉屠睢击越（南越），又使监禄凿渠（灵渠）通道”，长江水系自此与珠江水系相连，形成湘境水运南北畅通的格局。民国时，长沙近郊子弹库发掘出“龙节”，就是秦朝官营水运的符信。汉武帝元鼎五年（前 112 年）平百越后，湖南境内的商务船运更趋活跃，大型帆船应运而生。晋太康元年（280 年），征南大将军杜预开凿了扬口至巴陵的运河，使夏水和沅、湘两水相连，大大改善了湖南地区的漕运。

《北堂书钞·荆州风土记》：“长沙、湘州七郡，大艑所出，皆受万斛。”唐代，“自扬、益、湘南至交、广、闽中等州，公家运漕，私行商旅，舳舻相继。”唐元和十年（815 年）三月，柳宗元自永州乘船经灵渠、下漓江、入桂江，再由浔江逆流而上至柳州。唐乾符六年（879 年）十月，黄巢起义军从闽入粤、桂，遭疫北还，编大木排沿湘江直下潭州（今长沙）。及至宋代，湖南粮食、木材、煤铁等是维持宋王朝的重要水运物资，韩世忠、岳飞、辛弃疾等名将均曾用兵湖湘，保护湘汉间的水上运输。

随着船运的兴盛，湖南造船业臻于精益，“水密隔舱”技术（舱与舱之间无浸漏）被普遍运用。据《资治通鉴·唐记》载，贞观二十二年（648 年）七月，唐太宗派强伟“于剑南道伐木造舟舰，大者或长百尺，其广半之……强伟等发民造船，役及山寮……蜀人苦造船之役，或乞输直雇潭州人造船，上许之”。四川雇请湖南匠工造舟舰，并获唐太宗允准，标志湖南的造船技术在唐代已处于先进水平。宋代，长沙已能制造万石漕船。南宋初年，洞庭湖畔杨么为首的起义军创造了一种作战用的车轮船，称为杨么车船。直到 1543 年，欧洲才出现类似的车轮船，比杨么车船要晚 400 多年。

明代以来，湖南经济发展日趋繁荣，物资品类增多，流通范围增大，木帆船运输在这期间达到兴盛的高峰。至清雍正年间（1722—1735 年），长沙米市形成，与九江、芜湖、无锡并称

为四大米市。湘江上运米之船常常是“千艘云集”，“粮仓相比，米袋塞途，年贸易额达 200 余万担”。湖南出产的稻米、木材、茶叶、莲子、桐油等多种农林产品和竹席、鞭炮、细瓷、夏布、湘绣等手工产品行销海内外，苏杭丝绸、江南杂货、粤桂海产、川滇盐烟等外省特产运销湖南。随着经济的发展和物资流通量的扩大，长沙、岳阳、沅陵、常德、邵阳、永州、益阳、衡阳、耒阳等水路通达的港口均设置了河舶所，对船运商货按程值征税，税率为“三十而取一”。清末，兴办轮运，轮帆联运随之兴起，支流与小河物资集运大港，大港进口各货分销各处，皆赖帆船。

湖南水系发达，河流纵横，古人“设渡以通”，故境内津渡众多。湖南现存最古老的津渡遗址是位于长沙三汊矶的北津城遗址，其兴建大致在东周晚期。北津城之名最早见于《水经注》，湘水“又右径临湘县故城西……县治西北有北津城”。清嘉庆《长沙县志》载，长沙“有土城，在三汊矶，周八九里，高五六丈或三四丈不等。即古北津城。”境内有名的津渡包括始建于三国时期的益阳碧津渡以及岳阳寡妇矶、长沙朱张渡、湘乡洙津渡、衡阳柘里渡、永州黄叶渡等。

津渡分为官渡、义渡、民渡。官渡为政府所设，渡夫（船工）按年（或季）支工食银若干，过渡者不再支付渡费。义渡为地方集资建设，设有义渡田产或义仓积谷，作为维持义渡费用（工食及维修）所需，过者一般不支付过渡费。民渡则由群众自行备船济渡，或以渔为业者兼办，过渡者付少量渡费。官渡、义渡亦有向行人收费者，如长沙水渡河义渡，清朝时收费标准为日渡收制钱 3 个，夜渡收制钱 4 个。相传某名士岁暮渡河无赀，船工乃请其撰联一幅:“送往迎来，累我作成千个揖（指摇桨状）。朝三暮四，劝君莫惜几文钱。”一时传为佳话。

## 第二节　湖南交通文化遗产的种类及特点

湖南交通文化遗产大致包括古道路、古桥梁、古路碑亭、古津渡、古船桨等遗址、遗迹，以及诗歌、故事传说、碑记、楹联、船工号子、成规公约等。

湖南境内拥有十分丰富和珍贵的交通文化遗产。据 2009 年启动的湖南交通文化遗存普查统计，全省现存古道 111 条（其中古驿道 46 条），古栈道 1 条，古纤道 10 条，古渡口 310 座（其中已完成调查、勘测的有 26 座），古水运码头 20 座，古碑 61 座（含古桥和古亭中有记录的碑），古亭 722 座（其中已完成调查、勘测的有 95 座）。2009 年普查的重点是清代以前建造的古桥梁，全省统计上报 5780 座，其中已完成调查、勘测的风雨桥（包括廊桥）175 座、石梁桥 165 座、石拱桥 448 座，其它古桥梁（包括跳岩及墩步桥等）65 座。新发现并确认了一批在我省乃至我国交通史上有重要意义的交通文化遗产。

古驿道有干支之分，干线通京都并毗连邻省省府，俗称官道、驿道或官马大道；支线系以长沙为中心与各州府县相联的驿道。湖南境内主要的古道遗存包括新石器时代古道、湘粤驿道、湘赣驿道、湘桂驿道、潇贺驿道、湘川驿道、湘黔驿道等，特种道路遗存包括盐道、烟银道、炎陵御祭道、茶马古道、寺庙敬香古道等。另外，境内还有营道、苗道、华容古道、工农红军交通道等遗存。

古道是人与自然长期融合、缓慢形成的。古道与现代公路有很深的渊源关系，可谓一脉相承。公路沿途驿站痕迹俯拾皆是，如 319 国道上的马底驿、322 国道上的黄田铺、107 国道上的板塘铺等。

纵观 5000 年湖南道路交通史，可以看出，境内古驿道的走向与今国省道走向基本相似，许多国省道就是沿古驿路的旧辙修建的。由驿道、大道、便道构成的古代道路网演变为国道、省道、县道构成的现代公路网。如沟通省境南北的 107 国道，基本上是古湖广官道的巴陵—潭州—衡州—桂阳—番禺走向，与湘水基本平行。纵贯湘东诸县的 106 国道，自湖北通城至平江，明清时为湘鄂间的东线驿路；由平江经浏阳至醴陵，明清时为湘赣驿路的一段；由醴陵经攸县至茶陵，系清乾隆年间修筑的湘赣支线驿路；由茶陵经炎陵、桂东、汝城入广东仁化，基本上是古湘粤盐道走向。纵贯湘中的 207 国道，其北段由鄂入澧县，经临澧、常德至益阳，系战国时楚所开黔中驿道，汉时为中原通南越的主干驿道路段，主要沿澧水流向；自桃江经安化、涟源、新邵入东安县境，系沿宋时所开梅山驿道西线与明清所开宝安益道走向，沿资水流向；自东安入永州，经双牌、道县至江华白芒营，越萌诸岭通向广西钟山县，系古湖广西线驿道走向，沿潇水流向。320 国道自江西萍乡入醴陵至株洲，系古湖赣主干驿路走向；自湘潭经湘乡、双峰至邵阳，系古潭宝驿路走向；自邵阳经隆回到洞口，再经溆浦至怀化，自怀化经新晃、芷江通向贵州玉屏，又系古湘黔驿道走向。其它过境国道如 319、322 等亦是基本上沿古驿道走向展线的。

湖南境内清代以前建造的古桥按结构分为磴步（跳岩）桥、浮桥、石拱桥、石墩石梁桥、石柱石梁桥、石墩木梁桥、廊桥及风雨桥等形式。

磴步是我国最古老的桥梁形式之一，行人踏磴而过，俗称“磴步桥”。湘南地区称“步磴”，湘西地区则称“跳岩”。我国桥梁史上最早记载的是夏（公元前 2183—前 1752 年）禹“鼋兽以为梁”，鼋兽即指礅步。位于双峰的永丰磴步被认为是现存最久远的步桥。

渭水浮桥是我国文献记载最早的大河桥梁，它比公元前 493 年波斯军队入侵希腊时，在博斯普鲁斯海峡架设的浮桥还要早 700 多年。湖南历史上著名的浮桥有始建于宋代的醴陵渌水浮桥、道州潇水济川桥，始建于元代的零陵潇水平政桥。

道州浮桥见证了瑶族从其发祥地千家峒逃亡的历程，瑶族文献《千家峒》记载:“元朝大德王九年（1306 年）三月十九日，众瑶人起脚出千家门楼来上桑木源。过了枫木四下云盖，来到道州浮桥，过了三日三夜不断丝”。瑶民逃亡被官府发现后，“道州爷差兵出来，取断浮桥”。1929 年，杨得任在其所著《道路全书》中说：我国古代浮桥“如……湖南道州之潇江，所架之舟桥，其最著也。”1934 年 11 月，红军长征占领道州城时，就是从这座浮桥上通过的。

世界上现存最古老的石拱桥是法国的 Poutdugard 桥，建于公元 14 年。我国有文字记载最

早的石拱桥是《水经注》里提到的旅人桥，建于公元 282 年。我国现存最古老的石拱桥是河北赵州桥，建于隋开皇年间（581—601 年），距今已有 1400 多年的历史。

湖南现存最早的石拱桥是建于唐初年间的澧县花瓦桥，位于湘鄂古驿道上，桥碑刻有“唐尉迟敬德监造”字样。据考证，花瓦桥在唐贞观三年至六年（629—632 年），尉迟敬德出任襄州（湖北襄樊）都督期间建造。

临澧佘市桥则是已知国内建成时间最早的联拱石桥（9 孔，1336 年建成），比苏州宝带桥（始建于 816 年，现桥建成于 1446 年）还早 110 年。

我国文献记载最早的石梁桥是吕梁桥。《水经注・泗水》：“泗水之上有石梁焉，故曰吕梁也。昔宋景公（前 516—前 476 年）以弓工之弓，弯弧东射，矢集彭城之东，饮羽于石梁，即斯梁也”。1979 年，我国有关部门认定现存最古老的石墩石梁桥是福建晋江县大桥和小桥，这两座桥均建于北宋太平兴国年间（976—984 年）。2009 年，《中国桥梁史纲》将这一记录推前到唐天复元年（901 年）建造的福建福州沈公桥。同年开始的湖南交通文化遗产普查发现，建于唐宪宗元和十年（815 年）的桃江牛剑桥是已知我国现存最早的石墩石梁桥。

湖南地区的石梁桥以石平梁为主要结构形式。湘中以北地区，部分较大跨径的石梁桥采用了伸臂梁结构，如衡山黄龙坝桥、宁乡大江石桥、娄底永新桥等。新邵踏水桥（明）、隆回车田桥（清）属托木上置石墩的木石组合墩结构，邵阳谭俊桥（明）则是已知的湖南唯一一座托木上置石梁的木石组合梁桥。

与石墩石梁桥比较，石柱石梁桥跨径较少，留存至今的也不多。浙江温州瓯海区的金锁桥建于北宋崇宁三年（1104 年），全长 10 米，宽 1.7 米，是已知我国现存最古老的石柱石梁桥。新田石羊史家村平板大桥（明初）则是省内已知唯一的 3 孔独柱（石）梁桥。湘南地区还有一种国内罕见的石柱石梁桥，如位于江永县上甘棠村的潇贺古道上，始建于北宋靖康年间（1126—1127 年）的寿隆桥。该桥采用了木结构中常用的卯榫结构，填补了木质桥向石质桥过渡的空白。

由湘南古塔演变而成的塔桥，始兴于北宋，一般都在其上建廊屋以蔽风雨，亦可划归于廊桥。塔桥在中国桥梁史上为湖南郴州独创，宜章白沙观音阁桥（清）是现存最古老的塔桥。

廊桥在我国已有 2000 多年的历史，汉朝就有关于廊桥的记载。目前，我国南方大部分地区都还保存有许多这种结构形式的古桥梁。

湖南地区的古廊桥种类繁多，可以按桥墩（桥台）、桥身、桥廊和桥亭等组成部分进行分类。按梁体结构分，廊桥可分为石拱、石梁和木梁廊桥。

石梁廊桥跨径比较小，宁乡惠同桥是湖南仅存的石梁廊桥，该桥单孔跨径达到 5.8 米。

由于伸臂梁和叠梁拱技术的应用，木梁廊桥的跨径较大。我国现存单孔跨径最大的木拱桥是福建寿宁的水尾桥，拱跨 39.7 米。湖南的通道普济桥跨径 19.8 米，是省内单孔跨径最大的木梁桥。湖南境内的木梁廊桥主要是伸臂梁结构，通道普济桥、泸溪茅茂桥等则属为数不多的叠梁拱或斜撑式木梁桥。

按桥廊两端的建筑风格，廊桥可分为歇山顶和硬山顶两种。歇山顶的桥两端及中亭各有重檐楼阁，如洞口水东桥；硬山顶的桥两端设有牌楼或桥门，如郴州三合桥。按桥亭的建筑风格分，廊桥又可以分为单檐式和重檐式。单檐式主要是亭阁式建筑的廊桥，重檐式一般指多层塔式或鼓楼式建筑，如通道普修桥就是在桥廊上加盖 3~5 层的四檐四角鼓楼式风雨桥。

湖南境内古桥图腾表现出强烈的地域性和文化传承。湘南地区古桥的图腾多推崇宗教或神话人物，如零陵双济桥、道县大车坝洑水桥头刻有南无阿弥陀佛石像，东安斩龙桥中雕有斩龙王像；湘北地区的图腾则偏爱狮、牛、蜈蚣等凶蛮动物，如岳阳三眼桥墩蜈蚣浮雕、涟源温江桥栏石狮镇龙雕塑等。关公和观音在各地都被供为神明，省内还有用南宋洞庭湖区农民起义领袖、民间传说专斩孽龙的水神杨泗将军（即杨幺）做廊桥的保护神，如溆浦万寿桥、娄底永济桥等。

栈道和纤道都是沿悬崖峭壁修建的一种道路。湖南境内史料记载最早的是明代修建的顺水桥栈道，现存尚有洪江沅水古纤道和沅陵寡妇链古纤道等。

古亭有路亭（亦称茶亭、凉亭）、桥亭（设置在桥头）、渡亭（设置在渡口）之分。湖南地区路亭的建筑形式主要包括多角式、房庙式、牌楼式等。湘北地区路亭一般为砖石（木）结构，大多损毁。湘南地区以料石结构居多，遗存不少，始建于秦的道县双屋凉亭为省内现存最早的路亭。

作为我国特有的一种文学艺术形式，散布于湘境各地大道、桥头、江畔的亭联以其高度的概括性和启发性，在点染主题、发人深思的同时，传承着中华传统文化的精髓。

如祁阳毛家埠亭联："走正路一条，谁肯甘心落后。奔前程万里，我愿捷足登先"。

隆回茅亭子界茶亭联："为名忙为利忙忙里偷闲吃杯茶去，劳力苦劳心苦苦中作乐拿碗酒来。"

桃江石人塘义渡亭："设舟在宝安益交通区，万人共济；筑室于锡板罗汇合处，三水同朝。"

又如清代名臣、两江总督陶澍所撰安化杉树亭联："茶后行者行，莫愁劳燕分飞，放眼光明路正远。亭前过客过，若访雪鸿遗迹，印心名胜景尤佳"。

上联的"劳燕分飞"出自《乐府诗集·东飞伯劳歌》："东飞伯劳西飞燕，黄姑织女时相见"。寓意离别。下联的"雪鸿遗迹"语出苏轼《和子由渑池怀旧》："人生到处知何似，应似飞鸿踏雪泥，泥上偶然留指爪，鸿飞哪复计东西？"比喻人过后所留下的痕迹。清道光皇帝曾为陶澍幼年读书的石屋御书"印心石屋"4 字。陶得字后在石屋旁边建塔、刻碑、造屋、搭台，构成了联中的"印心名胜"。

"挥毫当得江山助，不到潇湘岂有诗"（陆游《偶读旧稿有感》），湖南的古驿、古亭、古道、古桥、古渡留下了历代名士的足迹，留传着他们的诗词歌赋。

杜甫晚年旅居湖南，留有《宿白沙驿》及"杜陵老翁秋系船，扶病相识长沙驿"等诗篇。

韩愈过湘南道时著有《路傍堠》："堆堆路旁堠，一双复一只。迎我出秦关，送我入楚泽。"

唐元和元年（805 年），刘禹锡与柳宗元被贬为连州、永州刺史，二人结伴从京城南下，沿湘粤古驿道至临武分手时，刘写下了《别柳宗元》："去国十年同赴召，渡湘千里又分歧。重临事异黄丞相，三黜名惭柳士师。归日拜随回雁尽，愁肠正遇断猿时。桂江东过连山下，相望长吟有所思。"

流传诗坛佳话的马迹桥位于衡山马迹镇泗水河上。南宋乾道三年（1167 年），理学家朱熹、岳麓书院山长张栻及朱熹的弟子林用中同游南岳，3 人从马迹桥登山。朱熹乘兴赋诗："下马驱车过野桥，桥西一路上云霄。我来自有平生志，不用移文远见招。"张栻即兴对诗："便请行从马迹桥，何必乘鹤篮丛霄。殷勤底事登临去，不为山僧苦见招"。林用中和唱："此日驱车马迹桥，远从师友步青霄。登临不用还歧想，为爱山翁喜见招。"

明嘉靖三年（1524 年），文学家杨慎谪戍云南，经湘黔古道时，著有《宿马底驿》："戴月冲寒行路难，霜华凋尽绿水鬓；五更鼓角催行急，一枕乡思梦未残。"

湘境先民在长期的劳动过程中创造了不少感人至深、脍炙人口的旅程歌谣及船工号子。这些彰显鲜明的地域特征、凝聚厚重的湖湘文化的歌谣，记载了先辈征服自然、改造自然的艰辛和智慧。

如流传在湘粤古盐道上的（郴州至宜章）《盐路纪程谣》："十里路上到瑶角，二十里路起风波，三十里折岭高万丈，四十里两头扯平和，五十里良田一关饷，六十里万岁封八角，七十里韩愈走马岭，八十里拱桥对庙角，九十里黄塘打一望，一百来回三个坡。"瑶角、风坡、折岭、平和……等皆所经地名。

描述纤夫艰辛的《沅水纤谣》："面朝河沙背朝天，手攀脚登爬向前。急流险滩逆水上，饿断肝肠不离纤。"

《潇湘至汉口行船歌》："道州发水慢悠悠，七日七夜到潭州，长沙霞凝至铜官，青竹营田磊石山，鹿角城陵矶下水，亚蓝茅坪石头滩，嘉鱼排洲津口驿，到汉停泊鹦鹉洲，黄鹤楼中吹玉笛，同乡会上话千秋。"

《沅水行船埠头歌》："常德河洑桃源县，剪市界首清浪滩，北溶沅陵泸溪县，浦市江口到铜湾，安江洪江黔阳县，四十八寨到镇远。"

千百年来，在湘、资、沅、澧、酉以及洞庭湖上传唱的各种船工号子是我国民间音乐的瑰宝。船工号子一般是由一人领唱，众人合唱，气势磅礴，浑厚有力。大致包括 3 种类型。①起程号，包括出船号、推船号、起锚号、拉篷号、撑篙号等。②行驶号，包括摇橹号、拔棹号、拉纤号、扳桡号、扯帆号等。③停船号，包括下锚号、拉绳号等。船工号子内容丰富，涉及船工生活、河流、险滩、深潭，悬崖、高峰、名胜古迹、民间传说、民俗信仰等。如酉水船工号子中的"婆婆浪滩路难行，吴家滩陡急坏人；船儿拢了里耶坪，撑船哥哥才算人……"短短几句话就唱出了船工生活的苦难与艰辛。

由于地理条件的不同，各地还有一些其它船号品种，如《冲滩号子》、《下滩号子》等。前者高亢铿锵、衬词多于唱词；后者舒缓优雅，大都即兴编词。其中，"澧水船工号子"自明朝中叶形成以来，流传广泛，影响深远。特别是慢板、平板、急板 3 种唱腔各具特色，能有力刻划船工行船时那种坚毅、勇敢、勤劳的性格和气质，生动地表现船工们在不同环境和条件下从事撑篙、摇橹、拉纤时的情景，给人留下深刻的印象。

马克思曾在《德意志意识形态》一书中指出："人类历史始终是和产业史、交通史关联着。"作为湖南交通文化遗产重要组成部分的诗词歌赋、故事传说、碑记文献、凉亭楹联、船工号子、成规公约及告示章程等，向我们展现了湖湘文明的源远流长及中华文化的博大精深，是十分珍贵的非物质交通文化遗产。

Chapter 2

# 第二章 古道路

澧县城头山的道路遗址（距今约 5300 年）是世界上已知最久远的古道。湖南境内最早有文献记载的驿道始于周，《左传·昭公五年》：“楚子以驿至于罗汭（今湘阴县境）”。现存最早的驿道是始于秦代的湘粤古道、湘桂通道、潇贺古道。保存至今的尚有湘川、湘黔、湘赣、湘鄂驿道以及为数众多的县州府道遗迹。其它古道遗存包括苗道、营道、盐道、香道、烟银特道、炎陵御祭道以及工农红军交通道等。

道路是人类文明活动的产物。1911 年孙中山先生提出：“道路者，文明之母，财富之脉也。”这些凝聚荆楚先民的智慧和艰辛、见证王朝兴衰和文明发展的古道，历经千百年的岁月磨砺和风雨雪霜，留下了厚重的历史文化遗产和靓丽的自然人文景观。

# 第一节　驿道　大道

## 一、湘粤湘桂驿道

又称湖广官道，始建于周楚，其走向是从楚都郢分两路南进：一路走油江（今湖北公安）、涔阳（今澧县、临澧）、临沅（今常德）至长沙，再南向郴（州）、永（州），以通连（州）静（桂林），这是主道；另一路为蒲圻经巴陵（岳阳）至长沙，再南接衡阳至郴州或永州。

据《湖南通志·武备志》载，湖广驿道自北至南，一路自湖北蒲圻港口驿行 60 里入临湘县长安驿，又 60 里至云溪驿，又 60 里至岳阳驿，又 60 里至青冈驿，又 60 里至大荆驿，又 60 里至归义驿，又 60 里至笙竹驿，又 60 里至桥头驿，又 60 里至临湘驿（长沙驿），又 100 里至湘潭县南岸驿，又 90 里至黄茅驿（旧黄茅堡），又 90 里至衡山黄堡驿，又 100 里至衡阳县站，又 90 里至祁阳县排山驿，又 100 里至祁阳县站，又 100 里至零陵县站，又 70 里至枣木岭腰站，又 70 里至广西全州，全长 1350 里。二路自衡阳县站分线，90 里至耒阳县站，又 90 里至马田驿，又 90 里郴县站，又 90 里至宜章，再经白石、墩义入广东乐昌，全长 1300 里。三路自湖北公安驿南行 60 里入澧州顺林驿，又 60 里至兰江驿，又 60 里至清化驿，又 60 里至常德大龙驿，又 70 里至府河驿，又 80 里至龙阳（汉寿）河池驿，又 145 里至益阳县站，又 90 里至宁乡县站，又 100 里至善化县（望城）靳江驿，又 100 里至湘潭南岸驿，再入衡阳，经郴州入广东，或经永州入广西，由澧入粤线全长 1465 里，入桂线全长 1475 里。

湖广官道各驿站马数与排夫数不一，以岳阳驿（置马 42 匹，排夫 65 名）、湘阴驿（置马 42 匹，排夫 63 名）、常德府河驿（置马 57 匹，排夫 93 名）、大龙驿（置马 45 匹，排夫 75 名）为多。各驿之间皆有铺，县治所在地为总铺。

《湖南通志·武备志》载，清光绪十一年（1885 年），长沙（含善化县）有驿站里程 425 里，排夫 173 人，马 112 匹，另有铺站 30 个，铺司 249 人。出京都（北京）至长沙的驿站里程，陆路 3670 里，水路 5190 里。

湖广官道在境内遗迹保存较多，主要是湘粤桂边境地区的湘粤古道、湘桂通道、潇贺古道。

湘粤古道古驿站（桂阳） 郴州市交通局 供图

**湘粤古道** 湘粤古道全线走向之一为，澧阳—常德—益阳—长沙—衡阳—郴州—桂阳—临武—宜章—广州。汉初重臣陆贾（约前 240—前 170 年）两次出使南越皆取此道。三国时，刘备得荆州后，取长沙、零陵、桂阳（今郴州）3 郡，其进军路线亦由澧入境。之二是《元和郡县志》（唐李吉甫撰）记载的京都南行驿路，自长安出发，由岳阳入湘境，经长沙、衡阳、郴州，至粤境韶关，全长计 1790 里。

湘粤古道发轫于尧舜时期，至秦始皇筑峤道、平百越后基本成形。汉光武建武二年（26 年），卫飒开凿改造了郴州经宜章至粤北英德全程约 500 里的驿道。《万历郴州志》记载："汉卫飒，建武二年除襄城令，政有名，迁桂阳太守……先是含洭、浈阳、曲江三县越之故地，武帝平之，内属桂阳，民去郡者或千里，吏事往来辙发民挽船，百姓苦之，飒凿山通道、列亭、传置邮驿，于是役息苦省。"经过卫飒的这次大规模改造，一直沿用了近 2000 年。在唐开元十七年（729 年）尚书右丞相张九龄开凿赣粤梅岭驿道前，湘粤古道是中原通岭南的主要驿道。

当地谚语云："船到郴州止，马到郴州死。"古代货物运输主要依托舟船水路，湘粤之间因受南岭山脉隔断，古代水路南下广东，到郴州后便要上岸经陆路至宜章。同样，从广东坐船北上也只能到达宜章。湘粤驿道的宜章至郴州 90 里路段上的石板被长年累月的践踏，形成了许多马蹄窝。因此，湘粤古道郴州段又称骡马古道。《郴州志》载："骡马古道，即城区裕后街南关上至宜章九十里大道。始建于秦始皇三十三年（前 214 年），石板路面，宽 2~3 米。"

历代旅人把骡马大道沿途的地名编成歌谣，这就是流传至今的《九十里大道歌》。

歌谣一

十里十哟是山坡 （指宜章瑶坡），

二十里在酿水窝 （今宜章一村地名），

三十折岭高万丈　（今苏仙区邓家塘村折岭头组），

四十里路岔平和　（指有两条路，通向两路村和平和村），

五十良田不还饷　（指走了五十多里路到良田还没饭吃），

六十过后逢八角　（郴州坳上的八角亭），

七十里后走马岭　（今苏仙区坳上一地名），

八十里来八十八　（今苏仙区坳上一地名），

九十南街路难过　（今郴州的裕后街一带），

城里跑回百里多　（指到达目的地路程超过一百里）。

歌谣二

十里宜章到瑶坡（瑶坡指宜章遥田），

二十里路起风波（风波指风波亭），

三十摺岭高万丈（摺岭在湘粤交界的京广线隧道处），

四十两路叉平窝（两路在邓家塘；平窝在宜章平窝乡），

五十良田屋还响（良田即良田镇；还响指村民在屋里摆弄炊具的响声），

六十万岁封八角（万岁指郴州坳上的万岁桥；八角即八角亭在万岁桥对面），

七十韩公走马岭（韩公即韩愈；走马岭在黄泥坳前面），

八十叶桥乱石窝（叶桥在槐树下；乱石窝是此地石头很多意思），

九十南关回头望（南关指郴州裕后街南关），

折回南关三个坡（三个坡即郴州文化路、东街、南关上的山坡）。

东汉“唐羌罢贡”的故事背景就是湘粤古道。临武县志载：“唐羌，字伯游，汝南人。和帝永元间辟公府为临武县长，县接南海，旧献龙眼荔枝及生鲜献之，十里一置，五里一堠。昼夜传达，奔腾阻险，至有遭虎狼毒害，顿仆死亡不绝。道经临武，羌乃上书谏曰：‘臣闻上不以滋味为德，下不以贡膳为功，故天子食大牢为尊，不以果食为珍，伏见交趾七郡，献生龙眼等，鸟惊风发，南州土地恶虫猛兽不绝于路，至于触犯死亡之害，死者不可复生，来者犹可救也，此二物入供未必延年’。章奏上，报诏曰：‘远国珍羞，本以荐奉宗庙，

湘粤古道（嘉禾）　王军杰　摄影

苟有伤害，岂爱民之本，且敕大宫，勿复受献。’羌得报即弃官还家。”

唐德宗贞元十九年（803年），韩愈被贬为阳山县令。与一同被贬的张署结伴从长安经湖广官道南下，在临武官山（后称韩张山）吟诗作赋。韩愈为张署作诗一首《忆昨行和张署》：“阳山鸟路出临武，驿马拒地驱频颓。践蛇茹蛊不择死，忽有飞诏从天来。”

明崇祯十年（1637年），徐霞客从蓝山入临武，考察湘粤古道上的“凤岩”。留下了凤岩“此洞即宋王淮锡称秀岩者……即透壁出山之东，是山如天生桥，水达其下三五丈，往连州大道正度其上”的记载。

湘粤古道沿途尚存古城、古桥、路亭、路碑、驿站等遗迹。其中临武作为驿道遗存的主要路段，境内老街至武水镇邝家、沙市、深井坪、南强乡凤岩、高安水、岚桥镇九泽水、毛吉岭一带山岭丘陵区，还保留着十多段300米至2公里长、宽1~1.6米的古道遗迹。

2011年3月，湘粤古道（郴州段）被公布为湖南省重点文物保护单位。

**湘桂古道**　湘江流域上游地区，尤其是都庞岭与越城岭之间的“湘桂走廊”自古就是中原交通岭南的要冲。道县玉蟾岩的考古发现表明，在距今1.4万年的远古时期，生活在这一带的先民已经开始种植水稻；零陵黄田铺石棚是新石器时代用天然巨石构建的棚式敞洞穴遗址。商汤王时（约前1600年），百越各部落曾向商王朝贡献珠玑、玳瑁、象牙、文犀等珍贵方物。楚悼王二十年（前382年），吴起相楚，楚国的版图扩张到广西全州以南地区，湘桂走廊得到进一步开拓。《后汉书·南蛮传》：“吴起相（楚）悼王，南并蛮越，遂有洞庭、苍梧。”

湘桂走廊地区出土的大量遗存也反映了中原文化对当地文化的影响。

1997年，在广西资源发现的一处原始文化遗址，已发现柱洞，采集到大量石器和陶器，磨制石器有斧、锛、凿、镞、矛，陶器有夹砂和泥质两种，有红陶、灰陶和黑陶，能辨器形有纺轮、鼎足、罐、釜等，部分陶器有红色陶衣，与湖南地区大溪文化（约前4400—前3300年）遗迹有相似之处。

1976年，在广西灌阳发现一件铜铙，干上饰乳钉纹和窃曲纹，钲周边饰圈中有小点的圈带纹，枚短而尖，篆间饰勾边雷纹，和湖南出土的有枚大铙十分相似，属南方铜铙发展序列中的晚期类型，年代约当西周早期。1971年，在广西恭城出土了春秋晚期的青铜器30余件。1974年，在广西平乐出土战国时期的成套铁制农具和铜铁兵器及各种陶制生活用具。

湘桂古驿道（零陵桃江段）　何军　蒋冬香　摄影

鄂君启节铭文记载，

楚怀王六年（前 323 年），就有鄂君船队溯湘江到达阳县（今广西全州永岁）。沟通长江和珠江两大水系的兴安灵渠，建成于秦始皇三十三年（前 214 年），与都江堰、郑国渠同被称为秦代三大水利工程。

湘桂驿道始建于秦。清光绪《东安县志》记载，秦始皇三十六年（前 211 年），东安修筑驿道，并在马铺塘（今紫溪市）设驿站。

《读史方舆纪要》载："湖广永州府零陵县有驰道，史记秦始皇命天下修驰道，此其旧迹也。"清《嘉庆重修一统志》载："在零陵县八十里，阔五丈余，类今之河道，两岸如削，夷险一致。"驰道始从帝王专用，渐变为驿骑驰递、行旅传舍的驿道。

湘桂通道上的迴龙桥碑塔（零陵土溪） 蒋汉光 摄影

湘桂驿道由永州府大西门经枫木铺、茅栗铺、黄田铺、双牌铺、磨车铺、石溪铺、土马铺、独田铺，至枣木铺驿站，抵广西全州界，湖南境内长 37.5 公里，路面宽 2~2.5 米，全程用青石板或河卵石铺砌。

《永州府志·卷一·舆地陆路图说》记载："零陵县西过平政桥，沿愚溪行，左路经西山之下，循东安大道三十里，至宝方寺为东安界；右路由枫木铺、黄田铺至东乡桥六十里又三十里，至枣木岭而接全州界……"明代地理学家徐霞客则详细记载了此路由零陵至广西桂林走向："黄沙铺、深溪铺、太平铺、全州、界首、塔儿铺；兴安万里桥、严关、灵川"。1928—1936 年，修筑湘桂公路时覆盖了驿道的大部分路段。保存至今的尚有零陵城西柳子街、桃江部分路段以及接履桥、节孝亭、楚粤亭等遗迹。

**潇贺古道** 位于永州与广西贺州交界的南岭山脉间，北联潇水，南结贺江和西江，故称潇贺古道。潇贺古道使长江水系和珠江水系紧密相连，成为楚粤交往的重要通道。

潇贺古道有两条。一是修筑于春秋时期的桂岭通楚古道，始于江华大圩镇，经广西贺州八步区的开山到桂岭镇，与桂岭河水路相接，全长 22.5 公里，路宽 1.5~2 米，路面用鹅卵石或青石板砌筑。一是秦始皇南征百越时修筑的"新道"，亦称"峤道"，自道县双屋凉亭（又名种福亭）起，经江永县回龙圩进入广西富川境内的麦岭、青山口、黄龙到古城接贺江水路，全程 170 公里，路宽 1~1.5 米，路面鹅卵石或者青石板铺砌。《秦史拾遗》载："道于潇永临封，为秦蔚屠睢督帅征络越所辟也。"《永州府志》载："秦置五岭之戍，萌渚之峤，今江华的白芒营是其一焉"。

潇贺古道是中原沟通岭南最主要的通道之一。马王堆汉墓出土的文物中有一张地形图，绘出 3 条由长沙出发通往南粤的道路，正中间的一条就是"楚粤通衢"，即潇贺古道。

潇贺古道的大车坝洑水桥（道县） 杨雄心 摄影

潇贺古道在维护国家统一的历史进程中发挥了重要作用。西汉重臣陆贾两次出使南粤，诏谕原秦南海尉赵佗臣属汉朝，均走潇贺古道。汉元鼎五年（前 112 年），归义侯田甲也取此道下苍梧，平定南越。唐高祖武德四年（621 年），李靖自四川出兵两湖击败梁帝萧铣，“由夷陵（今湖北武昌）抵富川度至桂州（桂林），驻师黄沙岭”。宋绍兴二年（1132 年），岳飞征讨曹成，曾大战桂岭蓬头岭。

潇贺古道给明代旅行家徐霞客留下了深刻印象。“大道两旁分植乔松，如南岳道中，而此更绵密，有松自出柯五六枝，丛挺竞秀，此中特见之，他所无也。自（道）州至永明，夹道者七十里，栽者之功亦不啻甘棠。”（《楚游日记》）

潇贺古道也留下了红七军和邓小平的足迹。1931 年 1 月 11 日，邓小平、张云逸率红七军从江华沱江出发，沿潇贺古道南下，1 月 14 日抵桂岭。在桂岭完成红七军的整编后，1931 年 7 月到达江西与中央红军会合。

2011 年 3 月，湘桂潇贺古道（战国 ~ 近代）被公布为湖南省重点文物保护单位。

潇贺古道大路铺镇牛角湾路段（江华） 邱秀刚 摄影

## 二、湘川、湘黔古道

湘川、湘黔驿道是湖南东西驿道的干线，发轫于楚人南下、苗民内迁时期。

公元前 280 年，秦将司马错率兵从蜀攻占楚黔中。翌年，楚将庄硚击败秦军，收复黔中，双方行军路线为巴黔道，即由川入湘之道。未久，庄硚复“循沅水”而上，经今沅陵、泸溪、怀化、芷江、新晃入贵州境，克降且兰、夜郎等国，直抵滇池，征服了当地的少数民族。《汉书》记载：“楚顷襄王遣将庄硚卒循沅水而上，经黔中代夜郎，军至且兰椓船于船而步战，灭且兰伐夜郎，夜郎迎降。”庄硚班师之际，秦国入侵楚国，切断了他回国的道路。庄硚就在滇地建立政权，史称“庄硚王滇”。《史记·西南夷列传》记载：“至滇池，地方三百里，旁平地，肥饶数千里，以兵威定属楚。欲归报，会秦击夺楚巴、黔中郡，道塞不通，因还，以其众王滇，变服从其俗以长之。”庄硚进军云南的路线为湘黔驿道的雏形。

由于武陵山脉与雪峰山脉绵亘于湘西，群峰壁立，险峻崎岖。驿道开辟甚为艰难，巩固扩展亦属不易。《史记·平准书》：“汉通西南夷道，作者数万人，千里负担馈粮……数岁道不通”。自汉武帝开西南夷道失败后，因道路交通滞后，湘西地区历为“罪臣”流徙、“谪宦”贬放之地。元朝一度整修湘黔驿道，据《经世大典》记载，由大都（今北京）走汴梁（今开封）至中庆（今昆明）的驿传，在五溪（今怀化）地区设有界亭、马底等 15 个驿站，后因兵祸，道多废。明代，湘川、湘黔间的驿道复开。至清代，湘黔驿道趋于改善。据《湖南疆域驿传总纂》记载，常、沅、芷道自武陵（今常德）大龙驿地，经府河驿、桃源驿、郑家驿、新店驿、界亭驿、沅陵马底驿、辰溪驿、山塘驿、泸阳（今芦溪）驿至芷江驿，全长 780 华里，共设铺递 68 处。

湘川驿道的走向为长沙—益阳—常德—慈利—大庸—永顺—花垣入重庆秀山。永顺另有驿路通龙山，接鄂西来凤入重庆黔江的官马大道。《读史方舆纪要》载：“永顺军民宣慰使司，东抵荆湘，西通巴蜀，南近辰阳，北距归峡，四通五达之郊也。”湘川驿道，自永顺起难以行车，以步递为主。

湘黔驿道主要包括 3 条线路：一由湖北南坪入境，经澧县、石门、慈利、大庸、古丈、镇溪（所里，今吉首）、凤凰，接贵州铜仁驿道。一由湖北蒲圻入境，经临湘、岳阳、长沙、益阳、常德、桃源，西折辰龙关，过界亭驿、芙蓉驿、马底驿、辰阳驿、船溪驿、辰溪驿、怀化驿、罗旧驿、芷江县站、便水驿、晃州驿，至桂榜塘与贵州玉屏至凯里的驿道相接。还有一条自长沙至宝庆（今邵阳）资阳驿，自资阳驿西行，经枫林铺、长阳铺、岩口铺、紫阳铺（设驿站）、入洞口龙潭铺、黄桥铺（设驿站）、过荆竹铺、石羊铺、至武冈州，再分两路：南行过城步至广西兴安，西行过绥宁、靖州去贵州开泰。此为湖南西部通广西、贵州的干线。

湘黔湘川驿道开凿于千山万壑之间，通行艰难。明正德元年（1506 年），王阳明被贬贵州龙场为驿丞，途经湘黔驿道，曾做《罗旧驿》。“客行日日万峰头，山水南来亦胜游；布谷鸟啼村雨暗，刺桐花暝石溪幽；蛮烟喜过青杨瘴，乡思愁经芳杜洲；身在夜郎家万里，五云天北是神州。”诗里对湘黔驿道之难，感触良深。明嘉靖三年（1524 年），杨慎谪戍云南永昌，亦经

湘黔古道旁的“寿”字（洞口），传为王昌龄所书

湘黔驿道，在《马底驿》里，更有“戴月冲寒行路难，霜华凋尽绿水鬓；五更鼓角催行急，一枕乡思梦未残。”之叹。

**罗溪古驿道**　位于洞口罗溪宝瑶至仙人桥之间，长约10余里，路面宽1.5~2米，青石板铺砌，险峻路段立有石柱栏杆以策安全。古道沿途有太平桥、宝瑶驿站、思义亭、碑林等遗迹。古道边一块天然岩石上，篆刻了一个大“寿”字，相传是唐代诗人王昌龄被贬为龙标（即今黔阳）尉时所书。

2011年3月，湘黔古道（洞口段）被公布为湖南省重点文物保护单位。

**高山坪古驿道**　位于泸溪浦市到高山坪段，长约10公里、宽1~1.5米，青石板铺砌，是湖

湘黔古道碑林　黄慧湘 摄影

高山坪古驿道　何春平 供图

南境内现存规模最大、保存最完好的古驿道。驿道修建于明洪武年间，源于明王朝廷“防苗，治苗”的民族歧视政策。

浦市是一个因军事而立、因商业而兴的古镇，自古就是湘西水陆交通的要冲，也是交通黔川的重要驿站。明代浦市已发展成为湘境出入西南各地的关口重镇。乾隆四年（1739年），沅陵知事赵治会撰《重修浦峰寺佛殿寿殿碑记》载：“沅陵西南境有浦市，两岸之间，烟火万家，商贾辐辏，舟楫络绎，故一大都会也。”

清乾隆年间，湘西地区爆发了持续12年之久的苗民暴动，驿道地位更显突出，浦市高山坪古驿道也得以拓展伸延至凤凰，“由高山坪经都歧，越三湾岭和三层坡，出永兴场，马路口到凤凰县城，共170里。”

清咸丰十一年（1861年）11月，石达开率部经湘川驿道入川，在浦市停驻了4天。期间登临浦市魁星楼题诗一首，“西来凭栏此停骖，烽火冲霄破晓岚。旅居苗蛮倚仡佬，地邻黔蜀势岈嵯。深怜百姓家何托，转战频年乱未勘。只为浮云遮蔽日，哪堪回首望江南。”

2011年3月，高山坪古驿道被公布为湖南省级文物保护单位。

**洪江古道** 东起铁山木古界，西止鸡公界，全长62公里，路面宽1.5~2米。沿途森林覆盖，山峦叠嶂，道路崎岖。现存青石板路面古道约10余公里、古石桥5座、风雨桥3座、古驿站2处、渡口1处。

**马底驿驿站** 位于沅陵县马底驿乡马底驿村马家巷。驿站建于明初，历为湘西南重要驿站。驿站建筑为明清时期砖木结构，下店上宿，保存完好。古驿道残长800米、宽3.5米。南北两边的排水沟0.3米。驿道路面、排水沟内全部采用小河石呈规则状铺垫，中心嵌有花朵图案。

湘黔古道洪江段　蒋建 摄影

马底驿驿站及驿道遗迹　图片来源《湖南古村镇古民居》

## 三、湘赣古道

湘赣交通兴于唐，当时陆路未通，主要走水道。《读史方舆纪要》载："唐咸通中，郡守颜暇福奏开，以通湖南，才十余里而辍。故迹犹存。"由潭州（今长沙）至袁州（今江西宜春），系由湘江溯渌水至萍乡，再登陆转川水可至袁州，入赣水可至江西地区其它州县。《元和郡县图志》载："潭州东南至袁州五百二十五里，衡州（今衡阳）东北至吉州（今江西吉安）九百一十里"。

醴陵历为湘赣交通要冲。《读史方舆纪要》："盖自江右趣湖南，醴陵为必争之道也。由醴陵而西则为长沙，西南则衡州矣。醴陵不守，湖南岂能一日安哉？"五代时，马殷占据湖南称王，在湘赣之间的榨头坳至朱田设五关，防盘踞江西的杨行密入侵。

至宋代，湘赣两地交流增多，陆路交通逐渐完善。南宋乾道九年（1173年），诗人范成大经由赣入湘赴桂林任参知政事，途经醴陵，著有《题醴陵驿》："渌水桥通县，门前柳已黄。人稀山木寿，土瘦水泉香。乍脱泥中滑，还嗟堠子长。楮州何日到？鼓枻上沧浪。"

宋淳熙二年（1175年）四月，茶民赖文政起义，转战湖北、湖南、江西，"无能阻者"。同年九月，被辛弃疾"飞虎军"镇压。从这次战役，也可反映湖南江西之间的道路情况。

明清以来，经过整顿道路及增设铺递，驿制渐趋完备。湘赣干线驿道自长沙到江西萍乡，经南山站、双牌驿、醴陵出插岭关，与江西驿道相接（走向与320国道基本平行）。另有若干支线：由醴陵往南经攸县、茶陵、安仁、炎陵，经竹子溜抵江西龙泉；由茶陵县城东门渡洣水河，越石山、档下桥，过茶水，抵铜塘铺，经腰陂、高陇至江西莲花；由浏阳越东风界至江西万载；由平江过龙门至江西修水。

茶陵古道（婆婆坳段） 张倩 供图

**茶陵古道** 是古代茶陵通往江西宁冈的交通要道，始建于明。古道全程约100公里，途经茶陵县城关镇、洣江乡、舲舫乡、桃坑乡至江西宁冈县城。其中茶陵舲舫乡资坑村、桃坑乡夏乐村之间的婆婆坳段约5公里和桃坑乡春风村石岭坳段约7公里保存较好，道路宽约0.8~1.1米，均用不规则的片石、条石或鹅卵石铺筑。

1927年12月，毛泽东率部途经

此道，在桃坑乡江口村击溃罗克绍联防团，成功拦截意欲投敌的原工农革命军第一军第一师第一团团长陈皓。1928 年 4 月，朱德从江西宁冈出炎陵经此道进军茶陵。

**攸莲古道** 攸县至江西莲花古道，自县城出发经廖公铺至高楼、下洞，经香山仙入峦山、漕泊至莲花。现存古道主要位于攸县莲塘坳乡龙形桥村和峦山镇东院村之间的香山，沿途有龙渡桥、二林桥、香山大桥 3 座古桥。路面用石块铺筑成台阶状，石材以当地盛产的一种石英石为主，宽 1.5 米左右。自龙渡桥始，依山势蜿蜒而上至香山仙观，而后下至香山大桥。沿途森林密布，溪水潺潺，景致迷人。据传，古道为明左都御史洪云蒸（攸县漕泊人）修建，清嘉庆和民国间香山刘氏两次举族重修。

攸莲古道　李敏 摄影

**江西坳驿站** 位于湘赣驿道江西坳下方湖南一侧约 200 米处。驿站坐北朝南，有堂屋 1 间，住房 2 间，占地 60 余平方米。正面、北面两侧墙体保存完好，屋顶已坍塌。整个残垣断壁遗址长 12 米，宽 5 米，正门与西侧门洞都是由 3 块完整的花岗岩条石镶嵌而成，做工考究。驿站西侧门外有一面积近半亩的院子，院墙由石块垒砌而成，高 2.2 米。院落正中有一高大古梨树，直径达到 0.4 米，树龄在 200 年以上，应为古驿站拴马之用。

江西坳驿站残墙一角
张兴林 摄

永道驿道　牛头坳路段（江永）

据《酃县交通志》记载，该段驿道修建于清乾隆年间，穿越湘赣边界江西坳后至江西龙泉（今遂川）。驿站附近路段保存完好，路面由花岗岩铺砌，宽约 1 米。

## 四、州府县道

州府县之间的驿道属支线道路，与干线驿道相联形成道路网络体系。

据已知史料，湘资沅澧 4 水流域，州府县间的驿道开辟较早，南、北各县的驿道又早于东西各县。如湘南的东安，因其位于湘江之畔、湘桂驿道之旁，“自汉有驿，通零（陵）邵（阳）之路”。湘东的酃县，因山高林深，通驿颇迟。《清康熙酃县志》载：“酃邑四塞，唯向西有驿道通安仁至衡州府”，沿途“路无人烟，邮传者畏虎，约数人持棍而行，以得交递为幸”；东南向，则“不干郡摄，亦乏往来，无从走递。”

**永道驿道**　永道驿道修建于唐天宝初年。自江永县城向东，经玉田、承车铺、三嘉铺、桐口铺进入道县境，全程 15 公里。驿道宽约 2 米，多以鹅卵石或青石板铺成。该驿道保存较为完整的是牛头坳路段，还有玉田亭、玉兔亭、寡婆亭等遗迹。

牛头坳位于江永城关东面隘口，过坳之路全用青石板铺砌。坳两面皆高峻石山，地势险要，山上尚有石墙及堡垒遗存。1956 年修通道（县）江（永）公路以前，该道是江永（永明）通往道县至长沙等地的必经之路。

清咸丰九年（1850 年），石达开部将石国宗转战永明时，与知县唐淳灿曾在牛头坳、玉田等地激战。1934 年 11 月 29 日，中国工农红军红八、九军团的一部从牛头坳攻击前进，摧毁了坳上守军修筑的碉堡。

**宝安益道**　宝安益道是横贯湘中的驿道，自益阳经安化抵宝庆（今邵阳）。唐永泰元年（765 年），都督翟灌自桃江望浮驿开新道，经桃江浮丘至安化县境的大福、梅城、苏家冲到达涟源湘乡界，为此道形成之始。

宋神宗熙宁五年（1072 年），蔡煜、章惇开梅山，置新化、安化县后，宝庆、新化、安化、益阳间的驿道沿资水流向联成一线，改变了峒族“旧不与中国通”的状况。章惇曾作《出梅山诗》：“出梅山，乘蓝舆，荒榛已舒岩已锄。来时绝壁今坦途，来时椎髻今黔乌。扶老抱婴遮路衢，为谢开禁争欢呼。”并在《过石槽铺》（今冷水江市三尖镇石槽村）感慨宝安益驿道的平坦：“人逢双堠虽云远，路在好山宁厌多？”

至明代，又修宝庆通蓝田（今涟源）、梅城至益阳的第二条宝安益道，与资水构成“水弓

宝安益道安化段上的大福桥　益阳市交通局 供图

陆弦”之势，其走向为宝庆至兰田 70 公里，兰田至梅城 60 公里，梅城至大福 45 公里，大福至桃江 45 公里，桃江至益阳 30 公里，总长 250 公里。

宝安益沿线群山起伏，道路崎岖曲折，易受山洪破坏。清代设有宝安益路会，专司此道的养护、管理，并设路产供所需。

**桂花园古道**　桂花园古道位于洪江桂花园乡桂花园村。该道修建于明代中期，是洪江古商城通往会同、武冈、绥宁等地的唯一一条陆路通道。洪江境内全长约 20 余公里，路面均由青石板铺就。

1945 年中日雪峰山会战期间，该道是国民政府后方部队上前线的必经之路。

洪江古驿道（桂花园路段）杨冬 摄影

竿头古驿道（通道）

**竿头古道**　竿头古道位于全国重点文物保护单位（2001 年公布）通道竿头侗寨，修建于明万历年间。保持较完整的古驿道尚存约 1.6 公里，全部用打制成型的青石板铺砌，路宽 1.5~2 米。驿道临陡壁一面，设置石柱，柱上穿有 2 根圆木，作为防护栏杆。

1934 年 12 月，长征红军一部曾途经该道进军贵州。

**桂郴古道**（八面山段）　桂东八面山有上、中、下 3 条古道，其中自四都经金银铺、小屋溪、江脑里至资兴赤竹园、青市古道，全长约 40 公里。在桂东没有通公路之前，是桂东通往郴州的必经之路，道旁设有石垒客栈。该段道路崎岖险峻，当地有形容山势险峻的歌谣："八面山，离天三尺三。人行要低头，马过要下鞍。一线猿猱路，险如蜀道难。"清代桂东知县洪钟曾作《过八面山》："峭壁万仞鬼斧劈，鸟道飞悬不盈尺。"

1928 年 4 月 3 日，毛泽东在桂东沙田颁布三大纪律六项注意后，途经该道到四都宿营。

**株浏古道**　株浏古道位于株洲市荷塘区明照乡贺家塅至青草坝村。该道为清代株洲至浏

八面山古道

八面山古道石垒客栈遗迹

株浏古道　陈晓华 摄影

阳的唯一通道，途经株洲境内的宋家桥、贺家塅、青草坝、黄陂田、董家冲村、青草村至浏阳境内。

现保存有贺家塅至青草坝、黄陂田两段古道。其中，青草坝路段保存有石梁桥，以及宽约 1.2~1.5 米的鹅卵石、青石板路各一段。株浏公路建成后，仍为当地居民使用。

## 第二节　其它古道

### 一、营道和苗道

明宣德六年（1431 年），湘西凤凰、乾州两地苗民起义，湖南都督萧授率兵 12 万进行残酷的“掩杀围困”。随后，又围绕湘西“苗疆”，立碉堡、设塘汛、安营哨、建边墙（又称南方长城），严分汉、苗界限。各塘汛间守望相通，是为“营路”之始。清廷沿袭明“苗防”政策，仍在苗疆安营设汛，治道驻兵。清《古丈坪厅志》载：“……安营设汛，官道所由，谓之营路”。营路多与驿道相连，有的路段即属驿道。

民国苗族学者石启贵著《湘西苗族实地调查报告》载：“苗族陆路约可分四种：通云贵的大道为官路，各汛相通有营路，汉民往来有民路，通苗寨的羊肠小道称苗路”。

**营道**　清《苗防备览·道路考》记载的营路有镇竿（今凤凰）至乾州、镇竿至永绥、永绥厅至绥靖厅、永绥厅至松溪、保靖至乾州、乾州至永绥、保靖至永绥、古丈坪至永顺厅、古丈坪至乾州、古丈坪至镇竿共 10 条，路皆以石块铺砌而成，路幅宽 1.5~2 米。其中“镇竿城北起至乾州 85 华里，北至永绥 134 华里；永绥厅西起至保靖镇 72 华里，西至松桃 85 华里；保靖县东至乾州 157 华里；南至绥靖镇 48 华里；乾州西至永绥 97 华里；古丈坪南至喜鹊营 70 华里，西南至镇竿 55 华里。”时至今日，湘西地区尚有部分营道遗迹。

凤凰古营道　*石启贵 摄于 1933 年*

碾坊古营道　*湘西交通局 供图*

**苗道**　湘西苗家山寨相通之路称“苗路”。苗路多随山势而成，人工修筑极少，或一线羊肠，或峭壁千丈，或涧谷幽深。行人对面“讲话听得见，走路大半天”。《湘西苗族实地调查报告》中描述：“苗路险峻崎岖，窄如羊肠，土路多而石路少，绕溪越岭、幽深险阻，回绝人寰，登涉艰难。”据民国时调查，镇筸、乾州、永绥、保靖、古丈坪等厅县的主要苗路 46 条，约 2336 里。其中最短的 3 公里，最长的 57.5 公里。

骆驼山古苗道　*湘西交通局 供图*

**苗疆边墙**　又称南方长城。在明朝，湘黔边境的苗人被划为

生苗和熟苗，生苗是不服从朝廷政府管辖的少数民族。明嘉靖三十三年（1554年），朝廷拨出4万两白银，在生苗与熟苗之间修筑长城，明天启三年（1622年）竣工。其中凤凰南方长城始建于明万历年间，全长191公里，由凤凰县西的亭子关—阿拉营—拉毫关—镇竿城—得胜营—竿子坪长官司—乾州元帅府—喜鹊营。边墙大部分建在险峻的山脊上，城墙高约3米，底宽2米，墙顶端宽1米上。通过边墙联结汛堡、碉楼、屯卡、哨台、炮台、关门、关厢，组成防御体系，以此孤立和征服苗族。

苗疆长城（凤凰） 刘景成 摄影

苗疆边墙把湘西苗疆南北隔离开，以北为“化外之民”的“生界”，规定“苗不出境，汉不入峒”，禁止了苗、汉的贸易和文化交往。明朝末年，苗族发动起义，把边墙夷为平地。清朝政府则在边墙旧址上重新建设了新的城墙，继续防御苗民。

## 二、湘粤　湘川盐道

食盐历代皆实行专卖，称为“榷运”。唐代开始设立“榷运使”，至民国设置“榷运局”，负责掌管盐的运销及税务。自唐至元代，楚地（湖南、湖北）“例食淮盐”。而湖南地接川、粤，此二省皆产盐。据史料所记，或因战乱，水道梗阻，淮盐不通，或因盐船运转江淮湘汉间，延迟不断，或因地邻粤川而不利淮盐转输，故赴粤、川挑私盐者历代皆有。还有因战争关系经朝廷令准改淮纲为粤引的情况，遂渐次形成盐道，其在湘南者为湘粤盐道，在湘西北者为湘川盐道。由于盐道崎岖，盐运艰难，一般是“斗米斤盐”，最贵达到“担谷斤盐”。

### 1. 湘粤盐道

宋熙宁初（1068—1073年），淮盐因运道遥远，常难及湘南，“民多淡食”，便由永、郴入连州“盗贩粤盐”。逐渐形成了颇隐蔽而便捷的永连、郴连盐道。其后每因淮盐不继，永州、郴州、衡阳、长沙、邵阳乃至江西均有人往广东连州、仁化等地挑盐，“唯以永州府辖各县为多”。元至正二十八年（1368年），陈友谅据武昌，淮扬盐不继，粤盐准通于衡阳、永州、宝庆三郡。明清以来，或因战争梗阻运输，或因盐船延迟不继，境内几度改食粤盐。盐道因此成为常道，或官府出面，或商贾出资拓整路面，修沟排水，道路得以改善。

**永连盐道**　永连盐道是永州、宝庆、衡阳、长沙等地挑夫商贩南下广东挑盐及商旅的大路，又称为“两广挑盐大路”。其道由府城东门邮城，经菱角塘、铲子坪、廖家桥、大麻江、侯坪、清水桥、柏家坪、禾亭圩、金田洞、万年桥、猫仔冲、南风坳、钩挂岭，至广东连州

永连盐道上的麻江古街道（双牌） 湖南省文物局 供图

永连盐道上的接龙桥（江永）遗迹　潇水寒 摄影

星子圩。全程 275 公里，挑运时间为 1 个月左右。故俗谚有：“挑盐一百一（斤），往返一千一（里），斤盐担米钱。”永连盐道蜿蜒盘旋于山岭间，多处为青石板铺成，路幅 1.5~2 米，两人可并肩挑行。

**郴连盐道**　广东连州星子圩是清代粤盐销楚总埠，临武与星子圩相距 60 里。自元末开始粤盐通湘以后，临近州府盐商、挑夫、私盐贩运者，在郴连盐道上鱼贯往来。清乾隆年间，由临武、连州两县官方出资，将临武至星子圩路段全部铺砌为宽 5 尺的青石板大道。

郴连盐道则自郴州南行 90 里至宜章。古代挑夫由宜章北上，有《盐路纪程谣》：“十里路上到瑶角，二十里路起风波，三十里折岭高万丈，四十里两头扯平和，五十里良田一关饷，六十里万岁封八角，七十里韩愈走马岭，八十里拱桥对庙角，九十里黄塘打一望，一百来回三个坡。”瑶角、风坡、折岭、平和……等皆所经地名。

郴连盐道（临武）

**2. 湘川盐道**

湘川盐道形成于清咸丰年间，太平天国起义致使淮盐入楚的路线被切断。朝廷命“川盐济楚”，湘川盐道因而开通。1938 年抗日战争爆发，沿海盐区相继沦陷，淮盐水运再次受阻，华中、西北、西南 7 省区食盐告急，国民政府再次启动“川盐济楚”，这是湘川盐道的鼎盛时期。

湘川盐道有北、西二线，北线以常德地区至宜昌三斗坪接运川盐的道路为主，也最为险要。

由湘北至三斗坪的盐道有 3 条：一自津市经澧县、王家厂、宜都至三斗坪，计程 250 公里；二自常德经临澧、澧县至三斗坪、计程 330 公里；三自石门经子良坪、松毛坪至三斗平，计程 200 公里。

石门、桃源、临澧、澧县、津市、常德等地从事川盐挑运的最多时达到 4000 余人，每日运送达 3000 余挑，时称“跑三斗坪”。去三斗坪的盐道最险处为蚂蚁坡，上 7.5 公里，下 15 公里，为挑盐必经之道。路窄而陡，上如登梯，山路有一段“百步磴”，上山时，后者的头紧挨着前者的脚，挑盐民前后头脚相连，如长蛇蠕动。3 条盐道地势皆东低西高，行程约需 7~10 日。挑盐者，既有箩、轿业工人，也有湘北各县的农民。其挑运的组合方式，有的为自行组合，有的受雇于各类商行，如运输行、箩行、轿行等。向湖北茅坪发运，需经湘鄂盐务总站批准，领取证照后方能承运，盐务大队即为承运单位，参运者照章缴纳管理费后来去自由。

湘川盐道上的景阳关

烟银特道洞口段

湘川盐道西线分南北二路，南路系由所里、镇里、王村等地，经永绥，过吉峒坪，穿峨溶，过里耶（属龙山县），越龙潭，至四川酉阳龚滩挑运“锅巴盐”。吉峒坪营盘城，设有“湘西川盐榷运局”，征收盐税解里耶。北路是大庸、永顺、桑植等地，经湖北建始景阳关至四川荣阴和郁山挑运井盐。龙山于民国32年（1943年）曾设“川盐济湘营业处”，征收盐税，并为挑盐者颁发证照。

抗日战争胜利后，淮盐、粤盐运路恢复，湘川盐道渐废。

## 三、湘黔烟银特道

清至民国，洪江—硖口（洞口塘）—宝庆驿道成为“特货（鸦片和银洋）”运输通道，故称之为“烟银特道”。烟银特道翻越雪峰山天险，沿途山高林密，道路崎岖，大部铺砌有1~1.5米宽的青石板。

鸦片在明朝为藩属“贡品”，清初逐渐流入民间吸食。云贵鸦片烟土主要从贵州锦屏经星子界入湘境，再走大堡子、堡家脚、岩脚、萧家、王家亭子至商埠洪江，全程154里。

鸦片从洪江转运宝庆，银洋从宝庆发往洪江，为安全通过雪峰山，需武装护运，这种护运武装，号称“解帮”。鸦片由洪江驻军护运至硖口，再将银洋从硖口接运至洪江，转云、贵诸省。武装护运一次数千担（每担约75市斤），少则几百担，每年4~5次，来回有货。运送鸦片的叫“烟帮”，运送银洋的称“银帮”。洪江、宝庆的烟帮、银帮均在硖口交接，故硖口设厘金局（相当于今财税部门），今仍有“衙门前”、“税门前”之旧称。除以上大宗武装护运外，还有肩挑皮张夹带鸦片的“溜帮”，毛货夹带鸦片的“包袱客”。

硖口分司碑

这些人三五成群结伙，伙数不少，为躲避烟帮、银帮，则分居烟道沿途小伙铺。

民国 21 年（1932 年）12 月，湖南特税处及四路军总部监护处在洪江、宝庆二地成立转运所，派士兵护送烟土，每担（定 1200 两，约合 75 斤为一担）每次收银洋 30 元。洪江驻军护送至洞口止，洞口至宝庆由宝庆驻军接运。

## 四、湘赣茶盐古道

公路出现以前，茶盐古道是湘、赣、粤三省的交通要道。当时，湖南地区的商人将当地的茶叶、山珍等土特产品经该道运到江西、广东贩卖，又从广东运回食盐等物资，“茶盐古道”因此得名。

湘赣茶盐古道起点为炎陵县石洲乡青石村，经该县大院农场、江西坳、赵公亭到达江西遂川大汾镇。从江西坳分路走另一古道可通井冈山，总里程约 150 公里。

古道修建于清初，初为土路。1883 年，大院一位叫成启昌的富商捐资将道路砌成了石头路。古道位处海拔 1000 米以上的罗霄山脉中段，沿途有原始次森林、杜鹃花海、高山草甸、

穿越杜鹃花海的茶盐古道　炎陵

茶盐古道路亭遗迹　炎陵县文物局 供图

高山湿地等秀美风景。

茶盐古道也是井冈山革命根据地的“红色通道”，毛泽东、朱德、王震、刘长希等革命先辈都在此道留下了足迹。炎陵大院农场境内古道旁尚存几处当年红军战斗过的土垒战壕。

## 五、安化茶马古道

“茶马”一词源于唐朝开始的茶马交易。西域诸民族以肉食为主，偏爱云南的红茶、四川的乌茶和湖南的黑茶，将它们视为消食养胃的珍品。中原政权以茶叶等商品与边疆游牧民族换取战马，并设专门的管理机构“茶马司”，“掌榷茶之利，以佐邦用。凡市马于四夷，率以茶易之。”湖南安化黑茶的运销线路是经资江运往洞庭湖，再转运湖北沙市，经襄樊、老河口至泾阳、晋阳、祁县，然后销往西北。

茶马古道

安化有“山崖水畔，不种自生”的宜茶环境，产茶历史悠久。明万历二十三年（1595年），朝廷颁布安化《黑茶章程》，正式定为远销西北的官茶。明末清初，安化黑茶逐渐占领西北边销茶市场，安化成为“茶马交易”的主要茶叶生产供应基地。随着黑茶产销的兴盛，商家为了收购和运输茶叶的便利，在安化县境内集资修建茶马专道。

茶马古道以青石板铺砌，沿途建廊桥、茶亭、拴马柱等供歇息之用。借助资水横贯全境的交通之便，茶商在安化山区收购茶叶后，雇佣马帮沿茶马专道驮运至江边集镇，再通过水运销往外地。

茶马古道上的歇脚亭遗迹

## 六、炎陵御祭道

邑有圣陵摩崖

《路史》载："炎帝神农氏崩葬长沙茶乡之尾"。"茶乡"即古长沙郡属的茶陵。炎帝是中华民族的始祖之一，炎帝陵自宋太祖乾德五年（967 年）建庙奉祀以来，历代朝廷均有祭祀炎帝陵的活动，其中明清两代帝王遣使御祭 58 次。至于本地和邻近州县官民，每逢春秋二祭和年节佳日，皆诣陵拜谒奉祀。

明、清时期，酃县（今炎陵）隶属衡州府。朝廷派遣的御祭官均从京都至衡州府，在府官陪同下，往炎陵祭祀。炎陵御祭道起点处为衡州府的清泉总铺，至炎帝陵全程 276 华里。

炎陵三河镇尚存御祭故道遗迹，自该镇桥头岭开始，渡斜濑水，经太和、霍家、塘旺等村落至炎帝陵，总长 31 华里。其中，桥头岭段保存较为完整，御祭道宽约 2 米，以鹅卵石铺砌，斜坡处以石垒级，牢固坚实。古道北侧的官垄口石壁上镌刻有"邑有圣陵"摩崖，为御祭官的指路标识，系乾隆十六年衡州知府黄岳牧书，阴刻楷书，每字 30 厘米见方。

2011 年，炎陵御祭道遗迹被公布为湖南省级文物保护单位。

## 七、敬香古道

**南岳衡山朝香古道** 黄帝时代，南岳衡山就已被列为华夏四岳之一（当时尚无"五岳"之称）。汉代开始，道家文化、佛教文化相继进入南岳。唐代曾修筑南岳朝香古道，《指月录卷之二》载：唐开元十四年（755 年），"刺史将祭岳祠，修南岳磴道。"

后山朝香古道 3 条：

其一，从石坳经九龙沟、鲫鱼背、会仙桥、上封寺至祝融峰。其中祝融峰下会仙桥到鲫鱼背上经九龙沟直到石坳，全长 45 里，是湘乡、双峰、湘潭等地的人直登祝融峰朝圣的一条捷径。清同治初年，曾国藩、曾国荃兄弟为了方便母亲去南岳烧香拜佛，曾经出资修筑了约 15 里长的青石板道；同治十年（1871 年）衡山人廖献廷邀同湘乡彭嘉会、袁瑞龙倡捐修建 30 里，光绪元年（1875 年）建成。

其二，从岭坡坳经水口、龙凤潭、广济寺、卧龙岭、上封寺至祝融峰。其中水口至南天门牌坊下的卧龙岭，全长 15 里，是湘潭、岭坡、福田、望峰等地人直登祝融峰的一条捷径。该段多险陡之处，陡处多凿山石为磴。

其三，从东湖、杏溪桥、岳林、西岭、藏经阁、南天门至祝融峰。由后山马迹桥经龙潭、水口山、狮形山至方广寺，再转至石涧潭、黄龙大坳，直通前山下，全程 60 里，是岳山后面一条古代石径通路，宋乾道三年（1167 年）朱熹、张栻冒雪游南岳，走的就是这条道。

前山朝香古道 3 条：

其一，从南岳古镇到延家坪经紫云洞、百步云梯、华严庵、玉版桥、报信岭、涧垅、南天门、高台寺至祝融峰。其中南岳镇北支街尾经紫云洞、络丝潭、玉版桥、罗家凹、半山亭、寿佛殿、湘南寺、南天门、上封寺至祝融峰，全长 30 华里，是孙士楷在清代嘉庆年间捐资修建，凡两年竣工，共费资银 2 万余两。

其二，从祝圣寺经茶亭子、水帘洞、弥陀寺、大坳、小坳、登山、广济寺、上封寺至祝融峰。

其三，从止观桥、龙王桥、太阳山、方广寺、西岭、藏经殿、火坑、南天门、狮子岩至祝融峰。由玉版桥经半云庵、粑粑岭、观音桥爬上火坑再下后山土地祠至刘家坪、石坳，全程 55 里，称火坑石径，是前山翻越后山的一条过山石径。清代嘉庆中衡山人刘盘捐资修建，异常陡险。从易家湾经白龙潭，攀上西岭，再下后山新峙桥，直抵东湖，全长 45 里，是自古以来前山通后山的大道，称西岭石径。

2011 年 3 月，南岳朝香古道公布为湖南省级文物保护单位。

南岳朝香古道（一）

南岳朝香古道（二）

**武冈云山秦人古道** 武冈云山先秦即为仙境圣地，至隋唐开始有佛教进入，并逐步建成以胜力寺为中心的寺庵建筑群。

据传秦始皇派卢生、侯生二人入海求长生不老药，毫无收获。卢、侯二生不敢见秦始皇，遂隐居云山。《湖南考古略》载："卢生、侯生，始皇遣人海求神仙药，不获，遁入邵陵云山。"卢、侯二生和谭真人在云山修炼时，开辟了一条上山的通道即"秦人古道"。古道起于云山步云亭，经五里庵、七里庵、十八茅湾、观音堂、土地祠、过接龙桥、京龙桥至云山堂，全长3.5公里，路宽1.2米。古道用浅绿色片石铺砌而成，傍壁依岩，蜿蜒陡峭，是游览云山风景和上云山堂烧香拜佛的主要通道。

**茶陵云阳山敬香古道** 云阳山因黄帝之子少昊云阳氏始封于此而得名。云阳山敬香古道位于南岳宫东南山坡，古道约建于明代，是历代香客上云阳山南岳宫朝拜之道。古道南北走向，长约3公里，路宽1.2米。现路面保存古代原貌的约有500米，用不规则的石块铺成，典型的江南民用山道。

**湘潭昭山古磴道** 位于湘潭市岳塘区昭山，始建于清乾隆四十二年（1777年），建成于嘉庆六年（1801年）。

武冈云山秦人古道

云阳山敬香古道 李志鸿 摄影

昭山古磴道 湖南省文物局 供图

昭山古磴道由花岗石铺成，东（南）起昭山风景名胜区宋家祠堂，中至山顶昭阳古寺，西（北）至黄土潭将军渡，全长 1314.2 米，共 1947 级，由 5300 多块花岗石铺成，贯穿昭山前山与后山。沿途有歇脚亭、拴马桩、护桩、护栏、码头、观景台、碑刻等。

2006 年，昭山古磴道公布为湖南省级文物保护单位。

## 八、湘赣苏区交通道

民国 16 年（1927 年）毛泽东、朱德相继率红军进入井冈山，建立湘赣边区革命根据地和苏维埃政权，人称苏区。国民党军队对湘赣苏区进行围剿，苏区军民物资缺乏，斗争极为艰苦。省境酃、茶、浏、醴等县人民群众为支持工农红军的反围剿斗争，选择鲜为人知的险道，向苏区输送粮食、食盐、布匹、药材等物资，在长达 8 年的斗争中，逐渐形成湘赣苏区交通道。

酃县大院石坝村张平化故居　原酃县苏维埃政府所在地（1930—1933 年）

湘赣苏区交通道是土地革命时期湘赣边区革命根据地的运输线和行军线。交通道设有递步哨、交通站、转运站等组织。递步哨负责巡哨、报警、递送公文信件；交通站系单线联系，负责联络、接待、传达上级指示，反映下面情况；转运站为运输机构，负责采办、储存、转运军需和日用生活物资。其中浏阳境内有 5 条，酃县境内有 17 条，皆为隐蔽、险峻、狭窄的山道。最长的为酃县大院石洲乡石坝村（1930—1933 年县苏维埃政府所在地）经牛屎坳、竹子溜、江西坳、八字水、上下烟、荆竹山至茨坪，全长 117 华里。最短的为大院经绵羊垅、火烧坳，进石寓里至江西遂川县梓木桥苏维埃政府所在地，长 25 华里。

## 九、华容古道

华容道位于华容县境桃花山的山凹处，称路岭子口，俗称华容小道。《方舆胜览》载“华容道在巴陵西”即此。

东汉建安十三年（208 年）冬，曹操在赤壁败于孙权、刘备联军，退回巴陵，在洞庭湖曹洲烧余船后，引兵上岸经华容道北撤江陵。刘备大将关羽奉命在华容道设伏阻击，因感念曹操当年的恩德，毅然让开道路，放其北归。《三国志·魏武帝纪》：“公船舰为备所烧，引军从华容道步归。”明弘治元年（1488 年）《岳阳府志》记载，华容道“在县东 60 里，昔曹操与孙刘赤壁战败，从华容奔荆州，关羽逐之，道经山下，马倒崖上。”明万历四十年（1612年）《华容县志》载：“倒马崖，俗称曹操赤壁战败，从华容奔荆州，道经兹崖，马坠，因以名。”

华容古道沿途尚存倒马崖、关帝庙，吴王庙、昭烈庙等遗迹。

华容古道　王绮平　摄

## 十、古栈道　古纤道

**顺水桥古栈道**　新邵境内原存一处建于明万历四十五年（1617年）、名为顺水桥的古栈道，长300余米，“左临深渊，右旁峻板”。此栈道虽“长不及千尺”，却是由近百名石工劳苦营作，“经年乃开通”。栈道凿成后，又于临河边架设栏杆，栏杆立于挑梁上，挑梁楔于悬岩上，下架斜木支撑，上铺板道，颇牢固，可驰车走马。其道顺水流向，故取名为顺水桥，并勒石立碑，镌“长虹飞渡”4字。

1990年代，新建公路施工时，该栈道被毁。

**寡妇链古纤道**　位于沅陵五强溪镇明月洄村沅江北岸，始建于明代。

“寡妇链”是当年沅水流域驾船上险滩纤夫攀爬的一条铁链。沅水险滩大多在沅陵境内，尤其是翁子洞一带最为险恶。翁子洞是一条有水洞的险滩，滩虽不长，但湾中有险，稍不注意，就

寡妇链古纤道　杨良家　摄影

会掉下丧命。相传当地百姓因缺田少地男人多做纤夫，后因过滩失足留下一村寡妇，遂名为“寡妇村”。

寡妇链崖壁遍布细长光滑的石槽和蜂窝状小孔，当地人称“纤夫槽”、“蜂窝岩”。据《沅陵县志》载:“瓮子洞，县东一百八十里，形如廪，水声如瓮响，沿江岸峭壁深潭，昔无纤路。明百岁翁廖善人汉文制铁索数百丈，凿孔系索，舟行始利。清道光年间，铁索俱折毁，知府方传穆出里人黄凤善前捐铁二千余斤，并捐廉若干，谕庠生许文耀董其事，重制铁索数百丈，雇石工凿纤路，较旧倍宽，越数月工始竣，行者称便。”

寡妇链尚存约 2000 米长、1 米宽的纤道及蜂窝孔、穿壁铁环等遗迹。

**龙过溪古纤道** 位于桃源县剪市镇旺家庄村，濒临沅水，邻棺材岩崖墓群。纤道錾凿在悬崖峭壁上，长 40 余米，宽 1.6 米，其间有石级阶梯及栏杆、缆绳石洞等遗迹。

龙过溪沅水纤道 王英党 摄影

**洪江古纤道** 位于洪江城郊鹭鸶滩滩头和天柱峰下的萝卜湾，建于清代早期，境内全长约 8 公里。

洪江水陆交通发达，古为湘西南物资集散中心。据史料记载，这里明代即有旅运、漕运、驿运、军运、货运等各种水上运输。为方便纤夫行走，在江岸绝壁上凿掘此纤道，纤道边的石壁上仍保存多处当时洪江商帮界碑桩。

洪江古纤道 梁斌 摄影

# 附录一　祁阳县古道

祁阳古道纵横密布，交织成网，分 3 类：

一是驿道，为历代封建王朝出于政治、军事、商务、文化需要修筑而成。道宽 1.5~2.5 米，路面用青石板或河卵石镶嵌，道旁开设排水沟。境内有县驿站和排山驿站，由驿丞掌管，常备马匹、夫役若干，供传递公文、军报及官差应用，并负责筹措所需禀粮、银两。

二是大道，历代乐善好施的绅、庶人等倡捐，众人乐从，为经商、旅行集资修筑而成。大道宽 1~1.5 米，路面为青石板或河卵石铺砌。

三是乡村小道，历代民众为方便生产、生活，自发捐资献力修筑而成。驿道、大道和乡村小道，每隔数公里建有凉亭，内置凳椅、茶水，供行人休憩。逢江流、河溪，或架桥或设渡，方便行旅。驿道和大道旁，每隔 5 公里左右开设店铺，供行人食宿。

20 世纪 30 年代以后，祁阳四通八达的古道逐渐为公路、铁路所取代。

## 一、驿道

驿道又名“官道”，祁阳境内有驿道 4 条。以县城为中心，东北路和西南路为干线驿道，共长 69 公里；西北路和东南路为支线驿道，共长 105 公里。

### 1. 干线驿道

**东北路**　自县城迎恩门（又名寿井门，今光明街）出城，经枫林铺、栗木铺、熊罴铺、搭桥铺、大营铺、黄土铺、洪桥铺、东富铺、白鹤铺、排山铺，抵清泉县（今衡南县）界，与去衡州府驿道相接。除大营、排山二铺各置 10 名铺司外，其余 8 铺各置铺司 8 名。每铺间距 5 公里，共 50.15 公里。县驿站和排山驿站，各有驿丞 1 名，共备马 33 匹，配排夫 132 名。民国 25 年（1936 年），衡桂公路通车，排山至洪桥段驿道自然淘汰。1958—1970 年，祁阳至大桥湾、洪桥及灵官殿公路先后建成，驿道仅存熊罴岭 5 公里遗迹。

**西南路**　自县城长乐门（又名驿马门，今幸福路南端）出城，渡湘江，过孙市街，经长流铺、富里铺、昼锦铺，抵黄公岭，入零陵县（今冷水滩区）界，与去永州府驿道相接。县城至黄公岭三铺，各置铺司 8 名，每铺间距 5 公里，共 17.5 公里。民国 25 年（1936 年），衡桂公路通车，长途运输、旅客运输皆乘坐汽车，驿道成为观音滩区内短途步行通道。

### 2. 支线驿道

**西北路**　自县城朝京门（又名罗口门，今人民路北端）出城，经石桥铺、黄冈铺、文明铺、香塘铺、罗田铺、抵界牌岭，入邵阳县界，与去宝庆府（今邵阳市）驿道相接。县城至界牌岭 5 铺，各铺置铺司 7 名。每铺间距 10 公里，共 65 公里。明清时期，此路驿道不仅是永州、宝庆两府间官方要道，而且是民间重要商道。驿道经境内四望山脉段，山峻林密，匪徒啸聚，杀人越货时有发生。中华人民共和国成立后，沿驿道走向修建黎家坪至石板铺公路，与祁东通邵阳市的公路相接，驿道被公路取代。

**东南路** 自县城长乐门出城，渡湘江，经孙市街，至西南路驿道上的“接官亭”分道，向东南沿湘水前行，经花山岭、凤凰滩、新铺、石坝、白水、烟塘、木梓圩抵乐山，共45公里。东联常宁县界，南联宁远、新田县界。明清时期，该驿道是祁阳及湘南西部诸县通达广东的要道，商旅终年不息。1960年祁阳至常宁公路建成，即沿驿道走向修建。

## 二、大道

清末及民国初期，以祁阳县城为枢纽，四通八达的大道共有13条，其中，东方大道3条，北方大道3条，西北大道4条，西方大道1条，南方大道3条，总长416公里。

### 1. 东方大道

**祁阳至过水坪** 自县城寿井门出城，经甘节亭、陶家岭、桎木山、白尼庵、下马渡、团山、黄沙铺、黄板桥、牛栏头至谭家桥，右行经滴水山、风口岭、黄麻塘、牙泉、姊妹岭，再前行5公里左右即达过水坪，全程30公里。中华人民共和国成立后，祁阳修成县城至目关头公路，祁东修成黄麻塘至过水坪公路，原大道大部分被公路代替，残留风口岭约5公里山道。

**祁阳至双桥** 自县城寿井门出城，经陶家岭、下马渡、团山，至谭家桥，左行经梅子坪、枣园岭、十字路、球树脑（今祁东大市），再北行5公里即达双桥，全程22.5公里。中华人民共和国成立后，祁阳修成县城至目关头公路，祁东修成县城至球树脑公路，此道大部分被公路代替，残存枣园岭约5公里山道。

**祁阳至归阳** 自县城寿井门出城，经东江桥、宝塔街、黄土岭、望邑亭、七里桥、鹅井石、龙口源、吊楼湾、马颈坳、竹山口、大湾村、董家坳、马祖园、梅溪、黄袍坳、谢阿甸、菜子塘、新亭子、双把亭、高牌岭，再前行2.5公里即达归阳，全程45公里。另可从黄土岭经三门滩、木埠头、马鞍岭、潘家埠去归阳，须绕道5公里，可免翻越吊楼湾至马祖园5公里多崇山峻岭。1969年，祁阳至羊角塘、祁阳至龙口源公路相继筑成，此道为公路取代。

### 2. 北方大道

**祁阳至白地市** 自县城甘泉门出城，经赶仙坳、荷叶渡、断歧岭、汤家岭、鲢鱼塘、斋公坪、枫树岭、石湾、九龙寺、杨家岭、水仙桥、朝主山、南河岭、官山坪，再前行5公里即达白地市，全程27.5公里。民国25年（1936年），衡桂公路建成后，此大道废弃。

**祁阳至包圣殿** 自县城朝京门出城，循西北路驿道行至文明铺，经高码头、杉树桥、秦家岭、砖塘，过砖塘桥行3公里即达包圣殿，全程40公里。中华人民共和国成立后，祁阳修成黎家坪至石板铺、文明铺至松林公路，祁东修成白地市至包圣殿公路，此道被公路取代。

**祁阳至步云桥** 自县城朝京门出城，循西北路驿道行至文明铺，经贺家院、石头坪、家亭、青龙庵、左家岭、茅坪、人和坪、百岁门、满姑冲、汪家坳、苞谷亭，再行数里即达步云桥，全程50公里。中华人民共和国成立后，祁阳修成黎家坪至石板铺公路与祁东去步云桥公路衔接，此道废弃。

**祁阳至蒋家桥** 自县城朝京门出城，循西北路驿道至香塘铺，经两路口，沿右方大道直

行，过龙家亭再行 5 公里，即达蒋家桥，全程 50 公里。中华人民共和国成立后，蒋家桥至石板铺公路与黎家坪至石板铺公路衔接，此道被公路取代。

**祁阳至紫云桥** 自县城朝京门出城，循西北路驿道至文明铺，经茶叶亭、汉字岭、堰脑头、沙子坪、四角丘、翻四望山的良村岭，下山后再行数里即达紫云桥，全程 45 公里。中华人民共和国成立后，黎家坪至石板铺公路与祁东至紫云桥公路相接，此道废弃。

**3. 西方大道**

**祁阳县至黄阳司** 自县城朝京门出城，循西北路驿道至雷塘观，经石岭、新塘、歇息岭、许家亭、华皮冲、二牌山，过花亭入零陵县境，经白谷塘，再行数里即达黄阳司，全程 17.5 公里。华皮冲至花亭段山道崎岖，人烟稀少，时有盗匪杀人劫货。中华人民共和国成立后，公路贯通许家亭五艾村，此道废弃。

**4. 南方大道**

**祁阳至东安** 自县城驿马门出城，经望浯桥，渡湘江，经浯设“桥会”，置溪、新木头、唐家岭、道塘、茅竹山、泉塘、厂坪，过胡冲坪入零陵县境，经十字铺、江子冲，渡湘江，经冷水滩、井头圩，再南行 10 公里即达东安，全程 55 公里。民国 25 年至 27 年（1936—1938 年），衡桂公路、湘桂铁路相继建成，此道废弃。

**祁阳至连县** 自县城驿马门出城，渡湘江，循西南路驿道至昼锦铺（今三塘），过腊树脚入零陵县境，经乔亭、邮亭圩、角巷、竹漏窝、麻子渡、桐子坪、白塘坳、分水岭、泉塘冲、铲子坪、牛坪、廖家桥、白水岭、神仙冲、大麻江、茅田湾、逼罗岗，跨径鼓岭、候坪，过石吞岭入宁远县境，经九龙亭、清水桥、杨家坪、柏家坪、双井圩、和里乡、朝阳洞、马褡坪、禾亭圩、盘龙圩、广春，过蒋金田洞入蓝山县境，经三里坪、野鸡岭、万人桥、猫子冲、黄茶园、草鞋坪、南风坳，过钩挂山入广东连县境，经走沙坪、鸡婆湾、茶盘岭、堰禾坪、贯岭、黄花坪、东山岭、千山岭至连县县城。全程 175 公里，其中祁阳境内 21 公里。清代及民国初期，此道为永州、宝庆二府入粤运盐捷径，商旅脚夫络绎不绝。五岭山段匪患不息，杀人越货时有所闻。粤汉、湘桂铁路通车后，此道渐成陈迹。

**祁阳至大忠桥** 自县城驿马门出城，渡湘江，经孙市街、接官亭、花山岭、凤凰滩、观音滩、长塘、东泉头、七拱桥、辖人庙，再南行 4 公里即达大忠桥，全程 30 公里。1959—1965 年，清水塘至大忠桥公路建成通车，此道废弃。

# 附录二 凤凰县古道

凤凰县战国时期属楚国疆域，秦属黔中郡地，汉属武陵郡地，唐设渭阳县，宋设招谕县，后属麻阳县地，元设五寨司，明隆庆三年（1569 年）设凤凰厅，清康熙三十九年（1700 年）改厅设镇竿镇，四十三年改镇竿为凤凰厅，清雍正五年（1797 年）升散厅为凤凰直隶厅，民国废厅设县。

历代中央王朝对凤凰苗区从实行羁縻政策。明万历四十三年（1615年）始筑边墙、营哨碉卡、驻扎营兵，对苗区进行封锁。据《乾隆二十三年凤凰厅志》载，凤凰厅设“总兵一员、领游击三、都司一、守备五、千总九、把总十九、外委二十三、额外二十一；马兵一百七十一名、战兵一千八百四名、守兵二千一百二十二名。”设中营、左营、右营、前营四营。

## 一、古道概况

据《凤凰厅志》记载，境内共开通4条驿道、2条营道，民间修建乡村古要道8条、苗道12条。这些古道为凤凰交通文化与兵战文化相交融的独特历史文化遗产。

**1. 驿道**

东路　从厅城起，经十里牌（铺）、石羊哨（麻阳），长约5公里。

西路　从厅城起，经菖蒲塘、栗林、全胜营（今永兴村）、苜蓿冲、雅拉营、小凤凰营（黄丝桥古城）至正大，长约50公里。

西北路　从厅城起，经长宜哨、箭塘哨、总兵营（今山江镇）、新寨营（今腊尔山镇）、栗林至雅酉寨（永绥厅），长约38公里。

北路　从厅城起，经擂草坡、靖疆营、齐良桥、清溪哨、得胜营、狗田、红树坡、竿子坪、湾溪至乾州，长约53公里。

**2. 营道**

营路线路与驿道北路、西北路的走向相同。这两条营路将清驻军的各营、哨相连接。

**3. 乡村古要道**

一条从靖疆营起，西行5里至都溶，又25里至长坪，此界内属苗寨落。又西北行山冲中，进8里至太坪关，又5里至司门前，在高山梁上行5里至木里汛，跟南下陡坡又16里至长坪旧营。

一条从得胜营路横进过小溪，由山冲中行3里上打喊坡险路至赤兰坪山腰，行至庙坳上脊行24里至火炉坪，跟南山梁行4里糖寨下陡坡，行险路8里至万溶江，由山沟中上行陡坡及险路10里至龙井，在山脊上行4里至木里汛，与靖疆营往长坪路会；由火炉坪北，从山梁上行悬岩至岩口汛，山梁上行10里至天星寨，下陡坡10里至龙角洞。西从山沟中行10余里至牛炼塘西，向大坡行险路10余里至粟林，与本厅往永绥旧营路会。

一条从竿子哨（竿子坪）营口路西南，在山冲行至结石岗（泡水），再从山峡谷中行10里过下麻冲上坡路行险路5里至地良坡，分路南行过大坡五成险路10余里至天星寨，由地良坡西从山梁上行10余里至鸭堡寨，下陡坡行山沟中10余里至龙角洞与得胜营旧路会。

一条由湾溪营路西南山峡中行上坡坳到垅团，山梁上横行18里至强虎哨，西向山沟中行陆路18里至龙爪溪即龙沟，由沟上陡坡及险路10余里至岭头坡山梁上，行15里至鸭堡寨南行，与竿子哨苗路会，西行上峻岭7~8里至只喇，南下16里至栗林与本厅往永绥旧路会。

一条由厅城西不过河至盛华哨苗路北行至竹刷，至孤塘山坳路，15 里过小溪，沿溪行 12 里至打郎汛，又东过小河上陡坡至猿猴下寨山脊上行，再上大坡险路 7~8 里到马鞍山，下石磴险路 7~8 里，至乌巢河，过河上石磴 8 里，至大树坡。此即新寨与厅城往永绥旧路会。

一条由全胜营路，北至乐壕，南北行 5 里西上驼子岭，沿山梁行至隘门，再西行 15 里至龙鄂营，西南行险路至雅拉营，跟南行与厅城往贵州正大营路会。

一条从凤凰营路西行至龙塘河，东行过沙子河险路 10 余里通马鞍山，由龙潭东北向山峡箐林中 5~6 里至岩塘，岩塘汛、老虎寨至杨柳坪即柳皮寨，进清水塘山坳险路至仡佬寨，从上大坡至新寨与厅城往永绥旧路会。

一条由凤凰营西水路进山冲至黄合营入高云洞，10 余里过贵州铜仁至豹子场。

**4. 苗道**

凤凰苗道分布情况见下表。

**凤凰苗道分布情况表**

| 起点 | 方向 | 终点 | 里程 | 经过村寨 |
|---|---|---|---|---|
| 厅城 | 东北 | 木林隘 | 36 | 教场村、岩板坳、都里、龙鄂营 |
| 厅城 | 东北 | 盛华哨 | 59 | 威云营、两岔河、报木树、太坪、马颈潭、油麻坳、下西梁、中西梁、雷公潭 |
| 厅城 | 西 | 雅拉营 | 45 | 老田冲、乐壕、隘门、龙鄂营 |
| 厅城 | 西北 | 大树坡 | 60 | 竹刷山、孤塘、火烧潭、打郎、猿猴、梁顶 |
| 厅城 | 西南 | 郭家寨 | 82 | 龙团山、强虎、两岔溪、龙山溪、岭头坡、狗儿寨、鸭堡寨、只喇、隆明、沟补、栗林、卧盘寨 |
| 厅城 | 西南 | 龙角洞 | 73 | 廖家冲、火麻营、结石岗、麻冲、地良坡、鸭堡寨 |
| 厅城 | 北 | 栗林 | 89 | 赤兰坪、庙坳、火炉坪、万溶江、龙井山、木里、岩口、天星寨、龙角洞、牛练塘 |
| 厅城 | 西 | 潭江 | 8 | 黄土坳 |
| 厅城 | 西 | 长坪 | 25 | 都溶、芦塘、牛隘、扁洞 |
| 靖江营 | 西北 | 长坪 | 29 | 例拖、太坪关、木里、缧坨冲 |
| 厅城 | 西北 | 新寨 | 46 | 龙潭河、岩塘、岩坳、杨柳坪、仡佬寨 |
| 凤凰营 | 西 | 豹子场 | 16 | 黄合营、高云洞 |

## 二、古道遗存

**1. 驿道营路**

东路（县城至麻阳）、西路（县城至贵州正大）、北路（县城至乾州），已被新中国成立后所建的 G209 国道和 S308 省道所代替，遗存驿道不多。

**东路**（县城至麻阳石羊哨 5 公里），仅保存凤凰古城东门回龙阁至杜田路 1.5 公里及接官厅 1 处，现重铺青石板路宽 2~3 米不等，成为古城至沈从文墓地的人行道。

**北路**（县城北门至乾州），保存有北门沱江跳岩、擂草坡至四万井古路段，擂草坡山坳顶又名靖边关，关墙及古亭亦保护至今。从靖疆营、得胜营、竿子坪、湾溪、三炮台至乾州路段，仅保存了靖疆营桥、西门江桥、三拱桥、湾溪桥 4 座古桥和狗田跳岩及左营晒金塘（今鱼洞村）营关墙及营路。

**西路** （县城至贵州正大），未存古驿道遗迹，仅保存廖家桥古石桥 1 座。

**西北路** （县城至花垣雅酉），大部分古道路段保存完整，如千工坪乡箭塘路段，山江镇苦李坪段、黄矛坪至得胜坡路段、大马村至乌巢河路段均保护完好。

**2. 乡村古道和苗路**

尚有 5 条乡村古道和 5 条苗路的部分路段保护完整。如得胜营（吉信镇）经赤兰坪、火炉坪、岩口、天星寨（今板吉村）、龙角洞、分右路从腊尔关至鸭堡寨（今禾库镇）等大道至今仍有部分路段保护完整，特别是赤兰坪至火炉坪路段，现仍保存 3 块路牌。天星寨（今板吉村）境内的腊尔关，两峰夹峙间建有石砌关门关墙，2000 年修建火炉坪至禾库公路时只拆 7 米关墙，对两侧的关墙加以保护。其中清咸丰年间，湘西首富石文魁捐资修筑的米良至大兴寨（今吉首大龙洞乡）古道路，至今仍是米良乡米良村、吉乐村和柳薄乡群众去往大兴寨赶集的要道。

# Chapter 3

# 第三章 古桥梁

1990 年代前，湖南省及各地市出版的交通志记载了省境民国以前建造的古代桥梁 271 座，其中始建于梁 1 座、唐代 4 座、宋代 16 座、明代 48 座、清代 145 座、民国 15 座、年代不详的 42 座。参见附录一。

2009 年至 2010 年，湖南省交通运输厅与省文物局联合开展了新中国成立以来全省第一次大规模、跨部门、全方位的交通文化遗产普查。据不完全统计，全省现存有文献（含碑记）记载的民国以前古桥近 2000 座，其中石拱桥 800 余座（其中已完成调查、勘测的有 448 座）、石梁桥 600 余座（已完成调查、勘测的 165 座）、风雨桥（廊桥）300 余座（其中已完成调查、勘测的有 175 座），其它桥梁（已完成调查、勘测的）65 座。参见附录二。

湖南桥梁建造历史悠久，桃源利兵桥是有文字可考的湖南境内最早修筑的桥梁，耒阳杜陵桥是史料记载湖南境内现存最古老的桥梁，澧县花瓦桥是境内现存最古老的石拱桥，桃江牛剑桥是国内现存最古老的石墩石梁桥。永丰磴步是我国最古老的桥型之一，在桥梁发展史上地位独特。邵阳踏水桥、江永寿隆桥、郴州塔桥则是湖南特有的桥梁形式，其中江永寿隆桥更是填补了木结构桥向石结构桥过渡的空白。岳阳三眼桥、武冈石羊桥、桂阳七拱桥、醴陵渌江桥、衡东状元桥、湘乡万福桥、永顺利济桥、芷江龙津桥、衡阳青草桥、道州济川桥等皆为一时巨观。新田的三寸金莲桥则见证了封建礼教对古代女性的束缚。这些古桥无论是结构运用、建筑造型及其自身的文化内涵方面都表现出强烈的多样性和地域性，显示出湖南古代造桥工匠的卓越智慧和精湛技艺，体现了湖湘文化独特的地域特征和历史底蕴。

保存至今的不少古桥见证了革命前辈艰苦奋斗的历程。据有关史料记载，毛泽东、黄克诚、王震分别在炎陵接龙桥、永兴下马桥、嘉禾桐梁桥上指挥过战斗。工农红军的告示、标语曾在江华西佛桥、桂东仙缘桥、武冈木瓜桥等桥上张贴。1934 年 9 月 12 日，红六军团从绥宁上堡行军至黄桑，沿途经过的桥梁依次为：上堡石拱桥（原桥尚存）、中堡石梁桥（原桥尚存）、界溪风雨桥（原桥尚存）、九溪冲木梁桥、兰家桥（原桥已被改建为石拱桥）、黄桑风雨桥（已改建石拱桥）。这些古桥后被称为红军桥。

湖南古代桥梁大致包括石拱桥、石梁桥、廊桥及侗族风雨桥以及磴步、浮桥、木梁桥等类型。

## 第一节　石　拱　桥

湖南地区的石拱桥形制多样，有单拱与多拱、敞肩与直肩、桥面平直与弧形，有无桥亭、引桥、桥墩分水锥、台阶、人力车道、护栏（沿）和桥额等。拱券种类繁多，常见的有半圆拱、圆弧拱、椭圆拱、抛物线拱等。拱桥取材因地制宜，并随着地域不同而发生相应的变化，主要有花岗石、青石、红砂岩、灰页岩、青砖和砖石混合结构等。湘中以北地区以花岗石居多，湘东地区部分石拱桥采用红砂岩，其它地区常用石灰石。明洪武元年（1368 年）建造的攸县重兴桥是我省现存最早的砖石混合拱桥。

石拱桥是湖南现存数量最多的古桥。其中，澧县花瓦桥是省境年代最久的石拱桥；临澧佘市桥则是国内现存最早的连拱石桥；湘乡万福桥被誉为“楚南大观”，“湘乡倒扒”可鼓帆通过；“楚南第一桥”的美称则属衡山白果桥；澧县多安桥是境内现存最大的古拱桥，也是第一座跨越四水干流澧水的石拱桥；新化油溪桥是境内单孔跨径最大的石拱桥，跨径达到 28 米；醴陵中坝桥是湖南现存孔跨最多的古拱桥，全桥 19 孔。东安斩龙桥发现的碑刻女书改写了女书传承的固有观念；汝城兴隆古桥与拱顶古树及周围珍稀树木群落形成罕见的景观组合，堪称桥梁史上的奇迹。

部分质量较好的古代石拱桥被改造为现代公路桥，如湘乡万福桥、澧县多安桥、新化油溪桥、郴州苏仙桥等。醴陵渌江桥、衡阳青草桥、衡山马迹桥为历代文人称道，留传了不少佳话。

## 一、宋代以前

**万岁桥** 又名万寿桥，位于郴州北湖区石盖塘镇万寿桥村，湘粤古驿道上。始建于秦嬴政三十三年（前 214 年），历代均有修缮，清道光九年（1829 年）改建为石拱桥。2009 年 2 月公布为北湖区级文物保护单位，2011 年 3 月公布为湖南省级文物保护单位。

万岁桥系 5 孔等跨石拱桥，长约 20 米，宽约 5 米，青石砌筑，半圆形拱，桥券石横联砌置，桥面上铺砌 2~3 米宽的石板。离万岁桥不远，保留一段骡迹古道，长约 200 米，路面基本完整，骡迹清晰，是当年郴州九十里骡马大道的组成部分。

该桥是郴州城区后街南关至宜章九十里大道上的一座重要桥梁，湘粤古道的标志性建筑，历代文献均有提及。当地歌谣：“十里路上到尧坡，二十平地起风波，三十折岭高万丈，四十两路又平和，五十良田屋还饷，六十万岁桥上过，七十韩公走马岭，八十亭子对庙角，九十南关抬头看，望见郴州一大窝。”

**接履桥** 位于零陵区接履桥镇，湘桂古驿道上。始建于三国时期，明天启七年（1628 年）

万岁桥 郴州市北湖区文化局 供图

接履桥　何军　蒋冬香　摄影

花瓦桥　刘焕忠　摄影

改建为单孔石拱桥，清乾隆六年（1741 年）修缮。桥长 13 米，宽 8 米，高 4.4 米，跨径 6 米。现存有明、清两代修缮的桥碑。

关于接履桥的由来，民间传说有两种。一种说“八仙过海”里的何仙姑，生于零陵区紫金山下的何仙观（尚存仙姑庙遗址），传说何仙姑飞腿一双绣花鞋，引出了接履桥。清康熙《永州府志》载，接履桥，“相传唐仙堕履于此”。又传三国时张飞取零陵，立城廓高呼，此地桥边遥接回音，得名“接音桥”。

1934 年 8 月 23 日，任弼时、王震率红六军团途经接履桥，前往湘西与贺龙红军会师。

**花瓦桥**　位于澧县宜万乡花瓦村，湘鄂古驿道上，跨湘鄂两省界河。修建于唐贞观初年，尉识敬德出任襄州（治今湖北襄樊）都督时（629—632 年）监造，是湖南境内现存最古老的石拱桥。1991 年公布为澧县县级文物保护单位。

该桥南北走向，原为单孔石拱桥，两小拱为后人扩建。全长 21 米，跨径 7.5 米，宽 5.3 米。由于岁月变化，桥位逐渐下沉，丰水季节大部水淹，在旱季才得以露出全貌。

**两叉河桥**　位于凤凰县历史文化名村——千工坪乡田冲村古苗道上，古苗墟遗址旁，跨沱江支流两叉河。据碑刻记载，修建于后唐天成年间（926—930年）。该桥为单孔石拱桥，全长11米，宽4.7米，高6米，净跨9米，拱圈厚度0.4米，料石砌筑，桐油石灰拌浆灌缝。桥面两端各设7级踏步上桥顶。

两叉河桥　凤凰县交通局 供图

除两叉河桥外，沿田冲溪上溯约1公里的河段内，尚存6座古桥，其中4座净跨为4~5米，两座净跨约1.5~2米。

田冲村古时设有苗墟，多条古苗道通山江镇、千工坪乡、麻冲乡、都里乡等苗寨。

**定胜桥**　又名永丰桥，位于双峰永丰镇潭宝古驿道上，跨湄水河支流测水。始建于宋真宗大中祥符三年（1010年），原为3孔石台木面桥，后水毁，明成化年间（1465—1487年）改建为5孔石拱桥。《大清一统志》载："永丰桥在湘乡县西南一百里，路通宝庆。旧名定胜桥，宋祥符中建，明成化中修"。清道光年间重修，民国33年（1944年），因抗击日本侵略军予以炸毁，中华人民共和国成立后修复。该桥为5孔等跨石拱桥，桥长50米，宽8米。

定胜桥　娄底市交通局 供图

晚清重臣曾国藩曾和友人游览定胜桥。当时桥上晒着许多荞麦，友人触景生情，即兴吟出上联："定胜桥，桥上荞，风吹荞动桥不动。"曾国藩则指着桥边不远处一棵桑树，从容对出下联："河边桑，桑上霜，日晒霜溶桑不溶。”

上个世纪20年代，永丰镇曾经是湖南农民运动的中心。美国记者安娜·路易斯·斯特朗在《大革命在永丰》中写道：“长沙以南一百英里处有个永丰小镇，还有它的县城湘乡，所有的外国人都确认那儿曾是革命的‘最赤化’的两处地方……走过房子和涨水的河流间那段垫着石块艰难的路程，横过石拱桥（即定胜桥），来到了河对岸。”

**斩龙桥** 位于湖南省历史文化名镇——东安芦洪市镇，湘桂古驿道上，跨芦江河。修建于宋庆历年间（1041—1048年）。

斩龙桥 *永州市交通局 供图*

该桥为3孔石拱桥，长56米，宽2.2米，高4米。桥墩上粗下细，外砌砖石，内填黄土，俗称“金鸡腿豆腐腰”。桥上有斩龙王浮雕，手持两把斩龙剑故名“斩龙桥”。当地民谣：“斩龙桥上装宝剑，岂管洪魔来盖天。气势汹汹来到此，神剑一挥妖龙斩”。

1945年，日本军队撤退时，曾以飞机投弹两枚，企图炸毁斩龙桥，未得逞。1949年，白崇禧部队驻扎芦洪市，为阻解放军进攻，投掷手榴弹炸桥，结果只炸毁两个桥栏柱，今痕迹尚存。

2005年9月，斩龙桥上发现女书碑刻，突破了以往考古研究对女书材质、流传地域、性别界限和神秘性的传统认识。

**三眼桥** 古称万年桥，又称岳阳桥，位于岳阳市区南湖，湘鄂古驿道上。始建于宋庆历年间（1041—1048年），北宋名相范仲淹的好友滕子京在重修岳阳楼的同时也建造了三眼桥（当时叫岳阳桥）。清光绪《巴陵县志》载：“宋滕子京，知岳州军事，于城南十五里沿堤为桥，治亘二里许，名之曰通和桥，即今之三眼桥也”。

该桥为3孔石拱桥，长48.6米，宽8.8米，高15米，中孔跨径8米，边孔跨径10.6米。两旁为石砌封闭式桥栏，石栏间用铸铁扣接，底部开有小孔，以利排水。桥墩和桥身镌刻蜈蚣浮雕，源于民间雄鸡、蛇、龙、蜈蚣相克的传说，以蜈蚣震慑兴风作浪的蛟龙。

三眼桥　*湖南省文物局 供图*

三眼桥自宋至清先后8次重修，现存主桥为清光绪元年（1875年）重修，两侧石岸为宋代建造。1994年公布为岳阳区级文物保护单位，1998年公布为岳阳市级文保单位，2006年公布为湖南省级文物保护单位。

**步瀛桥**　又名度仙桥，位于江永县上甘棠村，潇贺古道上，跨谢沭河。修建于宋靖康年（1126年），元、明、清均有修缮。2006年，包括步瀛桥在内的上甘棠村古建筑群被列为全国重点文物保护单位。

该桥为3孔石拱桥，全长30米，宽4.5米，每孔跨径为8.5米，拱高5米。造型小巧别致，与文昌阁的庄重高耸互为衬托。

步瀛桥建成不久就垮掉半边。传说每掉下一块石头，村里就出一个大官，至今已掉了102块，出了大小文武官员102个，其中京官18名，进士11名，最后一名是国民党爱国将领周翰宗。

步瀛桥

蓝溪桥

**蓝溪桥** 位于涟源蓝田镇，跨涟水，原名柳家桥。宋代柳绍玺修，清道光五年（1825 年）重修，更名蓝溪桥。

该桥为 3 孔石拱桥，长 33.34 米，宽 7.8 米，高 10 米。桥两边置封闭式桥栏，栏外雕有蜈蚣。桥北碑刻有清代两江总督陶澍撰写的《蓝溪桥记》："蓝田市为大都会，有桥曰柳江，因久遭泛滥遂倾陨，道光五年，乡人出谋，可舍旧，图新创。集义举复，择地立桥，改名蓝溪桥，并于河之北岸建祠，名镇江"。镇江祠内立有杨泗将军塑像，以镇守津桥免遭江水之毁。清末民国时期，桥上有面、饺商担。20 世纪 80 年代，桥上辟为集市贸易场。

1939 年至 1941 年间，钱钟书曾任教于蓝田国立师范学院，期间撰写了《谈艺录》、《中书君近诗》、《写在人生边上》，后以该学院为"三闾大学"原型孕育了名著《围城》。

**石羊桥** 位于武冈头堂乡石羊村。宋淳熙年间（1174—1189 年）修建，时名济川桥，湖南转运司许应隆撰《济川桥记》以记其事。清康熙二年（1663 年）重修，易名石羊桥。清道光元年（1821 年）补修，增建 24 排桥栏，桥头建关帝庙，桥中建观音堂。1981 年公布为武冈县级文物保护单位，2011 年公布为邵阳市级文物保护单位。

该桥为 7 孔石拱桥，全长 84.45 米，净跨 75.45 米，宽 5.55 米，采用梁拱券石，纵横分节、并列的砌筑方法建造。

石羊桥 邵阳市交通局 供图

**青草桥** 位于衡阳石鼓区石鼓书院旁，湖广古驿道上，跨湘江支流蒸水。原为青草渡，相传唐代韩愈过此而始建，故又称韩桥。宋景祐二年（1035年）建石鼓书院后，青草桥已为衬景。《徐霞客游记·楚游日记》载："（衡阳）北城外，则青草桥跨蒸水上，此桥又谓之韩桥，谓昌黎公过而始建者。"

青草桥原系石墩木梁桥，明嘉靖二十四年（1545年）桥遭火毁，逾年改建成石拱桥，更名永济桥。"夹道为厘，列四十余间"，两侧悬建吊楼，风格别致。桥头有草前街、草后街、多酒店，一时成为繁华之地。

明万历四十四年（1616年），洪水冲毁北头两拱，翌年重修，四十六年（1618年）告成。

清康熙五十年（1711年），大水又倾北头两拱，后曾设两渡，继又编木为桥。僧圆本遵僧海岸遗嘱募修，于六十年（1721年）三月告竣，并"修桥亭置铺地六间"。

乾隆二十七年（1762年），被洪水冲毁5个桥墩、栏杆，桥面石板也多处被破坏。知府饶佺、衡阳县知县陶易、清泉县知县江恂号召殷实富户、开明士绅周敬奄、熊明俊等募捐修葺，花费千余金仍称青草桥。

1933年，洪水冲毁南北两孔，1935年修复；1944年被日军炸毁，1956年修复为8孔石拱桥。全桥长166.35米，宽10米，单孔跨径15米。

"青草渔灯"为衡州八景之一，素有"青草桥头酒百家"之称。清人朱佩连《清泉杂咏》诗赞："潇湘八景画难描，雅爱衡阳青草桥。雨后凭栏新月上，渔歌欸乃橹声摇。"

1945年11月10日，国民革命军第26军在青草桥举行抗日阵亡将士追悼大会。

附：乾隆二十六年陶易撰《衡阳县志》卷二桥梁中记青草桥："青草桥在城北一里跨蒸水，经

2010年代的青草桥　任平 摄影

数寻地即与湘会流。宋淳熙三年四月，郡守薛伯瑄始建。费八百缗有奇，米七十石。排去积沙，布以横木，累石为六墩。南北为大堤，架木为梁，上覆以小屋。明永乐十四年七月，霪雨水溢，桥圮墩仆，自后官编竹筏效浮梁以济往来，每淋潦暴溢亘弱弗支，筏数败散。正统初郡守李显建言重修请于朝，许之。然未有成功。及乐安邹良来守衡，乃修复旧墩，费千金，米五百石。石墩高一丈二尺，上架以大木，纵横五层，上履厚板，板上起贯屋，五年始成。教授方珏记之。嘉靖二十四年火灾，桥板及横木俱烬。时分巡道姜仪、太守林允宗、知县郭文习大集工匠尽易以石为七隧，长四十五丈逾年乃讫工。更名曰永济。历百年来，桥皆夹道为廛，列四十馀间。岁输桥店银八两零。雍正癸未庠生马可骅重修。又查河墩陷石刻记云系正统元年知府张葵创修，万历四十四年四月初六日，水大涨倾北头第一第二两拱，四十五年三月初六日，起工重修，至四十六年告成，与旧志不合。查秩官志，无太守张葵。姑阙以俟考。康熙五十年四月二十四日，大水又倾北头第一第二两拱，官民谋修未遂。初设两渡，济者丛拥不便，编木为桥。每遇春涨，摇摇欲坠。邵僧海岸，初修西渡桥，既落成，於五十七年九月来衡募修，经始而僧寂，嘱延寿庵僧圆本踵修。五十八年九月起工，六十年三月告竣。共费银二千七百六十四两。又募修桥亭置铺地六间，供住持香火费。雍正二年甲辰十月十三，夜失火尽毁桥上廛肆。太守孙元以桥上列肆易致桥坏，因禁民建屋。捐资两旁立石栏杆共二百五十三柱，尽设石扇。桥面石上加铁锭。北头建文昌阁，共费七百馀缗”。

**皋陶桥** 位于道县乐福堂乡大莲塘村，湘桂古道上。修建于宋嘉定年间（1208—1224年），据光绪三年（1877年）《道州志》载：“在州西35里进贤乡，宋嘉定间建。”

皋陶桥为双孔石拱桥，桥高7米，长38米，宽6米。桥西岸建有凉亭一处，内有清代重修桥亭碑记。

皋陶桥　杨雄心 摄影

## 二、元明

**佘市桥** 原名道源桥，位于临澧佘市桥镇，湘鄂古驿道上，跨澧水支流道水。宋宝庆元年（1225年）始建石墩木梁桥，宋咸淳四年（1268年）建成石墩石梁桥。元至顺二年（1331年）改建为石拱桥，到元至元二年（1336年）建成，元太史揭曼硕作《道源桥记》记其事。2000年公布为常德市级文物保护单位。

佘市桥为9孔连拱石拱桥，长83.3米，宽9米，高8.6米，是国内现存最早的连拱石桥。原桥上有屋，计26楹，中建4阁，左右为轩，南北为门。清乾隆五十六年（1791年）洪水冲毁4墩，乾隆五十九年（1794年）桥体按原制补修。

1930年11月23日，贺龙率红二军团在佘市桥头击溃敌人，曾占领临澧县城。

佘市桥　万军　摄影

**十里桥**　位于道县寿雁镇阳家铺村，湘桂古道上，跨中坪河。因桥在道州古城西10里，故名。始建于明洪武间（1368—1398年），光绪《道州志》载："在州西十里，入广西灌阳路，明洪武间僧居敬募建。"

十里桥为5孔石拱桥，长37米，宽3.4米，高3.5米。桥两端台阶已被垫平，供小型农用车通行。

1934年11月，中央红军长征时经过该桥，又称"红军桥"。

十里桥　杨雄心　摄影

**三拱桥**　位于凤凰县三拱桥乡三拱桥村，凤凰至乾州（今吉首）的古驿道上，跨万溶江。明朝永乐三年（1405年）修建。

该桥为3孔石拱桥，桃形拱，全长31米，宽6.7米，高12米，单孔跨径8米。墩台、拱圈用粗料石砌筑，石灰拌桐油作浆。驼峰式桥背，两端各设24级踏步，桥面设廊房式凉亭、店铺及灵官殿，桥两头建有客栈。

1955年，修建吉首至凤凰公路时，该桥改造为公路桥。1972年，吉凤公路改道，在泡水河出口处新建一桥，三拱桥保存至今。

1933年时的三拱桥　石启贵 摄影

三拱桥　凤凰县交通局 供图

**南溟桥**　位于攸县黄丰桥镇南溟桥村，修建于明正统四年（1439年），清乾隆年间复修。清邑令张五典撰《宝都双桥记》，详细记载了南溟、黄丰二桥建造历史。（南溟桥上游百米原有黄丰桥，二者合称“双桥”，黄丰桥已毁）。

该桥为6孔石拱桥，桥长60米，宽3.65米，高5.4米。整体保存良好，至今仍可通行车辆。

**长田桥**　位于道县寿雁镇长田村，湘桂古道上，跨洑水河。始建于明正统年间（1435—1449年），光绪《道州志》载：“长田桥在州西北三十里进贤乡……明正统

南溟桥　李敏 拍摄

长田桥 杨雄心 拍摄

四拱桥 韩建明 摄影

间坊民何宗源，国朝康熙坊民黄云伋等先后重修。”

该桥为 5 孔石拱桥，长 59 米，宽 5.5 米，高 7.1 米。现桥两端台阶已被垫平，供小型农用车通行。

**四拱桥** 原名天寿桥，位于汝城县城西边，汝城通郴州的古道上，跨浙水河。始建于明弘治年间（1488—1505 年），明嘉靖八年（1529 年）将原来的石墩石梁桥改建成 4 孔石拱桥，乾隆十四年（1749 年）复修。1958 年，该桥改造为公路桥。

四拱桥全长 63 米，宽 5.6 米，高 7.4 米，每孔跨径均为 10.5 米。

1949 年 6 月 25 日，新中国成立前夕，汝城四拱桥发生了一场激烈的阻击战。《汝城县志》记载：“湘南支队与保安十一团的战斗”。

**枫林铺桥** 位于祁阳下马渡镇枫林铺村，湘桂古驿道上，跨祁水。修建于明嘉靖年间（1522—1566 年）。清道光二十五年（1845 年）增建 24 间通心桥亭。民国 24 年（1935

枫林铺桥　钟上元 供图

年），第一拱变形，祁阳商会倡捐修葺。民国 33 年（1944 年）7 月，为阻遏日本侵略军，当局派飞机炸毁第三拱和 4 间桥亭；民国 36 年（1947 年）修复第三拱，1957 年重建 4 间桥亭并加固桥身。1977 年，改建为公路桥。

该桥为 5 孔石拱桥，全长 92 米，单孔跨径 13 米，宽 6.2 米，青石板铺面，两边置条石座、栏。

《祁阳县志》记载："1859 年，翼王石达开率大军由郴州、桂阳经宁远进入祁阳白水，利用木排渡江，围祁阳城 1 月零 4 天。城不下，寻离去。当时石达开先驻永昌书院，继扎枫林铺桥侧一民房。"

**桐梁桥**　位于嘉禾行廊镇沙坪村，跨芹溪河。修建于明嘉靖三十年（1551 年）。

该桥为 3 孔石拱桥，拱跨 8 米，长 35.2 米，宽 5.4 米，高 6 米。清康熙年间知县蒋起蛟题"桐梁潜渡"，其后历代知县为桥题词做诗，镌刻于亭。清咸丰八年（1858 年）桥侧亭斜，乡贤李舜仁等重修，并建茶屋、桥亭，塑观音像一龛。

桐梁桥地处郴州、桂阳至嘉禾、宁远的古道上，地理位置十分重要。明崇祯八年（1635 年），矿工刘新宇率饥民起义，曾与衡阳府官军在此激战，刘战死于桥上。清咸丰九年（1859 年），太平天国名将石达开在桥头击败清军后攻占桂阳。

桐梁桥　王军杰 摄影

1934 年 11 月 16 日，红三、红八军团在此桥与国民党 27 军李云杰部激战，将敌军击溃，通过了桐梁桥。

**白果桥** 原名镇岳桥，坐落衡山县白果镇，跨涓水。修建于明嘉靖三十九年（1560 年），该桥为 9 孔不等跨（8.6~9.2 米）石拱桥，全长 102.4 米，宽 7 米，高 9 米。桥面用红条石护砌，被誉称“楚南第一桥”。

1959 年改建为公路桥。1997 年，在大桥上游拓宽 6.5 米，为维持古桥原貌，加宽部分仿老桥结构，拱圈、桥台、侧墙、外露部分全部采用花岗岩粗料石，其它均采用花岗岩块、片石砌筑。

白果桥　衡阳市交通局 供图

**要溪桥** 位于沅陵县盘古乡跳岩村，湘黔古驿道上，横跨沅江支流要溪溪口，西靠沅陵至盘古公路大桥。始建于明万历四年（1576 年），清乾隆二十八年（1763 年）修缮。

要溪桥为单孔石拱桥，桥长 40 米，宽 6.7 米，高 11 米，跨径 10 米。桥东侧中央刻有“要溪桥”、“明万历四年”等字样，桥孔内侧正上方雕刻有太极图案。该桥采用红砂岩块垒砌，自然清缝，构造严谨。

**七拱桥** 又名永济桥，位于桂阳县舂陵江门下渡，跨舂陵江。修建于明万历十二年（1584 年）。1979 年 10 月（欧阳海大桥建成）之前，它是桂阳通往新田、常宁的必经之路。

大桥全长 146 米，宽 10 米，高 20 米，7 孔 8 墩，桥面两边有条石栏杆，宽 0.5 米，高 0.6 米。石栏杆上，每隔 48 米置有一座石雕狮子，面向桥内，高约 0.3 米，共 8 座，“文革”期间破“四旧”时毁。

要溪桥　杨良家 拍摄

七拱桥自古属兵家必争之地。清咸丰九年（1859 年）三月，石达开在七拱桥受阻，退走嘉禾。

1934 年 8 月，任弼时、王震率红六军团顺利夺取七拱桥，西进湘西

七拱桥　韩建明 摄影

与贺龙红军会师。

女子桥　湖南省文物局 供图

**女子桥**　位于汨罗古仑乡黄道村，跨罗水支流蓝向河。修建于明万历三十七年（1609年），传为一女子募钱捐修，故名女子桥。2002年公布为湖南省级文物保护单位。

该桥系3孔石拱桥，桥长35米，宽5米，高10余米，拱跨8.3米。全部以大块花岗石砌筑，浑然一体，造型古朴大方，青藤攀满桥身，至今保存基本完整。

西门江桥　湘西交通局 供图

**西门江桥**　位于凤凰县境古驿道北路（凤凰至乾州）得胜营（今吉信镇），跨万溶江。修建于明万历四十四年（1616年），为得胜营地方官绅募捐建成。

该桥为单孔石拱桥，全长33米，宽8.7米，高16米，净跨17米。拱圈为鹅蛋形，紧贴两岸石壁砌筑。料石用糯米粥拌石灰浆砌，灰缝细小。桥面原为驼峰式，两端各设 36 级踏步登上桥顶。1955 年修建吉首至凤凰公路时，改建为公路桥。

西门江桥建造过程中采用了悬空搭架技术，拱圈上尚存搭架开凿的方形石孔，显示了当年建桥工匠的高超技艺。传说该桥竣工时，有一神仙赶着由 3 座小山峰变成的 3 只鸭子来踩桥，问工匠师傅说：新桥能踩吗？师傅见其皓发银须，绝非凡人，便答道：可以踩桥。当老者赶着 3 只鸭子走上桥中，桥拱咔咔作响，师傅忙施法力，用一把岩工铁尺将拱圈撑起，铁尺被撑弯，桥则安然无恙。现在拱桥迎水面有一凸出部位，传说是神仙踩桥形成的。此后，工匠将压弯的长铁尺改成直角岩工尺，沿用至今。

横岭桥　刘峰 拍摄

**横岭桥**　又名符犯桥，位于醴陵泗汾镇湛田村，跨横岭河。据醴陵县志记载，该桥“始建明，清乾隆年间修石梁”。

横岭桥为双孔石拱桥，桥长 21 米，宽 3.4 米，高 6.5 米，跨径 9.5 米。拱券用红砂岩砌筑，桥面离桥沿 0.9 米处嵌两线宽 0.28 米的平行麻石条板，其它铺鹅卵石。以三合土做护栏，高 0.2 米。南北引桥各长 4 米，上游建“S”形分水墙，用以缓解河水对桥墩的冲击。

**龟灵桥**　位于双峰县洪山殿镇龟灵村，跨崖凉水，潭宝古驿道上。修建于明，清乾隆元年（1736 年）、道光元年（1821 年）两次修缮。

龟灵桥为单孔圆弧石拱桥，桥长 35 米，宽 5.5 米，高 7.7 米，净跨 15 米。拱圈石纵联砌置，两端铺设石级，并置石狮 2 尊。除桥中石庙被毁外，其余保存完整。

该桥曾被誉为“湘乡第一拱桥”，桥顶面为龟背形，正中有两块青石板，一刻二龙戏珠，一刻三鱼共头，当地民间流传“乌龟桥上一件宝，三个鲤鱼共个脑”。

**大埠桥**　原名“永济桥”，位于娄底西阳镇境内水府庙。修建于明万历四十四年（1616 年），

龟灵桥　娄底市交通局 供图

清光绪二十二年（1896年），由兵部尚书兼陕甘总督杨石泉主持改造。1995年公布为娄底市级文物保护单位。

大埠桥　娄底市交通局 供图

大埠桥为3孔石拱桥，桥长56米，宽6米。桥面两端正中嵌圆形石雕云龙图案，桥头各立石狮一对。桥两旁用条石（最长一块7米）砌成封闭式桥栏。栏中央有杨泗将军石庙，庙中刻“永济桥”3字，底座雕麒麟，内置杨泗将军像。两旁镌短联两副：“长资保障，共庆安澜”、“永寿金石，济世津梁”。

据当地传说：有3个石匠都想承建这座石拱桥，修桥主事对他们说，你们3人用石头各造一物来评品。不久，第一个石匠用一块石雕琢一只精巧的算盘，91颗珠子滴溜溜转，灵活无比。第二个石匠用石块整体镂刻一只鸟笼，小鸟站在横杆上可转圈圈，玲珑剔透。第三个石匠说，我在东边山打造了半边水缸，在西边山也打造了半边水缸，把他们合起来可盛水。主事即令人将水缸抬来，合拢时天衣无缝，将水倒进去，滴水不漏。这时，修桥主事发话了：算盘、鸟笼虽好，但那是技巧上的工夫，修石桥要求结构严谨、坚固耐用，要的正是结构上天衣无缝的绳墨工夫。于是，由第三个石匠领头修造了这座永济桥。

## 三、清代

**万福桥**　位于湘乡西南洙津渡，潭宝古驿道上，跨涟水。清雍正元年（1723年），邵阳客商徐公明募资兴建万福桥，竣工于雍正四年。当地有“雍正元年桥下墩，雍正二年修一拱，雍正三年修八拱，雍正四年桥完工”的歌谣。

万福桥

万福桥为9孔厚墩联拱石拱桥，全长166.8米，宽6.7米，高10.8米，单孔跨径13米。桥墩前尖后方，尖墩之上砌有拱肩的挟壁石柱直到桥面。

雍正八年（1730年），湘乡县令陈哲在西岸建造了一座桥门，并派专人守护，每日定时开关桥门，还规定乡间独轮车不得从桥上滚过。湘潭杨氏老妪，在桥头设置茶亭，另在桥中建杨泗庙，附设3条鲤鱼共一个头的石雕，铁铸2只公鹅，桥头两边各立2头铁牛。

1923年，华洋义赈会潭宝工程处将桥脚桥面加宽，河岸边墩加固，改建为公路桥。1944年8月，国民政府为阻止日本侵略军，派飞机炸毁桥东第一拱。次年，国民政府交通部第二公路工程局修复桥梁，全毁之拱改为砖拱，1946年恢复通车。2001年，320国道洙津渡大桥建成，万福桥不再通行汽车，作为一道风景和文物保留下来。

油溪石拱桥　娄底市交通局 供图

**油溪石拱桥**　原名横溪桥，位于新化吉庆镇境内，新化至安化的古驿道上，跨油溪河。修建于清乾隆十二年（1747年），同治十年（1872年）维修，1979年改建为公路桥。1982年公布为新化县级文物保护单位。

该桥全长53米，宽8米，高22米，单孔跨径28米，为湖南境内单孔跨径最大的古石拱桥。全桥用石料砌成，两石相隔处用生铁钩连，桥面两边置石栏，东北石栏雕刻有1米多长的蜈蚣浮雕，南端桥头立有石狮。

**石灵桥**　原名湘宁桥，位于湘潭市雨湖区响塘乡烧汤河村，湘潭至宁乡的古驿道上，跨靳江河。始建年代不详，清乾隆年间，旧桥毁于洪水，宁乡黄庭英捐资重建为3孔石拱桥，改名石灵桥。清光绪二十三年（1897年）由湘潭陶衡绪等倡募重修为5拱桥。2011年公布为湖南

石灵桥　罗建宇 摄影

省级文物保护单位。

该桥长 52 米，宽 6.4 米，跨径 9.25 米。全桥皆以花岗石砌块筑而成，石缝之间勾心斗角搭配牢固，桥面平整，砌石无缝，墩台上刻有蜈蚣，桥缘为石柱坊条栏杆，每边引柱并行排列，4 座石狮雄峙两端。

1925 年春，毛泽东和大弟毛泽民、妻子杨开慧经此桥回韶山开展农民运动，建立韶山支部。1945 秋，王震、王首道率八路军南下支队途经石灵桥。

**三元桥** 又称关家桥，位于武冈荆竹镇平原村，跨资水。修建于清乾隆十四年（1749 年）。1981 年公布为武冈市级文物保护单位。

三元桥原貌 邵阳市交通局 供图

三元桥原为石拱木廊桥，7 孔等跨，桥长 86 米，宽 5.7 米。1945 年中日湘西会战期间，遭日军飞机轰炸，靠南第二孔中弹，下陷约 30 厘米，凹部 3 米见方。1958 年“大跃进”期间，桥廊、殿堂等木构建筑及修桥碑被悉数拆毁。

2009 年 3 月 4 日清晨，运行了整整 260 年后，三元桥突然倒塌，整座大桥包括桥墩荡然无存。当地传说，大桥是被神仙背走了。

**兴隆桥** 位于汝城县小垣瑶族镇后洞村，修建于清乾隆十四年（1749 年），由衡州石匠刘荣先建造。

兴隆桥为单孔石拱桥，桥长 17 米，宽 3.5 米，桥基至桥面高 5 米，跨径约为 5 米。桥周围生长着红豆杉、檀香树、桂花树、野荔枝树等珍贵树木数十棵，桥旁的一棵檀香树，树围 2.3 米，树高超过 30

兴隆桥 汝城县交通局 供图

米。拱顶生长的国家一级保护植物红豆杉，树围达 4.6 米。古桥、桥顶古树及周围珍稀树木群落，构成奇特的自然文化景观。

**吴杨桥** 又名芙蓉桥，位于长沙县金井镇涧山村，联结长沙、浏阳、平江 3 地的古道上，跨金井河。始建于宋，清乾隆四十三年（1778 年）重建，民国 3 年（1914 年）修缮。

该桥为单孔花岗岩石桥，桥长 27.8 米，宽 4.7 米，高 7.2 米。北侧桥身嵌有六块青石碑刻，前五块均为捐资碑，最外面一块为碑志，记载该桥最初为宋代吴交、杨初二人出资修建，所以又叫吴杨桥。

吴杨桥　成正凡 摄影

枫林桥　益阳市交通局 供图

**枫林桥** 位于益阳赫山区兰溪镇，跨兰溪河，修建于清嘉庆二年（1797 年）。

该桥为单孔石拱桥，桥长 64 米，宽 6.5 米，桥北有麒麟 2 尊，南面有石狮一对，桥中两侧刻有“枫林胜迹，资江一桥”8 个大字。桥头原有茶亭，后毁。

相传，枫林桥是由住桥东枫林的老石匠带领徒弟义务修建。老石匠助人为乐、造福乡里的精神，感动神仙下凡帮助。端午节时，桥修好了，爱唱山歌的兰溪人在桥头搭建歌台，以比赛山歌来感谢乐善好施的石匠师徒。从此，枫林桥上赛山歌便成了兰溪人过端午的传统节目，也成了益阳民俗风情的一道风景。1994 年，兰溪被国务院命名为“山歌之乡”。

1978 年，枫林桥公布为益阳县级文物保护单位，2011 年公布为湖南省级文物保护单位。

**多安桥** 位于澧县城关东门外，跨澧水。原为浮渡，清乾隆四十九年（1784 年）始修梁桥，取名澧州桥。清嘉庆二十四年（1819 年），在地方官多赉、安佩莲联合主持下，重修为石拱桥，翌年建成。当地百姓为纪念二人建桥功劳，更名为多安桥。2006 年公布为湖南省级文物保护单位。

多安桥为 11 孔连拱石桥，全桥长 198 米，宽 8.7 米，高 8.4 米，拱圈厚 0.3 米。拱桥石墩砌成舟形，并从下往上呈台阶内收，形成梯形尖状。桥两边砌镶石栏，立石碑共 20 块，上面刻有多赉等撰写的《多安桥记》、《续修多安桥记》以及首倡官绅及乐捐者的姓氏。原桥中央建亭阁，桥头各竖石牌坊一座，上刻楹联："四郊昨多垒，九澧兹安澜。"清同治年间《直隶澧洲志》绘有其雄姿。

《直隶澧洲志・八景总图・多安桥》

1912 年 10 月，民国元勋蒋翊武回乡省亲，澧县人将他要经过的多安桥改成翊武桥。结果，蒋翊武在当晚绕道进城，第二天对乡人申明，自己"无功可纪，不得享此殊荣，将通衢要道冠以己名尤属不妥"。

1932 年，修建澧县至津市公路时，拆除桥亭改建为公路桥。1935 年贺龙率部攻打澧州，为断敌后路，将桥中炸毁一孔，随即修复。1943 年 11 月 11 日，国民政府军第 44 军为阻截日军南侵，将多安桥 3 墩 4 孔炸毁，1948 年 3 月 25 日修复。

多安桥　佚名 摄影

万年桥　陈安平 摄

**万年桥**　位于蓝山所城乡羊车岭峡谷，湘粤古盐道上，跨舜水。修建于清乾隆五十三年（1788 年），清道光六年（1826 年）桥面加砌石栏，并立碑于桥西，镌文“万寿无疆”。

该桥为单孔石拱桥，桥长 23.3 米，宽 7.3 米，高 9.3 米，跨径 17 米，拱厚 1.1 米。桥旁建“积寿亭”，亭内置石茶缸，供过往行人无偿茶饮。亭柱刻有楹联:“修数百年崎岖之路造千万人来往之桥”。

据考证，“万年”最初的名字叫“望娘”，即盼望湘妃娘娘归来的意思。蓝山民间传说，二妃找不到舜帝，最后投水殉舜。二妃投水的地点据传就在万年桥一带的悬崖绝壁上（这是离开九嶷山时最后能看见九嶷山顶峰的地方）。这一带后来就叫“望娘”，所在村也叫“望娘村”。明朝之后，“望娘”被讹传为“万年”。万年桥建立后，特别是“万寿无疆”碑树立后，“万年”之名即被固化了。舜妃的两双绣花鞋随水漂到湘江，流到洞庭，在君山岛被人发现，并被安葬在岛上，这就是君山岛湘妃墓的由来。

2011 年，万年桥公布为湖南省级文物保护单位。

**沿溪桥**　位于浏阳沿溪镇沿溪河上，始建于宋。现桥修建于清乾隆五十四年（1789 年）。1953 年，修浏东公路时改建为公路桥。1983 年，在上游约 20 米处另修公路桥代替。

该桥为 7 孔石拱桥，全长 69.2 米，宽 4.8 米，桥高 6.7 米，净跨 7 米。

沿溪桥联:“一轮明月沿江千古照，九曲拱桥溪水四时通。”

沿溪桥　肖珑 摄影

**洪城桥** 位于新田高山乡程家村，跨舂陵河，建于清乾隆年间（1736—1796年）。清嘉庆《新田县志》载："洪城桥在南乡，距城三十五里，桥上建亭，有记，详艺文。"

该桥为3孔石拱桥，桥长56米，宽8米，高20米，跨径16米。桥面用石板铺成。原桥上有亭，亭里白天集市贸易，晚上聚会纳凉，现亭已毁。桥门楹联："为帝者师，幸老人传书夜半；作仙人婿，携佳妇捣杵人间。"桥南拱门楹联："留侯迪前光，圯上兵符传虎略；季鹰怀故里，江边云树忆鲈鱼。"

1934年8月，红六军团9700多人在任弼时、萧克、王震的率领下，退出湘赣根据地向西转移时，从此桥上经过，为中央红军转移开路。

洪城桥 李明云 拍摄

**松竹桥** 位于澧县火连坡镇黄溪村，湘鄂古驿道上，跨涔水。修建于清乾隆六十年（1795年）。系福建漳州知府孙承松（澧县人）与其弟孙承竹合资捐建，当地人为纪念二人，各取其名中一字为桥名，故为"松竹桥"。2002年公布为常德市级文物保护单位。

该桥为单孔石桥，桥体均由青石砌筑，桥长38米，桥面宽8米，高12米，跨径18米。

松竹桥远景 曹毅 摄影

**毛公桥** 位于宁乡巷子口镇今直田村（原谷口村），始建于清乾隆年间，1948年重修。2007年公布为长沙市级文物保护单位。

该桥为拱梁组合构造，4 孔石梁桥联单孔石拱桥，全长 58 米。梁桥桥面宽 2 米，拱桥桥面宽 5 米；梁桥每孔跨径在 6~8 米之间，拱桥跨径为 14.8 米。全桥麻石砌筑，桥身镌刻蜈蚣浮雕，寓蜈蚣避水、庇佑桥体平安之意。

毛公桥　长沙市交通局 供图

岭北桥　李志鸿 摄影

**岭北桥**　位于茶陵马江镇玄武村，跨马伏江。修建于清嘉庆十五年（1810 年）。

该桥为 5 孔等跨砖拱桥，桥长 29 米、宽 2.7 米、高 4.6 米，拱跨均为 5 米。桥身青砖砌筑，桥面青砖铺砌，体现南方砖拱桥的建筑风格。

**冠南桥**　又称清水江桥，位于醴陵清水江乡文山村，攸县至萍乡古道上，跨石河。据醴陵县志载："始建于嘉庆二十一年，刘立泽倡建。清宣统三年由彭祥墅等重建。"

该桥为 6 孔石拱桥，红

冠南桥　马仁仕 摄影

砂岩砌筑，桥长 68.7 米，宽 5.5 米，南北走向。江心 2 主孔毁于洪水，仅保留 4 孔桥拱，桥面长满藤蔓杂草。

**渡头桥** 位于武冈邓元泰镇渡头桥村，跨资江。始建于明代，清嘉庆二十一年（1816 年）重修。

该桥为 3 孔石拱桥，长 45 米，宽 6 米，高 10 米。桥身由 3 个半圆形的桥拱组成，桥面原有 12 排木质桥亭，亭上有关公神像，1974 年桥亭倒塌。

1945 年 4 月中日湘西会战期间，日军 116 师团 109 联队与国民政府第四方面军 63 师 187 团曾在渡头桥附近激战。

渡头桥 武冈交通局 供图

**化龙桥** 位于醴陵沈潭镇庞龙村，跨大障河。修建于清代，民国年间进行了维修，1971 年再次全面维修。

化龙桥 马仁仕 拍摄

乌巢河古桥　湘西交通局 供图

该桥为3孔石拱桥，红砂岩砌筑。长29.5米，宽5.5米，高5.5米，跨径7米。桥面两侧用条石砌成1米高的花格护栏，雕刻葵花图案。桥头石柱两侧分别雕刻毛泽东诗词“中华儿女多奇志”、“敢教日月换新颜”，桥中护栏雕刻“祝毛主席万寿无疆”等，具有浓厚文革色彩。

**乌巢河桥**　位于凤凰县腊尔山镇骆驼山村，单孔石拱桥，净跨8米，桥高6米，桥宽4米，全长12米。始建于清代，现保存完好。

**联株桥**　又名株溪口桥，位于安化东坪镇株溪村。清道光二十八年（1848年）动工，咸丰六年（1856年）建成。

该桥为双孔石拱桥，全长52米，宽7米，高8.5米。桥头两侧竖有石狮、石象、石马，引桥置有石级，拱顶刻有“联株桥”额。云贵总督罗绕典曾撰《筹费小引》赞：“双虹从天外飞来，半月自波间涌出。”

联株桥　益阳市交通局 供图

**接龙桥**　位于炎陵霞阳镇西街门外，修建于清咸丰元年（1851年）。2008年公布为株洲市级文物保护单位。

该桥为双孔石拱桥，长31.9米，宽3.7米，高7.5米，跨径22.5米。全桥麻石砌筑，桥面用条石护栏，南端有石阶，桥墩迎水面设分水尖。

1928 年 4 月，为掩护朱德、陈毅部队向井冈山转移，毛泽东率部从资兴回师炎陵，亲自部署、指挥了接龙桥阻击战，创造了以两个营击溃敌军一个正规团和攸（县）茶（陵）挨户团的战例。

接龙桥 唐星波 摄影

**清江桥** 位于祁东城连墟乡锡坪村，跨清江河。修建于清同治十二年（1873 年）。

该桥为 7 孔等跨石拱桥，长 68 米，宽 7 米，高 8 米，跨径均为 7 米。桥身用料石砌筑，桥面设石护栏，护栏内侧刻有 12 生肖及植物花卉图案。桥上原建有木构廊亭，做工精美，雕龙画凤，“文化大革命”时损毁。

清江桥 衡阳市交通局 供图

**西佛桥** 位于江华沱江镇，跨沱水，建于清光绪二十三年（1897 年）。

该桥为 7 孔石拱桥，桥长 120 米，宽 7 米。桥面两侧砌筑 1 米多高的石柱栏杆，配以龙云鸟兽、八仙飘海、文王求贤等人物故事的精致石刻，栏柱上置千姿百态小石狮近百尊，两端各设一对大石狮，被誉为南方“卢沟桥”。

1928 年 3 月 16 日，原中共宝庆地方执委会书记、中共湘南暴动特派员兼江华县委书记彭钟泽在沱江西佛桥就义。

1930 年 11 月 16 日，邓小平率红七军占领沱江，途经西佛桥。桥南端立有石碑一块，记载红七军过江华的情况。

西佛桥

**台源桥**　原名紫霞桥，位于衡阳县台源镇台源村与硅塘村交界，建于清光绪年间。

台源桥为 7 孔石拱桥，东西走向，桥长 120 米，桥面宽 7 米，单孔净跨 14 米，两侧石栏有浮雕。

台源桥　衡阳市交通局 供图

安乐桥　邱秀刚 摄影

**安乐桥**　位于江华桥头铺镇下蒋村，潇贺古道上，建于清光绪戊戌年（1898 年）。

该桥为单孔石拱桥，东西走向，双向 10 级台阶，青石板桥面，青石条栏杆，旁有同善亭。桥旁有棵古樟树，树龄约 500 年。近年，为保护古桥原貌在旁新建一小平桥通车。

2011 年，安乐桥公布为湖南省级文物保护单位。

**遇仙桥** 位于新宁县崀山镇联合村，石田通新宁县城的古道上，始建年代不详。1993年公布为新宁县级文物保护单位。

该桥为单孔石拱桥，桥宽4米，拱高8米，跨径15米，两端台阶各为15级。桥两边山峰耸立，深崀小溪从桥下穿流而过。整座桥梁建筑结构牢固，外形美观大方，保存完好。

遇仙桥 邵阳市交通局 供图

## 四、民国

**同仁桥** 位于永顺砂坝镇盐卡村，始建于民国初年。

该桥为单孔石拱桥，全长29米，宽6.7米，跨径17.8米，高8.65米，桥沿置0.4厘米，长1.5米的青石护栏，桥中央立同仁碑及土地庙。桥两端各有一棵古柏。

同仁桥 湘西交通局 供图

**曾家滩桥** 位于醴陵清水江乡曾家滩村，东通萍乡，西通攸县，横跨铁河。民国5年（1916年）修建，现已改建为公路桥。

该桥为6孔石拱桥，麻石砌筑，长88.6米，宽5.65米，高8.2米。

曾家滩桥 马仁仕 摄影

**德星桥** 位于醴陵船湾镇星桥村，跨沙河。民国5年（1916年）修建。

该桥为6孔石拱桥，红砂岩砌筑，桥长75米、宽5.5米、高8米、跨径10米，南北走向。

德星桥　马仁仕 摄影

桥面中间嵌有一麻石条，便于过车。桥面栏杆原用三合土砌高 0.4 米，现部分改用红砂岩。

**渌江桥**　位于醴陵城区，跨渌水，始建于南宋乾道年间。原为浮桥，南宋宝佑年间（1253—1258 年）建成 6 孔石墩木梁桥。此后 700 年间，毁于水 14 次，毁于火 5 次，毁于兵 4 次。宋修 2 次，元修 1 次，明修 7 次，清修 13 次，1925 年 10 月改建成现桥。1986 年公布为湖南省级文物保护单位。

该桥为 10 孔石拱桥，长 186.7 米，宽 8 米，桥中部架引桥连接状元洲。康有为题桥额“渌江桥”3 字，傅熊湘撰并书《渌江桥碑》。

1927 年 9 月 12 日，参加秋收暴动的醴陵农军与工农革命军第一军第一师第二团会师，攻入县城，中路军曾直逼渌江桥头。1928 年 1 月和 2 月农军两次攻城，均在渌江桥激战。1930 年，毛泽东与红一方面军司令部曾驻扎状元洲。

1944 年日军进攻醴陵，国民党五十八军军长鲁道源要炸桥，县人刘建绪电请第九战区司令长官薛岳阻止，渌江桥得以保存。

渌江桥曾被誉称民国“湘东第一桥”。2002 年，醴陵丁水生著长篇历史小说《慈善大侠》，

1906—1909 年时的渌江桥
恩斯特·柏石曼（德国建筑师）摄影

渌江桥　湖南省文物局 供图

主要讲的就是民国慈善家陈盛芳捐建渌江桥的史实和传奇故事。

**杏仁桥**　位于道县清塘镇幸福洞村，道县至江永古道上，跨濂溪河。始建于民国 16 年（1927 年）。

该桥为 5 孔石拱桥，长 53 米，宽 5.5 米，高 7 米。

杏仁桥　杨雄心 摄影

**兰塘桥和惜字炉**　位于攸县皇图岭镇龙和村，自县城经皇图岭往醴陵的古官道上，民国甲戌年（1934 年）修建。

兰塘桥和惜字炉　熊保湘 拍摄

该桥为单孔石拱桥，红砂岩砌筑，长 20 米，宽 4.2 米，高 4.25 米。桥南 3 米处有惜字炉，六方五层葫芦项，边长 1.3 米，高 8.8 米；东侧二层开窗为炉口，每层飞檐均有浮雕，工艺精湛；炉口左右有对联一副。桥与塔炉布局和谐，相互衬托。

该桥与塔炉结合的建筑形

制，具有一定的历史、工艺及人文价值。

**中坝桥** 位于醴陵嘉树乡荆林村，民国 26 年（1937 年）修建。

该桥为 19 孔砖拱桥，主体由红砖砌筑。桥长 56 米，宽 2.1 米，高 1.8 米，拱高 1.3 米。

中坝桥是湖南现存孔跨最多的古拱桥，也是砖拱桥的经典之作。

中坝桥 马仁仕 摄影

# 第二节 石 梁 桥

湖南境内的石梁桥包括石墩石梁桥、石柱石梁桥、木石组合墩石梁桥等结构形式，以石墩石梁桥最为常见。据文献记载，历史上规模最大的石梁桥是清乾隆三十五年（1770 年）建成的宁乡玉潭桥（1972 年改建为公路桥），桥长 193 米，计 26 墩、25 孔。现存最早的石梁桥是修建于唐代的牛剑桥；现存最大的石梁桥是建于清代的衡山黄龙坝桥，桥长 77 米；浏阳泥南桥则是最大的条石混凝土组合梁桥，桥长 102 米；最为有名的石柱石梁桥当属始建于宋代的江永寿隆桥。跨径较大的石梁桥，普遍采用多层石伸臂梁（类似木伸臂梁）结构来分担主梁的承重，以湘中以北地区居多。

国内现存的木石组合墩、木石组合梁桥非常罕见，比较有名的木石组合墩桥有清道光十三年（1833 年）重修的西安灞桥。2009 年，湖南交通文化遗产普查发现，新邵踏水桥及隆回车田桥系木石组合墩石梁桥，邵阳谭俊桥是已知的唯一一座木石组合梁桥。这些发现，为研究我国古代桥梁发展演变提供了珍贵的实物资料。

## 一、明代以前

**牛剑桥** 位于桃江县黄泥田乡，始建于唐宪宗元和十年（815 年）。1993 年，洪水冲垮了部分桥墩，1/4 桥体滑落水中，2010 年交通与文物部门联合修复。同年公布为益阳市级文物保护单位。

牛剑桥为 5 孔石墩石梁桥，桥长 20 米，桥宽 3.87 米，孔径 1.7~2.5 米不等。石梁每条厚 55 厘米，宽 78 厘米，最长达 7.2 米。

牛剑桥有“楚南第一蛮桥”之称，也是国内现存最早的石梁桥。清乾隆《益阳县志》：“牛剑桥建自唐时。初，桥势高阔，石梁甚巨……滩上有老人背剑骑牛指示辄成，今桥旁有牛蹄亦存焉，故以为名”。

牛剑桥原貌　桃江县文物局 供图

修复后的牛剑桥　桃江县交通局 供图

**塘下砠石板桥**　位于新田县石羊镇史家村塘下砠西约 200 米处的小溪上，修建于明永乐八年（1410 年）。

该桥东西向，桥长 13.2 米，桥面由 4 块长为 3.3 米、宽约 1.4 米的青石板筑成，用 3 个桥墩支撑。左、右两个桥墩采用卯榫结构，中间桥墩则用块石砌筑，两端设分水尖，造型美观，设计科学。

**寿隆桥**　位于江永县夏层铺镇上甘棠村，潇贺古道上。据《上甘棠众架石桥捨钱题记》载，与寿隆桥结构相同、位置相邻的栈道桥建于北宋靖康年间，有专家据此推断寿隆桥同样建于北宋靖康年间。又据石碑《重建寿隆桥记》中记载："……甘棠周氏宅东北隅一里

塘下砠石板桥　李明云 供图

寿隆桥　吴顺东 摄影

许，有桥曰寿隆，屡兴屡废，难为长久之策。爰自成化辛卯冬，棠溪积善君子周绍隆、周麒，同诸众信，集功舍财，觅工镌石圈桥一道……时大明成化八年岁在壬辰仲春月。”该桥始建于宋，明成化八年（1472 年）重建。

寿隆桥全长约 10 米，宽 1 米左右，5 墩 4 孔，青石砌筑。桥墩由子母榫上下、左右拼拢围砌，最后由长条青石压合而成，制作工艺十分精巧。

该桥采用了木建筑常用的榫卯结构，独面平梁的每个桥墩都是由两根石柱构成，每根石柱上方凿成小一圈的方形，两根石柱插在一块带有两个方孔的椭圆石块上，构成桥面的石板就是在这块椭圆的石块上对接相搭成桥。组成桥墩的两根石柱从构造和外形上，很类似老式长凳的凳子腿，是向外撇的外八字形。该桥对研究湖湘桥梁构造方式的演变有较重要的实物价值。

2011 年，该桥公布为湖南省级文物保护单位。

**寺上桥**　位于江永县允山镇回岗村，潇贺古道上，跨寺上河。

该桥修建于明代，形制与寿隆桥相似，为卯榫结构石梁桥。桥长约 11 米，3 墩 4 孔，两端砌筑料石驳岸，中间 3 个桥墩由 6 根石柱、3 块石横梁组成。靠田洞处桥墩石横梁因中有裂纹，后人用石柱顶托，呈 3 足状。支撑桥面的卯榫由于洪水的冲击，大都倾斜，东南第一个榫头断裂。

寺上桥　蒋正呈 摄影

**汉缕桥**　位于江永县允山镇回岗村，潇贺古驿道上，横跨寺上河。

该桥修建于明代，形制与寿隆桥相似，为卯榫结构石梁桥。桥长 14.5 米，5 墩 6 孔，河道中间 2 个桥墩系榫卯结构，桥柱榫头与桥面平行。桥面青石板最长的一块 3.56 米，最短的 1.5 米，桥面宽 1.3 左右，桥墩高度约 1.1 米。

2011 年，汉偻桥公布为湖南省级文物保护单位。

汉偻桥　蒋正呈 摄影

史家桥　李明云 摄影

**史家桥**　位于新田石羊镇史家村，修建于明初。

该桥为湖南地区罕见的 3 孔石柱石梁桥，长 7 米，宽 2 米。桥由 3 块巨大的青石板架设，由巨石桥墩支撑，结构坚固，造型美观，设计精巧。虽历经数百年，仍保存完好，具有较高的历史、艺术和科学价值。

**泥南桥**　位于浏阳市龙伏镇居委会，平江、龙伏至浏阳的古道上，跨捞刀河。始建于明嘉靖年间（1522—1566 年），初为 7 墩 8 搭 72 米长的木桥。清咸丰十年（1861 年），每搭桥改铺两块尺余的青石板。光绪二十四年（1898 年），泮春周岐阳先生义捐八块山田七洞所出的青

泥南桥　罗斯旦 摄影

石板，使桥面增至米余宽。后经 1940 年、1954 年、1987 年 3 次增修，将原桥墩加高 1.7 米，并于西端增加 5 墩，使桥面延长至 102 米，增宽至 1.8 米。桥面中间加铺了钢筋水泥板，以便小型车辆通行。(资料来源：陈先枢撰《长沙老建筑》)

**谭俊桥** 又名弹箭桥，位于邵阳县黄塘乡檀正村，跨犁头水。始建于明洪武二年（1369 年），为洪武进士、平蛮督元帅、万户侯何元智捐资建造，历时 3 年完工。其后代于乾隆四十四年（1779 年）、宣统三年（1911 年）和民国 18 年（1929 年）3 次修缮。

谭俊桥为石拱石梁组合桥梁，全长 30 米，宽 2.1 米，桥高 5 米。其中石梁桥长 12 米，3 墩 4 孔，石墩上并排放置 4 根粗大杂木承托的石梁，形成托木上置石梁的木石组合梁结构。石拱桥跨径 9 米。桥的上下游各筑一坝，左右修 3 条水渠，灌溉附近农田。

整个工程集通行、排洪、灌溉于一体，设计合理，尤其采用的木石组合梁结构为省内孤例。

**接龙桥** 位于永兴县高亭乡

谭俊桥　姜子程 摄影

接龙桥　韩建明 摄影

板梁村，桂阳通耒阳、常宁的古驿道上，跨板溪。传说建造该桥是要“将已走失的龙气接回来”，故名。

接龙桥修建于明代，为 3 孔 2 墩石梁桥，全长 22 米，单孔跨径 4 米，桥面宽 1.6 米，由 9 块 5 米多长、60 公分宽的大青石架设。

板梁村明清时期发展为金陵县（今永兴）的重要集镇和商埠，是规模最大、保存最好的湘南古村落。1928 年 2 月 3 日，黄克诚大将在板梁突袭国民党挨户团，消灭了挨户团团长吴国斌等 22 人。

惠通三桥　李明云 摄影

**惠通三桥**　位于新田县石羊镇史家村，建于明代。

该桥为 2 孔石柱石梁桥，2 根石柱与横梁采用榫卯结构组成桥墩，利用两岸天然岩石做桥台，其上架设 2 块长约 3 米、宽 2 米的大石板。整座桥保存完好，为研究湘南地区榫卯结构石梁桥的形成和演变提供了实物资料，具有较高的历史、艺术和科学价值。

**踏水桥**　位于新邵县小塘镇渡头桥村，跨石马江，始建于明代。

踏水桥　姜子程 供图

该桥为木石组合墩石梁桥，长 128 米。以枞木、松木等材料，在江底打造群桩基础，在木柱桩群上加盖顶横梁组成排架，在排架上部安置石盘，石盘之上承托锥形石墩，一共有 52 块石墩，其上铺设 53 块青石板连接成桥面，供人通行。

据考证，踏水桥始建于明代。古人摸索出枞木、松木一类材料可以在水中久泡不腐的机理，采用木桩基础提高了该桥的稳定性。其采用的木石组合排架墩，是桥梁史上最早的一种轻型墩，也是湖南境内现存最早的木桩基础桥梁。

## 二、清代

**惊马桥**　位于望城县白箬乡与乌山交界处，宁乡通长沙的古驿道上，跨湘江支流八曲河。修建于清雍正六年（1726 年），嘉庆二十年（1815 年）重修。清光绪《善化县志》载：“县西六十里通宁大路，相传汉关侯入长沙过此，马惊逸，士人名惊马桥。”当地地名联：“惊马桥，

惊马桥　罗斯旦 摄影

衡龙桥　邓建强 摄影

桥上马，马行无力皆因瘦；黄泥铺，铺内人，人不风流只为贫。”

该桥为 3 孔石梁桥，桥头护栏敦上雕有石兽，桥墩上有浮雕蜈蚣，桥头砌惜字塔。

**衡龙桥**　位于益阳市赫山区衡龙桥镇龙桥村，宁乡至益阳的古驿道上。原为木桥，清乾隆六十年（1795 年）改建为石墩石梁桥，清道光二十九年（1849 年）水毁后重修。1991 年公布为益阳县级文物保护单位。

衡龙桥原长近 70 米，宽 3 米，11 墩 12 孔。桥面用长约 6 米的条石铺成，桥中石墩分水壁上刻有兵书、宝剑、雕龙等浮雕。桥两侧有石栏，桥头建有 4 个亭子，供行人休憩和饮茶，桥附近还建有衡龙塔，并树以碑。

“文革”期间，衡龙桥栏杆、碑亭塔被拆毁，部分桥身遭到破坏，现桥长 55 米，尚存 9 墩 10 孔。

**宁华桥**　位于宁乡县夏铎铺镇三桥村，修建于清嘉庆五年（1800 年），道光十年（1830 年）、咸丰元年（1851 年）两次修缮。

该桥为 4 孔 3 墩石梁桥，麻石砌筑，长 23 米，宽 1.6 米，高约 4 米。桥墩迎水面呈锥形，起分流作用。每 2 座桥墩之间由 4 根麻石条并列，整个桥面由 16 根麻石条组成，麻石条长约

宁华桥　贺得权 摄影

4.4 米，宽约 0.38 米，厚约 0.3 米。

该桥是日军在宁乡的受降点，对研究宁乡的抗战历史具有标志性的作用。

**黄龙坝桥**　位于衡山县白果镇子务江村，跨涓水河，修建于清嘉庆年间（1796—1820 年）。因该桥桥面及桥沿由 99 条约 7 米长的麻石铺成，故又称百石桥。2005 年公布为衡山县级文物保护单位。

该桥为 11 孔 10 墩石伸臂梁桥，长 77 米，宽 2.93 米，高 5.5 米。桥墩全部采用红砂岩砌筑，迎水面呈尖形，背水面方形。在河两岸的金刚墙及桥墩上各挑出 3 层石伸臂梁，以承托主梁。桥东、桥墩上的石狮及桥墩上的两座庙宇毁于“文革”时期，桥西头尚留有一对石狮。

黄龙坝桥　衡阳市交通局 供图

**三寸金莲桥**　位于新田县金盆圩乡河山岩村村口，建于清道光年间。

该桥由一块长 2.35 米，宽 1.2 米的青石板搭建，桥面阴刻一双“三寸金莲”的脚印模。传说，古时候凡欲嫁入该村的女子，进村前首先要在此量一量自己的脚，如果符合标准的就可迎娶，否则就会被男方退婚。同样，该村女子出嫁到别村也是这样。三寸金莲桥可谓中国封建礼

三寸金莲桥　李明云 供图

桥上的“三寸金莲”脚印模

同福桥　娄底市交通局 供图

教的实物见证。

**同福桥**　位于娄底市娄星区小碧乡对家村，修建于清光绪八年（1882 年）。

该桥为 4 孔 3 墩石梁桥，桥面由 8 块长约 6.6 米、宽约 0.8 米的石块搭建。全长 39.6 米，桥面宽 1.5 米，桥墩迎水面设锥形分水尖。桥墩上立有两块小石碑，分别镌刻“光绪九年吉日立，永禁桥两面推车推番，倘有违犯罚钱壹仟贰佰”；“光绪八年，协修同福，碑竖十字铺”等字，中间桥墩上砌筑水神庙，供奉杨泗将军神像。

**大江石桥**　位于宁乡县沙田乡石江村石板上组，修建于清光绪二十四年（1898 年）。

该桥为 5 孔 4 墩石伸臂梁桥，全长 39.5 米、宽 2.6 米。船形桥墩，迎水面刻长约为 1 米、宽为 0.5 米的蜈蚣纹饰。桥东端石碑阴刻“泰山石敢当”，西端石碑阴刻“将军箭，右走沙田，左走横岭”。桥东原有茶亭，后因年久失修垮塌。

大江石桥是宁乡境内规模最大的石梁桥。据《民国志选编》载：“大江石桥，跨石板水，在西南百四十里石板上。清光绪廿四年，罗翊泰倡建，并置桥屋，茶亭。”

大江石桥　长沙市交通局 供图

**太和桥**　位于宁乡县沙田乡沙田村黄涓水，建于清光绪二十四年（1898 年）。

该桥为 2 孔独墩石伸臂梁桥，长 10.2 米、宽 2.2 米，桥墩宽 1.6 米。两侧桥基由麻石垒砌，桥墩迎水面为尖状，桥基和桥墩上浮雕蜈蚣。桥面由 6 根长条麻石构成，长 4.5~4.7 米、宽 0.45 米、厚 0.4 米。护栏由长约 5.1 米、宽 0.4 米、0.45 米的麻石构成，南北两侧各置 2 根。

太和桥　贺得权 摄影

1917 年，毛泽东和同学萧子升到宁乡进行社会调查时，曾路过该桥。

**四知桥**　位于宁乡县龙田镇七里村，系七里山杨姓族捐资修桥，修建于清同治十三年（1874 年），为歌颂其祖杨震清廉，取名四知桥。

该桥为 2 孔独墩石伸臂梁桥，长 18 米，宽 5.6 米。桥墩呈方尖碑形，迎水面为尖状，桥墩上刻蜈蚣纹饰。桥墩之间桥面由 3 条麻石并排构成，每根宽为 0.4 米。桥两侧置高 0.4 米、宽 0.3 米的麻石护栏。

杨震，东汉弘农华阴（今属陕西）人。历任荆州刺史、涿郡太守、司徒、太尉等职。杨震出任涿郡太守途经昌邑（今山东省巨野东南）时，其举荐的王密时任昌邑县令。为答谢杨震的举荐之恩，趁夜深人静怀揣 10 锭黄金到驿馆拜见杨震。杨震毅然拒绝，王密说：“夜黑人静，是不会有人知道的。”杨震答：“天知、地知、你知、我知，你怎么说没有人知呢？”这就是著名的“四知”故事。

四知桥　贺得权 摄影

**杉木桥**　位于望城县星城镇，建于清光绪十三年（1887 年）。相传初建

杉木桥　罗斯旦 摄影

石柏桥　黎春林 摄影

时，中为整块杉木厚板，故称杉木桥。

该桥为 2 墩 3 跨石伸臂梁桥。长 18 米，宽约 1.8 米，石墩头为船形。石墩上雕刻有蜈蚣、如意、太极八卦等浮雕。桥面由 5 块 30 多厘米宽的条石拼成，两边为整块长条形青石，中间为 3 块花岗石板。桥头建有风水塔。（资料来源：陈先枢撰《长沙老建筑》）

**石柏桥**　位于临澧县望城乡永安村，建于清代早期。

石柏桥为 1 墩 2 跨石梁桥，长 15.5 米，桥面宽 1.4 米，高 4.3 米，墩两头为尖形。墩上为石伸臂梁构造，上平铺青石，每块青石长 4.8 米、宽 1.4 米、厚 0.5 米。桥南立有功德碑 2 块。

**乌龟桥**　位于益阳市赫山区泥江口镇樊家庙村，始建于清代。

乌龟桥　曹伟 摄影

该桥为独墩 2 跨石梁桥，船形墩，两侧浮雕蜈蚣图案，桥墩迎水面置石龟。桥面平铺 6 块条石，桥全长 9.3 米，桥面宽 1.26 米，高 2.9 米，两岸护基呈长方形状。

**高丰桥**　位于益阳市赫山区衡龙桥镇高丰桥村，修建于清代。

该桥为 3 墩 4 跨石梁桥，全长 36 米，宽 2.4 米，高约 4.45 米。桥墩呈船形，桥墩东面浮雕蜈蚣图案，两侧设护

高丰桥　曹伟 摄影

河图桥　曹伟 摄影

栏。后桥面改修平铺水泥，两侧加设水泥护栏，供小型机动车通行。

**河图桥**　位于益阳市赫山区衡龙桥镇河图村，修建于清代。

该桥为 4 墩 5 跨石梁桥，长 27.7 米，宽 1.75 米，高 2.9 米。每跨平铺 4 块条石，桥墩呈船形。桥墩及条石有不同程度的损坏。

**侍郎桥**　位于益阳市赫山区欧江岔镇侍郎桥村，修建于清代。

该桥为 4 墩 5 跨石梁桥，全长 36.5 米，宽 4.35 米，高 3.3 米。桥墩呈船形，东西两侧浮雕蜈蚣图案，桥面每跨平铺 4 块条石，两岸护基呈八字状。桥面两侧护栏及桥两端石狮、石麒麟毁于 20 世纪 80 年代初期。

**放乐洞石板桥**　位于新田县石羊镇放乐洞村，建于清代。

该桥为 2 墩 3 跨石梁桥，桥

侍郎桥　曾学雄 摄影

放乐洞石板桥　李明云 摄影

青草坝桥　陈晓华 摄影

高嘉桥　曹伟 摄影

长 14 米，宽 3.6 米。桥面由 9 块平整的青石板铺就，2 个桥墩砌筑分水尖。造型美观，坚固结实，具有较高的历史、科学和艺术价值。

**青草坝桥**　位于株洲市荷塘区明照乡青草坝村，清代建造。

该桥为独墩 2 跨石梁桥，桥长 8.3 米，宽 1.87 米，高 2.6 米。桥面用 5 块长条形花岗岩石并排铺架，船形桥墩。

**高嘉桥**　位于益阳市赫山区衡龙桥镇高嘉桥村，民国 10 年（1921 年）建造。

该桥为 4 墩 5 跨石梁桥，全长 41 米，宽 1.9 米，高 4 米。桥墩呈船形，桥面每跨平铺条石 5 块，第二、三墩有蜈蚣绕宝剑浮雕。桥西侧镶嵌麻石、红砂岩碑刻 5 块，上记载有修桥记序，捐款人姓名，吉祥语以及竣工纪年。桥西侧原有石塔，1958 年拆毁。

六安桥　马仁仕 摄影

**六安桥**　位于醴陵市南桥镇颜家村，洪源通向白兔潭的古道上，民国时期建造。

该桥为 2 墩 3 跨石梁桥，桥长 23.8 米，宽 1.1 米，高 3.93 米。以 3 块为一组、共 3 组的麻石条砌筑。

# 第三节　廊桥及风雨桥

据湖南交通文化遗产普查结果统计，湖南境内现存廊桥及风雨桥 300 余座，主要分布在湘西南地区的古驿道及湘中茶马古道上。其中始建于宋代的道县午田风雨桥是湖南现存最早的廊桥，始建于明代的芷江龙津风雨桥是国内最大的风雨桥，始建于清代的通道普济桥是单孔跨径（19.8 米）最大的风雨桥。

这些木石结构的廊桥及风雨桥是中国传统历史文化、湖南地域风俗文化（如桥上的水神庙供奉的就是宋代洞庭湖畔农民起义领袖杨么）及侗族建筑文化融合的结晶，是十分珍贵的交通文化遗产。作为传统工艺的载体，它们既是传播工具，也是传播场所。廊桥构成了当地乡村文化景观不可或缺的组成部分，成为周边居民重要的聚集场所。人们在桥亭避雨乘凉、聚会交流、载歌载舞、举行祭拜仪式，传承着当地的民俗民风等传统社会文化。

廊桥主要包括石墩（台）木梁、石拱两种基本形式。宁乡惠同廊桥是湖南已知唯一的石墩石梁风雨桥；通道廻龙桥系伸臂木拱和伸臂梁组合结构风雨桥；通道文星桥及兵书阁是集桥亭阁殿为一体的组合建筑；泸溪茅茂田桥是现存唯一的斜撑式木梁风雨桥。近些年来，为使桥体坚固耐久，部分石墩木梁廊桥在维修时改造成石墩混凝土梁廊桥，如邵阳源头桥等。

木拱桥又称虹桥或飞桥，始创于宋，因北宋风俗画《清明上河图》而闻名。桥梁史学界一度认为木拱桥建筑技艺失传，20 世纪 80 年代初，著名桥梁专家茅以升主持《中国古桥技术史》编写时，依据浙南文物工作者的发现，组织专家前往考察，确认“北宋一见的无脚虹桥——木拱，在浙江省西南，尚存遗制。”后来在福建北部山区亦有发现。2010 年，笔者主持的湖南廊桥及风雨桥专题调查结果显示，湘西地区尚存数座叠梁式木拱廊桥，如清代建造的通道普济桥和廻龙桥，其建造工艺堪称“是我国古老造桥术的尾闾，也是国内桥梁建造史上最后的、罕见的一批活化石。”

## 一、石墩廊桥

**朴塘桥** 位于隆回岩口乡朴塘村，地处隆回、新邵、新化3县交通要道。元明之际，开通寺僧人始建木桥，其后数百年间，屡毁屡修。1994年再次被风雨摧垮，1995年由文物部门及当地群众集资维修。

该桥系石墩木梁廊桥，长约69米，宽3.6米，5墩6孔。石墩料石砌筑，平面船形，水面以上高约3米。石墩之上以方形条木构筑井干式挑梁，每墩纵横各2层，交错叠压，从下至上，逐层外延，形似斗拱，承托着桥梁和亭屋。桥梁以粗大的圆木架设，每孔3~5根，每根直径30至60厘米不等。梁上横铺木板作桥面，桥面之上筑木结构亭屋，有木柱架28排，桥亭27间。桥亭两侧置长板凳，供过往行人憩息和乘凉。桥亭屋顶重檐翘角，盖小青瓦。

1991年，朴塘桥公布为隆回县级文物保护单位。

朴塘桥　姜子程 供图

化龙桥　立明 摄影

**化龙桥** 原名义济桥，又名化士桥，位于武冈城内渠水下游，连接和气街与和合街。始建年代不详，明万历癸酉年（1573年），宋纯仁任武冈知州时重修。清康熙元年（1662年）、嘉庆十八年（1813年）、同治十年（1871年）修缮。1992年，化龙桥由武冈市佛教协会借用，改名化龙寺。

1994 年公布为武冈市级文物保护单位。

化龙桥为 4 孔等跨石墩木梁廊桥，全长 27.95 米，宽 7.88 米。桥梁由方木纵横架设，上铺巨石压固，向下则逐层收缩至石墩。桥身由桥廊和阁室组成，桥廊宽 3 米，青石板铺地，两侧建木栅栏杆，设板座供行人休息。桥两端砌青砖牌楼。

**龙津风雨桥** 位于芷江县城，跨越舞水河。始建于明万历十九年（1591 年），几经水圮火毁，屡加重修。抗日战争期间，当局将桥上的廊、亭撤除，改造成石墩木面公路桥，成为大西南军需供给线。1999 年，重新恢复改造为风雨桥。同年公布为芷江县级文物保护单位。

该桥 16 墩 15 孔，长 264.7 米，宽 12.2 米，其中人行道宽 5.8 米；船形桥墩高 15 米，料石砌筑。钢筋混凝土桥面上为木构架廊亭，皆榫栓勾连，无一钉一铆。桥廊两侧有厢房式店铺 94 间，上置 7 座桥亭，通高为 17.99 米。亭与亭之间的廊脊上，嵌二龙抢宝瓷雕。廊檐 3 层，亭檐 5 层，上覆深蓝色的琉璃瓦，佐以白色的檐口，层层呈龙鳞。悬柱、瓜、柱脚、石鼓、楼坊等具有侗族建筑特色。

龙津风雨桥 杨健 拍摄

**杨家桥** 又名人文桥，位于绥宁县黄土矿乡同乐村，横跨黄土矿河。始建于明万历年间（1573—1620 年），清朝道光二十三年（1844 年）补修，1986 年 3 月再次补修。1989 年公布为绥宁县级文物保护单位。

杨家桥 姜子程 供图

杨家桥为 2 孔石墩木梁廊桥，桥长 20 米，宽 4 米，高 4.5 米。石墩砌筑迎水尖，墩高 3 米。墩上木质结构，有木柱 12 排，两端与中间筑阁楼，正中楼阁 2 层，四角攒尖，造型美观，保存较为完整。

**万寿桥** 位于溆浦县黄茅园镇万寿村，跨越龙潭河，又名画桥。始建于明崇祯九年（1636年），清乾隆八年（1743年）、嘉庆三年（1798年）、道光十四年（1834年）、咸丰九年（1859年）、民国18年（1929年）、民国34年（1945年）、1990年及2006年先后8次维修。1989年公布为溆浦县级文物保护单位，2004年公布为怀化市级文物保护单位。

该桥系4墩5孔木梁风雨桥，长60米，宽4米，高45米。桥廊24间，两端建歇山顶龙脊门坊，枋檐下为如意斗拱，桥中部置高约4米的重檐六角攒尖葫芦顶塔阁，塔阁上书“飞阁流丹”，阁内藻井上有山水、花卉、鸟兽等彩绘，供奉杨泗将军神像。

万寿桥自古扼通达邵阳、隆回、洪江、洞口等地的要道，地理位置重要。《中国工农红军第二方面军长征日记》载：“（1935年12月）十二日，本拟二军团直属队到黑土坡，五师及大行李和新兵团到上下塘，六师到下塘、黑溪江，因雨雪，道路难行，改在三团一带宿营。六军团到万寿桥”。

万寿桥　刘景成 摄影

水东桥　滕治中 摄影

**水东桥** 又名遇仙桥，位于洞口县水东乡杨湾村，横跨黄泥江面。始建于明末，清同治四年（1865年）重修，改为石墩木梁廊桥。光绪三年（1877年）、1981年补修。2011年公布为湖南省级文物保护单位。

水东桥为8墩9孔木构架廊桥，全长86米，宽5米。船形墩台，上架木梁，梁上铺板。

桥亭重檐，高约 5 米。两端筑牌楼式桥门，饰各种彩绘、泥塑。桥廊设 39 排柱架，每排 4 柱 3 间，两侧设凉板和栏杆，富有民族和地域建筑特色。

1945 年 5 月，中日湘西会战期间，国民革命军第 74 军与日军第 116 师团在洞口水东桥一带激战 10 余天，后该师团溃败，撤向邵阳。

**青龙桥** 又名杨洪岩桥，位于新化县座石乡杨洪岩村青古龙寺旁，新化通安化的古道上，跨资江支流油溪河。始建于明崇祯年间，清乾隆二十二年（1757 年）、嘉庆十八年（1813 年）两次维修。道光二十八年（1848 年）毁于洪水，光绪十二年（1886 年）重修时，改建为风雨桥。

该桥为 2 孔石墩木梁廊桥，长 46 米，宽 4 米。墩上叠压 3 层伸臂，两端各架 8 根 20 多米长的巨木为梁，横铺厚木板做桥面。桥廊建 24 扇四柱三瓜木构架，两旁置长板凳供人歇息。重檐覆以鸳鸯小青瓦，两端为彩绘翘角牌楼。桥南端有一吊脚小木楼，为守桥收费之所，过往客人自愿捐费，留作维修和公益之用。

青龙桥　童国初 摄影

桥两端竖有 4 块石碑，其中一块清光绪十三年（1887 年）立的禁碑，上刻“奉宪永禁药毒河鱼”。

**广济桥** 位于宜章县笆篱乡车田村，跨玉水河。始建于明，后毁，清道光七年（1827 年）重修。2011 年公布为湖南省级文物保护单位。

该桥为 2 孔石墩木梁廊桥。桥长 30.6 米，宽 4.13 米，单孔跨径 9.5 米。穿梁构架桥廊，廊间内置固定长凳供路人歇息乘凉，桥面木板横置。桥两端为砖砌牌坊，弧形拱门，砌青砖马

广济桥　韩建明 摄影

湖桥　姜子程 供图

头墙。东面桥头镶有一方石刻，记载道光年间捐资重建广济桥事宜。旁建凉亭，亭联云："诚心拜佛，何须远朝南海；真意焚香，此处就是西天。"

**湖桥**　位于隆回县西洋江镇湖桥村，跨湖水（西洋江河支流）。始建于清代早期，20世纪60年代整修，曾改名"革命桥"，后又改回原名。2002年公布为隆回县级文物保护单位。

湖桥为石墩木梁风雨桥，5墩4孔，全长27米，宽6.4米。桥架16排，64柱。桥身为重檐长廊，每根穿梁上均有精美的走线造型，两端桥亭为庑殿式重檐，中央建单檐歇山顶亭阁，廊内两侧设栏杆、坐凳，供来往行人歇息、乘凉之用。

**木瓜桥**　位于武冈邓元泰镇木瓜村东的古驿道上，跨资水。始建年代不详，清康熙五十年（1711年）增建桥亭，同治八年（1869年）重修，后又几经修缮增补。1981年公布为武冈市级文物保护单位，2011年公布为湖南省级文物保护单位。

木瓜桥　邵阳市交通局 供图

该桥4墩5孔，长44米，宽4.7米。墩上叠木，逐层往上出挑，木上以石板加重压固，构成12排木架长廊。桥廊两端砌青砖牌楼，门额泥塑楷书"木瓜桥"3字。桥门楹联"木叶落亭前，际资水秋深，夜雨横飞圃树；瓜田连岸畔，看平原草绿，朝烟遥接板云"。

1930年12月，邓小平、张云逸率红七军自广西北上途经此桥。红军战士留在桥头石壁上的红土楷书"共产万岁"，至今清晰依旧。

1945年5月，中日湘西会战期间，国民革命军第94军奉命从贵州镇远移师武冈，在木瓜桥设作战指挥部，阻截日军。

**西河桥**　又称万民桥，位于绥宁寨市镇。始建于雍正五年（1727年），后屡毁屡建。1956年8月焚毁，2009年由寨市人杜勤德捐资100余万元修复。

该桥为4孔石墩木梁风雨桥，桥长56米，宽6.9米，高3.46米。桥墩用糯米和熟石灰浆砌，桥上建筑为纯木构造。绥宁清代有24个里（相当于现在的乡镇），故将桥建为24排，含

“举全县二十四里之力”意。桥面分主、副道（专供牲畜通过），桥两头为砖砌牌坊，上塑百余尊佛像。桥面铺垫整齐的青石板，两边置长条木凳。桥中建有飞檐拱角宝塔 4 层，供着护桥菩萨。

西河桥　邵阳市交通局 供图

**廻龙桥**　位于新宁县金石镇柳山村，扶夷江支流。因其上百余米处有新寨小河与长湖小河汇合，流经此桥，故名为“廻龙桥”。始建于清雍正五年（1727 年）。清光绪、民国年间两次补修。

该桥为石墩木梁廊桥，5 墩 6 孔，鹊巢式伸臂梁构架，全长 78 米，桥面宽 3.8 米，桥面至桥脊高 3 米。共 35 排桥柱，每排 4 柱，抬梁 34 弄，每弄宽 2 米，正中一弄略高于两端，为四檐倒水凉亭式结构。桥顶部分青瓦镌有“廻龙桥”楷书阴刻铭文，每字一寸见方，为省内风雨桥孤例。

廻龙桥　邵阳市交通局 供图

**回龙桥**　位于城步县长安营乡大寨村。该桥始建于清乾隆十五年（1750 年）。1981 年公布为城步县级文物保护单位，2003 年公布为邵阳市级文物保护单位。

该桥为石墩木梁廊桥，桥长 48 米，宽 3.2 米，桥墩用条石砌成，再用几排杉木由下而上逐层加长，交错重叠于桥墩上，成鸟巢状，然后用 12 根粗大杉树做梁，上横铺厚木板，厚木板上再铺石板作桥面。桥廊上架木板作为长凳，供行人歇息。桥中间有一座 3 层的塔形楼阁，楼阁的柱子、横枋、板壁上的雕饰绘画有飞龙、凤凰、麒麟等飞禽走兽图案以及唐僧取经、八仙飘海等神话故事。

回龙桥　邵阳市交通局 供图

**观月桥**　位于通道侗族自治县陇城镇路塘村，始建于清乾隆二十年（1755 年），民国 10 年（1921 年）重修，1985 年大修。2006 年公布为全国重点文物保护单位。

观月桥　杨家敏 摄影

该桥为 1 墩 2 孔、迭梁穿斗式木构架风雨桥。桥长 24.1 米，宽 5.38 米。桥中部置 5 层重檐六角攒尖葫芦顶的塔阁，两端桥头为 3 层重檐歇山顶式阁楼。

**文星桥及兵书阁**　位于通道锅冲苗族乡赞字村口，是侗族地区集桥、亭、阁、殿为一体的古建筑群。1988 年公布为通道县级文物保护单位，2006 年公布为湖南省级文物保护单位。

文星桥及兵书阁　湖南省文物局 供图

文星桥始建于清乾隆二十四年（1759 年），清道光五年（1825 年）、道光二十七年（1847 年）、光绪二十七年（1901 年）复修。是一座架于陆地之上的无墩廊桥，桥长 19.2 米。木构架为穿斗 4 柱 3 间排列，中间设歇山顶亭。东头是双肩庑殿顶盖八字门坊入口；西端与山歇侧，建单檐庑殿顶门坊作出口；中部建重檐歇山顶式阁楼。

兵书阁始建于清嘉庆十五年（1810年）。系木结构楼阁式建筑，抬梁穿斗构造。初为双坡屋面单层民居建筑，清道光五年（1825年）维修时，在原阁殿的明间伸出两座高14.2米、3层六角翘角檐攒尖葫芦顶式楼阁，使其“整新俾宇，巍峨再出冲霄之像”。

**普济桥** 位于通道坪坦乡坪坦村寨，跨越坪坦河。始建于清乾隆二十五年（1760年），清光绪二十一年（1895年）、民国3年（1914年）维修。2002年公布为湖南省级文物保护单位，2006年公布为全国重点文物保护单位。

普济桥 黄启球 摄影

普济桥系伸臂悬梁木拱构造风雨桥。全长31.4米，宽3.8米，单孔净跨19.8米。4柱3间排架，置十一廊间，两头砌风火墙。两岸各一个半空心石墩，伸臂梁插在石墩内，以大卵石弹压，然后叠梁再压卵石，直至两岸伸臂梁合龙。当年该地是一个商贸物资集散码头，水运繁忙。为不影响通航，侗族工匠选择了木拱构造。

该桥的木拱设计精巧，工艺精湛，专家称之为“桥梁化石”。

**迴龙桥** 原名“龙皇桥”，又称“俗答花桥”，位于通道坪坦乡坪坦村。始建于清乾隆二十六年（1761年），民国20年（1931年）复修，更名迴龙桥。1959年、1983年、1996年公布为湖南省省级文物保护单位，2006年公布为全国重点文物保护单位。

迴龙桥系伸臂木拱和伸臂梁组合结构风雨桥，2墩3孔，桥长63.01米，宽3.86米。原基础采用“木桩围栏固基法”修建，1964年维修时，改木桩围栏墩为清砌船形分水墩。桥廊两边设有长凳，桥上耸立3座宝塔式楼阁，楼阁的收尖部有覆钵、宝瓶、小鸟等装饰物，顶端雕有铜鸟，嘴里安有簧片，迎风而鸣，是为奇观。

迴龙桥 黄启球 摄影

该桥西段采用伸臂木拱构造，拱跨19.4米，拱架两端以30度斜升三排杉圆枕木，逐层伸臂，桥面铺设木板，形成上平下拱状。东段为伸臂梁结构，墩上以不规则长杉圆木作枕，

思贤桥　益阳市交通局 供图

成梯级迭坐，等分顺梁悬伸墩外，架木承重桥面。该桥采用的组合结构，体现了侗族工匠别出心裁的桥梁建造技艺，是研究少数民族地区桥梁史不可多得的实物资料。

**思贤桥**　位于安化县江南七一村，茶马古道上，跨资水支流思贤溪。据《思贤桥记》载，该桥始建于清乾隆三十五年（1770年），嘉庆七年（1792年）续修，道光十八年（1838年）发山洪冲断桥梁，咸丰四年（1854年）修复。

该桥为2墩3孔木梁风雨桥，长43.3米，宽4米，高10米。88根廊柱构成20间歇亭，中为文昌阁。

传说“思贤桥”3个字为晚清重臣左宗棠早年在安化居住时所书。清道光十六年（1836年），两江总督陶澍回安化省亲途中，偶识醴陵渌江书院山长左宗棠。陶澍非常欣赏左宗棠的才华，结为忘年之交，两年后约为儿女亲家并托孤于左。左宗棠也非常感激陶澍的知遇之恩，陶澍去世以后，左宗棠搬到安化陶澍的宫保府第居住8年，教陶澍的儿子陶桄习文学武，后来把自己的女儿许配给陶桄为妻，成就一段佳话。

**永福桥**　位于通道侗族自治县坪坦乡高上村村口。始建于清乾隆五十年（1786年），清嘉庆十年（1805年）、道光十五年（1835年）、同治三年（1864年）、光绪二十年（1894年）、民国25年（1936年）进行了维修。2006年公布为全国重点文物保护单位。

该桥为迭梁穿斗式木构架廊桥，全长19.32米，宽3.8米，11廊间，单孔净跨16.2米。

**龙潭桥**　位于新宁县飞仙桥乡龙潭村，横跨新寨水。始建于清乾隆年间，嘉庆二十四年（1819年）维修。1945年中日湘西会战期间，桥面被日军焚毁，当年底修复。1986年维修。1988年公布为新宁县级文物保护单位。

该桥为4孔石墩木廊风雨桥，全桥长68.4米，宽5.8米。石墩迎水面镌刻龟、蛇浮雕，木梁上覆木板桥面，内

永福桥　杨家敏 摄影

置长木凳供行人歇脚乘凉，双层栅栏，双檐青瓦顶。桥头筑略高于桥身的凉亭，中部设四角阁亭。

龙潭桥　岩龙 摄影

**中步二桥**　位于通道侗族自治县陇城镇中步村，始建于清嘉庆二年（1797 年），后毁于水，民国 10 年（1921 年）复修。2006 年公布为全国重点文物保护单位。

该桥为迭梁穿斗式木构架廊桥，全长 14.2 米，宽 5.35 米。置桥廊 5 间，辟有人行道和牲畜行道，人行道宽 4.01 米，牲畜行道宽 1.34 米。

**普修桥**　位于通道县皇都乡，始建于清嘉庆八年（1803 年），历经清光绪十三年（1887 年）、民国 35 年（1946 年）、1957 年、1984 年维修。1988 年公布为通道县级文物保护单位，1999 年公布为怀化市级文物保护单位。

该桥为迭梁式木构架廊桥，2 墩 3 孔。桥长 57.5 米，宽 4.2 米。置桥廊 21 间，4 柱 3 间排架。桥廊壁面封板密槛，开通直棂窗，桥面铺木板。桥两端及中部建 3 座桥亭，分别为三重和五重檐式；桥顶四龙护宝，寓周围四山护寨之意。翼角弯月起翘，泥塑凤、鸟、卷草，华丽多姿。3 座桥亭下设有 3 个神殿，分别供奉着侗族先祖姜良、姜妹及关帝。长廊两壁上端的木板雕刻各种历史人物，彩绘神话故事。

**永定桥**　位于通道侗族自治县坪坦乡高团村，始建于清嘉庆十年（1805 年），清光绪

中步二桥　杨家敏 摄影

普修桥　黄启球 拍摄

永定桥　毛尚文 拍摄

三十二年（1906 年）、民国 25 年（1936 年）、1968 年维修。2006 年公布为全国重点文物保护单位。

永定桥为迭梁穿斗式木构架廊桥，全长 26.4 米，宽 3.55 米，单孔净跨 15.3 米，置桥廊 11 间。

**白云屋桥**　位于石门白云乡白云桥村，跨渫水支流南溪。修建于清嘉庆年间（1796—1820 年）。1984 年公布为石门县文物保护单位，1992 年公布为常德市级文物保护单位，2011 年公布为湖南省级文物保护单位。

白云屋桥　王春阳 摄影

白云屋桥系 3 孔石墩木廊桥。全长 30 米，高 13 米，桥面宽 6 米。青石桥墩垒成棱形，横梁之上构木为屋，悬山顶吊楼式。东头的 20 米长廊等分成 6 个廊间，每个廊间宽 1.2 米，长 3.5 米。桥中间为走道，两边设木质长凳供行人歇息。

第二次国内革命战争期间，贺龙率红军曾多次通过此桥，故白云屋桥又名红军桥。

**三合桥**　位于郴州市北湖区华塘镇三合村，横跨西河。始建于清道光七年（1827 年）。民国 33 年（1944 年），桥上风雨亭焚于兵乱，次年修复。1988 年公布为郴县县级文物保护单位。

该桥为石墩木梁风雨桥，7 墩 6 孔，墩呈头尖尾方，墩头饰龙头石雕。桥长 60 米，宽 2.5 米，高 7 米。风雨桥以

三合桥　韩建明 摄影

桥墩为基，东西对砌 10 面亭墙，亭墙之间以木栅栏联接，将全桥连成一体。正中亭墙辟有神龛，供奉观音菩萨。其余 8 面亭墙上饰水墨书画楹联，下嵌石刻 8 方。

惠同廊桥 佚名 摄影

**惠同廊桥** 位于宁乡县沙田村境内，跨涓水河，始建于清道光十四年（1834 年）。民国 16 年（1927 年），中国共产党创始人之一何叔衡长兄何玉书倡修茶亭于其上，定名惠同廊桥。2006 年公布为湖南省级文物保护单位。

该桥为 3 孔石墩石梁廊桥，桥长 22 米，宽 4 米，高 8.9 米，每孔净跨 5.8 米。桥面、桥墩、栏杆、廊柱均为麻石砌成，廊房为木结构。桥两端为砖砌牌坊，弧形石拱门，撰刻清末举人岳蔗题联。桥西联曰：“天开小画图，双流涧口泉声，断岸悬虹围柳树；客来好风景，一笠波心亭影，淡烟飞翠点茶瓯”。桥东联曰：“一般春梦无痕，名利走红尘，劝过客喝些茶去；今日海疆多故，神仙到黄石，看传书谁上圯来。”

民国 3 年（1914 年）暑假，毛泽东、萧子升游学到杓子冲，曾在此桥歇息。

迴福桥 杨家敏 摄影

**迴福桥** 位于通道侗族自治县坪坦乡高楼村，始建于清道光二十年（1840 年），清同治九年（1870 年）、民国 35 年（1946 年）、1984 年维修。2006 年公布为全国重点文物保护单位。

该桥为 2 孔独墩迭梁式木构架风雨桥，长 42.5 米，宽 3.86 米。桥置 18 廊间，中部设神龛供奉关帝，其它廊间彩绘内容多为花草虫鱼、神话、民族英雄故事等。

**回龙桥** 位于溆浦县葛竹坪镇福坪村，跨岚水江和卜鳌两水（溆水支流），因桥旁曾建有 5 层鼓楼“回龙庵”而得名。该桥始建于清乾隆年间，原为木桩板桥，清咸丰五年（1855 年）改木桩板桥为石墩风雨桥。民国 4 年（1915 年）、1961 年、1992 年维修。2007 年公布为溆浦县级文物保护单位。

回龙桥系省境唯一跨两水的八字形风雨桥，3 墩 4 孔，桥长 45 米，两桥各长 22.5 米，10 扇 9 廊间。桥中堡麻石砌筑，高 5 层，上建杨泗将军庙。两端入口处各建木坊，坊上彩绘泥塑，别具一格。

回龙桥　刘景成 摄影

中步头桥　上石少 拍摄

新车桥　陈年 摄影

**中步头桥**　位于通道陇城镇中步村，始建于清咸丰二年（1853年）。清光绪二十年（1894年）、民国12年（1923年）复修。2006年公布为全国重点文物保护单位。

该桥为省境唯一的木墩不等跨风雨桥，长28米，宽3.52米。中间桥墩设在河岸，系圆木纵横布置、交错叠压而成。桥设11扇10廊间，通道两边置长凳供行人歇息，两层双坡小青瓦覆盖。

**新车桥**　位于涟源市石马山镇群英村，跨温江河。始建年代不详，重修于清咸丰六年（1856年），1991年进行了大修。1995年被公布为涟源市级文物保护单位，2003年被公布为娄底市级文物保护单位。

该桥系石墩悬臂式木梁结构，全长35米，宽5.6米。木板桥面上设亭廊，柱式结构，重檐，小青瓦。南北桥头及桥中各设一桥亭，中间桥亭置关羽、关平、周仓塑像。立柱上书歌颂关圣帝的楹联："汉封侯宋封王明封大帝；儒称圣释称佛道称天尊。"门柱楹联："春秋浩气光青史，日夜温泉下大江。"

**龙潭桥** 位于新化县田坪镇龙潭村，跨资江支流油溪河，始建于清咸丰八年（1858年）。1994年公布为新化县级文物保护单位，2002年公布为湖南省级文物保护单位。

该桥为石墩悬臂式木廊风雨桥，4墩20扇，全长约50米，宽5米。石墩为尖型分水墩，减少流水对桥墩的冲击，石块之间用银锭铆接。桥廊重檐歇山顶，置有板凳供人歇息。正中建四角攒尖顶阁楼，阁中建关帝阁，下置数方碑刻，其中清光绪二十四年（1898年）立的禁碑："奉宪禁溺爱子女，又禁包足"，再现了当年康有为、梁启超、谭嗣同等倡导的"戊戌变法"运动对中国社会的深刻影响。梁枋彩绘龙凤花草、太极八卦等图案；两端桥头设庑殿顶阁楼。

龙潭桥　童国初 摄影

壶圆桥　刘景成 拍摄

**壶圆桥** 俗称双江桥，又称长亭子，位于溆浦县戈竹坪镇福江村双江口，修建于清同治四年（1865年）。

永锡桥　山城 摄

壶圆桥系 3 孔石墩木梁风雨桥。桥长 45 米，15 扇 14 廊间。桥墩上端置 3 层井字枕木，双层瓦面。桥中设两层八角阁楼，两侧花窗栏杆，浮雕梅花图案，阁中梁柱书有“同治四年乙丑春正月立”字样。其余各间梁柱均有题字，桥两端入口处置八字双扇。

**永锡桥**　位于安化洞市镇锡潭村，茶马古道上，横跨麻溪。始建于清光绪二年（1876 年），以陈五芝为首，由当地 43 家茶行以及附近村民捐资修建，历时 5 年完工。

该桥为 4 孔石墩伸臂梁木廊桥，桥长 83 米，宽 4.2 米，高 13 米。石墩砌筑分水尖，上刻太极图和蜈蚣浮雕，太极图寓意阴阳平衡，蜈蚣寓意克龙防蛟。鹊木架上横铺厚木板做桥面，桥廊有木柱 70 根，架构 35 根横梁、34 间廊亭，在桥的两边设长凳，供行人歇息。桥西有与主桥相连的四合院，为守桥人居住，并行清扫和茶水之职。

永锡桥是益阳境内规模最大的风雨廊桥。桥碑诗赞：“熊山一水赴龙山，奔出千岩弯复弯。画鹢昔曾横野渡，彩虹今忽炫尘寰。天余缺憾人能补，神着先鞭石不顽。好是津梁通两岸，行人到此尽欢颜。”

**狮象桥**　位于新宁万塘乡白马田村，跨金溪水。因当地有万象山与狮子岭遥相呼应，桥架两山岭之中，故名为狮象桥。始建于清嘉庆年间，清光绪二年（1876 年）由当地刘氏宗族捐资复修，1995 年村民捐资维修。1988 年公布为新宁县级文物保护单位。

狮象桥

该桥系 2 孔石墩木廊风雨桥，桥长 22 米，宽 5 米，桥面至桥顶高 6 米。木构抬梁式穿枋，榫卯梁架，木板铺设桥面。桥身两侧竖木栅栏，边置长凳供行人歇息。桥两端及中部分筑 3 亭，单层飞檐，四角攒尖，中亭高出桥脊约 2 米，攒尖飞檐葫芦宝顶，檐作龙吻，玲珑雅观。

**源头桥**　位于邵阳县河伯乡江子口村，清光绪七年（1881 年）修建。原为石墩木梁结构，1985 年维修时，改为混凝土梁，屋脊和亭阁的重檐翘角泥塑进行了维修及重塑。1984 年公布为邵阳县级文物保护单位，2011 年公布为邵阳市级文物保护单位。

该桥3墩4跨，长35米，宽4.6米，高4米。桥上建3亭，东西为门，中间为关帝庙，亭高3层，两边有轩，轩上有两层琉璃飞檐。桥亭下8排木柱，每排4根，桥廊两边有木栅栏和板凳，便于行人歇息、避雨。桥亭上盖小青瓦，两端和正中3处各设歇山顶式阁亭，重檐，檐下有斗拱，布局疏朗匀称，阁亭脊上和翘角上置多种动物塑像。

桥中柱联："把酒涤襟任潮起潮落世事尘红心境澄似源头水；凭栏舒画看桥南桥北田园风光胸怀宽如河伯山。"

桥头柱联："奔前程停停从容步出；憩心思想想茅塞顿开"。

源头桥　刘博华 摄影

十义桥　益阳市交通局 供图

**十义桥**　位于安化县梅城镇十里村，跨伊溪河。修建于清光绪十三年（1887年）。

该桥为4孔石墩伸臂式木廊风雨桥，全长约60米，宽3.9米，高10.2米。2台3墩，菱形分水尖。四层鹊木，歇山重檐，小青瓦盖顶，中间为走道，两侧为歇亭。歇亭共24间，每间长2.5米。

**贺龙桥**　位于桑植县洪家关乡洪家关村，原名永安桥。贺龙曾祖父贺廷宰首倡修建，贺龙的祖父贺良仕子代父劳，于民国4年（1915年）建成。1929年冬，桑植"剿共"司令陈策勋令毁此桥，谓破“贺氏风水”。1937年秋，国共合作抗日，重建永安桥。1940年5月被洪水冲垮，1950年10月重修，命名为“贺龙桥”。1998年7月，桥再次被洪水冲毁，当年12月修复。1978年与贺龙故居一起被公布为湖南省级文物保护单位，2006年与贺龙故居一起被公布为全国重点文物保护单位。

该桥为红砂岩石墩木廊风雨桥，3孔4墩。长40米，宽7米，高8米。石墩迎水面砌成分水尖，龙爪翘檐，中耸重檐堡亭。8尊石狮分置于石墩两端，造型雄浑古朴。

1916年春，贺龙刀劈芭茅溪盐税局以后，在桥头成立桑植讨袁民军，被推为总指挥。1928年春，贺龙、周逸群受命返回洪家关，在桥头宣布武装起义。1935年冬，贺龙、任弼时率领红二、六军团通过该桥北上长征。

贺龙桥

茅茂田风雨桥
湘西交通局 供图

**茅茂田风雨桥**　位于湘西泸溪县长坪乡茅茂田村，始建年代不可考。

该桥为石台木梁风雨桥，长约10米，宽约3米。采用湖南境内少见的斜撑式木架结构，6根斜撑在桥台上的木柱支撑一个框形木架，木架上面铺原木，上置木板桥面。桥廊中间为走

道，两侧置歇亭 5 间，侧边竖栅栏，内设长凳。小青瓦盖顶，

该桥采用的斜撑结构增强了木梁廊桥的承重能力和稳定性，减少了粗大木材的使用量。

## 二、石拱廊桥

**午田风雨桥** 位于道县新车乡午田村，跨永明河支流。始建于宋淳祐年间（1241—1252 年）。《光绪三年道州志》记：“州西南二十五里午田村前为永明官路，宋淳祐间居民朱明远建，上覆以屋，清雍正间州乡进士唐雍记”。2011 年公布为湖南省级文物保护单位。

该桥为 2 孔石拱廊桥，长 25 米，宽 5.2 米，高 3.9 米。桥中建重檐桥亭，两端为拱形门，硬山顶，马头墙。桥廊两侧竖栏杆，侧边置有长凳，供行人歇息。

1934 年 11 月，红军长征途经此桥，当地百姓称其为“红军桥”。

午田风雨桥 杨雄心 摄影

虹桥

**虹桥** 原名卧虹桥，位于凤凰古城，跨沱江。始建于明洪武七年（1374 年），清康熙九年（1670 年）、民国三年（1914 年）整修。1955 年改建为公路桥，2000 年恢复为风雨桥。2011

年公布为湖南省级文物保护单位。

虹桥系 3 孔石拱风雨桥，桥长 80 米，桥面宽 8 米，高 12.3 米。风雨楼共两层，一层两侧为商铺，中间为人行道；二层为观景楼，坐拥沱江风景。整座桥用红砂条石以糯米稀饭和石灰灌浆砌成，桥墩呈梭子形以分解水的冲击。

虹桥旁边就是著名画家黄永玉的夺翠楼。画家在描写家乡的散文里，有两次写到这座虹桥。“有一座大桥，桥上层叠着二十四间住家的房子，晴天里晾着红红绿绿的衣服，桥中间是一条有瓦顶棚的小街，卖着奇奇怪怪的东西”。“一座挂满了高高低低房子的三拱桥。桥上依然一条街肆，卖粉面糕点，针线，中药材，年节用的纸钱神供，绣货，衣着，皮货，皮鞋，过路伙食，丹膏丸散……”

新安桥　肖珑 摄影

**新安桥**　位于浏阳社港镇新安村，跨捞刀河支流新安河。明成化十年（1474 年）寻京南建，嘉靖八年（1529 年）寻梦科、寻大贵重修。民国 36 年（1947 年）整修桥面，居中一线铺青石板，以承土车。2005 年公布为长沙市级文物保护单位，2006 年公布为湖南省级文物保护单位。

该桥为单孔石拱廊桥，是浏阳市境仅存的古风雨桥。全长 19 米，宽 4.5 米。拱圈为红砂岩砌筑，桥上建双柱支架式歇亭，29 根木柱支撑升斗式（大者称斗，小者称升）木托构架，横梁上雕刻龙凤呈祥图案。亭覆青瓦，内设木板凳。当地寻姓立碑一块，上刻“元明清祖遗古桥”、“禁止推车，违者罚钱陆佰文”。

**洪桥**　位于邵东范家山镇洪桥村，跨资江支流邵水。始建年代不详，明正德十六年（1521 年）复修为石拱桥，明嘉靖十六年（1538 年）被洪水冲垮，清道光四年（1824 年）重建为石拱廊桥。1998 公布为邵东县级文物保护单位，2001 年公布为邵阳市级文物保护单位，2011 年公布为湖南省级文物保护单位。

洪桥　黄伍 摄影

该桥为 6 孔石拱廊桥，长 68 米，宽 6.7 米，高 8 米。桥上为木构架风雨亭，亭中置七圣殿，两端筑牌楼。桥廊两侧竖 10 块碑记，桥沿石雕刻鸳鸯、麒麟、双狮抢宝等图案。桥两端各有 20 级石台阶，连接东西两岸墟场，6 块大型石碑分立两侧。原桥上有神庙、惜字炉，桥头牌楼悬有报钟，“文革”期间被毁。

洪桥自古为邵东、新邵的交通要道，诚如洪桥碑序：“砌桥石大而坚，其琢磨细而致，洵乎华实，翘然高拱。耸然特立，焕乎若长虹，东达京省，西通云贵，士民辐辏所必经，车马络绎而不绝，诚为要津。”

**伏龙桥** 位于宜章县浆水乡大地岭村，始建于明嘉靖二十二年（1543 年），1958 年维修。1992 年公布为宜章县级文物保护单位。

该桥为单孔石拱廊桥，桥长 17.8 米，宽 5.4 米，高 2.3 米，跨径 5.2 米。石拱桥为料石砌筑，6 排木柱支撑抬梁穿斗式木构亭架，榫卯结构十分细致。歇山顶，上覆小青瓦。桥廊两侧置木凳，供行人歇息。

伏龙桥 郴州市交通局 供图

**三多桥** 位于邵东县简家陇乡堆头村，取名寓意“山多青、水多秀、人文多起”。始建于明代，清乾隆年间始修为石墩木梁桥，同治癸酉年（1873 年）增置桥亭，光绪年间重修为石拱廊桥，1995 年再次维修。2005 年公布为邵东县级文物保护单位。

该桥长 18.5 米，宽 4.1 米，高 13 米。桥拱成圆弧形，仙鹅脚，直条花型料石砌筑。两端牌楼山垛上有瓷质狮子 4 个，桥脊有瓷质二龙抢宝，桥梁中间木雕双龙戏珠，桥板中心石雕四级环图；桥壁有清同治以来的石碑 8 块，壁画 36 幅，诗联 20 首，可谓“书画盈亭”。

三多桥 姜子程 供图

**定远桥** 位于绥宁县关峡苗族乡关峡村峡口，横跨兰溪。修建于清康熙二十三年（1684 年），为绥宁知县范成龙捐金倡修，并于桥上

定远桥　邵阳市交通局 供图

建亭。民国初年廊亭焚毁，2001 年复修桥亭。1985 年公布为绥宁县级文物保护单位，2002 年公布为湖南省级文物保护单位。

该桥为单孔石拱廊桥，全长 36.97 米，宽 7.66 米，高 11.9 米。青石砌筑，石板桥面。廊亭为纯木架构，卯榫嵌合，两层飞檐，四角攒尖，青瓦叠铺，白灰抹边。廊沿置条石护边，内设长椅供行人休息。

定远桥上连滇黔，下通湖广，扼守进出绥宁的咽喉，自古就是交通要津。清乾隆年间，于此处设兰溪铺，以供驿传。咸丰十年（1860 年）九月，太平天国名将石达开由广西沙宜进人绥宁，曾在此据险抗清。后沿湘黔边境北进，经靖州（今靖县）、会同、沅州（今芷江）、泸溪、永绥（今花垣）、于同治元年（1862 年）一月底经龙山进入湖北来凤，二月中旬又经湖北利川进入四川境。

1935 年 9 月至 12 月，红六军团和红一方面军先后 4 次过绥宁，都经过定远桥。1945 年 4 月，中日湘西会战期间，国民革命军第 26 军 44 师在此阻击日军光根支队的进犯，该桥又被称为“红军桥”、“抗日桥”。

附：定远桥诗二首　（清）范成龙

一

惭非惠政抚边城，每拙催科愧今名。
百里栽花宜问地，三年借箸未披荆。
周行示我因人好，古渡通津赖众成。
敢谓舆梁无病涉，与民歌咏乐康平。

二

功事不成祖龙鞭，驱石横支两岸烟。
自此但从留月住，只今亦任聚鸥眠。
崇朝应有题桥客，中夜难知纳履仙。
愧乏济川匡盛治，庶几历揭颇称贤。

高桥　娄底市交通局 供图

双龙桥　邵阳市交通局 供图

**高桥**　位于双峰县洪山殿镇高桥村。建于清乾隆二年（1737 年），道光二十年复修。

该桥为 2 孔石拱风雨桥，桥长 20 米，宽 4 米，大青石铺面。桥廊置 7 间歇亭，内置长凳。两端砌青砖封火墙，硬山顶，山墙墀头以彩绘、堆塑饰珍禽瑞兽、如意云纹等图案。桥头立有 4 块石碑，桥内存有石刻。

**双龙桥**　位于洞口岩山乡双龙村。大屋、渣坪两条河流蜿蜒交汇于此，似双龙戏水，故名双龙桥。是古时邵阳通往黔阳的要隘，始建于乾隆八年（1743 年），民国 6 年（1917 年）复修。1991 年公布为洞口县级文物保护单位。

该桥为石拱廊桥。长 50 米，宽 5.4 米。桥亭由 8 排抬梁式木架支撑，高约 5 米，重檐桥廊，覆小青瓦。中部建歇山顶亭阁，正脊饰鳌鱼翘角，卷棚檐，阁内覆盆藻井，彩绘山水、鸟兽，两端建牌楼式八字桥门，脊上塑“双龙抢宝”，檐口之下饰飞禽走兽与人物、花草彩绘。

广利桥　湖南省文物局 供图

桥门上方楷书“双龙桥”3个大字，笔力遒劲。亭内两侧置木栏杆，设座凳供行人歇息、避雨。正中一侧设神龛，供奉神像。

**广利桥**　位于距东安县紫溪镇花桥村，跨湘江支流紫水河。始建于清乾隆三十八年（1773年），光绪二十年（1876年）重修。1983年公布为湖南省级文物保护单位。

该桥全长36.8米，高7米，拱高6米，桥宽4.5米，每孔净跨10米。下部结构为3孔石拱桥，拱脚落水处收薄至0.33米，迎水处做成突出的尖钩状，有如“金鸡脚”。桥面过道处填以黄土，即“豆腐腰”，遵循“金鸡脚、豆腐腰，莫把石板垫路腰”修桥古训。上桥石阶镶嵌9只石刻金蟾。桥上有重檐小青瓦长廊，共4柱3间17个穿斗式柱梁结构，三架梁作成云状，中间为走廊，外檐设防护栏杆，柱头间置木凳供人小憩。长廊中部有阁亭，歇山顶，三重檐，屋面盖小青瓦。两端是三重檐的牌楼式阁亭，平面呈八角形状，正脊和翼角上置神像、麒麟等泥塑，檐下有拱，檐枋上绘有鱼状花纹。全桥布局疏朗匀称，造型精美。

太平桥　邵阳市交通局 供图

**太平桥**　位于洞口县罗溪瑶族乡宝瑶村境内，湘黔古驿道上，跨宝瑶河。修建于清嘉庆十二年（1808 年）。2011 年公布为湖南省级文物保护单位。

该桥为 4 孔石拱廊桥，高 8 米，宽 4 米。桥上建木构架凉亭，置 14 扇，上覆小青瓦。柱枋雕龙画凤，栩栩如生。桥中供奉观音、关圣等神像。桥廊两侧架宽厚木板，供路人歇息。桥联曰："清风江上往来人共谈古今；秀水亭中上下客聚会情缘"。

**赖家坊桥**　位于绥宁唐家坊镇赖梅村，修建于清同治五年（1866 年），1945 年，1985 年先后整修。

该桥为单孔石拱廊桥，全长 18 米，宽 4.6 米。桥上建木构架廊亭，悬山顶，双重檐，小青瓦覆盖。中筑阁楼，高 5 米，四角飞檐。桥廊两侧竖木栅栏，下置长凳供人歇息。桥两端古树相对，绿荫掩亭。

赖家坊桥　邵阳市交通局 供图

**状元桥**　位于祁东县归阳镇，又名归阳桥，跨白河入湘江之汇合口。始建年代无可考，重建于清同治年间（1862—1874 年）。1944 年遭日军轰炸，桥亭全部烧毁，1959 年修复廊亭。2006 年公布为全国重点文物保护单位。

该桥系 5 孔石拱廊桥，桥长 80 米，宽 8 米，高 10 米。桥面为青石板铺砌，桥亭两侧有栅栏，正中悬"万古不磨"匾。

相传石桥建成时，恰巧有位新科状元从此经过。当时，桥两端人山人海，建桥石匠有意考考这个状元，要他对上了对子才能通行。石匠道："大桥刚合，从此通行，必吟诗作对，有所感，有所为。状元有何想法？"状元沉吟了一会，欣然对曰："小生新中，尔后为官，当效国惠民，不图名，不图利。众父老不必担心。"在场人听后一致称妙，当即将这座桥命名为"状元桥"，并由新科状元剪彩题匾。

**清安桥**　位于绥宁县乐安铺乡大团村，跨乐安溪。始建于清同治年间，民国时期、1987 年先后进行了修缮。2011 年公布为邵阳市级文物保护单位。

状元桥　湖南省文物局 供图

清安桥　蒋兴柏 摄影

该桥为单孔石拱风雨桥。长 30 米，宽 8 米，亭高 20 米。桥廊两侧竖栅栏，内置长凳，重檐小青瓦。两座宝塔形阁楼，分别为五层六角和三层四角，均为飞檐翘角攒尖葫芦顶。全桥结构精巧，古朴大方，具有典型的侗族建筑特色，对研究侗族历史文化和建筑风格具有一定的价值。

**桂花风雨桥**　位于靖州苗族侗族自治县寨牙乡芳团村。始建年代无考，清嘉庆三年（1798 年）重修，1991 年集资维修。1987 年公布为靖州县级文物保护单位。

该桥为 3 孔 4 墩石拱廊桥，长 43.4 米，桥面宽 3.2 米。桥身为木构重檐长廊，15 廊间。桥上设 3 座桥亭，三重檐，歇山顶，小青瓦覆盖，上置葫芦宝瓶。两端桥亭为四角攒尖；中间桥亭设有神龛，下面两层为四角攒尖，上面为六角攒尖。桥亭檐角以鸟、鳌鱼、卷草等装饰。桥廊两侧竖木栅栏，内置长木凳板，供行人休息。

桂花风雨桥　怀化市交通局 供图

# 第四节　其它桥梁

## 一、磴步

磴步是在水面不太宽、水不太深的小溪、小河搭设的简易桥梁。湖南境内沟谷纵横、溪流罗布，垒石为磴源远流长。形形色色的蹬步见诸于三湘四水，长沙市区的岳麓山、烈士公园亦有它们的身影。

磴步一般搭设在溪间或河床平坦、水流较缓且常年水位不高的河段，多埋置 0.3~0.5 米见方的石磴，高出水面 0.5~1.5 米不等，每磴相距最大不超过 0.6 米。行人踏磴而过，俗称“磴步桥”，湘南地区称“步磴”，湘中地区称“跳石”，湘西地区则称“跳岩”、“跳桥”。泸溪县狗爬岩跳岩，建于清嘉庆十年（1805 年），共 98 磴。江永黄甲岭步磴，每磴长 1.2 米、宽 0.4 米、高 0.8 米，间距 0.5 米，共有 26 磴，均为整块料石镇立。

**永丰磴步**　位于双峰县永丰镇，始建年代不可考，有桥梁史料称之为我国最古老的磴步桥。

永丰蹬步　周利梅 供图

永丰古井地处涟水支流河道中心，水位高于河水盈尺，水质清沥，与河水两不相犯。为便于汲水，在水井和西岸之间，设有近 20 米长的磴步，每块石磴约一尺见方，间距为 20~30 厘米，并设高矮两组，以便在不同水位时使用，磴步表面凿有石槽，防止行人滑落水中。

永丰自古有两大名吃，一是辣酱，二是豆腐。辣酱当年被曾国藩带进宫中进贡给西太后品尝过，豆腐则受到微服巡访到此的乾隆皇帝的称赞。这两样东西之所以出名，都是因为水好，这水便是取自河中的这口古井。

潭田跳桥　李明云 供图

**潭田跳桥**　位于新田县龙泉镇潭田村，毗邻玉峰寺。据《新田县志》记载，跳桥建于宋代，是南宋特科状元乐雷发乐归田园后，为改善理宗皇帝钦赐的 800 亩良田的灌溉条件而建。

跳桥长 152 米，步距 0.6 米左右，石磴宽 1.2 米，其中 2/3 没于水下，1/3 露出水面，如此设计既能调控水位，又方便行人过河。

**十步跳**　位于新田县三井乡谈文溪村，国内汉族地区唯一的生殖石雕“笋矗云根”附近，始建于明代。

十步跳　李明云 供图

笋矗云根（男性生殖器）

跳桥长 15.6 米，石磴宽 0.8 米左右，由 10 个石磴排列而成，故称“十步跳”。旁边宅中雕凿一龟一鳖，以镇水神。十步跳、龟鳖石和笋矗云根有分有合，浑然一体，形成一道独特的文化奇观。

大溪磴步　汤建文 摄影

**大溪磴步**　位于浏阳大围山镇大溪河，始建于明代，由地方绅士鲁荣业捐建。清康熙、乾隆、嘉庆朝和 1995 年 4 次复修。

磴步采用花岗石材料，石磴为长方体，高出水面约 2 尺。底部嵌入河床，墩长 1 米，宽约 0.3 米，两墩间距 0.4 米，共有 65 墩。北侧主航道有相隔 3 米多的石墩架活动跳板，以利船、筏通行。左岸碑刻跳石桥联：“梳理河川敢对洪峰言砥柱；铺排琴键乐为行客踏笙歌。”

洋溪跳桥　陈英 摄影

**洋溪跳桥**　位于芷江岩桥乡小河口村，舞水支流洋溪河道上，修建于明末清初。

跳桥用数十块经过雕琢的规整红砂岩设置，露出水面的石磴约高 0.3 米。跳桥左岸尚存 10 级红砂岩修砌的老码头，宽约 20 米。近年由于舞水河蓄水较深，回水使洋溪水位上升，该桥已经失去渡河功能。

跳桥连接“跳岩边”和“夕洋坪”两个村民小组，洋溪小河口公路桥修通之前，是“跳岩边”及岩桥乡部分村落进城的必经之路。

沱江跳岩

**沱江跳岩**　位于凤凰古城北门外沱江河道中，始建于清康熙四十三年（1704 年）。跳岩长约 100 米，由 69 组高低对应的红砂岩料石组成，石磴相距一步之遥，走的时候一步一跳，故称“跳岩”。跳岩在主河道处留有 2 孔宽约 6 米的船行通道，通道上面用木板搭铺，便于必要时船只能上下通行。

沱江跳岩旧时是进出凤凰古城的主要通道之一。清乾嘉年间（1795—1797 年）湘西、黔东北的苗民起义，辛亥革命凤凰光复起义及解放战争，这里都是进攻古城凤凰的主要通道。

**仙人寨跳石** 位于双峰县印塘乡仙人寨湄水河道中，始建于清代。跳石长约 40 米，设长条石 67 块，间距 0.4~0.5 米，石墩迎水面呈三棱柱状，墩面长 0.4 米，宽 0.2 米，部分跳石毁于 1998 年洪水。

仙人寨又名仙神寨，因传说寨中曾有仙人洞而得名。寨内山清水秀，地势险峻，一道约 10 里长的古石墙围绕仙人寨，湄水河从山脚流过。娄（底）衡（阳）公路修建以前，磴步是进出仙人寨的唯一通道。清咸丰五年（1855 年），衡阳洪罗庙一带的天地会在陈德标等领导下，在高汉聚众起义，队伍北上途中，一部驻入寨内，沿峰筑墙，垦田渔猎，长期与官军抗衡。

仙人寨跳石　周利梅 供图

**打油河磴步** 位于桂阳县流峰镇打油河道中，修建于清代。磴步长约 60 余米，设 114 磴，磴步间距约 0.5 米。磴步至今完好，仍在利用。

**凤凰吉信镇狗田跳岩**

打油河磴步　桂阳县交通局 供图

狗田跳岩　凤凰县交通局 供图

嘉禾磴步

田溪磴步

嘉禾磴步　韩建明 摄影

田溪磴步　王军杰 摄影

# 附录　凤凰跳岩普查情况

凤凰县境有大小溪河 150 余条，新中国成立前夕，全县有跳岩 38 处。2009 年湖南交通文化遗产普查，尚保存 12 处，其中最长的为木江坪 66 墩跳岩。

**凤凰跳岩（蹬步）普查表**

| 所在乡镇 | 跳岩名称 | 墩数 | 保护情况 |
|---|---|---|---|
| 竿子坪乡 | 棒棒坳跳岩 | 48 | 修拦河坝已毁 |
| 竿子坪乡 | 杆子坪跳岩 | 52 | 已修桥跳岩无存 |
| 三拱桥乡 | 拉务跳岩 | 32 | 已修桥跳岩无存 |
| 三拱桥乡 | 杀牛跳岩 | 25 | 水毁 |
| 三拱桥乡 | 中麻冲跳岩 | 25 | 水毁 |
| 吉信镇 | 狗田跳岩 | 45 | 保护完好 |
| 沱江镇 | 长宜哨跳岩 | 66 | 改为水泥板桥，跳岩原貌无存 |
| 沱江镇 | 堤溪跳岩 | 65 | 已修桥跳岩无存 |
| 沱江镇 | 北门跳岩 1 | 15 | 保护完好，岩墩上架木板 |
| 沱江镇 | 北门跳岩 2 | 69 | 保护完好 |
| 新场乡 | 宜刹坪跳岩 | 48 | 保护完好 |
| 新场乡 | 黄栗树跳岩 | 52 | 保护完好 |
| 新场乡 | 高枧跳岩 | 56 | 保护完好 |
| 新场乡 | 翁来跳岩 | 48 | 保护完好 |

续上表

| 所在乡镇 | 跳岩名称 | 墩　数 | 保护情况 |
|---|---|---|---|
| 新场乡 | 养牛坡跳岩 | 46 | 保护完好 |
| 新场乡 | 枫木林跳岩 | 32 | 已修桥跳岩无存 |
| 新场乡 | 合水跳岩 | 20 | 保护完好 |
| 茨岩乡 | 竹林坪跳岩 | 42 | 已改桥跳岩无存 |
| 茨岩乡 | 大叉跳岩 | 32 | 保护完好 |
| 茨岩乡 | 大叉中寨跳岩 | 28 | 保护完好 |
| 林峰乡 | 冷水洞跳岩 | 20 | 保护完好 |
| 木江坪镇 | 木江坪跳岩 | 66 | 原有 90 多墩被水冲走 20 多墩 |
| 水打田乡 | 天堂跳岩 | 25 | 保护完好 |

## 二、浮桥

浮桥又称舟桥，是一种以船、筏和木板为桥身而建成的桥梁，古时称之为舟梁、浮航、战桥。浮桥是大型桥梁的先辈，在古代，浮桥是跨越较宽河流的唯一桥梁形式。

湖南历史上著名的浮桥有始建于宋代的醴陵渌水浮桥、道州潇水济川桥，始建于元代的零陵潇水平政桥以及始建于明代的芷江舞水浮桥。

**渌水浮桥**　位于醴陵城南状元洲尾，始建于南宋乾道年间（1165—1173 年）。宝佑年间（1253—1258 年）因石墩木梁桥建成，浮桥废。明成化十八年（1482 年）木桥毁于水，醴陵知县李复真复建浮桥。清同治八年（1869 年）县人杨泰洲、王照楼募资重建，用木船 39 艘，3 船一联，结以铁索，上铺木板，左右设扶栏。民国 7 年（1918 年）毁于战火。民国 26 年冬，县人陈盛芳等捐资重建于西门渡口。民国 31 年，县人顾润民为方便居民过河，复于东门渡口建浮桥，长 106 米，联船 27 艘。民国 33 年（1944 年）日本侵略军犯醴，二浮桥皆毁。民国 35 年修复东门浮桥。1970 年浮桥迁西门渡，1979 年遭洪水冲毁后不复建。

道州浮桥

南宋乾道九年（1173 年）正月三十日，诗人范成大经由赣入湘赴桂林任参知政事，途经醴陵，曾作五律诗《题醴陵驿》："渌水桥边县，门前柳已黄。人稀山木寿，土瘦水泉香。乍脱泥中滑，还嗟堠子长。楮州何日到，鼓拽上沧浪。"

**道州浮桥**　旧名大浮桥，位于道县城南，始建于南宋嘉定年间（1208—1224

年），后桥废改渡。明万历三十六年（1598 年），州官韩子祁将道州百姓 40 艘龙船革头去尾，用竹缆连接，横跨潇水，长 135 米，宽 4 米，船上架木梁，横铺木板。清光绪《道州志》载：“明万历间州守韩公，特为搜革龙舟，编成鹊架，覆长板以鳞次……贯以铁索，若苍龙之偃波，白虹之饮水，由是不楫而渡，舍舟以徒，攘往熙来，莫不称便。”

道州浮桥见证了瑶族被迫从其发祥地千家峒逃亡的史实。《千家峒》载：“大德王九年（1305 年）三月十九日，众瑶人起脚出千家门楼来上桑木源。过了枫木四下云盖，来到道州浮桥，过了三日三夜不断丝……”。

1934 年 11 月，红军长征时，红一军团曾从此桥攻占县城，后为缅怀牺牲战士，将浮桥改名为“红军渡”。

1929 年，杨得任在其所著《道路全书》（中华全国道路建设协会编印）中说：我国古代浮桥“如……湖南道州之潇江，所架之舟桥，其最著也。”1979 年，道州浮桥公布为为道县县级文物保护单位。

零陵平政桥

**平政桥**　位于零陵城西门外的潇水，湘桂古道上。始建于元代，取君子平其政之义而名，亦称黄叶渡浮桥。

该浮桥是古城永州向西进入“湘桂走廊”的必经之处，后桥废仍设舟渡。明万历年间，永州府司理林汝诏首倡建桥。经郡伯叶万景、少府张守则等会商上报，获准后，明万历十八年（1590 年）重建，用 28 只木船等距离排列成行，两船间架杉木为梁，上铺木板，再以铁链将船梁串联。《永州府志》载：“元时造舟为梁，取君子平其政之义。后废，乃设舟以渡，万历辛卯五月，复驾舟为桥，名曰浮桥。桥有记，勒石于正西门左，后因火，石毁而证遂无考。”

明崇祯十年（1637 年）三月，著名旅行家徐霞客游历至零陵，带病寻访柳宗元遗迹时曾过此桥，世人为纪念徐霞客而改名霞客浮渡。“霞客浮渡”为古代永州八景之一。

1944 年 8 月，日军发动豫湘桂战役，浮桥被炸毁，翌年抗战胜利后修复。1970 年潇水东风大桥建成后拆除，90 年代初又恢复，沿用至今。

**舞水浮桥**　位于芷江县西南西关渡，横跨舞水。始建于明成化十八年（1482 年），明万历十九年（1591 年）龙津桥建成，后废。同治《芷江县志》载：“成化十八年，编舟为济。正德元年于舟面增置木板，寻废。七年复之。嘉靖三十三年，始大规模联舟江面，布木其上，系以铁索，东西岸卓石为柱，用系索之两端，左右翼以栏，浮桥之制以备，后废寝。”

明万历十九年，以寺僧宽云为首，四乡募捐，得银一万余两，粮一千余担，开始建造石墩木梁桥。桥成后，“每日观桥者如蚁”。僧宽云曰：“此桥形如龙，渡口为津，取名龙津桥可也，

其意龙永驻渡口，世代吉祥。”

## 三、能滩吊桥

能滩吊桥位于川湘公路泸溪县境，跨越能滩河。该桥是我国公路史上最早修建的现代悬索桥，2011 年公布为湖南省级文物保护单位。

能滩河两岸河谷陡峻，河水深 20 余米，有流石，建墩困难。1936 年川湘公路竣工时，搭木便桥临时通车，两端接线因地势限制，纵坡达 22％，行车极不安全。1937 年 3 月成立川湘公路能滩吊桥工程处，由湖南省公路局局长周凤久主持设计，工程师欧阳缄负责施工，1938 年 5 月建成通车。

吊桥跨径 80 米，高 20 米，桥面宽 4.5 米，载重标准 10 吨，一次只许通过 1 辆汽车。桥台为石砌，桥塔为空心圆柱式铸钢结构，高 9 米。悬索为链条式，由 65 节铸钢眼杆构成。悬链长 82.08 米，横向间距 5 米，锚锭以槽钢构成框架，用混凝土埋置于两岸石壁锚洞之中，锚洞口装有铁门，以策安全，锚锭杆与链条的联接采用一种特殊形状的锚锭链条，松动螺帽可以调整链条弧线。原设计用钢桥面，因转运困难，改用木桥面。吊杆每边 32 根。桥面每侧以 4 根钢圆条作为风缆将桥面拉紧，以防水平摆动。

能滩吊桥

吊桥悬链和桥塔所用材料均系利用废旧汽车钢架，由湖南省机械厂铸造，采用电炉铸钢，每炉铸钢均取样，由湖南大学工场试验合格后方予采用。吊杆、栏杆、锚锭及螺栓等所用钢材由国外引进。施工中把重达 3 万多公斤的链条安装上去，在无吊装机械的情况下，采用钢丝索架设一弧形便桥，高度基本上与链条弧度一致，上铺木板，然后用人力将眼杆一根一根背上去，先下游后上游，由两端向河中方向逐节拼装，在中央合龙。桥塔的安装用一部手摇绞车，在桥塔混凝土支座浇筑就绪后，再吊塔帽，最后安装两柱间的联接牌坊。

1949 年冬，国民党军队溃退时，企图破坏能滩吊桥，由于当地群众与养路工人的竭力保护，吊桥未受破坏。建国后，桥头设有护桥武装一个班负责守卫并控制车辆通过。

1969 年，在吊桥下游 75 米处修建一座跨径 70 米空腹式石拱桥取代吊桥，命名能滩大桥。1970 年 1 月建成，吊桥停止使用，钢结构保存下来，由驻桥头养路工班看守，两年保养一次，为交通文化遗产保存。

# 附录一　20 世纪 80 年代交通志记载的湖南民桥

1990 年代前，湖南省及各地市出版的交通志记载了省境民国以前建造的民桥 271 座，其中始建于梁 1 座、唐代 4 座、宋代 16 座、明代 48 座、清代 145 座、民国 15 座、年代不详 42 座。

**古代桥梁一览表**

| 桥　名 | 桥　　址 | 桥　　型 | 始 建 年 代 | 备　　注 |
| --- | --- | --- | --- | --- |
| 洞阳桥（杜陵桥） | 耒阳市梅桥村 | 石拱桥 | 梁天监二年（503 年） | 桥面梅花不再，石桥尚存 |
| 龙船桥 | 醴陵县南大障乡江边铺 | 石梁桥 | 唐代 | 水毁 |
| 花瓦桥 | 澧县宜万乡花瓦村 | 石拱桥 | 唐代 | 尚存 |
| 牛剑桥 | 桃江县黄泥田镇花亭村 | 石梁桥 | 唐宪宗十年（815 年） | 尚存 |
| 青龙桥 | 邵阳市区 | 原为木桥，后改为石拱桥 | 唐乾宁五年（898 年） | 南宋宝庆元年（1225 年）始建石桥 |
| 沿溪桥 | 浏阳县东北沿溪乡境内 | 石拱桥 | 宋代 | 尚存 |
| 蓝溪桥 | 娄底蓝田镇 | 3 孔石拱桥 | 宋代 | 尚存 |
| 苏仙桥 | 郴州市区东门口 | 石墩木板桥 | 北宋后期 | 明正德十年（1515 年）改建石拱桥，1964 年 10 月改造为公路桥 |
| 定胜桥 | 娄底永丰镇 | 3 孔石台木面桥 | 宋真宗大中三年（1010 年） | 水毁，清道光年间重建为 5 孔石拱桥，1944 年炸毁，1949 年重建 5 孔石拱桥 |
| 三眼桥 | 岳阳市南湖大堤 | 石拱桥 | 宋庆历年间 | 清同治十二年（1873 年）巴陵邑人钟谦钧重修，原址陷为深潭，稍移而北，于光绪元年（1875 年）竣工 |
| 朱张桥 | 株洲县朱亭镇溪港上 | 原为木梁桥，后改为石梁桥 | 宋绍兴年间（1124 年） | 1958 年改造桥成为闸、桥两用公路桥 |
| 渌江桥 | 株洲市醴陵市城南 | 木桩、石墩、木梁桥 | 南宋乾道年间 | 1924 年改造为石拱桥 |
| 济川桥 | 永州市道县城南门外 | 铁索链浮桥 | 南宋嘉定年间 | 原桥毁，1980 年重修 |
| 宋贞桥 | 湘潭县较场乡同合村 | 石拱桥 | 宋嘉定六年（1213 年） | 尚存 |
| 佘市桥 | 常德市临澧县佘市桥镇 | 石墩屋面桥 | 宋宝庆元年（1225 年） | 元初改造为石拱桥 |
| 明月桥 | 株洲市株、醴、攸交界处的明月山下 | 单拱石桥 | 宋宝庆三年（1227 年） | 尚存 |
| 安济桥 | 炎陵县城 | 石拱桥 | 南宋绍定三年（1230 年） | 尚存 |
| 廉政桥（西门桥） | 常宁县城西 | 5 拱青石桥 | 宋淳祐四年（1244 年） | 尚存 |
| 石羊桥 | 武冈县石羊乡 | 石拱桥 | 宋淳祐六年（1246 年） | 尚存 |
| 三板桥 | 宁乡县田坪乡水竹村 | 单孔石梁桥 | 南宋淳祐十二年（1252 年） | 尚存 |
| 侍母郎桥 | 临武县同益乡钦家山 | 单孔石拱桥 | 南宋宝佑三年（1255 年） | 尚存 |
| 张公桥（银田桥） | 韶山市境内 | 4 孔石拱桥 | 明代 | 尚存 |

续上表

| 桥　名 | 桥　　址 | 桥　　型 | 始建年代 | 备　　注 |
| --- | --- | --- | --- | --- |
| 徐家桥 | 株洲市区 | 石拱桥 | 明代 | 尚存 |
| 宏厦桥 | 株洲县鸿仙乡宏夏村 | 石梁桥 | 明代 | 尚存 |
| 老下湄桥 | 郴州市郴江乡下湄桥村 | 3 孔桥 | 明代 | 曾几经改建 |
| 广济桥 | 桃江县双江乡平田湾村 | 不详 | 明代 | 同治五年重修 |
| 虹桥 | 凤凰县沱江镇城南 | 石拱廊桥 | 明代 | 1963 年改建为水泥桥面 |
| 雅桥 | 湘西 | 石墩木梁桥 | 明代 | 1980 年改建为公路桥 |
| 上架桥 | 耒阳市上架圩南 | 不详 | 明初 | 清同治年间重修 |
| 弄溪桥 | 桃江县桃江镇 | 不详 | 明初 | 尚存 |
| 节妇桥 | 张家界市杉木桥乡四水坝村 | 单孔石拱桥 | 明朝洪武二年（1369 年） | 尚存 |
| 曲潭桥 | 常宁县城东 5 公里 | 3 孔石拱桥 | 明永乐年间 | 尚存 |
| 柳溪桥 | 冷水江毛易乡新民村 | 石墩木梁桥 | 明代宣德年间 | 1924 年整修 |
| 通济桥 | 临武县城 | 石墩木梁桥 | 明天顺七年（1463 年） | 1964 年改为石拱桥 |
| 永济桥 | 岳阳市城陵矶 | 石墩木梁桥 | 明成化年间 | 桥废 |
| 广通桥 | 岳阳市城陵矶 | 石墩木梁桥 | 明成化年间 | 桥废 |
| 下濠桥 | 汝城县濠头乡埠头村 | 木桥 | 明成化七年（1471 年） | 1922 年改为木廊桥，1973 年水淹没此桥 |
| 新安桥 | 浏阳市社港乡新安村 | 单孔石拱廊桥 | 明成化十年（1474 年） | 尚存 |
| 龙隐桥（龙荫桥） | 衡山县城南 24 里 | 3 孔石拱桥 | 明成化十二年（1476 年） | 尚存 |
| 渌江浮桥 | 醴陵市东门外 | 木板铁索桥 | 明成化十八年（1482 年） | 古桥已毁，1990 年该处建成西山公路大桥 |
| 芷江龙津桥 | 怀化芷江西南西关渡跨舞水 | 木板桥 | 明成化十八年（1482 年） | 1970 年改建为钢筋混凝土工字梁桥，1999 年重新恢复为风雨桥 |
| 西河桥 | 绥宁县寨市 | 浮桥 | 明代中期 | 清同治五年（1866 年）重建为风雨桥 |
| 老女桥 | 浏阳市山枣潭乡草坪村 | 原桥不详，后改为石桥 | 明正德十五年（1520 年） | 1831 年水圮，1837 年重建 |
| 沙德桥 | 浏阳市焦溪乡 | 石拱桥 | 明嘉靖年间 | 尚存 |
| 枫林桥 | 祁阳县枫林铺镇 | 5 孔石拱桥 | 明嘉靖年间 | 1977 年改建为公路桥 |
| 东江桥 | 祁阳县祁水入湘江口上游 150 米处 | 5 孔石拱桥 | 明嘉靖年间 | 1944 年炸毁 |
| 正农桥 | 宁乡县白马桥乡正农村 | 砖拱桥 | 明嘉靖年间 | 尚存 |
| 零溪桥 | 慈利县零阳镇零溪河上 | 石墩木梁桥 | 明嘉靖年间 | 清乾隆七年（1743 年）改建为石拱桥，1958 年改建为公路桥 |
| 曲江桥 | 茶陵县城关镇曲江村 | 不详 | 明隆庆初年 | 已坍塌 |
| 化龙桥 | 耒阳市城北下东马路 | 不详 | 明嘉靖二十四年（1545 年） | 尚存 |
| 桐梁桥 | 嘉禾县东行廊镇沙坪村 | 石拱桥 | 明嘉靖三十年（1551 年） | 尚存 |
| 时荣桥 | 新邵县坪上乡 | 石拱廊桥 | 明嘉靖四十二年（1563 年） | 不详 |
| 花桥 | 耒阳市东湾乡汭洲村芦塘 | 石拱桥 | 明嘉靖四十五年（1566 年） | 改建为公路桥 |
| 玉潭桥 | 宁乡县城关镇 | 石墩木面桥 | 始建不详，明隆庆六年（1572 年）重修 | 1972 年改建为公路桥 |

续上表

| 桥　名 | 桥　　址 | 桥　　型 | 始 建 年 代 | 备　　注 |
|---|---|---|---|---|
| 杉树桥 | 祁阳县高码头青云村 | 3 孔石拱桥 | 明万历年间 | 1986 年水毁桥亭，拱圈变形 |
| 城江桥 | 湘乡市壶天镇老街 | 石拱桥 | 明万历年间 | 1956 年改建为石拱桥 |
| 麻阳南极桥 | 怀化古县城（今锦和镇） | 不详 | 明万历年间修建 | 清康熙三十二年（1693 年）重修 |
| 芷江罗旧桥 | 芷江县东 40 里 | 木桥 | 明万历年间 | 桥毁 |
| 永济桥（西阳大埠桥） | 娄底市西阳乡大埠村 | 3 孔石拱桥 | 明万历丙辰年（1616 年） | 尚存 |
| 化龙桥 | 武冈城区 | 不详 | 明万历元年（1573 年） | 同治十年（1871 年）重修 |
| 潜龙桥 | 武冈城区 | 原桥为木桥，后改为石拱桥 | 明万历二年（1574 年） | 1969 年改为水泥预制行人桥 |
| 江口桥 | 新宁县城西北 4 里 | 石墩木梁桥 | 明万历十六年（1588 年） | 只剩桥墩与桥台 |
| 七拱桥 | 郴州市桂阳县城北花园堡旁 | 石拱桥 | 明万历十二年（1584 年） | 尚存 |
| 平政桥 | 零陵城西门外的潇水河上 | 铁索链浮桥 | 明万历十八年（1590 年） | 尚存 |
| 乐安桥 | 安化县梅城镇柳林坪村 | 木桥 | 明万历二十年（1592 年） | 1987 年改建为公路桥 |
| 盛石桥 | 湘乡市石狮江桥上首 150 米 | 3 孔石拱桥 | 明崇祯 | 1959 年改公路桥 |
| 沿溪桥 | 浏阳市北沙市乡东门村 | 石拱桥 | 明崇祯十六年（1643 年） | 尚存 |
| 安乐桥 | 株洲市株洲县堂市乡黄竹村 | 石梁桥 | 明末 | 尚存 |
| 晏公桥 | 炎陵县西郊 | 单孔石拱桥 | 清代以前 | 尚存 |
| 新桥 | 郴州市郴江乡官庄坪村 | 3 孔石拱桥 | 清代 | 尚存 |
| 五通庙桥 | 郴州市 | 不详 | 清代 | 1987 年改建为钢筋混凝土梁桥 |
| 雷大桥 | 郴州市安和乡雷大乡村 | 2 孔石拱桥 | 清代 | 尚存 |
| 碛脑桥 | 炎陵县大院农场大坝 | 单孔石拱桥 | 清代 | 尚存 |
| 苍霞桥 | 株洲县三门苍霞乡 | 石梁桥 | 清代 | 尚存 |
| 大石桥 | 株洲县三门苍霞村 | 石拱桥 | 清代 | 尚存 |
| 磴步桥 | 双峰县湄水乡仙人寨村 | 磴步桥 | 清代 | 尚存 |
| 七星桥 | 桃江县城关镇 | 6 孔石桥 | 清代 | 1974 年改成钢筋混泥土公路桥 |
| 花桥 | 桃江县筑金坝花桥 | 石拱桥 | 清代 | 尚存 |
| 石桥 | 桃江县武潭乡石桥村 | 花岗石桥 | 清代 | 尚存 |
| 石灵桥 | 长沙市宁、潭交界处 | 不详 | 清初 | 1897 年重修 5 孔石拱桥 |
| 浦梓桥 | 浏阳县城南郊浦梓港 | 2 孔石拱桥 | 清顺治十六年（1659 年） | 废弃 |
| 下马渡桥 | 祁阳县下马渡小街前 | 5 孔石拱桥 | 清顺治十七年（1660 年） | 桥毁，仅存东岸桥台 |
| 玉堂桥 | 宁乡县大成桥乡玉堂村 | 7 孔石梁桥 | 始建不详，康熙年间重修 | 尚存 |
| 定远桥 | 绥宁县关峡 | 石拱廊桥 | 清康熙二十三年（1684 年） | 尚存 |
| 福安桥 | 安化县梅城东门 | 石墩木梁桥 | 清康熙二十三年（1684 年） | 1959 年改建为公路桥 |
| 桥头河桥（利涉桥） | 涟源市桥头河镇 | 3 孔石拱桥 | 清康熙二十三年（1684 年） | 同治七年重修 |

续上表

| 桥名 | 桥址 | 桥型 | 始建年代 | 备注 |
|---|---|---|---|---|
| 广济桥 | 沅陵马底驿上街口 | 石拱桥 | 清康熙四十八年（1709年） | 桥毁 |
| 伍相桥 | 耒阳城北苏家港 | 不详 | 清康熙五十二年（1713年） | 毁坏 |
| 黄岗桥 | 浏阳市东三口乡 | 3孔石拱桥 | 清康熙五十三年（1714年） | 1953年改建为公路桥 |
| 大陂市桥 | 耒阳大陂市乡大陂市村 | 石拱桥 | 清康熙六十一年（1722年） | 1864年重建，现成为公路桥梁 |
| 长滩桥 | 祁阳县高码头乡长滩桥村 | 3孔石拱桥 | 清雍正年间 | 尚存 |
| 向家桥 | 韶山市永义乡东湖村 | 3孔石梁桥 | 清雍正年间 | 尚存 |
| 鳌石桥 | 韶山市永义乡白玉村 | 6孔石梁桥 | 清雍正年间 | 原桥已毁，1973年重建 |
| 文新桥 | 株洲县平山塘文新村 | 石拱桥 | 清雍正年间 | 尚存 |
| 寒峰桥 | 衡阳县城西 | 石拱桥 | 雍正初 | 尚存 |
| 万福桥 | 湘乡市城西南洙津渡 | 9孔石拱桥 | 雍正元年（1723年） | 尚存 |
| 汉城桥 | 湘潭县南部，距湘潭市区55公里的马垅村 | 石拱桥 | 始建不详，清雍正三年（1725年）重修 | 尚存 |
| 灌江桥 | 浏阳市金刚乡平桥村 | 石梁桥 | 清雍正九年（1731年） | 炸毁 |
| 大桥塘桥 | 桃江县河溪水乡大桥塘村 | 木板桥 | 清雍正十三年（1735年） | 1975年改为钢筋混凝土桥 |
| 龙阳桥 | 张家界市永定区谢家垭乡 | 不详 | 清乾隆年间 | 1963年改建石台木面亭桥 |
| 万古桥 | 长沙县跳马乡万古村 | 单孔石梁桥 | 清乾隆年间 | 尚存 |
| 石坝桥 | 韶山市如意乡石湖村 | 花岗岩石桥 | 清乾隆年间 | 尚存 |
| 新晃罗家桥 | 新晃至铜仁的驿路桥梁 | 5墩亭石桥 | 清乾隆时期 | 尚存 |
| 新晃大桥溪桥 | 芷江至新晃的驿路桥梁 | 单孔石拱桥 | 清乾隆时期 | 尚存 |
| 新晃五拱桥 | 新晃至玉屏的驿路桥梁 | 5孔石拱桥 | 清乾隆时期 | 尚存 |
| 东风垅下桥 | 炎陵县与安仁县交界处 | 木桥 | 清乾隆年间 | 1980年加固改建为公路桥 |
| 烈士桥 | 武冈市双桥乡潭头村 | 石墩木梁廊桥 | 清代乾隆年间 | 尚存 |
| 龟龄桥 | 双峰县洪山镇咸新村 | 单孔石拱桥 | 清代乾隆元年（1736年） | 尚存 |
| 李熙桥 | 绥宁县城东北56公里 | 花岗石桥 | 清乾隆二年（1737年） | 改建为公路桥 |
| 景德桥 | 宁乡县青山桥乡景德村 | 石拱桥 | 清乾隆三年（1738年） | 1988年改建为钢筋混凝土桥 |
| 哺子桥 | 沅陵官庄界亭驿 | 石拱桥 | 清乾隆三年（1738年） | 尚存 |
| 行乐桥 | 溆浦城郊长乐村 | 不详 | 清乾隆六年（1741年） | 1981年改建成公路桥 |
| 白茅滩桥 | 祁阳县白茅滩乡大屋院村 | 5孔石拱桥 | 清乾隆十一年（1746年） | 桥槽两用 |
| 油溪石拱桥 | 新化县晨光乡境内 | 石拱桥 | 清乾隆十二年（1747年） | 1979年改为公路桥 |
| 三元桥 | 武冈市荆竹乡境内 | 石拱桥 | 清乾隆十四年（1749年） | 2009年3月坍塌 |
| 回龙桥 | 城步县岩寨乡长坪村 | 风雨桥 | 清乾隆十五年（1750年） | 尚存 |
| 观政桥 | 湘潭县南部花石镇 | 石拱桥 | 清乾隆二十年（1755年） | 尚存 |
| 干壁桥 | 浏阳县北，跨柏岩河 | 石梁桥 | 清乾隆二十年（1755年） | 尚存 |
| 沔渡桥 | 炎陵县东 | 石拱桥 | 清乾隆二十四年（1759年） | 水毁 |

续上表

| 桥名 | 桥址 | 桥型 | 始建年代 | 备注 |
|---|---|---|---|---|
| 牟家大桥 | 常德县双桥坪乡 | 石拱桥 | 清乾隆二十五年（1760年） | 尚存 |
| 清潭桥 | 安化县廖家坪水库 | 石拱桥 | 清乾隆二十七年（1762年） | 尚存 |
| 金锁桥 | 韶山市区韶源村 | 石拱桥 | 清乾隆三十一年（1766年） | 尚存 |
| 思贤桥 | 安化县江南镇七一村 | 廊桥 | 清乾隆三十五年（1770年） | 尚存 |
| 福祖桥 | 株洲县黄龙乡 | 原为木桥，后改为石拱桥 | 乾隆三十六年（1771年） | 1981年改建为公路桥梁 |
| 广利桥 | 东安县塘复乡印水河上 | 石拱廊桥 | 清乾隆三十八年（1773年） | 尚存 |
| 郭桥 | 长沙县高桥乡捞刀河支流上 | 石梁桥 | 清乾隆三十九年（1774年） | 尚存 |
| 大屯桥 | 宁乡县石家湾乡境内 | 石梁桥 | 清乾隆三十九年（1774年） | 尚存 |
| 桃子桥 | 祁阳县兰桥乡车头村 | 2孔石拱桥 | 清乾隆四十一年（1776年） | 1983年改建为钢筋混凝土桥 |
| 洗车桥 | 龙山县洗车河镇 | 风雨桥 | 清乾隆四十五年（1780年） | 尚存 |
| 多安桥 | 澧州城东门外 | 石墩木梁桥 | 清乾隆五十一年（1786年） | 嘉庆二十五年（1820年）改建为石拱桥 |
| 万年桥 | 蓝山县所城乡 | 原为木桥，后改为石拱桥 | 始建不详，清乾隆五十三年（1788年） | 尚存 |
| 隆兴桥 | 祁阳县农科所 | 不详 | 清乾隆五十六年（1791年） | 拆毁 |
| 小陂桥 | 祁阳县兰桥乡小陂村 | 3孔石拱桥 | 清乾隆五十八年（1793年） | 尚存 |
| 中伙铺桥 | 辰溪跨龙门溪 | 石拱桥 | 清乾隆五十九年（1794年） | 尚存 |
| 万年桥 | 汝城县暖水乡台头门村 | 不详 | 清嘉庆年间 | 民国3年（1914年）改建为石拱桥，1956年改造为公路桥 |
| 白云桥 | 石门县白云桥乡 | 石墩木面屋桥 | 清嘉庆年间 | 尚存 |
| 横江桥 | 郴州市区 | 3孔石拱桥 | 清嘉庆年间 | 1830年重修，80年代初改公路桥 |
| 矮桥 | 韶山市杨林乡善扶村 | 不详 | 清嘉庆年间 | 1970年改为公路桥 |
| 上营桥 | 韶山市如意乡杨家村 | 花岗岩石桥 | 清嘉庆年间 | 拆毁 |
| 下营桥 | 韶山市如意乡如意村 | 石拱桥 | 清嘉庆年间 | 尚存 |
| 茅田桥 | 韶山市如意乡杨荣村 | 花岗岩石桥 | 清嘉庆年间 | 1973年改建为机耕道桥 |
| 永安桥 | 祁阳县下马渡 | 石拱桥 | 清嘉庆二年（1797年） | 尚存 |
| 枫林桥 | 益阳县兰溪镇 | 石拱桥 | 清嘉庆八年（1803年） | 尚存 |
| 驷马桥 | 祁阳县下马渡 | 5孔石拱桥 | 清嘉庆十年（1805年） | 1958年青石板桥面改为泥结碎石通车 |
| 大福桥 | 安化县大福坪 | 4孔石拱桥 | 清嘉庆十五年（1810年） | 已做公路桥使用 |
| 敖王桥 | 耒阳市芭蕉乡敖山村 | 石墩木面桥 | 清嘉庆十八年（1813年） | 1966年改建为混凝土双曲拱桥 |
| 庆口桥 | 龙山县水坝乡庆口村 | 3孔石拱桥 | 清嘉庆十八年（1813年） | 1977年改建为公路桥 |
| 十婆桥 | 望城县乌山乡 | 石桥 | 嘉庆二十二年（1817年） | 拆除 |
| 保宁桥 | 浏阳县南文家市 | 4孔石拱桥 | 清嘉庆二十三年（1818年） | 尚存 |
| 遇仙桥 | 耒阳市夏塘镇 | 石拱桥 | 清嘉庆二十二年（1818年） | 1977年重建 |
| 观音桥 | 桃源县陬市镇 | 石墩木面桥 | 清嘉庆二十五年（1820年） | 尚存 |
| 让公桥 | 宁乡县三仙坳乡韶光村 | 4孔石梁桥 | 清朝中叶 | 尚存 |
| 新桥 | 长沙市宁乡井冲乡的新桥村 | 3孔石梁桥 | 清道光年间 | 尚存 |

续上表

| 桥　名 | 桥　址 | 桥　型 | 始建年代 | 备　注 |
|---|---|---|---|---|
| 康王桥 | 株洲县龙凤乡天石村 | 石拱桥 | 清道光年间 | 尚存 |
| 福祖桥 | 株洲县黄龙乡高升村 | 石拱桥 | 清道光年间 | 尚存 |
| 清江小桥 | 祁阳县祁阳羊角塘镇清江村 | 3孔石拱桥 | 清道光年间 | 尚存 |
| 清江桥 | 祁阳县羊角塘镇清江铺 | 3孔石拱桥 | 清道光元年（1821年） | 尚存 |
| 永济桥（7孔桥） | 衡阳县北神皇 | 石拱桥 | 清道光五年（1825年） | 尚存 |
| 桥口桥 | 祁阳县杨桥乡桥口村 | 单孔石拱桥 | 清道光六年（1826年） | 尚存 |
| 自生桥 | 湘潭县花桥乡棠花村 | 自然桥梁 | 始建不详，清道光已丑年（1830年）补修 | 尚存 |
| 银花桥 | 宁乡县龙凤山乡银花桥村 | 石梁桥 | 清道光十五年（1835年） | 尚存 |
| 利济桥 | 永顺县城小西门 | 风雨桥 | 清道光十五年（1835年） | 1962年改建为石拱桥 |
| 长庆桥 | 祁阳县苏油坪乡长益村 | 5孔石拱桥 | 清道光十七年（1837年） | 尚存 |
| 万福桥 | 祁阳县高码头乡大福村 | 5孔石拱桥 | 清道光二十年（1840年） | 尚存 |
| 太平桥 | 浏阳县西太平桥乡 | 石拱桥 | 清道光二十二年（1842年） | 桥毁 |
| 砥柱桥 | 张家界市永定区新桥镇柏家峪村 | 石拱桥 | 清道光二十三年（1843年） | 尚存 |
| 隆寿桥 | 祁阳县县城西南 | 单孔石拱桥 | 清道光三十年（1850年） | 尚存 |
| 双江口桥 | 安化县东山乡东江村 | 石梁桥 | 清咸丰年间 | 尚存 |
| 接龙桥 | 炎陵县城西 | 石拱桥 | 清咸丰元年（1851年） | 尚存 |
| 大桥 | 祁阳县梅溪乡擒羊岭 | 独孔石拱桥 | 清咸丰六年（1856年） | 尚存 |
| 联株桥 | 安化县株溪与资水汇合处 | 双拱石桥 | 清咸丰六年（1856年） | 尚存 |
| 杨林桥 | 韶山市杨林乡杨林村 | 花岗岩石桥 | 清咸丰七年（1857年） | 尚存 |
| 白洋桥 | 衡阳市耒阳市三架乡白洋村曾家洞 | 石拱桥 | 清咸丰七年（1857年） | 1975年后成为公路桥 |
| 青龙桥 | 株洲县马家河万丰村 | 石拱桥 | 清同治年间 | 尚存 |
| 乐安桥 | 洪江市铁山乡铁山场古驿道上 | 石墩木梁廊桥 | 清同治年间 | 尚存 |
| 大石桥 | 株洲县马家河藕花村 | 石梁桥 | 清同治年间 | 尚存 |
| 砖桥 | 株洲县黄龙乡王州村 | 石梁桥 | 清同治年间 | 尚存 |
| 冷水桥 | 株洲县黄龙乡王州村 | 石梁桥 | 清同治年间 | 尚存 |
| 章公桥 | 韶山市大坪乡湘韶村 | 石拱桥 | 清同治元年（1862年） | 尚存 |
| 五福桥 | 茶陵县火田乡芙江村 | 石拱桥 | 清同治三年（1864年） | 1983年因桥面宽度不够，拆除重建 |
| 中福桥 | 宁乡县井冲乡的团山村 | 3孔石梁桥 | 始建不详，同治四年（1865年）重修 | 尚存 |
| 大桥 | 祁阳县熊罴岭 | 单孔石拱桥 | 清同治九年（1870年） | 1983年改建为独孔石拱桥 |
| 永镇桥 | 安化县岳溪、碧丹溪与资江汇合处 | 廊桥 | 清同治九年（1870年） | 拆毁 |
| 洗马桥 | 韶山市清溪镇 | 石梁桥 | 清同治十年（1871年） | 拆毁，1973年新建钢筋水泥桥 |
| 四知桥 | 宁乡县七里山乡七里山村 | 石梁桥 | 清同治十三年（1874年） | 尚存 |
| 虎啸坝桥 | 株洲县古岳锋友谊村 | 石拱桥 | 清光绪年间 | 尚存 |
| 檀木桥 | 株洲县古岳锋友谊村 | 石拱桥 | 清光绪年间 | 尚存 |

续上表

| 桥 名 | 桥 址 | 桥 型 | 始建年代 | 备 注 |
|---|---|---|---|---|
| 瞿家桥 | 株洲县古岳锋廖家村 | 石拱桥 | 清光绪年间 | 尚存 |
| 普隆桥 | 株洲县淦田乡宏图村 | 石拱桥 | 清光绪年间 | 尚存 |
| 接龙桥 | 株洲县渌口镇二总村 | 石梁桥 | 清光绪年间 | 尚存 |
| 宝塔桥 | 株洲县三门镇月形村 | 石梁桥 | 清光绪年间 | 尚存 |
| 三搭桥 | 株洲县三门镇月形村 | 石梁桥 | 清光绪年间 | 尚存 |
| 新桥 | 株洲县三门金牌村 | 石拱桥 | 清光绪年间 | 尚存 |
| 钱坝桥 | 株洲县三门金牌桥 | 石梁桥 | 清光绪年间 | 尚存 |
| 画眉桥 | 酃县城南 1 公里处 | 石拱桥 | 清光绪年间 | 1958 年更改为公路桥 |
| 贺龙桥 | 桑植县洪家关西 | 风雨桥 | 清光绪初年 | 1998 年水毁并修复 |
| 伯修桥 | 大庸县北岩口 | 风雨桥 | 光绪元年（1874 年） | 1982 年改为石台水泥板桥 |
| 正心桥 | 宁乡县直田乡谷古村 | 石梁桥 | 清光绪元年（1875 年） | 尚存 |
| 状元桥 | 祁东县归阳镇 | 5 孔石拱桥 | 清光绪二年（1876 年） | 1952 年建桥亭 |
| 永锡桥 | 安化县洞市乡锡潭村 | 廊桥 | 清光绪二年（1876 年） | 尚存 |
| 水东桥 | 洞口县水东乡境内 | 廊桥 | 清光绪三年（1877 年） | 尚存 |
| 紫石桥 | 祁阳县三江乡砂子岭村 | 单孔石拱桥 | 清光绪二十三年（1879 年） | 尚存 |
| 镇东桥 | 安化县东坪镇 | 廊桥 | 清光绪五年（1879 年） | 尚存 |
| 唐公庙桥 | 宁乡县老粮仓乡的唐公庙 | 石梁桥 | 光绪十二年（1886 年） | 尚存 |
| 西佛桥 | 江华县沱江镇前沱水（又名西河）上 | 7 孔石拱桥 | 清光绪二十三年（1897 年） | 尚存 |
| 石板上桥 | 宁乡县沙田乡的石江村 | 5 孔石梁桥 | 清光绪二十四年（1898 年） | 尚存 |
| 惠同桥 | 宁乡县沙田乡沙田村 | 廊桥 | 始建不详，清光绪二十五年（1898 年） | 尚存 |
| 麻蝈桥 | 湘潭县永义乡白玉村 | 石拱桥 | 清光绪二十五年（1899 年） | 拆毁 |
| 红军桥 | 慈利县溪口镇的长潭村 | 木质屋桥 | 清光绪三十年（1904 年） | 水毁 |
| 关口桥 | 浏阳市南杨花乡杨花村 | 石拱桥 | 清光绪三十二年（1906 年） | 1970 年作为公路桥 |
| 芭蕉坪桥 | 泸溪县梁家潭乡芭蕉坪村 | 石拱廊桥 | 清光绪末年 | 尚存 |
| 秧田桥 | 宁乡县沙田乡 | 石梁桥 | 清末 | 尚存 |
| 思永桥 | 茶陵县严塘镇沙溪村 | 9 孔砖拱桥 | 清末（1911 年） | 1982 年水毁，1986 年重建为公路桥 |
| 仓关峪屋桥 | 张家界永定区 | 木屋桥 | 清末 | 1933 年水毁，并修复 |
| 四搭桥 | 株洲县漂沙井梅仙岭 | 石梁桥 | 民国改建 | 尚存 |
| 西河口桥 | 永兴县塘市乡西河口 | 石拱桥 | 民国 2 年（1913 年） | 受损 |
| 苗田桥 | 浏阳市路口乡 | 红砂岩石拱桥 | 民国 3 年（1914 年） | 尚存 |
| 邓家桥 | 浏阳市沙市镇 | 原为木桥后为石桥 | 始建年代不详，民国 4 年改成石拱桥 | 尚存 |
| 拱济桥 | 浏阳市路口乡与洋春乡交界处 | 石拱桥 | 民国 5 年（1916 年） | 尚存 |
| 风景市桥 | 桃江县板溪乡湘民村 | 花岗石桥 | 民国 6 年（1917 年） | 尚存 |
| 韶麓桥 | 韶山市韶山村 | 花岗岩石桥 | 民国 8 年（1919 年） | 拆除 |
| 成仙桥 | 桂阳县和平乡花园堡村 | 5 孔石拱桥 | 民国 12 年（1923 年） | 尚存 |
| 虞唐河桥 | 湘乡市虞唐镇 | 5 孔石拱桥 | 民国 16 年（1927 年） | 1990 年加宽 |

续上表

| 桥 名 | 桥 址 | 桥 型 | 始建年代 | 备 注 |
|---|---|---|---|---|
| 碧螺桥 | 桃江县碧螺溪与资水汇合处 | 2孔石拱桥 | 民国16年（1927年） | 70年代改建为钢筋混凝土桥 |
| 孟江桥 | 双峰县沙田乡荆林村 | 石台墩钢筋混凝土梁桥 | 民国21年（1932年） | 尚存 |
| 岳家桥 | 益阳县岳家桥乡 | 石梁桥 | 民国22年（1933年） | 1972年改建为公路桥 |
| 灰山港桥 | 桃江县灰山港镇紫荆花村 | 便桥 | 民国24年（1935年） | 尚存 |
| 马迹桥 | 株洲县砖桥乡马迹村 | 石拱桥 | 民国26年（1937年） | 尚存 |
| 东江铁索浮桥 | 祁阳县东江桥遗址上游15米处 | 铁索桥 | 民国36年（1947年） | 拆毁 |
| 集里桥 | 浏阳市集里乡集里村 | 石梁桥 | 不详，原名七里桥，清嘉庆改名 | 尚存 |
| 邹婆桥 | 浏阳市区 | 麻石拱桥 | 不详 | 1988年桥面加铺混凝土 |
| 失马桥 | 浏阳市集里乡道吾村 | 不详 | 不详 | 尚存 |
| 隐相桥 | 浏阳市天马山原隐相台 | 不详 | 不详 | 尚存 |
| 丁字桥 | 浏阳市今中和乡丁字村 | 石梁桥 | 不详 | 尚存 |
| 太子桥 | 浏阳市金刚墨庄村与金庄村交界处 | 石梁桥 | 不详 | 尚存 |
| 双江桥 | 浏阳市东三口乡胡家岭 | 石拱桥 | 不详 | 尚存 |
| 洗药桥 | 浏阳市区浏河北岸 | 石梁桥 | 不详 | 1796年重修，1966年修为混凝土桥 |
| 接武桥 | 耒阳市城郊东江区 | 不详 | 不详 | 民国26年（1937年）改公路桥 |
| 朱彭桥 | 耒阳市灶市镇 | 石拱桥 | 不详 | 尚存 |
| 利涉桥 | 新田县城南西门河（又名日西河）上 | 石拱桥 | 不详 | 清顺治八年（1651年）重建，现已成公路桥 |
| 步墩便桥 | 江永县黄甲岭瓦屋下村 | 磴步桥 | 不详 | 尚存 |
| 扬桥 | 祁阳县扬桥坝小街口 | 石拱桥 | 不详 | 尚存 |
| 高桥 | 祁阳县三江乡廖塘村 | 石拱桥 | 不详 | 桥身尚坚，桥台残毁 |
| 大忠桥 | 祁阳县大忠桥镇罗家村 | 石拱桥 | 不详 | 拱圈半淹 |
| 香花桥 | 祁阳县文富市乡香花村 | 石墩木梁桥 | 不详 | 尚存 |
| 大营桥 | 祁阳县祁东大营市乡大营村 | 两座石拱桥和一座石梁桥联接而成 | 不详 | 尚存 |
| 望仙桥 | 祁阳县白竹塘乡三门滩 | 不详 | 不详 | 拆原桥，在下游建石拱桥 |
| 复兴桥 | 祁阳县白竹塘乡三门滩 | 4孔石梁桥 | 不详 | 尚存 |
| 三门滩桥 | 祁阳县白竹塘乡蛟龙岭 | 石拱桥 | 不详 | 水毁，留桥台 |
| 聿修桥 | 祁阳县潘市镇龙溪甸 | 石拱桥 | 不详 | 水毁，原址重建一公路桥，取名“解放桥” |
| 龙溪桥 | 祁阳县潘市镇龙溪甸 | 石拱桥 | 不详 | 拆毁，原址重建混凝土平板桥 |
| 望浯桥 | 祁阳县县城杨家桥街口 | 石拱桥 | 不详 | 尚存 |
| 香花兰桥 | 郴州市许家洞镇黄草村 | 木墩桥 | 不详 | 拆除 |
| 活树桥 | 郴州市安和乡张家坪村 | 自然成桥 | 不详 | 尚存 |
| 江东桥亭桥 | 邵阳城西江东江上 | 木桥 | 不详 | 乾隆五十七年（1792年）重修 |

续上表

| 桥　名 | 桥　　址 | 桥　　型 | 始 建 年 代 | 备　　注 |
|---|---|---|---|---|
| 木瓜桥 | 武冈市转湾乡 | 廊桥 | 不详 | 清康熙五十年（1711 年）重修 |
| 洪桥 | 邵东县洪桥镇 | 石拱廊桥 | 不详 | 清道光十九年（1839 年）重建六拱桥 |
| 渡头桥 | 武冈市城西乡渡头村 | 不详 | 不详 | 嘉庆二十一年（1816 年）改为石拱桥 |
| 滩头桥 | 武冈市邓家铺镇石龙村 | 两孔石墩长廊式木桥 | 不详 | 清咸丰六年（1846 年）补修 |
| 兴龙桥 | 武冈城内武陵井东 | 单孔石拱桥 | 不详 | 民国 14 年（1925 年）重修 |
| 骧龙桥 | 武冈市区正南大街 | 木桥，明万历初宋纯仁改为石桥 | 不详 | 1966 年改建为石拱桥 |
| 犹龙桥 | 武冈市区骧龙桥东 | 石墩木面桥 | 不详 | 桥毁 |
| 攀龙桥 | 武冈城区兴龙桥下首 | 单孔石拱桥 | 不详 | 清康熙二年（1663 年）重修 |
| 衡龙桥 | 益阳县衡龙桥镇 | 原木桥，清乾隆时易木为石 | 不详 | 尚存 |
| 三闾桥 | 桃江县桃谷山乡花园洞村 | 麻石桥 | 不详 | 桥毁 |
| 高桥 | 桃江县高桥乡高桥村 | 石梁桥 | 不详 | 完好 |
| 桂香桥 | 桃江县金光山乡旋栗山 | 天生自搭桥 | 不详 | 桥毁 |
| 三官桥 | 桃江县三官桥乡 | 石拱桥 | 不详 | 1976 年改为公路桥 |
| 敬德桥 | 桃江县三堂街乡龙牙寺 | 石拱桥 | 不详 | 废除 |
| 白生桥 | 石门县穿山乡自生桥村 | 天然拱桥 | 不详 | 尚存 |
| 愚公军桥 | 张家界市永定区教字垭镇军家垭村 | 木桥 | 不详 | 1969 年改为石拱桥 |

# 附录二　2010 年交通文化遗产普查统计的湖南民桥

2009 至 2010 年，湖南交通文化遗产普查勘测的民桥共计 853 座，其中石拱桥 448 座，石梁桥 165 座，廊桥 175 座，其它民桥 65 座。具体情况参见表一、表二、表三、表四。

## 表一　石拱桥

共计 448 座，其中始建于秦代 1 座、三国时期 1 座、梁 1 座、唐代 8 座、宋代 20 座、明代 40 座、清代 273 座、民国 42 座、年代不详 62 座。

| 桥　　名 | 桥　　址 | 始 建 年 代 | 桥　　型 | 备　　注 |
|---|---|---|---|---|
| | | 秦　　朝 | | |
| 万岁桥 | 郴州北湖区石盖塘镇 | 秦嬴政三十三年（前 214 年） | 5 孔石拱桥 | 湖南省级文物保护单位 |
| | | 三　　国 | | |
| 接履桥 | 零陵区接履桥镇 | 三国 | 单孔石拱桥 | |
| | | 南　　朝 | | |
| 杜陵桥 | 衡阳耒阳市城区 | 梁天监二年 | 石拱桥 | |

续上表

| 桥　　名 | 桥　　址 | 始建年代 | 桥　　型 | 备　　注 |
|---|---|---|---|---|
| | | 唐　　代 | | |
| 花瓦桥 | 常德澧县宜万乡花瓦村 | 唐贞观初年 | 单孔石拱桥 | 澧县县级文物保护单位 |
| 两叉河桥 | 凤凰千工坪乡田冲村 | 后唐 | 单孔石拱桥 | |
| 两叉河二桥 | 凤凰千工坪乡田冲村 | 后唐 | 单孔石拱桥 | |
| 两叉河三桥 | 凤凰千工坪乡田冲村 | 后唐 | 单孔石拱桥 | |
| 两叉河四桥 | 凤凰千工坪乡田冲村 | 后唐 | 单孔石拱桥 | |
| 两叉河五桥 | 凤凰千工坪乡田冲村 | 后唐 | 单孔石拱桥 | |
| 两叉河六桥 | 凤凰千工坪乡田冲村 | 后唐 | 单孔石拱桥 | |
| 两叉河七桥 | 凤凰千工坪乡田冲村 | 后唐 | 单孔石拱桥 | |
| | | 宋　　代 | | |
| 定胜桥 | 双峰县永丰镇 | 宋祥符年间 | 5孔石拱桥 | |
| 新陂桥（宝塘桥） | 攸县鸭塘铺乡宝塘村 | 宋景佑四年（1037年） | 单孔石拱桥 | |
| 三眼桥 | 岳阳市区南湖 | 宋庆历年间 | 3孔石拱桥 | 湖南省级文物保护单位 |
| 重兴桥 | 攸县石羊塘镇谭家垅村 | 宋宣和六年（1124年） | 石拱桥 | |
| 步瀛桥 | 江永县上甘棠村 | 宋靖康元年（1126年） | 3孔石拱桥 | 全国重点文物保护单位 |
| 迴澜桥 | 嘉禾县行廊村 | 宋绍兴年间 | 单孔石拱桥 | |
| 黄沙桥 | 嘉禾县城东龙潭乡 | 宋绍兴年间 | 石拱桥 | |
| 宋贞桥 | 湘潭县境西南 | 宋嘉定六年（1213年） | 独拱红石桥 | |
| 皋陶桥 | 道县乐福堂乡大莲塘村 | 宋嘉定年间 | 双孔石拱桥 | |
| 佘市桥 | 临澧佘市镇道水河上 | 宋宝庆元年（1225年） | 9孔石拱桥 | 常德市级文物保护单位 |
| 明月大桥 | 攸县丫江桥镇明月村 | 宋宝庆三年（1227年） | 单孔石拱桥 | |
| 石羊桥 | 武冈头堂乡石羊村 | 宋淳祐六年（1246年） | 7孔石拱桥 | 武冈市级文物保护单位 |
| 华封桥 | 宁乡县流沙河镇高华 | 宋代 | 石拱桥 | |
| 蓝溪桥 | 涟源市蓝田镇 | 宋代 | 3孔石拱桥 | |
| 吴杨桥 | 长沙县金井镇涧山村 | 宋代 | 单孔石拱桥 | |
| 大沧桥 | 攸县贾山乡株形村 | 宋代 | 3孔石拱桥 | |
| 安济桥 | 炎陵县霞阳镇 | 宋代 | 石拱桥 | |
| 马迹桥 | 衡山县马迹镇唐湾村 | 宋代 | 石拱桥 | 衡山县级文物保护单位 |
| 斩龙桥 | 东安芦洪市小正街 | 宋代 | 3孔石拱桥 | |
| 白马桥 | 娄底新化县槎溪镇 | 宋或元朝 | 石拱桥 | |
| | | 明　　代 | | |
| 新洲南门桥 | 津市距湘北公路约50米处 | 元末明初 | 石拱桥 | 津市县级文物保护单位 |
| 十里桥 | 道县寿雁镇阳家铺村 | 明洪武年间 | 5孔石拱桥 | |
| 三拱桥 | 凤凰三拱桥乡三拱桥村 | 明朝永乐三年（1405年） | 3孔石拱桥 | |
| 青草桥 | 衡阳石鼓区中山北路 | 明正统三年（1438年） | 8孔石拱桥 | |
| 南溟桥 | 攸县黄丰桥镇丰垅村 | 明正统四年（1439年） | 6孔石拱桥 | |
| 长田桥 | 道县寿雁镇长田村 | 明正统年间 | 5孔石拱桥 | |
| 风岗桥 | 安仁县排山乡新丰村 | 明宗顺二年（1458年） | 6孔石拱桥 | |
| 四拱桥 | 汝城县城西边 | 明弘治年间 | 4孔石拱桥 | |
| 高车桥 | 桂东县城关镇敖山村 | 明正德年间 | 石拱桥 | |
| 桐梁桥 | 嘉禾县城东面行廊镇 | 明嘉靖三十年（1551年） | 3孔石拱桥 | |
| 白果桥 | 衡山县白果镇涓水河上 | 明嘉靖三十九年（1560年） | 9孔石拱桥 | |

续上表

| 桥　名 | 桥　址 | 始建年代 | 桥　型 | 备　注 |
|---|---|---|---|---|
| 攀龙桥 | 武冈市城区 | 明嘉靖四十年（1561 年） | 石拱桥 | 武冈市级文物保护单位 |
| 民主石拱桥 | 洪江市大崇乡民主村 | 明嘉靖年间 | 单孔石拱桥 | |
| 枫林铺桥 | 祁阳下马渡镇枫林铺村 | 明嘉靖年间 | 5 孔石拱桥 | |
| 七拱桥 | 桂阳县春陵江门下渡 | 明万历十二年（1584 年） | 7 孔石拱桥 | |
| 女子桥 | 汨罗古仑乡黄道村 | 明万历三十七年（1609 年） | 3 孔石拱桥 | 湖南省级文物保护单位 |
| 大埠桥 | 娄底西阳镇水府庙 | 明万历四十四年（1616 年） | 3 孔石拱桥 | 娄底市级文物保护单位 |
| 西门江桥 | 凤凰吉信镇吉信村 | 明万历四十四年（1616 年） | 单孔石拱桥 | |
| 思念桥 | 冷水江市禾青镇 | 明万历四十七年（1619 年） | 石拱桥 | |
| 沙地桥 | 嘉禾县莲荷乡石燕村 | 明万历年间 | 单孔石拱桥 | |
| 金蓝桥 | 祁东县金桥镇 | 明万历年间 | 石拱桥 | |
| 龙头桥 | 攸县石羊塘镇贺家村 | 明崇祯二年（1629 年） | 石拱桥 | |
| 下溪口桥 | 洪江区常青乡石板桥村 | 明末 | 石拱桥 | |
| 斋阳桥 | 临澧县四新岗镇 | 明代 | 单拱石桥 | |
| 芙蓉桥 | 衡阳县金兰镇芙蓉村 | 明代 | 石拱桥 | |
| 青竹桥 | 洪江市硖洲乡扶车村 | 明代 | 单孔石拱桥 | |
| 凸桥 | 安仁县龙市乡双泉村 | 明代 | 石拱桥 | |
| 双渡桥 | 永兴县滩洞西河 | 明代 | 石拱桥 | |
| 泗汾桥（镇南桥） | 醴陵县泗汾镇林田居委会 | 明代 | 6 孔石拱桥 | |
| 洞溪桥 | 醴陵县东富镇 | 明代 | 单孔石拱桥 | |
| 千阿桥（十阿桥） | 醴陵县栗山坝镇 | 明代 | 单孔石拱桥 | |
| 三林桥 | 醴陵县泗汾阵何家垅村 | 明代 | 单孔石拱桥 | |
| 横岭桥（符犯桥） | 醴陵县泗汾镇湛田村 | 明代 | 双孔石拱桥 | |
| 九拱桥 | 永顺县颗砂乡颗砂村 | 明代 | 石拱桥 | 遗址尚存 |
| 板桥 | 双牌县茶林乡 | 明代 | 石拱桥 | |
| 龙门桥 | 永顺县芙蓉镇保坪村 | 明代 | 石拱桥 | |
| 西河口桥 | 永兴县 | 明代 | 石拱桥 | |
| 耍溪桥 | 沅陵县盘古乡 | 明代 | 单孔石拱桥 | |
| 龟龄桥 | 双峰县洪山殿镇 | 明代 | 石拱桥 | |
| 刘家桥 | 新田县毛里乡刘家桥村 | 明代 | 石拱桥 | |
| | | 清　代 | | |
| 唐兴桥 | 雨湖区河西沿江西路 | 清代初期 | 单孔石拱桥 | 湘潭市文物保护单位 |
| 茅陂桥 | 攸县鸭塘铺乡茅坪村 | 清代初期 | 单孔石拱桥 | |
| 桥头河桥 | 桥头河镇街道中央 | 清康熙二十三年（1684 年） | 石桥 | |
| 小溪桥 | 吉首市乾州办事处 | 清康熙四十三年（1704 年） | 双孔石拱桥 | |
| 并泥桥 | 资兴团结瑶族乡并泥村 | 约 300 年前 | 石拱桥 | |
| 下江桥 | 嘉禾县行廊下江村 | 清康熙年间 | 石拱桥 | |
| 水门口桥 | 凤凰古城东门水门口 | 清康熙年间 | 单孔石拱桥 | |
| 永丰桥 | 凤凰古城南门外 | 清康熙年间 | 单孔石拱桥 | |
| 袁溪桥 | 嘉禾县东袁家村袁溪水系 | 清雍正元年（1723 年） | 石拱桥 | |
| 万福桥 | 湘乡市城西南 5 公里处 | 清雍正元年（1723 年） | 9 孔石拱桥 | |
| 汉城桥 | 湘潭县花石镇马珑村 | 重修于清雍正三年（1725 年） | 石拱桥 | 湘潭县级文物保护单位 |

续上表

| 桥　名 | 桥　址 | 始建年代 | 桥　型 | 备　注 |
|---|---|---|---|---|
| 寒峰桥 | 衡阳县金兰镇高田村 | 清雍正年间 | 石拱桥 | |
| 东门石桥 | 永顺县灵溪村府正街 | 清雍正年间 | 单孔石拱桥 | |
| 高桥 | 株洲攸县石羊塘镇杏塘村 | 清乾隆早期 | 单孔石拱桥 | |
| 白竹桥 | 隆回县桃洪镇白竹桥村 | 清乾隆四年（1739年） | 石拱桥 | |
| 聚仙桥 | 桂阳县樟木乡杨家坪村 | 重建于清乾隆六年（1741年） | 石拱桥 | 桂阳县级文物保护单位 |
| 渡头桥 | 临武县汾市乡渡头村 | 清乾隆十一年（1746年） | 5孔石拱桥 | |
| 油溪石拱桥 | 新化县吉庆镇 | 清乾隆十二年（1747年） | 石拱桥 | 新化县级文物保护单位 |
| 兴隆桥 | 汝城县小垣瑶族镇后洞村 | 清乾隆十四年（1749年） | 单孔石拱桥 | |
| 三元桥 | 武冈荆竹镇平原村 | 清乾隆十四年（1749年） | 7孔石拱桥 | 武冈市级文物保护单位，2009年3月4日塌毁 |
| 游溪桥 | 娄底新化县吉庆镇 | 清乾隆二十年（1755年） | 石拱桥 | |
| 观政桥 | 湘潭县花石镇 | 清乾隆二十年（1755年） | 3孔石拱桥 | |
| 清潭桥 | 安化县清塘铺镇廖家村 | 清乾隆二十七年（1762年） | 石拱桥 | |
| 多安桥 | 澧县城区 | 清乾隆四十九年（1784年） | 11孔石拱桥 | 湖南省级文物保护单位 |
| 万年桥 | 蓝山所城乡羊车岭峡谷 | 清乾隆五十三年（1788年） | 单孔石拱桥 | 湖南省级文物保护单位 |
| 沿溪桥 | 浏阳市沿溪镇沿 | 清乾隆五十四年（1789年） | 7孔石拱桥 | |
| 松竹桥 | 澧县火连坡镇黄溪村七组 | 清乾隆六十年（1795年） | 单孔石拱桥 | 常德市级文物保护单位 |
| 老女桥 | 衡阳县栏栊乡上春村 | 清乾隆年间 | 单孔石拱桥 | |
| 石灵桥 | 湘潭县烧汤河镇 | 重修于清乾隆年间 | 5孔石拱桥 | 湖南省级文物保护单位 |
| 汤家桥 | 攸县石羊塘镇汤家垅村 | 清乾隆年间 | 单孔石拱桥 | |
| 毛公桥 | 宁乡县巷子口镇水珠村 | 清乾隆年间 | 石拱桥 | 长沙市级文物保护单位 |
| 洪城桥 | 新田县高山乡 | 清乾隆年间 | 3孔石拱桥 | |
| 田星桥 | 攸县石羊塘镇黄家垅村 | 清朝中期 | 双孔石拱桥 | |
| 江口桥 | 攸县渌田镇江联村排联组 | 清朝中期 | 3孔石拱桥 | |
| 燕崖桥 | 桂东县沙田镇沙田圩东 | 清嘉庆元年（1796年） | 5孔石拱桥 | |
| 枫林桥 | 赫山区兰溪镇 | 清嘉庆二年（1797年） | 单孔石拱桥 | 湖南省级文物保护单位 |
| 大福桥 | 安化县大福镇 | 清嘉庆十五年（1810年） | 4孔石拱桥 | 安化县级文物保护单位 |
| 岭北桥 | 茶陵县马江镇 | 清嘉庆十五年（1810年） | 5孔石拱桥 | |
| 龙门桥 | 江华瑶族自治县 | 重修于清嘉庆十五年（1810年） | 石拱桥 | |
| 岭北桥 | 茶陵县马江镇 | 清嘉庆十五年（1810年） | 5孔石拱桥 | |
| 百里口桥 | 双牌县茶林乡 | 清嘉庆十六年（1811年） | 石拱桥 | |
| 下黄桥 | 桂东县城关镇西街 | 清嘉庆十七年（1812年） | 5孔石拱桥 | |
| 江湾桥 | 桂东县沙田镇江湾村南 | 清嘉庆十九年（1814年） | 石拱桥 | |
| 渡头桥 | 武冈城西邓元泰镇渡头村 | 重修清嘉庆二十一年（1816年） | 3孔石拱桥 | |
| 冠南桥（清水江桥） | 醴陵县清水江乡文山村 | 清嘉庆二十一年（1816年） | 6孔石拱桥 | |
| 隆头庆口桥 | 龙山隆头镇庆口村 | 清嘉庆二十三年（1818年） | 石拱桥 | |
| 栎塘庙桥 | 醴陵县白兔潭栎塘村 | 清嘉庆年间 | 单孔石拱桥 | |
| 靖疆营桥 | 凤凰吉信镇大桥村 | 清道光三年以前 | 单孔石拱桥 | |

续上表

| 桥　名 | 桥　址 | 始建年代 | 桥　型 | 备　注 |
|---|---|---|---|---|
| 美丽桥 | 凤凰茨岩乡天寨村一组 | 清道光三年以前 | 单孔石拱桥 | |
| 茨岩桥 | 凤凰茨岩乡茨岩村一组 | 清道光三年以前 | 3 孔石拱桥 | |
| 岩寨桥 | 凤凰茨岩乡岩寨村 | 清道光二十二年（1842 年） | 单孔石拱桥 | |
| 联株桥 | 安化县东坪镇 | 清道光二十八年（1848 年） | 双孔石拱桥 | |
| 添寿桥 | 炎陵县沔渡镇泮坑村 | 清道光三十年（1850 年） | 单孔石拱桥 | |
| 拱桥冲桥 | 洪江市大崇乡 | 清道光年间 | 石拱桥 | |
| 下坪石拱桥 | 炎陵县炎陵策源乡下坪村 | 清道光年间 | 石拱桥 | |
| 人形湾石拱桥 | 洪江市铁山乡大段村 | 清道光年间 | 石拱桥 | |
| 沈家田石桥 | 洪江市铁山乡大段村 | 清道光年间 | 石拱桥 | |
| 五眼桥 | 凤凰新场乡合水村 | 清道光年间 | 5 孔石拱桥 | |
| 报木林桥 | 凤凰新场乡报木林村 | 清道光年间 | 5 孔石拱桥 | |
| 双溪石拱桥 | 洪江市双溪镇双溪村 | 清道光年间 | 石拱桥 | |
| 杆子石拱桥 | 新化县奉家镇 | 清道光年间 | 石拱桥 | |
| 接龙桥 | 炎陵县霞阳镇西街 | 清咸丰元年（1851 年） | 双孔石拱桥 | 株州市级文物保护单位 |
| 积善桥 | 涟源市六亩塘镇 | 清咸丰六年（1856 年） | 石拱桥 | |
| 老桥 | 涟源市杨市镇 | 约 150 年前 | 石拱桥 | |
| 树观桥 | 涟源市六亩塘镇 | 约 150 年前 | 石拱桥 | |
| 六龙桥 | 株洲县三门镇苍霞村 | 清咸丰年间 | 单孔石拱桥 | |
| 胜公桥 | 攸县石羊塘镇 | 清中晚期 | 石拱桥 | |
| 清江桥 | 祁东县城连墟乡 | 清同治十二年（1873 年） | 7 孔石拱桥 | |
| 琼公桥 | 桂东县沙田镇文昌村 | 清同治年间 | 5 孔石拱桥 | |
| 水口背桥 | 资兴市彭市乡三宝村 | 清光绪初年 | 石拱桥 | |
| 车头大桥 | 嘉禾县南四公里处 | 清光绪二年（1876 年） | 石拱桥 | |
| 苏家铺老桥 | 祁东县归阳镇苏家铺 | 清光绪七年（1881 年） | 3 孔石拱桥 | |
| 塔水桥 | 邵阳县长乐乡塔水村 | 清光绪七年（1881 年） | 石拱桥 | |
| 同人与善桥 | 炎陵县龙溪乡古塘村 | 清光绪十年（1884 年） | 单孔石拱桥 | |
| 碗米桥 | 娄底涟源市杨市镇 | 约 120 年 | 石拱桥 | |
| 大福桥 | 涟源市七星街镇 | 清光绪二十一年（1895 年） | 石拱桥 | |
| 西佛桥 | 江华沱江镇 | 清光绪二十三年（1897 年） | 7 孔石拱桥 | |
| 安乐桥 | 江华县桥头铺镇下蒋村 | 清光绪戊戌年（1898 年） | 单孔石拱桥 | 湖南省级文物保护单位 |
| 梅溪桥 | 嘉禾县龙潭乡梅溪村 | 清光绪三十年（1904 年） | 3 孔石拱桥 | |
| 花滩桥 | 衡阳县台源镇花滩村 | 清光绪三十三年（1907 年） | 石拱桥 | |
| 清溪桥 | 资兴彭市乡塘家湾村部 | 清光绪年间 | 石拱桥 | |
| 拱桥 | 资兴市彭市乡坝头村 | 光绪年代末 | 石拱桥 | |
| 樊家桥 1 | 资兴市彭市乡水南村 | 光绪年代末 | 石拱桥 | |
| 樊家桥 2 | 资兴市彭市乡水南村 | 光绪年代末 | 石拱桥 | |
| 上石桥 | 新宁县万塘乡双石村 | 清光绪年间 | 单孔石拱桥 | |
| 下石桥 | 新宁县万塘乡双石村 | 清光绪年间 | 单孔石拱桥 | |
| 金家桥 | 嘉禾县龙潭乡 | 清光绪年间 | 单孔石拱桥 | |
| 双圆桥 | 炎陵县霞阳镇吉里村 | 清光绪年间 | 单孔石拱桥 | |
| 仙福桥 | 洪江市茅渡乡 | 清光绪年间 | 石拱桥 | |

续上表

| 桥　名 | 桥　址 | 始建年代 | 桥　型 | 备　注 |
|---|---|---|---|---|
| 台源桥 | 衡阳县台源镇 | 清光绪年间 | 7孔石拱桥 | |
| 新化七拱桥 | 衡阳县西渡镇新化村 | 清光绪年间 | 石拱桥 | |
| 狮子桥 | 衡阳县石市乡醒狮村 | 清光绪年间 | 石拱桥 | |
| 横兴桥 | 衡阳县台源镇横兴村 | 清光绪年间 | 石拱桥 | |
| 赛桥 | 衡阳县曲兰镇赛桥村 | 清光绪年间 | 石拱桥 | |
| 盘龙桥 | 桃源县盘塘镇盘塘村 | 清宣统元年（1909年） | 独孔石拱桥 | 桃源县级文物保护单位 |
| 黄板桥 | 资兴彭市乡丹坳村 | 清宣统二年（1910年） | 石拱桥 | |
| 云阳桥 | 茶陵县下东乡头铺村 | 清宣统三年（1911年） | 3孔石拱桥 | |
| 清江桥 | 攸县桃水镇清江桥村 | 清末 | 3孔石拱桥 | |
| 永桥 | 安仁县渡口乡深塘村 | 清代 | 石拱桥 | |
| 观音桥 | 永兴县鲤鱼塘镇申明亭村 | 清代 | 石拱桥 | |
| 青龙桥 | 株洲天元区马家河镇高塘村 | 清代 | 单孔石拱桥 | |
| 老青石桥 | 邵东仙槎桥镇平阳村 | 清代 | 石拱桥 | |
| 平湖桥 | 炎陵县策源乡平湖村 | 清代 | 单孔石拱桥 | |
| 屋角头桥 | 炎陵县十都镇低垅村 | 清代 | 单孔石拱桥 | |
| 迎真桥 | 攸县鸭塘铺乡牛头湖村 | 清代 | 3孔石拱桥 | |
| 黄桑桥 | 攸县鸭塘铺乡双桥村 | 清代 | 双孔石拱桥 | |
| 合江桥 | 攸县鸭塘铺乡奥林村 | 清代 | 3孔石拱桥 | |
| 旷家桥 | 攸县大同桥镇旷桥村 | 清代 | 单孔石拱桥 | |
| 老君潭桥 | 攸县桃水镇老君谭村 | 清代 | 3孔石拱桥 | |
| 普渡桥 | 攸县莲塘坳乡南水村 | 清代 | 3孔石拱桥 | |
| 同善桥 | 攸县皇图岭镇港口村 | 清代 | 5孔石拱桥 | |
| 猪形里桥 | 攸县峦山镇东冲村 | 清代 | 单孔石拱桥 | |
| 福星桥 | 攸县黄丰桥镇广黄村 | 清代 | 单孔石拱桥 | |
| 文浦桥 | 攸县菜花坪镇谭桥村 | 清代 | 单孔石拱桥 | |
| 接龙桥 | 攸县湖南坳乡桃枧村 | 清代 | 3孔石拱桥 | |
| 十都接龙桥 | 炎陵县十都镇低垅村 | 清代 | 单孔石拱桥 | |
| 低垅组桥 | 炎陵县十都镇低垅村 | 清代 | 单孔石拱桥 | |
| 狗婆冲桥 | 炎陵县十都镇上井村 | 清代 | 单孔石拱桥 | |
| 金钩湾桥 | 炎陵县十都镇梅冲村 | 清代 | 单孔石拱桥 | |
| 龙口山桥 | 炎陵县十都桐子冲组 | 清代 | 双孔拱石桥 | |
| 贾家桥 | 炎陵县十都镇红南村 | 清代 | 单孔石拱桥 | |
| 坎下石拱桥 | 炎陵县龙溪乡坂溪村 | 清代 | 双孔拱石桥 | |
| 龙渣水口桥 | 炎陵县龙渣乡龙渣村 | 清代 | 单孔石拱桥 | |
| 太源石拱桥 | 炎陵县石洲乡太源村 | 清代 | 单孔石拱桥 | |
| 同善桥 | 炎陵县石洲乡安坑村 | 清代 | 单孔石拱桥 | |
| 福星桥 | 炎陵县石洲乡安坑村 | 清代 | 单孔石拱桥 | |
| 赖家石拱桥 | 炎陵县水口镇板桥村 | 清代 | 单孔石拱桥 | |
| 下湾石拱桥 | 炎陵县水口镇渣村村 | 清代 | 单孔石拱桥 | |
| 碛脑石拱桥 | 炎陵县大院农场大坝碛脑 | 清代 | 单孔石拱桥 | |
| 石桥石拱桥 | 炎陵县沔渡镇石桥村 | 清代 | 单孔石拱桥 | |
| 两江口桥 | 炎陵县龙溪乡牛塘村 | 清代 | 单孔石拱桥 | |
| 上土垒桥 | 炎陵县龙溪乡土垒村 | 清代 | 单孔石拱桥 | |
| 垒头石拱桥 | 炎陵县龙溪乡土垒村 | 清代 | 单孔石拱桥 | |

续上表

| 桥　　名 | 桥　　址 | 始建年代 | 桥　　型 | 备　　注 |
|---|---|---|---|---|
| 拱桥石拱桥 | 炎陵县龙溪乡西坑村 | 清代 | 单孔石拱桥 | |
| 芭焦坨桥 | 龙山洗洛芭焦坨村 | 清代 | 石拱桥 | |
| 冷水石桥 | 永顺县石堤冷水村 | 清代 | 石拱桥 | |
| 德星桥 | 益阳市赫山区新市渡镇 | 清代 | 单孔石拱桥 | |
| 北门石拱桥 | 永顺县灵溪镇北门村 | 清代 | 石拱桥 | |
| 万福桥 | 株洲天元区马家河镇 | 清代 | 单孔石拱桥 | |
| 卧龙桥 | 株洲天元区马家河镇 | 清代 | 单孔石拱桥 | |
| 化龙桥 | 醴陵县沈潭镇庞龙村 | 清代 | 3孔石拱桥 | |
| 门冲桥 | 醴陵县船湾镇门冲村 | 清代 | 单孔石拱桥 | |
| 杨木桥 | 醴陵县清水江乡杨木档村 | 清代 | 3孔石拱桥 | |
| 接龙桥 | 醴陵县东富镇莲石村 | 清代 | 单孔石拱桥 | |
| 石坝桥 | 醴陵县东富镇石坝村 | 清代 | 单孔石拱桥 | |
| 承天桥（藤田桥） | 醴陵县东富镇东富村 | 清代 | 单孔石拱桥 | |
| 牛丫洪桥 | 醴陵县东富乡连石村 | 清代 | 单孔石拱桥 | |
| 大桥 | 醴陵县沈潭镇双塘村 | 清代 | 单孔石拱桥 | |
| 彭家垅桥 | 醴陵县沈潭镇双塘村 | 清代 | 单孔石拱桥 | |
| 绵寿桥 | 醴陵县栗山坝镇长马村 | 清代 | 单孔石拱桥 | |
| 仙石桥 | 醴陵县浦口镇仙石村 | 清代 | 单孔石拱桥 | |
| 梅溪桥（德南桥） | 醴陵县神福港筱溪村 | 清代 | 单孔石拱桥 | |
| 石剥桥 | 醴陵县栗山坝镇 | 清代 | 3孔石拱桥 | |
| 虹桥 | 醴陵县石亭居委会正街组 | 清代 | 单孔石拱桥 | |
| 东岸桥 | 醴陵县嘉树乡嘉树村 | 清代 | 单孔石拱桥 | |
| 夏坪桥 | 醴陵县板杉乡夏坪桥村 | 清代 | 4孔石拱桥 | |
| 老平源桥 | 醴陵县大樟镇申明村 | 清代 | 单跨石拱桥 | |
| 肖家桥 | 醴陵县东富镇小洞塘村 | 清代 | 单孔石拱桥 | |
| 小埠桥 | 醴陵县泗汾镇双塘村 | 清代 | 单孔石拱桥 | |
| 平安桥 | 醴陵县泗汾镇何家垅村 | 清代 | 单孔石拱桥 | |
| 串边丘桥（鸭塘桥） | 醴陵县泗汾镇双塘村 | 清代 | 单孔石拱桥 | |
| 代兴桥 | 醴陵县均楚镇代兴村 | 清代 | 单孔石拱桥 | |
| 栓子桥 | 醴陵县均楚镇马家垅村 | 清代 | 单孔石拱桥 | |
| 油铺桥 | 醴陵县均楚镇荷叶坝村 | 清代 | 单孔石拱桥 | |
| 新石桥 | 醴陵县王坊镇泮川村 | 清代 | 单孔石拱桥 | |
| 枫林市大桥 | 醴陵县枫林市东埠村 | 清代 | 单孔石拱桥 | |
| 峰月桥 | 醴陵县贺家桥镇妙泉村 | 清代 | 3孔石拱桥 | |
| 贺家桥 | 醴陵县贺家桥镇 | 清代 | 双孔石拱桥 | |
| 马桥 | 醴陵县王仙镇马桥村 | 清代 | 单孔石拱桥 | |
| 樟树桥 | 醴陵县王仙镇司徒村 | 清代 | 双孔石拱桥 | |
| 吴楚桥 | 醴陵县富里麻石村三组 | 清代 | 单孔石拱桥 | |
| 寿星桥 | 醴陵县南桥镇洪源村 | 清代 | 单孔石拱桥 | |
| 三星桥 | 醴陵县南桥镇洪源村 | 清代 | 单孔石拱桥 | |
| 小石桥 | 醴陵县王仙镇石角组 | 清代 | 单孔石拱桥 | |

续上表

| 桥　名 | 桥　址 | 始建年代 | 桥　型 | 备　注 |
|---|---|---|---|---|
| 丁家桥（荆林桥） | 醴陵县嘉树乡荆林村 | 清代 | 双孔石拱桥 | |
| 青石桥 | 醴陵县嘉树乡荆林村 | 清代 | 双孔石拱桥 | |
| 彩虹桥 | 醴陵县嘉树乡乌石村 | 清代 | 单孔石拱桥 | |
| 新街桥 | 醴陵县王仙镇王仙村 | 清代 | 双孔石拱桥 | |
| 高桥 | 醴陵县均楚镇黄田村 | 清代 | 单孔石拱桥 | |
| 大石桥 | 天元区马家河镇石桥 | 清代 | 单孔石拱桥 | |
| 石湖桥 | 茶陵县湖口镇石湖村 | 清代 | 5孔石拱桥 | |
| 罗雅塘古桥 | 茶陵县马江镇月岭村 | 清代 | 双孔石拱桥 | |
| 雅塘冲古桥 | 茶陵县马江镇月岭村 | 清代 | 5孔石拱桥 | |
| 红旗仓下桥 | 茶陵县马江镇 | 清代 | 7孔石拱桥 | |
| 纂溪古桥 | 茶陵县马江镇 | 清代 | 4孔石拱桥 | |
| 珍武古桥 | 茶陵县腰陂镇 | 清代 | 双孔古拱桥 | |
| 长岭坳桥 | 茶陵县马江镇 | 清代 | 7孔石拱桥 | |
| 赵公桥 | 茶陵县界首镇 | 清代 | 8孔石拱桥 | |
| 斗屋古桥 | 茶陵县腰陂镇曲田村 | 清代 | 3孔石拱桥 | |
| 汤家桥 | 茶陵县平水镇水源村 | 清代 | 单孔石拱桥 | |
| 猛晓村石桥 | 永顺县大坝乡猛晓村 | 清代 | 石拱桥 | |
| 坝溶石桥 | 永顺县松柏镇坝溶村 | 清代 | 石拱桥 | |
| 樟木石拱桥 | 永顺县永茂镇樟木村 | 清代 | 石拱桥 | |
| 积善桥 | 龙山塔泥乡汝池村 | 清代 | 石拱桥 | |
| 渭溪口桥 | 安化县江南镇 | 清代 | 石拱桥 | |
| 荷叶塘桥 | 益阳市赫山区岳家桥洗澡坪村 | 清代 | 单孔石拱桥 | |
| 毛家桥 | 益阳市赫山区岳家桥镇南桥村 | 清代 | 石拱桥 | |
| 马临桥 | 益阳市资阳区新桥河镇 | 清代 | 单孔石拱桥 | |
| 鬼老坝桥 | 益阳市赫山区岳家桥镇 | 清代 | 单孔石拱桥 | |
| 高岭桥 | 益阳市赫山区龙光桥高岭村 | 清代 | 石拱桥 | |
| 新桥 | 永顺县芙蓉镇双桥村 | 清代 | 单孔石拱桥 | |
| 海角溪石桥 | 永顺县万民乡海角村 | 清代 | 石拱桥 | |
| 冗迪湖桥 | 永顺县两岔乡冗迪湖村 | 清代 | 单孔石拱桥 | |
| 洪罗庙桥 | 衡阳县洪市镇洪市街 | 清代 | 石拱桥 | |
| 三星石拱桥 | 沅陵县官庄镇界亭驿村 | 清代 | 3孔石拱桥 | |
| 娘娘殿桥 | 双峰县沙塘乡红云村 | 清代 | 石拱桥 | |
| 石桥 | 双峰县沙塘乡石桥村 | 清代 | 石拱桥 | |
| 乌巢河桥 | 凤凰腊尔山镇骆驼山村 | 清代 | 单孔石拱桥 | |
| 林津桥 | 凤凰林峰乡江家坪村 | 清代 | 单孔石拱桥 | |
| 冲通桥 | 凤凰新场乡火马村 | 清代 | 单孔石拱桥 | |
| 高华桥 | 凤凰新场乡新场村 | 清代 | 3孔石拱桥 | |
| 廖家桥 | 凤凰廖家桥镇廖家桥村 | 清代 | 单孔石拱桥 | |
| 大田龙桥 | 凤凰落潮井乡大田龙村 | 清代 | 单孔石拱桥 | |
| 深水桥 | 凤凰林峰乡前进村 | 清代 | 双孔石拱桥 | |
| 毛边冲桥 | 凤凰官庄乡毛边冲村 | 清代 | 单孔石拱桥 | |
| 杨家头桥 | 凤凰水打田乡红星村 | 清代 | 单孔石拱桥 | |
| 杨家头二桥 | 凤凰水打田乡红星村 | 清代 | 单孔石拱桥 | |

续上表

| 桥名 | 桥址 | 始建年代 | 桥型 | 备注 |
|---|---|---|---|---|
| 杨家头三桥 | 凤凰水打田乡红星村 | 清代 | 单孔石拱桥 | |
| 竹子坳桥 | 凤凰水打田乡红星村 | 清代 | 单孔石拱桥 | |
| 永安桥 | 凤凰廖家桥镇永兴村 | 清代 | 双孔石拱桥 | |
| 永凝桥 | 凤凰阿拉营镇阿拉村 | 清代 | 单孔石拱桥 | |
| 叭务桥 | 凤凰乌巢河上游 | 清代 | 单孔石拱桥 | |
| 姚家桥 | 双峰县蛇形山镇姚桥村 | 清代 | 石拱桥 | |
| 古石新桥 | 双峰县花门镇春山村 | 清代 | 石拱桥 | |
| 春溪村石拱桥 | 娄底市娄星区荣园镇 | 清代 | 单孔石拱桥 | |
| 儒阶冲石拱桥 | 娄底市娄星区茶园镇 | 清代 | 单孔石拱桥 | |
| 万家坪村石拱桥 | 娄底市娄星区双江乡万家村 | 清代 | 石拱桥 | |
| 下新桥 | 娄底市娄星区小碧乡桐梓村 | 清代 | 石拱桥 | |
| 新致村石拱桥 | 娄底市娄星区万宝镇新致村 | 清代 | 石拱桥 | |
| 新庄村石拱桥 | 娄底市娄星区双江乡新庄村 | 清代 | 石拱桥 | |
| 东冲石拱桥 | 娄底市娄星区茶园镇东冲村 | 清代 | 单孔石拱桥 | |
| 斗光桥 | 娄底市娄星区石井乡斗光村 | 清代 | 单孔石拱桥 | |
| 华寿桥 | 沅陵县官庄镇界亭驿村 | 清代 | 3孔石拱桥 | |
| 小塘溪桥 | 芷江大垅乡小塘溪村 | 清代 | 单孔石拱桥 | |
| 庙前塘桥 | 芷江侗族自治县公坪镇 | 清代 | 单孔石拱桥 | |
| 虾公塘桥 | 芷江侗族自治县公坪镇 | 清代 | 单孔石拱桥 | |
| 毛塔鼎新桥 | 沅陵县七甲坪镇 | 清代 | 单孔石拱桥 | |
| 野羊洞桥 | 洪江区桂花园乡桂花村 | 清代 | 石拱桥 | |
| 沅州村古桥 | 永兴县大布江乡沅州村 | 清代 | 石拱桥 | |
| 玄媚坳桥 | 桂东县城关镇敖山村 | 清代 | 4孔石拱桥 | |
| 龟石桥 | 衡阳县三湖镇龟石村 | 清代 | 石拱桥 | |
| 渡滩桥 | 衡阳县大安乡渡滩村 | 清代 | 石拱桥 | |
| 永丰桥 | 衡阳县演陂镇西岭村 | 清代 | 单孔石拱桥 | |
| 演陂桥 | 衡阳县演陂镇老街 | 清代 | 石拱桥 | |
| 延寿桥 | 衡阳县金兰镇 | 清代 | 石拱桥 | |
| 岣嵝七拱桥 | 衡阳县岣嵝乡神皇村 | 清代 | 石拱桥 | |
| 杨梅桥 | 衡阳县集兵镇太栗村 | 清代 | 石拱桥 | |
| 大观石桥 | 衡阳县樟木乡仁爱村 | 清代 | 石拱桥 | |
| 白马桥 | 衡阳县渣江镇白马村 | 清代 | 石梁桥 | |
| 三合桥 | 衡阳县三湖镇杨林村 | 清代 | 石拱桥 | |
| 扶村桥 | 桂东县寨前乡新桥村东 | 清代 | 5孔石拱桥 | |
| 溪源桥 | 桂东县新坊乡溪源村 | 清代 | 单孔拱石桥 | |
| 紫碧庵桥 | 桂东县寨前乡牛江村 | 清代 | 石拱桥 | |
| 万全桥 | 桂东县大塘乡全溪村 | 清代 | 石拱桥 | |
| 上贡桥 | 桂东县流源乡流源村 | 清代 | 石拱桥 | |
| 聚龙桥 | 桂东县新坊乡龙溪村 | 清代 | 石拱桥 | |

续上表

| 桥　　名 | 桥　　址 | 始建年代 | 桥　　型 | 备　　注 |
|---|---|---|---|---|
| 南江桥 | 株洲县三门镇 | 清代 | 单孔石拱桥 | |
| 三门大石桥 | 株洲县三门镇 | 清代 | 单孔石拱桥 | |
| 仙凤桥 | 长沙县金井镇涧山村 | 清代 | 单孔石拱桥 | |
| 郭桥 | 长沙县高桥镇金桥村 | 清代 | 3孔石拱桥 | |
| 凤凰桥 | 长沙县高桥镇高桥村 | 清代 | 单孔石拱桥 | |
| 燕子桥 | 郴州市北湖区 | 清代 | 石拱桥 | |
| 三星桥 | 汝城县三星镇三星村 | 清代 | 石拱桥 | |
| 安定桥 | 长沙县榔梨镇陶公庙社区 | 清代 | 单孔石拱桥 | |
| 双桥 | 宁乡县巷子口镇仙龙潭村 | 清代 | 两座石拱桥 | |
| 石林桥 | 宁乡县道林镇烧汤河村 | 清代 | 石拱桥 | |
| 双石桥 | 江华县东田镇 | 清代 | 石拱桥 | |
| 万寿桥 | 郴州市北湖区 | 清代 | 石拱桥 | |
| 汝城桥 | 汝城县土桥镇 | 清代 | 石拱桥 | |
| 新洲东门桥 | 津市新洲镇嘉山社区 | 清代 | 石拱桥 | |
| 岩板垱桥 | 临澧县杉板乡月新村 | 清代 | 单拱石拱桥 | |
| 三公桥 | 临澧县文家乡三公村 | 清代 | 单拱石拱桥 | |
| 陈家桥 | 临澧县望城乡看花村 | 清代 | 双孔石拱桥 | |
| | | 民　　国 | | |
| 狮象桥 | 桃源县剪市镇跃进村 | 民国初年 | 石拱桥 | |
| 曾家滩桥 | 醴陵县清水江乡曾家滩村 | 民国5年（1916年） | 6孔石拱桥 | |
| 黄石桥 | 桃源县黄石镇花园村 | 民国8年（1919年） | 青石桥 | 桃源县级文物保护单位 |
| 邓家桥 | 攸县石羊塘镇界市村 | 民国13年（1924年） | 3孔石拱桥 | |
| 楼下中心桥 | 攸县鸭塘铺乡夕阳垅村 | 民国13年（1924年） | 3孔石拱桥 | |
| 渌江桥 | 醴陵县城区状元洲桥头 | 民国14年（1925年） | 10孔石拱桥 | 湖南省级文物保护单位 |
| 杏仁桥 | 道县清塘镇幸福洞村 | 民国16年（1927年） | 5孔石拱桥 | |
| 新桥 | 涟源市桥头河镇 | 民国19年（1930年） | 石拱桥 | |
| 兰塘桥 | 攸县皇图岭镇 | 民国甲戊年（1934年） | 单孔石拱桥 | |
| 窝黄桥 | 永兴高亭乡窝黄桥村 | 民国24年（1935年） | 单孔石拱桥 | |
| 普安桥 | 醴陵县均楚镇李婆塘村 | 民国24年（1935年） | 单孔石拱桥 | |
| 中坝桥 | 醴陵县嘉树乡荆林村 | 民国26年（1937年） | 19孔石拱桥 | |
| 新石桥 | 涟源市龙塘镇 | 民国27年（1938年） | 石拱桥 | |
| 廖姓关水桥 | 攸县石羊塘镇界市村 | 民国32年（1943年） | 3孔石拱桥 | |
| 下江桥 | 永兴县高亭乡下江桥村 | 民国33年（1944年） | 单孔石拱桥 | |
| 思永桥 | 洲茶陵县严塘镇 | 民国35年（1946年） | 6孔拱石桥 | |
| 栗山桥 | 涟源市湄江镇 | 民国36年（1947年） | 石拱桥 | |
| 会贤桥 | 桃源县黄石镇花园村 | 民国 | 石拱桥 | 桃源县级文物保护单位 |
| 勇善桥 | 龙山县石牌镇坟河村 | 民国 | 石拱桥 | |
| 连升桥 | 株洲县淦田镇青南村 | 民国 | 石拱桥 | |
| 同仁桥 | 永顺县砂坝镇盐卡村 | 民国 | 单孔石拱桥 | |
| 甘吉桥 | 攸县桃水镇甘吉桥村 | 民国 | 石拱桥 | |
| 对江陂桥 | 攸县桃水镇褚家桥村 | 民国 | 双孔石拱桥 | |

续上表

| 桥名 | 桥址 | 始建年代 | 桥型 | 备注 |
|---|---|---|---|---|
| 行助桥 | 攸县峦山镇南岸村 | 民国 | 3孔孔石桥 | |
| 乱石陂桥 | 攸县石羊塘镇佳联村 | 民国 | 单孔石拱桥 | |
| 德星桥 | 醴陵县船湾镇星桥村 | 民国 | 6孔石拱桥 | |
| 铁江桥 | 醴陵县神福港镇铁河口村 | 民国 | 5孔石拱桥 | |
| 松阳桥 | 醴陵县新阳乡荷塘村 | 民国 | 3孔石拱桥 | |
| 漏水桥 | 邵东简家垅镇塘新村 | 民国 | 石拱桥 | |
| 三星桥 | 醴陵县大樟镇申明村 | 民国 | 双孔石拱桥 | |
| 众善桥 | 洪江区常青乡石板桥村 | 民国 | 独拱桥 | |
| 潭家桥 | 新化县石冲口镇 | 民国 | 石拱桥 | |
| 社道桥 | 新化县石冲口镇 | 民国 | 石拱桥 | |
| 猪木桥 | 新化县石冲口镇 | 民国 | 石拱桥 | |
| 夏坝岭桥 | 新化县石冲口镇 | 民国 | 石拱桥 | |
| 邵阳街桥 | 新化县石冲口镇 | 民国 | 石拱桥 | |
| 杉木桥 | 天元区群丰镇 | 民国 | 单孔石拱桥 | |
| 五一桥 | 双牌县泷泊镇 | 民国 | 石拱桥 | |
| 庙边桥 | 新化县石冲口镇 | 民国 | 石拱桥 | |
| 吉里石拱桥 | 炎陵县霞阳镇吉里村 | 民国 | 单孔石拱桥 | |
| 罗家院桥 | 新化县石冲口镇 | 民国 | 石拱桥 | |
| 温井里石桥 | 新化县石冲口镇 | 民国 | 石拱桥 | |
| | | 年代不详 | | |
| 清风桥 | 郴州市苏仙区 | 不详 | 石拱桥 | |
| 渡口桥 | 安仁县 | 不详 | 石拱桥 | |
| 乐山桥 | 衡阳县金兰镇乐山村 | 不详 | 石拱桥 | |
| 王茶堰桥 | 衡阳县金兰镇毛家村 | 不详 | 石拱桥 | |
| 狮子桥 | 衡阳县西渡镇应紫村 | 不详 | 石拱桥 | |
| 渣江新桥 | 衡阳县渣江镇 | 不详 | 石拱桥 | |
| 石狮子桥 | 衡阳县石市乡醒狮村 | 不详 | 石拱桥 | |
| 西渡老桥 | 衡阳县西渡镇 | 不详 | 石拱桥 | |
| 塔桥 | 衡阳县台源镇塔桥村 | 不详 | 石拱桥 | |
| 清仁济 | 嘉禾县 | 不详 | 石拱桥 | |
| 深渡桥 | 临武县 | 不详 | 石拱桥 | |
| 哲水太保村桥 | 汝城县 | 不详 | 石拱桥 | |
| 杉树桥 | 祁东县 | 不详 | 石拱桥 | |
| 新峙桥 | 衡山县东湖镇新路村 | 不详 | 石拱桥 | |
| 书院桥 | 衡山县岭坡乡城前村 | 不详 | 石拱桥 | |
| 雷家桥 | 嘉禾县普满乡雷家村 | 不详 | 石拱桥 | |
| 龙珠桥 | 衡山县开云镇龙珠村 | 不详 | 石拱桥 | |
| 沙泉杨家桥 | 衡山县沙泉乡建塘村和界塘村 | 不详 | 石拱桥 | |
| 万岁桥 | 衡山县江东乡金棋星组 | 不详 | 石拱桥 | |
| 北斗堰桥 | 衡山县贺家乡白竹村大坪组 | 不详 | 石拱桥 | |
| 龙荫桥 | 衡山县永和乡新场市金冲村 | 不详 | 石拱桥 | |
| 自毛桥 | 衡山县贯塘乡老湾村 | 不详 | 石拱桥 | |
| 云桥 | 衡山县岭坡乡云桥村 | 不详 | 石拱桥 | |

续上表

| 桥名 | 桥址 | 始建年代 | 桥型 | 备注 |
|---|---|---|---|---|
| 两界桥 | 衡山县福田铺乡农科村 | 不详 | 石拱桥 | |
| 司马桥 | 衡山县店门镇胜利村 | 不详 | 石拱桥 | |
| 旷家湾石桥 | 衡山县店门镇源添村 | 不详 | 石拱桥 | |
| 乌石铺大桥 | 衡山县开云镇青锋村乌石组 | 不详 | 石拱桥 | |
| 桥湾石拱桥 | 衡山县东湖镇珠山村 | 不详 | 石拱桥 | |
| 龙湾石拱桥 | 衡山县东湖镇永明村 | 不详 | 石拱桥 | |
| 灵官庙石桥 | 衡山县开云镇环溪村 | 不详 | 石拱桥 | |
| 石子港拱桥 | 衡山县开云镇 | 不详 | 石拱桥 | |
| 高桥 | 衡山县长江镇高桥村 | 不详 | 石拱桥 | |
| 桃花坝桥 | 衡山县福田铺乡石东村 | 不详 | 石拱桥 | |
| 双拱桥 | 衡山县贺家乡白竹村新开组 | 不详 | 石拱桥 | |
| 油铺桥 | 衡山县贺家乡碧塘村张家组 | 不详 | 石拱桥 | |
| 曾家坝双拱桥 | 衡山县长青乡高兴村 | 不详 | 石拱桥 | |
| 中石桥 | 衡山县江东乡 | 不详 | 石拱桥 | |
| 上石桥 | 衡山县江东乡椿梓村 | 不详 | 石拱桥 | |
| 石子港桥 | 衡山县 | 不详 | 石拱桥 | |
| 官庄呔溪桥 | 凤凰县 | 不详 | 石拱桥 | |
| 阿拉桥 | 凤凰县 | 不详 | 石拱桥 | |
| 八斗丘桥 | 凤凰县 | 不详 | 石拱桥 | |
| 朝连寨桥 | 凤凰县 | 不详 | 石拱桥 | |
| 官庄桥 | 凤凰县 | 不详 | 石拱桥 | |
| 黄泥江桥 | 凤凰县 | 不详 | 石拱桥 | |
| 吉沟桥 | 凤凰县 | 不详 | 石拱桥 | |
| 吉沟二桥 | 凤凰县 | 不详 | 石拱桥 | |
| 拉豪店上桥 | 凤凰县 | 不详 | 石拱桥 | |
| 拉豪桥 | 凤凰县 | 不详 | 石拱桥 | |
| 高毕桥 | 凤凰县新场乡 | 不详 | 石拱桥 | |
| 古桥梁 | 吉首市马颈坳镇团结村 | 不详 | 石拱桥 | |
| 柳树窝桥 | 炎陵县十都镇上井村 | 不详 | 单孔石拱桥 | |
| 南坑石拱桥 | 炎陵县船形乡船形村 | 不详 | 单孔石拱桥 | |
| 鄠安桥 | 炎陵县东风乡星村 | 不详 | 双孔石拱桥 | |
| 栗湾桥 | 炎陵县东风乡金山村 | 不详 | 单孔石拱桥 | |
| 黄竹坪石拱桥 | 炎陵县龙溪乡菜坪村 | 不详 | 单孔石拱桥 | |
| 大江桥 | 攸县石羊塘镇午原村 | 不详 | 4孔石拱桥 | |
| 钟架桥 | 攸县新市镇钟桥村 | 不详 | 单孔石拱桥 | |
| 小江拆 | 攸县石羊塘镇平原村 | 不详 | 两孔石拱桥 | |
| 拱桥 | 隆回司门前镇大毛坪村 | 不详 | 石拱桥 | |
| 兴龙桥 | 邵阳城内武陵井 | 不详 | 石拱桥 | |
| 遇仙桥 | 新宁县崀山镇 | 不详 | 石拱桥 | 新宁县级文物保护单位 |

## 表二　石梁桥

共计 165 座，其中始建于唐代 2 座、宋代 2 座、元代 1 座、明代 12 座、清代 109 座、民国 20 座、年代不详 19 座。

| 桥　名 | 桥　址 | 始建年代 | 桥　型 | 备　注 |
|---|---|---|---|---|
| | | 唐　代 | | |
| 牛剑桥 | 桃江县黄泥田乡 | 唐宪宗十年（815 年） | 5 孔石梁桥 | 益阳市级文物保护单位 |
| 回心桥 | 宁乡县沩山乡回心桥村 | 唐代 | 石梁桥 | |
| | | 宋　代 | | |
| 寿隆桥 | 江永县夏层铺镇上甘棠村 | 宋代 | 4 跨石梁桥 | 湖南省级文物保护单位 |
| 屏壶桥 | 宁乡县巷子口镇巷市村 | 宋代 | 石梁桥 | |
| | | 元　代 | | |
| 河沙桥 | 新田县石羊镇 | 元代 | 石梁桥 | |
| | | 明　代 | | |
| 史家桥 | 新田石羊镇史家村 | 明初 | 石梁桥 | |
| 谭俊桥 | 邵阳县黄塘乡 | 明洪武二年（1369 年） | 4 跨石梁桥 | |
| 塘下砠石板桥 | 新田县石羊镇史家村 | 明永乐八年（1410 年） | 4 跨石梁桥 | |
| 泥南桥 | 浏阳市龙伏镇 | 明嘉靖年间 | 石梁桥 | |
| 五架桥 | 攸县鸭塘铺乡杨木港村 | 明末 | 5 孔石梁桥 | |
| 古村桥 | 永兴县 | 明代 | 石梁桥 | |
| 汉缕桥 | 江永县允山镇回岗村 | 明代 | 6 孔石梁桥 | 湖南省级文物保护单位 |
| 渡头踏水桥 | 新邵县小塘镇渡头桥村 | 明代 | 石梁桥 | |
| 南岳庙踏水桥 | 隆回南岳庙乡南岳庙村 | 明代 | 石梁桥 | 隆回县级文物保护单位 |
| 惠通三桥 | 新田县石羊镇史家村 | 明代 | 双跨石梁桥 | |
| 接龙桥 | 永兴县高亭乡板梁村 | 明代 | 3 跨石梁桥 | |
| 寺上桥 | 江永县允山镇回岗村 | 明代 | 石梁桥 | |
| | | 清　代 | | |
| 石柏桥 | 临澧县四新岗镇蔡家村 | 清代早期 | 两跨石梁桥 | |
| 惊马桥 | 望城县白箬乡与乌山交界处 | 清雍正六年（1726 年） | 石梁桥 | |
| 衡龙桥 | 益阳市赫山区衡龙桥镇 | 清乾隆六十年（1795 年） | 12 跨石梁桥 | 益阳县级文物保护单位 |
| 宁华桥 | 宁乡县夏铎铺镇三桥村 | 清嘉庆五年（1800 年） | 4 跨石梁桥 | |
| 观音桥 | 桃源县陬市镇下街居委会 | 清嘉庆二十五年（1820 年） | 石梁桥 | 桃源县级文物保护单位 |
| 黄龙坝桥 | 衡山县白果镇子务江村 | 清嘉庆年间 | 11 跨石梁桥 | 衡山县级文物保护单位 |
| 湾溪桥 | 凤凰竿子坪乡湾溪村 | 清道光三年以前 | 石梁桥 | |
| 永济桥 | 嘉禾县肖家滑石口村 | 清道光二十年（1840 年） | 石梁桥 | |
| 陶家桥 | 嘉禾县普满乡陶家周村 | 清道光二十四年（1844 年） | 石梁桥 | |
| 罗济桥 | 嘉禾县行廊镇水冲岭村 | 清道光年间 | 石梁桥 | |
| 三寸金莲桥 | 新田县金盆圩乡河山岩村 | 清道光年间 | 石梁桥 | |
| 三仙桥 | 桃源县观音寺镇长潭坪村 | 清咸丰十一年（1861 年） | 石梁桥 | 桃源县级文物保护单位 |
| 下屋桥 | 攸县菜花坪镇菜坪村 | 清中晚期 | 石梁桥 | |

续上表

| 桥　名 | 桥　址 | 始建年代 | 桥　型 | 备　注 |
|---|---|---|---|---|
| 四知桥 | 宁乡县龙田镇七里村新屋组 | 清同治十三年（1874年） | 两跨石梁桥 | |
| 杉木桥 | 临澧县修梅镇罗仙村 | 清同治年间 | 石梁桥 | |
| 同福桥 | 娄底市娄星区小碧乡同福村 | 清光绪八年（1882年） | 4跨石梁桥 | |
| 杉木桥 | 望城县星城镇 | 清光绪十三年（1887年） | 3跨石梁桥 | |
| 大江石桥 | 宁乡县沙田乡石江村与巷子口镇 | 清光绪二十四年（1898年） | 5跨石梁桥 | |
| 太和桥 | 宁乡县沙田乡沙田村三组 | 清光绪二十四年（1898年） | 两跨石梁桥 | |
| 花桥 | 娄底涟源市龙塘镇 | 约100年前 | 石梁桥 | |
| 丁家桥 | 长沙县金井镇观佳村丁家大屋组 | 清代 | 石梁桥 | |
| 大江桥 | 宁乡县沙田乡大江桥 | 清代 | 石梁桥 | |
| 灵官桥 | 洪江市常青乡五一村二组 | 清代 | 石梁桥 | |
| 杨公桥 | 宁乡县巷子口镇花桥村水库组 | 清代 | 石梁桥 | |
| 五贵桥 | 株洲石峰区云田乡莲花村 | 清代 | 两跨石梁桥 | |
| 牛头桥 | 株洲石峰区云田乡莲花村 | 清代 | 两跨石梁桥 | |
| 私坝桥 | 株洲石峰区云田乡莲花村 | 清代 | 3跨石梁桥 | |
| 麻石桥 | 株洲石峰区云田乡莲花村 | 清代 | 两跨石梁桥 | |
| 大王庙桥 | 株洲石峰区云田乡莲花村 | 清代 | 单跨石梁桥 | |
| 宋家坝梁桥 | 株洲石峰区云田乡莲花村 | 清代 | 单跨石梁桥 | |
| 屋檐桥 | 株洲石峰区云田乡白河村 | 清代 | 单跨石梁桥 | |
| 中坝桥 | 株洲石峰区云田乡菖蒲村 | 清代 | 两跨石梁桥 | |
| 王家坝桥 | 株洲石峰区云田乡菖蒲村 | 清代 | 两跨石梁桥 | |
| 麻石桥 | 株洲石峰区龙头铺乡龙头村 | 清代 | 单跨石梁桥 | |
| 福笔桥 | 株洲石峰区云田乡马鞍山村 | 清代 | 两跨石梁桥 | |
| 懂下桥 | 茶陵县腰陂镇珍武村 | 清代 | 石梁桥 | |
| 晓岭桥 | 株洲县仙井乡王竹村 | 清代 | 石梁桥 | |
| 双石桥 | 江华瑶族自治县东田镇 | 清代 | 石梁桥 | |
| 小湖桥 | 宁乡县道林镇青石村泥鱼山组 | 清代 | 石梁桥 | |
| 木桥 | 株洲芦淞区枫溪办事处 | 清代 | 两跨石梁桥 | |
| 庙桥 | 株洲芦淞区五里墩乡 | 清代 | 3跨石梁桥 | |
| 半边桥 | 株洲芦淞区五里墩乡北 | 清代 | 单跨石梁桥 | |
| 道东桥 | 益阳市赫山区新市渡镇欧公店村 | 清代 | 石梁桥 | |
| 丰乐桥 | 娄底市娄星区<br>大埠桥办事处宋家村 | 清代 | 石梁桥 | |
| 石埠桥 | 株洲芦淞区枫溪街道办事处 | 清代 | 3跨石梁桥 | |
| 新屋里石桥 | 株洲荷塘区仙庾镇东元冲村 | 清代 | 单跨石梁桥 | |
| 剑竹坝桥 | 株洲荷塘区仙庾镇 | 清代 | 两跨石梁桥 | |
| 杨家桥 | 株洲荷塘区响塘村 | 清代 | 两跨石梁桥 | |
| 火烧坝桥 | 株洲荷塘区金钩山办事处 | 清代 | 单跨石梁桥 | |
| 老龙桥 | 株洲荷塘区仙庾镇 | 清代 | 单跨石梁桥 | |
| 大屋湾石桥 | 株洲荷塘区蝶坪乡谢家村 | 清代 | 单跨石梁桥 | |

续上表

| 桥　名 | 桥　址 | 始建年代 | 桥　型 | 备　注 |
|---|---|---|---|---|
| 烂坝子石桥 | 株洲荷塘区仙庾镇 | 清代 | 3跨石梁桥 | |
| 枫树坡桥1 | 醴陵县东堡乡沩山村 | 清代 | 单跨石梁桥 | |
| 枫树坡桥2 | 醴陵县东堡乡沩山村 | 清代 | 双跨石梁桥 | |
| 白步桥 | 醴陵县东堡乡沩山村 | 清代 | 单跨石梁桥 | |
| 谢家湾桥 | 醴陵县东堡乡沩山村 | 清代 | 单跨石梁桥 | |
| 钟鼓桥 | 醴陵县东堡乡沩山村 | 清代 | 单跨石梁桥 | |
| 月形湾桥 | 醴陵县东堡乡沩山村 | 清代 | 单跨石梁桥 | |
| 麻家湾桥1 | 醴陵县东堡乡沩山村 | 清代 | 单跨石梁桥 | |
| 麻家湾桥2 | 醴陵县东堡乡沩山村 | 清代 | 单跨石梁桥 | |
| 青龙桥 | 醴陵县东堡乡沩山村 | 清代 | 单跨石梁桥 | |
| 下湾桥 | 醴陵县石亭镇石亭居委会 | 清代 | 双跨石梁桥 | |
| 三搭桥 | 醴陵县神福港镇 | 清代 | 3跨石梁桥 | |
| 枫树桥 | 醴陵县板杉乡枫树桥村 | 清代 | 4跨石梁桥 | |
| 玉屏桥 | 醴陵县黄达嘴镇株抱樟村 | 清代 | 3跨石梁桥 | |
| 渌安桥 | 醴陵县仙霞镇渌安村 | 清代 | 3跨石梁桥 | |
| 百子桥 | 醴陵县均楚镇日新桥村 | 清代 | 双跨石梁桥 | |
| 万福桥 | 醴陵县均楚镇马家垅村 | 清代 | 双跨石梁桥 | |
| 上永安桥 | 醴陵县官庄乡大横江村 | 清代 | 单跨石梁桥 | |
| 下永安桥 | 醴陵县官庄乡大横江村 | 清代 | 青石石梁桥 | |
| 窑湾桥 | 醴陵县官庄乡小横江村 | 清代 | 单跨石梁桥 | |
| 沙坡桥 | 醴陵县官庄乡鹅颈村 | 清代 | 双跨石梁桥 | |
| 五福桥 | 醴陵县官庄乡小横江村 | 清代 | 单跨石梁桥 | |
| 官庄平安桥 | 醴陵县官庄乡小横江村 | 清代 | 单跨石梁桥 | |
| 蒋家桥 | 醴陵县枫林市蒋家桥村 | 清代 | 单跨石梁桥 | |
| 洪家山桥 | 醴陵县均楚镇赵公岭村 | 清代 | 双跨石梁桥 | |
| 青龙桥 | 醴陵县新阳乡 | 清代 | 单跨石梁桥 | |
| 谭家桥 | 醴陵县黄达嘴镇大湾村 | 清代 | 3跨石梁桥 | |
| 流碧桥 | 醴陵县板杉乡流碧桥村 | 清代 | 双跨石梁桥 | |
| 小桥 | 醴陵县石亭镇石亭居委会 | 清代 | 单跨石梁桥 | |
| 青草坝桥 | 株洲荷塘区明照乡青草坝村 | 清代 | 两跨石梁桥 | |
| 永新桥 | 娄底市娄星区小碧乡桐梓村 | 清代 | 石梁桥 | |
| 石板桥 | 新田县石羊镇放乐洞村 | 清代 | 3跨石梁桥 | |
| 乌龟桥 | 益阳市赫山区泥江口镇樊家庙村 | 清代 | 两跨石梁桥 | |
| 横江桥 | 益阳市赫山区泥江口镇七里江村 | 清代 | 石梁桥 | |
| 钥匙桥 | 益阳市赫山区泥江口镇七里江村 | 清代 | 石梁桥 | |
| 贺十桥 | 益阳市赫山区沧水铺镇 | 清代 | 石梁桥 | |
| 马山桥 | 益阳市高新区（赫山区）谢林港镇 | 清代 | 4跨石梁桥 | |
| 沓山桥 | 益阳市赫山区泥江口镇水口山村 | 清代 | 石梁桥 | |

续上表

| 桥　　名 | 桥　　址 | 始建年代 | 桥　　型 | 备　　注 |
| --- | --- | --- | --- | --- |
| 黄板桥 | 益阳市赫山区龙光桥镇 | 清代 | 石梁桥 | |
| 侍郎桥 | 益阳市赫山区欧江岔镇侍郎桥村 | 清代 | 5跨石梁桥 | |
| 松树桥 | 益阳市赫山区衡龙桥镇槽门湾村 | 清代 | 石梁桥 | |
| 护心桥 | 益阳市赫山区泥江口镇樊家庙村 | 清代 | 两跨石梁桥 | |
| 列公桥 | 益阳市资阳区新桥河镇列公桥村 | 清代 | 石梁桥 | |
| 河图桥 | 益阳市赫山区衡龙桥镇河图村 | 清代 | 5跨石梁桥 | |
| 高丰桥 | 益阳赫山区衡龙桥镇高丰桥村 | 清代 | 4跨石梁桥 | |
| 观音桥 | 娄底市娄星区杉山镇杉山村 | 清代 | 石梁桥 | |
| 古塘桥 | 益阳市赫山区岳家桥镇堤卡子村 | 清代 | 石梁桥 | |
| 杨家坝石桥 | 株洲天元区群丰乡新塘村 | 清代 | 两跨石梁桥 | |
| 谭家坝石桥 | 株洲天元区群丰镇合花村 | 清代 | 3跨石梁桥 | |
| 神仙桥 | 江华瑶族自治县大路铺镇 | 清代 | 石梁桥 | |
| 中立桥 | 娄底市娄星区小碧乡栗冲村古圆组 | 清代 | 石梁桥 | |
| 龙潭坝桥 | 娄底市娄星区大埠桥办事处龙虎村 | 清代 | 石梁桥 | |
| 文公桥 | 宁乡县流沙河镇石奇村苏家组 | 清代 | 石梁桥 | |
| 七星桥 | 宁乡县沙田乡堆子村九组 | 清代 | 石梁桥 | |
| 石板石桥 | 宁乡县灰汤镇花果村石坝组 | 清代 | 石梁桥 | |
| 古洞桥 | 津市新洲镇青山峪村 | 清代 | 石梁桥 | |
| 竹山桥 | 宁乡县沩山乡沩水村竹山湾组 | 清代 | 石梁桥 | |
| 黄土桥 | 临澧县修梅镇荷花村七组 | 清代 | 石梁桥 | |
| | | 民　　国 | | |
| 高嘉桥 | 益阳市赫山区衡龙桥镇 | 民国10年（1921年） | 5跨石梁桥 | |
| 孟江桥 | 双峰县沙塘乡荆林村 | 民国24年（1935） | 石梁桥 | |
| 石板桥 | 新化县石冲口镇 | 民国 | 石梁桥 | |
| 沙殿石板桥 | 新化县石冲口镇 | 民国 | 石梁桥 | |
| 彭家湾石桥 | 新化县石冲口镇 | 民国 | 石梁桥 | |
| 水口山桥 | 新化县石冲口镇 | 民国 | 石板桥 | |
| 枫树平板桥 | 新化县石冲口镇 | 民国 | 石板桥 | |
| 茅山桥 | 醴陵县石亭镇 | 民国 | 石梁桥 | |
| 肖家桥（西家桥） | 醴陵县石亭镇 | 民国 | 双跨石梁桥 | |
| 三墩桥 | 醴陵县新阳乡石岸村 | 民国 | 3跨石梁桥 | |
| 南桥平板桥（六安桥） | 醴陵县南桥镇颜家村 | 民国 | 3跨石梁桥 | |
| 里白桥 | 益阳市资阳区迎风桥镇 | 民国 | 双跨石梁桥 | |
| 坟山坝桥 | 株洲天元区群丰镇 | 民国 | 单跨石梁桥 | |
| 万家坝桥 | 株洲天元区群丰镇 | 民国 | 单跨石梁桥 | |
| 祠堂石板桥 | 新化县石冲口镇 | 民国 | 石梁桥 | |
| 徐家坝桥 | 益阳市赫山区笔架山乡上新桥村 | 民国 | 石梁桥 | |
| 鹅公桥 | 益阳市资阳区香铺仑镇 | 民国 | 单跨石梁桥 | |

续上表

| 桥　名 | 桥　址 | 始建年代 | 桥　型 | 备　注 |
|---|---|---|---|---|
| 荷叶大坝桥 | 荷塘区明照乡青草坝村 | 民国 | 双跨石梁桥 | |
| 大坝桥 | 株洲荷塘区仙庾镇 | 民国 | 单跨石梁桥 | |
| 平板石桥 | 新化县石冲口镇水口山村 | 民国 | 石梁桥 | |
| | | 年代不详 | | |
| 望夫桥 | 郴州市永兴县高亭乡扳梁村 | 不详 | 石梁桥 | |
| 清水桥 | 衡阳市衡阳县曲兰镇清水村 | 不详 | 石梁桥 | |
| 禹王桥 | 衡山县福田乡云峰村七组 | 不详 | 石梁桥 | |
| 担水桥 | 衡山县东湖镇杉木桥村 | 不详 | 石梁桥 | |
| 无河桥 | 衡山县新桥镇农科村光辉组 | 不详 | 石梁桥 | |
| 桥头铺石桥 | 衡山县望峰乡望峰村五组 | 不详 | 石梁桥 | |
| 金家铺石板桥 | 衡山县长青乡高兴村 | 不详 | 石梁桥 | |
| 普济桥 | 衡山县长江镇铁矿村 | 不详 | 石梁桥 | |
| 永隆桥 | 衡山县东湖镇永明村 | 不详 | 石梁桥 | |
| 瓦屋桥 | 衡山县东湖镇坪田上瓦屋组 | 不详 | 石梁桥 | |
| 胜利桥 | 衡山县东湖镇新路村 | 不详 | 石梁桥 | |
| 朱家坝石板桥 | 衡山县长青乡高兴村 | 不详 | 石梁桥 | |
| 集贤桥 | 衡山县东湖镇珠山村 | 不详 | 石梁桥 | |
| 城首石板桥 | 衡山县长青乡高阡村 | 不详 | 石梁桥 | |
| 万线桥 | 衡山县长青乡长青村 | 不详 | 石梁桥 | |
| 蜈蚣桥 | 衡山县长江镇新苏村 | 不详 | 石梁桥 | |
| 蚌公三官石板桥 | 衡山县长青乡万家村 | 不详 | 石梁桥 | |
| 牛桥 | 株洲株洲县三门镇莲花村 | 不详 | 石梁桥 | |
| 指南桥 | 株洲株洲县三门镇南江村 | 不详 | 石梁桥 | |

## 表三　廊桥

共计 175 座，其中始建于宋代 2 座，元代 2 座，明代 21 座，清代 94 座，民国 22 座，年代不详 34 座。

| 桥　名 | 桥　址 | 始建年代 | 桥　型 | 备　注 |
|---|---|---|---|---|
| | | 宋　代 | | |
| 江东亭桥 | 邵阳县长乐乡江东村 | 唐末宋初 | 廊桥 | |
| 午田风雨桥 | 道县新车乡午田村 | 宋淳祐年间 | 廊桥 | 湖南省级文物保护单位 |
| | | 元　代 | | |
| 朴塘桥 | 隆回县岩口乡朴塘村 | 元明时期 | 廊桥 | 隆回县级文物保护单位 |
| 燕子桥 | 安化县梅城镇启安村 | 元代 | 廊桥 | |
| | | 明　代 | | |
| 鲤兆桥 | 新化县孟公镇 | 明洪武元年（1368 年） | 廊桥 | |

续上表

| 桥　　名 | 桥　　址 | 始建年代 | 桥　　型 | 备　　注 |
|---|---|---|---|---|
| 虹桥 | 凤凰古城东门外 | 明洪武七年（1374 年） | 廊桥 | 湖南省级文物保护单位 |
| 同心桥 | 桂阳县樟市镇漕溪村 | 明洪武年间 | 廊桥 | |
| 江边李家桥 | 邵阳县红石乡江边李家村 | 明永乐十三年（1416 年） | 廊桥 | 邵阳县级文物保护单位 |
| 新安桥 | 浏阳市社港镇高桥村新安村 | 明成化十年（1474 年） | 廊桥 | 湖南省级文物保护单位 |
| 太平桥 | 城步丹口镇 | 明成化二十三年（1487 年） | 廊桥 | |
| 洪桥 | 邵东县城西北范家山镇 | 明正德十六年（1521 年） | 廊桥 | 湖南省级文物保护单位 |
| 时荣桥 | 新邵坪上镇竹畔村 | 明嘉靖三年（1524 年） | 廊桥 | |
| 伏龙桥 | 宜章大地岭村浆水乡 | 明嘉靖二十二年（1543 年） | 廊桥 | 宜章县级文物保护单位 |
| 化龙桥 | 武冈城内 | 明万历癸酉年（1573 年） | 廊桥 | 武冈市市级文物保护单位 |
| 龙津风雨桥 | 芷江侗族自治县芷江镇 | 明万历十九年（1591 年） | 廊桥 | 芷江县级文物保护单位 |
| 杨家桥 | 绥宁县黄土矿乡同乐村 | 明万历年间 | 廊桥 | 绥宁县级文物保护单位 |
| 万寿桥 | 溆浦县黄茅园镇万寿村 | 明崇祯九年（1636 年） | 廊桥 | 怀化市级文物保护单位 |
| 青龙桥 | 新化县座石乡杨洪岩村 | 明崇祯年间 | 廊桥 | |
| 水东桥 | 洞口县水东乡 | 明末 | 廊桥 | 湖南省级文物保护单位 |
| 仙磴桥 | 隆回县六都寨 | 明末 | 廊桥 | 隆回县级文物保护单位 |
| 光溪湾<br>王板桥 | 新化县孟公镇 | 明朝末期 | 廊桥 | |
| 接龙桥 | 洪江市洗马乡古楼坪村 | 明代 | 廊桥 | |
| 月龙桥 | 双峰县永丰镇月龙村 | 明代 | 廊桥 | |
| 广济桥 | 宜章车田村笆篱乡 | 明代 | 廊桥 | 湖南省级文物保护单位 |
| 三多桥 | 邵东县简家陇乡 | 明代 | 廊桥 | 邵东县级文物保护单位 |
| | | 清　　代 | | |
| 湖桥 | 隆回县西洋江镇 | 清代早期 | 廊桥 | 隆回县级文物保护单位 |
| 柳溪桥 | 冷水江市沙塘湾办事处 | 清康熙二年（1663 年） | 廊桥 | 冷水江市文物保护单位 |
| 定远桥 | 绥宁县关峡苗族乡关峡村 | 清康熙二十三年（1684 年） | 廊桥 | 湖南省级文物保护单位 |
| 木瓜桥 | 武冈城邓元泰镇 | 清康熙五十年（1711 年） | 廊桥 | 湖南省级文物保护单位 |
| 社埠古桥 | 祁东县白地市镇 | 清康熙年间 | 廊桥 | |
| 廻龙桥 | 新宁县金石镇柳山村 | 清雍正五年（1727 年） | 廊桥 | |
| 西河桥 | 绥宁寨市镇 | 清雍正五年（1727 年） | 廊桥 | |
| 杨公桥 | 新化县吉庆镇 | 清雍正八年（1730 年） | 廊桥 | |
| 洛阳桥 | 洞口县石江镇 | 清乾隆元年（1736 年） | 廊桥 | |
| 高桥 | 双峰县洪山殿镇高桥村 | 清乾隆二年（1737 年） | 廊桥 | |
| 双龙桥 | 洞口县岩山乡双龙村 | 清乾隆八年（1743 年） | 廊桥 | 洞口县级文物保护单位 |
| 升平桥 | 武冈城东北 | 清乾隆十四年（1749 年） | 廊桥 | |
| 观月桥 | 通道侗族自治县陇城镇 | 清乾隆二十年（1755 年） | 廊桥 | 全国重点文物保护单位 |
| 回龙桥 | 城步苗族自治县长安营乡 | 清乾隆十五年（1750 年） | 廊桥 | 邵阳市级文物保护单位 |
| 文星桥及<br>兵书阁 | 通道锅冲苗族乡赞字村口 | 清乾隆二十四年（1759 年） | 桥、亭、阁、<br>殿为一体的<br>古建筑群 | 湖南省级文物保护单位 |
| 普济桥 | 通道坪坦乡坪坦村 | 清乾隆二十五年（1760 年） | 廊桥 | 全国重点文物保护单位 |

续上表

| 桥　名 | 桥　址 | 始建年代 | 桥　型 | 备　注 |
|---|---|---|---|---|
| 廻龙桥 | 通道坪坦乡坪坦村 | 清乾隆二十六年（1761 年） | 廊桥 | 全国重点文物保护单位 |
| 回龙桥 | 通道侗族自治县坪坦乡 | 清乾隆二十六年（1761 年） | 廊桥 | 全国重点文物保护单位 |
| 观音桥 | 桂阳县莲塘镇甘岭村 | 清乾隆二十六年（1761 年） | 廊桥 | |
| 思贤桥 | 安化县江南镇 | 清乾隆三十五年（1770 年） | 廊桥 | 安化县级文物保护单位 |
| 广利桥 | 东安县紫溪市镇 | 清乾隆三十八年（1773 年） | 廊桥 | 湖南省级文物保护单位 |
| 洗车河桥 | 龙山洗车河 | 清乾隆四十五年（1780 年） | 廊桥 | |
| 永福桥 | 通道侗族自治县坪坦乡 | 清乾隆五十年（1786 年） | 廊桥 | 全国重点文物保护单位 |
| 倒湾风雨桥 | 洪江市龙田乡大龙村 | 清乾隆年间 | 廊桥 | |
| 龙潭桥 | 新宁县飞仙桥乡 | 清乾隆年间 | 廊桥 | 新宁县级文物保护单位 |
| 回龙桥 | 溆浦县葛竹坪镇福坪村 | 清乾隆年间 | 廊桥 | 溆浦县级文物保护单位 |
| 中步二桥 | 通道侗族自治县陇城镇中步村 | 清嘉庆二年（1797 年） | 廊桥 | 全国重点文物保护单位 |
| 桂花风雨桥 | 靖州苗族侗族自治县 | 清嘉庆三年（1798 年）重修 | 廊桥 | 靖州县级文物保护单位 |
| 普修桥 | 通道侗族自治县 | 清嘉庆八年（1803 年） | 廊桥 | 怀化市级文物保护单位 |
| 永定桥 | 通道侗族自治县坪坦乡 | 清嘉庆十年（1805 年） | 廊桥 | 全国重点文物保护单位 |
| 太平桥 | 洞口县罗溪瑶族乡宝瑶村 | 清嘉庆十二年（1807 年） | 廊桥 | 湖南省级文物保护单位 |
| 永镇桥 | 城步苗族自治县长安营乡 | 清嘉庆二十三年（1818 年） | 廊桥 | 城步县级文物保护单位 |
| 环灵桥 | 龙泉镇环灵桥村 | 清嘉庆二十四年（1819 年） | 廊桥 | |
| 光下桥 | 江永县回龙圩管理区 | 清嘉庆年间 | 廊桥 | |
| 光下镇水亭 | 江永县回龙圩管理区 | 清嘉庆年间 | 廊桥 | |
| 红桥 | 洞口县江口镇 | 清嘉庆年间 | 廊桥 | |
| 狮象桥 | 新宁万塘乡白马田村 | 清嘉庆年间 | 廊桥 | 新宁县级文物保护单位 |
| 白云屋桥 | 石门白云乡白云桥村 | 清嘉庆年间 | 廊桥 | 湖南省级文物保护单位 |
| 杨家桥 | 新邵坪上镇杨桥村 | 清道光四年（1824 年） | 廊桥 | |
| 三合桥 | 郴州市北湖区 | 清道光七年（1827 年） | 廊桥 | 郴县县级文物保护单位 |
| 惠同廊桥 | 宁乡县沙田村境内 | 清道光十四年（1834 年） | 廊桥 | 湖南省级文物保护单位 |
| 六里桥 | 邵阳县五峰铺镇六里村 | 清道光十六年（1836 年） | 廊桥 | |
| 迴福桥 | 通道侗族自治县坪坦乡高楼村 | 清道光二十年（1840 年） | 廊桥 | 全国重点文物保护单位 |
| 聚胜桥 | 永州零陵区水口山镇 | 清道光二十三年（1843 年） | 廊桥 | |
| 花园桥 | 邵阳县塘田寺镇 | 清道光二十五年（1846 年） | 廊桥 | 邵阳县级文物保护单位 |
| 王板桥 | 新化县孟公镇桃溪村 | 清道光年间 | 廊桥 | |
| 大桥江桥 | 新化县奉家镇大桥村 | 清道光年间 | 廊桥 | |
| 中步头桥 | 通道陇城镇中步村 | 清咸丰二年（1853 年） | 廊桥 | 全国重点文物保护单位 |
| 关凤桥 | 武冈城东北邓家铺镇 | 补修清咸丰六年（1856 年） | 廊桥 | 武冈市级文物保护单位 |
| 新车桥 | 涟源市石马山镇群英村 | 重修于清咸丰六年（1856 年） | 廊桥 | 娄底市级文物保护单位 |
| 观音阁桥 | 宜章白沙圩乡才口村 | 清咸丰七年（1857 年） | 廊桥 | |
| 莲花桥 | 邵阳县白仓镇石牛坝村 | 清咸丰七年（1857 年） | 廊桥 | |
| 小河桥 | 吉首市檀木村 | 清咸丰八年（1858 年） | 廊桥 | |
| 龙潭桥 | 新化县田坪镇龙潭村 | 清咸丰八年（1858 年） | 廊桥 | 湖南省级文物保护单位 |
| 观音桥 | 涟源市荷塘镇 | 约 150 年前 | 廊桥 | |
| 何姑桥 | 绥宁县武阳镇 | 清同治三年（1864 年） | 廊桥 | 1973 年水毁，2011 年修复 |

续上表

| 桥　　名 | 桥　　址 | 始建年代 | 桥　　型 | 备　　注 |
|---|---|---|---|---|
| 观音桥 | 桂阳县洋市镇停下欧村 | 清同治四年（1865 年） | 廊桥 | |
| 黑子桥 | 桂阳县洋市镇停下欧村 | 清同治四年（1865 年） | 廊桥 | |
| 壶圆桥 | 溆浦县戈竹坪镇福江村 | 清同治四年（1865 年） | 廊桥 | |
| 欧村大桥 | 桂阳县洋市镇停下欧村 | 清同治四年（1865 年） | 廊桥 | |
| 赖家坊桥 | 绥宁县唐家坊镇赖梅村 | 清同治五年（1866 年） | 廊桥 | |
| 青福桥 | 祁东县官家嘴镇草源村 | 清同治九年（1870 年） | 廊桥 | |
| 清安桥 | 绥宁县乐铺苗族侗族乡 | 清同治年间 | 廊桥 | |
| 状元桥 | 祁东县归阳镇 | 清同治年间 | 廊桥 | 全国重点文物保护单位 |
| 经鼓楼桥 | 资兴彭市乡塘家湾村 | 清光绪初年 | 廊桥 | |
| 蔡里口亭子桥 | 双牌县何家洞 | 清光绪元年（1875 年） | 廊桥 | |
| 亭子桥 | 新化县荣华乡横岩村桥 | 清咸丰十年（1860 年） | 廊桥 | |
| 永锡桥 | 安化县洞市镇锡潭村 | 清光绪二年（1876 年） | 廊桥 | |
| 里仁桥 | 涟源市水洞底镇 | 清光绪三年（1877 年） | 廊桥 | |
| 镇东桥 | 安化县东坪镇 | 清光绪五年（1879 年） | 廊桥 | 安化县级文物保护单位 |
| 天缘桥 | 桂东县普乐乡普乐村 | 清光绪六年（1880 年） | 廊桥 | |
| 源头桥 | 邵阳县河伯乡源头村 | 清光绪七年（1882 年） | 廊桥 | 邵阳市级文物保护单位 |
| 鹅公岭桥 | 绥宁鹅公岭侗族乡 | 清光绪九年（1833 年） | 廊桥 | 县级文物保护单位 |
| 十义桥 | 安化县梅城镇 | 清光绪十三年（1887 年） | 廊桥 | |
| 贺龙桥 | 龙山县兴隆街 | 清光绪十六年（1890 年） | 廊桥 | |
| 杏村桥 | 桂阳县敖泉镇杏村 | 清光绪十七年（1891 年） | 廊桥 | |
| 合金桥 | 桂阳县雷坪乡三泉口村 | 清光绪十九年（1893 年） | 廊桥 | |
| 平游桥 | 新化县奉家镇横江村 | 清光绪二十七年（1901 年） | 廊桥 | |
| 复古桥 | 安化县柘溪镇双桥村 | 清光绪三十三年（1907 年） | 廊桥 | |
| 株竹风雨桥 | 洪江市雪峰镇株竹村 | 清光绪年间 | 廊桥 | |
| 乐安桥 | 洪江市铁山乡 | 清光绪年间 | 廊桥 | |
| 横桥 | 桂阳县流丰镇 | 清光绪年间 | 廊桥 | |
| 涡潭桥 | 洞口县杨林乡 | 清光绪年间 | 廊桥 | |
| 桶车新桥 | 龙山桶车乡新桥村 | 清代 | 廊桥 | |
| 纸棚花桥 | 永顺县西歧乡西歧村 | 清代 | 廊桥 | |
| 连洞花桥 | 永顺县灵溪镇连洞村 | 清代 | 廊桥 | |
| 头车风雨桥 | 龙山红岩溪镇头车村 | 清代 | 廊桥 | |
| 驿亭桥 | 桂阳县和平镇 | 清代 | 廊桥 | |
| 凉亭桥 | 龙山洗车河镇猛西小河上游 | 清代 | 廊桥 | |
| 乐善桥 | 安化县马路镇严庄村 | 清代 | 廊桥 | |
| 西库花桥 | 永顺县万民乡西库村 | 清代 | 廊桥 | |
| 颃沙塘桥 | 安化县龙塘乡 | 清代 | 廊桥 | |
| 伊溪桥 | 安化县东坪镇 | 清代 | 廊桥 | |
| 晓溪桥 | 安化县马路镇小溪村 | 清代 | 廊桥 | |

续上表

| 桥　　名 | 桥　　址 | 始建年代 | 桥　　型 | 备　　注 |
|---|---|---|---|---|
| 民　　国 | | | | |
| 贺龙桥 | 桑植县洪家关乡洪家关村 | 民国4年（1915年） | 廊桥 | 全国重点文物保护单位 |
| 彭家桥 | 新化县荣华乡张家村 | 民国10年（1921年） | 廊桥 | |
| 杨家坪大桥 | 桂阳县樟木乡杨家坪村 | 民国13年（1924年） | 廊桥 | |
| 大溪亭子桥 | 洞口县渣坪乡 | 民国14年（1925年） | 廊桥 | |
| 横板桥 | 新化县荣华乡横茶村 | 民国15年（1926年） | 廊桥 | |
| 江西花桥 | 永顺县首车镇伴湖村 | 民国16年（1927年） | 廊桥 | |
| 下板桥 | 邵东流泽镇丰宜村 | 民国17年（1928年） | 廊桥 | |
| 万福桥 | 宜章桐木湾村白沙圩乡 | 民国21年（1932年） | 廊桥 | |
| 四坝二桥 | 龙山县桂塘坝 | 民国24年（1935年） | 廊桥 | |
| 学堂堡花桥 | 永顺县松柏镇坝溶村 | 民国29年（1940年） | 廊桥 | |
| 沙渡湾桥 | 新化县水车镇直乐村 | 民国29年（1940年） | 廊桥 | |
| 望嶷桥 | 蓝山县所城镇黄泥铺村 | 民国36年（1947年） | 廊桥 | |
| 真龙桥 | 桃源县牛车河乡真龙桥村 | 民国 | 廊桥 | 桃源县级文物保护单位 |
| 聚福桥 | 永顺县首车镇伴湖村 | 民国 | 廊桥 | |
| 民族桥 | 城步县兰蓉乡报木坪村 | 民国 | 廊桥 | |
| 白竹山花桥 | 永顺县北部砂坝镇的爱民村 | 民国 | 廊桥 | 永顺县级文物保护单位 |
| 高志桥 | 邵东县简家陇乡愚公村 | 民国 | 廊桥 | |
| 首车花桥 | 永顺县首车镇首车村 | 民国 | 廊桥 | |
| 太阳村 | 新化县孟公镇 | 1949年以前 | 廊桥 | |
| 樟木桥 | 新化县孟公镇红星村 | 1949年以前 | 廊桥 | |
| 枫木村桥 | 新化县孟公镇枫木村 | 1949年以前 | 廊桥 | |
| 木瓜溪桥 | 新化县孟公镇星燎村 | 1950年以前 | 廊桥 | |
| 年代不详 | | | | |
| 古道小桥 | 桂阳县 | 不详 | 廊桥 | |
| 炉门桥 | 祁东县 | 不详 | 廊桥 | |
| 接龙桥 | 衡山县江东乡南村 | 不详 | 廊桥 | |
| 宝带桥 | 通道侗族自治县 | 不详 | 廊桥 | |
| 横岭花桥 | 通道侗族自治县 | 不详 | 廊桥 | |
| 太平桥 | 通道侗族自治县 | 不详 | 廊桥 | |
| 芋头侗寨古风雨桥 | 通道县双江镇芋头村 | 不详 | 廊桥 | |
| 芋头侗寨迴龙桥 | 通道县双江镇芋头村 | 不详 | 廊桥 | |
| 毛边冲风雨桥 | 凤凰县官庄乡毛边冲村 | 不详 | 廊桥 | |
| 茅茂田风雨桥 | 泸溪县长坪乡茅茂田村 | 不详 | 廊桥 | |
| 达岗镇风雨桥 | 泸溪县达岗镇 | 不详 | 廊桥 | |
| 兴仁桥凉亭 | 江华瑶族自治县 | 不详 | 廊桥 | |

续上表

| 桥　　名 | 桥　　址 | 始建年代 | 桥　　型 | 备　　注 |
|---|---|---|---|---|
| 太源桥 | 隆回县大水田乡太源村 | 不详 | 廊桥 | |
| 洪山桥 | 隆回县高平镇洪山村 | 不详 | 廊桥 | |
| 竹叶桥 | 隆回县金石桥镇茗水桥村 | 不详 | 廊桥 | |
| 长寿桥 | 隆回县七江乡双桂村 | 不详 | 廊桥 | |
| 江口桥 | 隆回县七江乡双桂村 | 不详 | 廊桥 | |
| 铁炉下桥 | 隆回县七江乡双合村 | 不详 | 廊桥 | |
| 石龙桥 | 隆回县司门前镇黄花村 | 不详 | 廊桥 | |
| 石杨桥 | 隆回县司门前镇石杨桥村 | 不详 | 廊桥 | |
| 竹溪桥 | 隆回县司门前镇竹山院村 | 不详 | 廊桥 | |
| 里仁桥 | 隆回县西洋江镇里仁村 | 不详 | 廊桥 | |
| 马家桥 | 邵阳县岩口镇马家桥村 | 不详 | 廊桥 | |
| 青龙桥 | 邵阳县岩口镇石屋村 | 不详 | 廊桥 | |
| 花园红军桥 | 洞口县花园镇黄金村半边街 | 不详 | 廊桥 | |
| 回龙桥 | 城步兰蓉乡 | 不详 | 廊桥 | |
| 青龙桥 | 洞口县岩山乡 | 不详 | 廊桥 | |
| 新兴桥 | 洞口县桐山乡 | 不详 | 廊桥 | |
| 顺水桥 | 新化县圳上镇久大村 | 不详 | 廊桥 | |
| 永镇桥 | 新化县圳上镇双江村 | 不详 | 廊桥 | |
| 银溪桥 | 新化县圳上镇龙珠村 | 不详 | 廊桥 | |
| 一德桥 | 新化县圳上镇文竹村 | 不详 | 廊桥 | |
| 又一桥 | 新化县圳上镇文教村 | 不详 | 廊桥 | |
| 黄板桥 | 新化县圳上镇半山村 | 不详 | 廊桥 | |

## 表四　其它民桥

共计65座，其中始建于宋代2座、元代1座、明代2座、清代8座、民国15座、年代不详37座。

| 桥　　名 | 桥　　址 | 始建年代 | 桥　　型 | 备　　注 |
|---|---|---|---|---|
| | | 宋　　代 | | |
| 济川浮桥 | 道县城南 | 南宋嘉定年间 | 浮桥 | 道县县级文物保护单位 |
| 潭田跳桥 | 新田县龙泉镇潭田村 | 南宋理宗年间 | 磴步 | |
| | | 元　　代 | | |
| 平政桥 | 零陵城正西门外的潇水上 | 元代 | 浮桥 | |
| | | 明　　代 | | |
| 大围山磴步 | 浏阳大围山镇大溪河 | 明代 | 磴步 | |
| 十步跳 | 三井乡谈文溪村 | 明代 | 磴步 | |
| | | 清　　代 | | |
| 沱江跳岩 | 凤凰古城北门外沱江河道中 | 清康熙四十三年（1704年） | 跳岩 | |

续上表

| 桥　名 | 桥　址 | 始建年代 | 桥　型 | 备　注 |
|---|---|---|---|---|
| 小门村桥 1 | 新化县孟公镇 | 300 余年前 | 石桥 | |
| 小门村桥 2 | 新化县孟公镇 | 300 余年前 | 石桥 | |
| 吉龙桥 | 新化县孟公镇吉龙村 | 200 多年前 | 石桥 | |
| 红山桥 | 隆回县高平镇红山村 | 清代 | 石桥 | 隆回县级文物保护单位 |
| 石阳桥 | 隆回县司门前镇石阳桥村 | 清代 | 石桥 | 隆回县级文物保护单位 |
| 东关桥 | 隆回县罗洪乡中罗洪村 | 清代 | 石桥 | 隆回县级文物保护单位 |
| 伍爱桥 | 新化县孟公镇洞下村 | 清末 | 石桥 | |
| 民　国 | | | | |
| 永安桥 | 新化县曹家镇栗山村 | 民国 6 年（1917 年） | 石桥 | |
| 曾家村福安桥 | 新化县曹家镇 | 民国 6 年（1917 年） | 石桥 | |
| 枫树桥 | 新化县曹家镇沙湾村 | 民国 17 年（1928 年） | 石桥 | |
| 吊脚岩桥 | 新化县曹家镇展望村 | 民国 19 年（1930 年） | 石桥 | |
| 能滩吊桥 | 泸溪县境跨越能滩河 | 民国 27 年（1938 年） | 悬索桥 | 湖南省级文物保护单位 |
| 观王庙桥 | 新化县孟公镇星燎村 | 1949 年以前 | 石桥 | |
| 付家村沙木桥 | 新化县孟公镇 | 1949 年以前 | 石桥 | |
| 老马路桥 | 新化县孟公镇红星村 | 1949 年以前 | 石桥 | |
| 培溪村桥 | 新化县孟公镇 | 1949 年以前 | 石桥 | |
| 吉龙村桥 | 新化县孟公镇 | 1949 年以前 | 石桥 | |
| 桥头湾村 | 新化县孟公镇 | 1949 年以前 | 石桥 | |
| 明星村桥 | 新化县孟公镇 | 1949 年以前 | 石桥 | |
| 花泥村桥 | 新化县孟公镇 | 1949 年以前 | 石桥 | |
| 石敖村一桥 | 新化县孟公镇 | 1949 年以前 | 石桥 | |
| 石敖村二桥 | 新化县孟公镇 | 1949 年以前 | 石桥 | |
| 年代不详 | | | | |
| 永丰磴步 | 娄底市双峰县永丰镇 | 不详 | 磴步 | |
| 磴步桥 | 郴州嘉禾县 | 不详 | 磴步 | |
| 打油河磴步 | 郴州桂阳县 | 不详 | 磴步 | |
| 棒棒坳跳岩 | 凤凰竿子坪乡 | 不详 | 48 墩 | |
| 杆子坪跳岩 | 凤凰竿子坪乡 | 不详 | 52 墩 | |
| 拉务跳岩 | 凤凰三拱桥乡 | 不详 | 32 墩 | |
| 杀牛跳岩 | 凤凰三拱桥乡 | 不详 | 25 墩 | |
| 中麻冲跳岩 | 凤凰三拱桥乡 | 不详 | 25 墩 | |
| 龙肱跳岩 | 凤凰吉信镇 | 不详 | 45 墩 | |
| 长宜哨跳岩 | 凤凰沱江镇 | 不详 | 66 墩 | |

续上表

| 桥　　名 | 桥　　址 | 始建年代 | 桥　　型 | 备　　注 |
|---|---|---|---|---|
| 堤溪跳岩 | 凤凰沱江镇 | 不详 | 65 墩 | |
| 北门跳岩 1 | 凤凰沱江镇 | 不详 | 15 墩 | |
| 北门跳岩 2 | 凤凰沱江镇 | 不详 | 69 墩 | |
| 宜刹坪跳岩 | 凤凰新场乡 | 不详 | 48 墩 | |
| 黄栗树跳岩 | 凤凰新场乡 | 不详 | 52 墩 | |
| 高枧跳岩 | 凤凰新场乡 | 不详 | 56 墩 | |
| 翁来跳岩 | 凤凰新场乡 | 不详 | 48 墩 | |
| 养牛坡跳岩 | 凤凰新场乡 | 不详 | 46 墩 | |
| 枫木林跳岩 | 凤凰新场乡 | 不详 | 32 墩 | |
| 合水跳岩 | 凤凰新场乡 | 不详 | 20 墩 | |
| 竹林坪跳岩 | 凤凰茨岩乡 | 不详 | 42 墩 | |
| 大叉跳岩 | 凤凰茨岩乡 | 不详 | 32 墩 | |
| 大叉中寨跳岩 | 凤凰茨岩乡 | 不详 | 28 墩 | |
| 冷水洞跳岩 | 凤凰林峰乡 | 不详 | 20 墩 | |
| 木江坪跳岩 | 凤凰木江坪镇 | 不详 | 66 墩 | |
| 天堂跳岩 | 凤凰水打田乡 | 不详 | 25 墩 | |
| 狗田跳岩 | 凤凰水龙滚村 | 不详 | 跳岩 | |
| 太平溪跳岩 | 泸溪石榴坪 | 不详 | 跳岩 | |
| 仙人寨磴步 | 双峰印塘 | 不详 | 磴步 | |
| 嘉禾磴步 1 | 嘉禾 | 不详 | 磴步 | |
| 嘉禾磴步 2 | 嘉禾 | 不详 | 磴步 | |
| 万金桥 | 吉首市马颈坳镇 | 不详 | 不详 | |
| 黄儿桥 | 吉首市河溪镇阿娜村 | 不详 | 不详 | |
| 接龙桥 | 吉首市河溪持久村 | 不详 | 不详 | |
| 楠木桥 | 吉首市河溪社区 | 不详 | 不详 | |
| 车田桥 | 隆回县横板桥镇车田村 | 不详 | 不详 | |
| 新民桥 | 隆回石门乡新民村 | 不详 | 不详 | |

Chapter 4

# 第四章 其它交通文化遗产

湖南省境留存至今的其它交通文化遗产主要包括古路亭、古运河、古渡口、古码头以及古车船等。其中，湘潭望衡亭碑文对中外城建规划特别是交通规划的比较研究，是记载我国城市交通发展历程的重要史料。西晋初开凿的华容运河开启了湘南及岭南地区至都城洛阳的漕运。城头山发掘的古舟船是世界上现存最久远的舟船遗迹。

# 第一节　古　路　亭

湖南境内路亭甚多，不仅驿道、大道上有驿亭，岭头、津渡、桥畔亦常置山亭、渡亭、桥亭。

路亭作为道路附属设施，供行人歇息、乘凉、茶饮或观景，故又称凉亭或茶亭。亭历史悠久，周代的亭是设在边防要塞的小堡垒。《方舆纪要》载："楚伐杨越，自是南海事楚，有楚亭"。秦汉以来，官修驿道、大道均设路亭，每 10 里设一长亭，其后五里置一短亭。北周庾信《哀江南赋》："十里五里，长亭短亭"。

20 世纪 80 年代编修湖南地方志时，各地交通部门曾对路亭做专门调查。据不完全统计，邵阳市境有路亭 619 座，其中市郊 38、邵东 63、新邵 84、邵阳县 76、隆回 107、洞口 10、武冈 38、新宁 4、城步 24、绥宁 75 座。益阳市有史可考的古亭计 130 座，其中益阳和桃江 41、安化 89 座。郴州路亭共 1318 座，其中郴县 70、资兴 33、桂阳 344、永兴 251、宜章 174、嘉禾 206、临武 20、汝城 156、桂东 37、安仁 27 座。1968 年，株洲县（含原湘潭、醴陵县各一部分）有路亭 236 座，1988 年尚存 136 座。当湘桂要冲的祁阳县境路亭最多，曾达到 1000 多座。

2010 年底，湖南交通文化普查上报古亭 722 座，其中现存年代最为久远的是始建于秦朝的道县双屋凉亭，现存凉亭数量最多的地区是永州、郴州市，亭舍组合建筑有洞口宝瑶乡的思义亭和宁远麦地镇的路亭，省境唯一留存至今的亭殿组合建筑是双峰的清峻亭。这些古亭大都是明、清时所建，多为砖（石）木结构。亭柱（门）镌刻切景切人、寓意深远的楹联。规模较大的亭有文人雅士撰写的亭赋（记、序），如双峰《清峻亭记》、湘潭《望衡亭记》。亭赋（序、记）多含道德说教，宣扬因果报应。如江华《乐善亭序》："乐善之义不在一人，而在千万人也；不在一世，而在千万世也。"宁远《永乐亭记》："孙叔埋蛇而尊居宰相，宋郊渡蚁而选中状元"。

"寒蝉凄切，对长亭晚……多情自古伤离别"。我国素称礼仪之邦，"长亭送别"是古人表达离别之情的最高境界，李白《劳劳亭》："天下伤心处，劳劳送客亭。春风知别苦，不遣柳条青"。《西厢记·长亭送别》曾作为元曲经典入选中学教材。

南宋乾道二年（1166 年），理学家朱熹偕同张栻游南岳，途中歇宿时，结亭讲学。其讲学之处被称为"朱停"，即今"朱亭"。后朱、张分手株洲，元人建分袂亭以志。明陶汝鼐诗咏："风雪南山日，朱张袂此分"。清人雷飞鹏撰联："昔贤离别地；历代感萦怀"。

路亭是宣扬仁义节孝的绝佳地方。如位于湘粤盐道上的双牌励志亭、湘桂驿道上的零陵节孝亭、宝（庆）安（化）益（阳）道上的安化奉义亭等。其中奉义亭系邑人龚怡发于民国26年遵其母陈护英遗命所建。陈氏28岁丧夫，抚龚怡发为嗣，庭训极严。因见行人过此，欲饮无茶，欲歇无荫，且常有绿林啸聚，匪迹出没，临终嘱子："暂不买田，先建茶亭。"怡发奉命惟谨，逾四载亭成，行旅称便。亭联曰："奉命岂敢忘，建小亭数椽，献余先慈偿夙愿；义心尽所表，煮清泉几盏。聊为过客洗尘劳"。

路亭也是邂逅爱情的浪漫场所。不朽爱情歌剧《牡丹亭》成就了汤显祖明代杰出剧作家的地位。小说《合江亭》则是一段以千年渡亭为背景的现代爱情篇章。湘南某路亭更有赤裸裸的情歌对白悬之于道：

女：亭里过客生得乖，惹得小妹媚眼飞；借问家中可娶嫂，要不兄妹常行走。

男：乡里妹仔一枝花，山歌唱的恸我心；谈婚论嫁还嫌早，我们可成新朋友。

女：亭中过客接踵来，莫把身子挨拢来；别人看见爱多嘴，无的讲出有的来。

男：太阳晒得暖洋洋，鲜花惹得蝴蝶忙；躲在亭角亲下你，莫怕人家论短长。

1934年11月，中央红军长征途经宁远，总司令朱德过梅翠八角亭（今亭已毁，遗迹尚存）时，曾作《咏八角亭》："八角三门四个孔，一梯直上两层楼。先公几费精神造，重新依赖后人修。"

**双屋凉亭**　又称种福亭，位于道县城西南郊，始建于秦。2011年3月，该亭作为潇贺古道的组成部分，被公布为湖南省级文物保护单位。

双屋凉亭原建有凉亭两座，一东一西，相距10余米，故称双屋凉亭。今东亭已毁，西亭完好，名种福亭。亭系砖石砌筑，抬梁结构，硬山顶，马头墙，小青瓦覆盖。门楣上刻双狮戏珠雕塑，内嵌碑刻数方。

秦始皇三十四年（前213年），秦派遣50万军队南征百越时修筑的"新道"（即潇贺古道）始于该亭，经江永入广西富川县境。明代旅行家徐霞客在《楚游日记》中描绘了这条古道：

双屋凉亭（种福亭） 杨雄心 摄影

“大道两傍俱分植乔松，如南岳道中，而此更绵密。有松自下分柯五六枝，丛挺竞秀，此中特见之，他所无也。自（道）州至永明（今江永），松之夹道者七十里，栽者之功，亦不啻甘棠矣。”

《种福亭序》：“州西五里许，有种福亭。建自前人，历有年所。上通西粤，下达南湖。小住为佳，是息肩之得地；肩夫尔止，宜润物吻之有资。每逢游子停骖，尚虑嗟兴足；如有骚人选项胜，何以搜尽枯肠。诚以地当冠盖之冲，岂恃一椽足庇，愧少杯盘费，难期七碗生风。加之未补垣墉，交侵风雨；纵堪容膝，讵足蔽身？爰议更建斯亭，兼买义亩。倡首者或输膏壤，同心者共解奚囊。集狐腋以成裘，用鸠工而兴役。从风者众，不日观成。聊舒客路之艰，共饮仁浆之渥。由是偶停游迹，何殊高树凉归；爽沁枯喉，奚啻望梅渴止。当红叶秋深之候，过客停车；唱黄河远上之音，有人画壁。请勒芳名，代序。”

**两湘亭** 位于双峰县井字镇扶溪村铜梁山丫猪坳，湘潭至湘乡（含今双峰）的铜梁古道上，因处于湘潭湘乡两地交界之地而得名，始建于明崇祯七年（1634年），清代、民国期间均有修缮。

两湘亭系花岗岩建筑，拱形构造。亭高7米，面积约48平方米。亭内供奉土地爷石雕塑像；过道置石凳供人休息。北壁上嵌有3块石碑，记载着两湘亭始修、复修经过及捐款人姓名。西门亭顶石匾上楷书“两湘亭”为晚清重臣曾国藩手书。

铜梁山位于双峰县井字镇与湘潭、湘乡两县市交界处，是南岳72峰之一。元末明初建造的铜梁古道遗迹尚存约8公里，从湘潭县石鼓镇铜梁水库尾起经铜梁山风车坳至双峰县井字镇土地冲。曾国藩兄弟曾出资整修该道，将其全部铺砌石板，故后人称其为“曾氏古道”。当地歌谣：“荷叶有个曾大人，经常坐轿去进城。去时稍息竹山坳，回来轿歇万福亭”。清代外交家曾纪泽（曾国藩之子）《咏铜梁山》：“连山壁立亘铜梁，屏障萦回百里长。隔树群峰排鸟翅，插天磴道诎羊肠。春深野草出无际，泉近高田旱不荒。浩荡晴空云雾尽，忽看衡岳出苍茫”。

2006年6月，中央电视台曾到两湘亭取景，在《走遍中国》栏目播出。

两湘亭 娄底市交通局 供图

**八角凉亭**　位于新田县石羊镇乐大晚村，新田通永州的古驿道上。该亭始建于明初，清顺治、光绪年间均有修缮。

该亭石柱木梁，东西长 9 米，南北宽 9 米，高 9 米。整座亭由 8 根石柱支撑，穿斗抬梁式三檐八角庑殿顶。传说朱元璋微服私访途经八角凉亭，当时一位农夫正在乘凉，皇帝进入凉亭时，这位农夫不敢打招呼，只是装作不在乎的样子，皇帝觉得农夫很不寻常，便随口出了上联："八角八角八八角。"农夫也随口笑对："万岁万岁万万岁"。朱元璋龙颜大喜，便把农夫带到朝廷封了一个官职。

八角凉亭　李明云 摄影

**路亭**　原名应丰亭，后称云龙坊，位于宁远县麦地镇路村，始建于明代中叶，明崇祯十二年（1639 年）重建。清乾隆十三年（1748 年）、1922 年、1995 年修缮。2002 年公布为湖南省级文物保护单位。

该亭系亭舍坊组合建筑，单檐歇山顶，高 14 米，宽 14.3 米，深 4.35 米，宝瓶式脊顶，檐与坊上有镂孔式花虫草兽木雕。

路亭

路亭原为招待到九嶷山舜陵祭祀的官员人等歇息及食宿之所。明万历四十二年（1614 年），观察史邓云宵奉旨祭舜帝陵，题为"王氏虚堂"。亭后王氏宗祠内，有一方清嘉庆四年（1799 年）树立的"奉宪禁革"碑，上刻禁止祭舜官员征夫扰民的条文。

相传明代中叶，王氏在祭祀舜陵的大道旁修建"应丰亭"，供行人歇息，后于明弘治七年（1494 年）考中进士。崇祯十年（1637 年）二月二十三日，徐霞客投宿路亭，曾在

《楚游日记》里记载了这个故事："路亭者，王氏所建，名应丰亭，其处旧名周家峒王氏之居在焉。王氏，世家也，因建亭憩行者，会发乡科中乡试，故遂以路亭为名。是日止行三十五里，计时尚早，因雨湿衣透，遂止而向薪焉。（次日）平明，由路亭西行，五里为太平营，而九疑司亦在焉。"

江渡亭　邱秀刚 摄影

**江渡亭**　又称快行亭，位于江华沱江镇阳华田村，潇水河畔的河埠头。始建于明代，清乾隆、宣统年间均有修缮。

该亭为石结构，面积约 90 平方米。内有石柱楹联 4 副，碑铭碑刻 18 方，其中有清乾隆五十七年（1792 年）进士伍蓉撰写的《修两岸码头碑记》，以及"过往客商，如遇洪水在，不准勒取分文"等警示碑。石柱楹联："万里江山分月影；九衢风土带花香"；"野鸟有声多恋客；幽亭触处自生春"；"君意欲何之，且向江亭静坐；客舟才去也，暂停渡口谈心。"

**铁瓦亭**　位于茶陵云阳山麓，屋面全用铁瓦铺盖，故称铁瓦亭。始建于明代，进香古道穿亭而过。

古亭木石结构，长 6.4 米、宽 6.6 米、高 3 米，南北墙体各开一个宽 1.4 米，高 2 米的拱门。除亭门外，墙体屋面均长满藤蔓。

铁瓦亭　李志鸿 摄影

**可以亭** 位于茶陵县严塘镇尤最村，茶陵至严塘古道穿亭而过。传说可以亭是明代可以、可依两兄弟所建，历代均有修缮，20 世纪 70 年代尤最村委会出资维修。

该亭为砖木结构，马头墙，硬山顶，东西墙体各开一个拱门。长 5.7 米，宽 4.5 米，高 4 米。

可以亭 李志鸿 摄影

**刘家山凉亭** 位于新田县冷水井乡刘家山村，建于清初，零陵通桂阳的青石古道穿亭而过。

该亭为砖木结构，马头墙，硬山顶。亭内木雕、石雕构图精美，工艺精湛，具有较高的历史、科学、艺术价值。

当地史料记载，1934 年 8 月 27 日，王震率红六军团长征，途经刘家山凉亭。

刘家山凉亭 李明云 摄影

**高华亭** 位于汨罗市高家坊镇高华村，汨罗和湘阴的交界处的古驿道上。修建于清代。

整座古亭以当地盛产的麻石砌成。古亭东西走向，东西门柱分别雕刻“高风传世久；华景惠人多”、“一亭尚古风；满途扬正气”楹联，室内刻有左宗棠太公父在此设凉茶惠路人多年的书契。

高华亭　瞿木雷 摄影

**达坳茶亭**　位于安化与溆浦交界的奎溪镇达坳村山坳口，湘中通云贵的古驿道上，修建于清康熙年间（1662—1722 年）。

山坳口分属古长沙郡和武陵郡，亭子建在分界线上。茶亭为石木结构，有房两间，亭墙全部用石头砌筑。旁立古武陵郡与长沙郡边界标识。

安化人张贻明通过多年的研究和寻找，认定山坳下面的黄桑坪就是陶渊明写的《桃花源记》的原型地。

达坳茶亭　佚名 摄影

乐善亭　邱秀刚 摄影

**乐善亭**　位于江华河路口镇大干头村，潇贺古道上。修建于清雍正年间（1722—1735 年）。

乐善亭为 3 层牌坊式凉亭。门额浮雕有哪吒闹海、秦叔宝挥鞭、关公耍刀、武松打虎、穆桂英挂帅、姜太公钓鱼等戏剧人物和麒麟、凤、鹤等祥瑞鸟兽。龙门枋雕双狮抢球，龙门板中竖刻“乐善亭”，两边圆雕天官赐福，天官手捧官印，面目慈祥。三楼的横梁浮雕双龙戏珠，楼顶中间立宝葫芦，两边为鳌鱼，鱼尾上翘，鳌鱼与两层次楼弯翘的檐垛弯翘角度相同。整座亭雕图案精美，内容通俗，具有较高的艺术水平和雕刻技巧。

南北亭门各有3副对联，四字一副，五字两副。其中五字对联竖刻，四字对联横刻。南门楹联："一路福星；两袖清风"、"黄尘长短驿；浮世往来人"、"亭前山色翠；林里鸾凤清"；北门楹联："古云今雨；漱石枕流"、"香檀燃客意；驿柳挂乡心"、"山远秋泉白；溪雨晚照红"。

亭内楹联："欲坐则坐，何为是栖栖者；要行就行，谓之又徐徐行"、"天上日炎，旅客征商正好息肩坐坐；亭中风弱，文人学士聊堪驻足谈谈。"

"赤日行天苦热者乐此亭之善也，清风拂地纳凉者乐此亭之善也，雨雪连绵避污淖者乐此亭之善也；负者戴者乐此亭之善而息肩也，蹶者趋者乐此亭之善而驻足也，游览山水者乐此亭之善而纵目骋怀也。"

**喜泉亭** 位于江华涛圩镇集力干村，建于清乾隆四年（1739年）。

该亭东西门墙为青石砌筑，南北面用石柱支撑，抬梁式，小青瓦。石拱门额上书"喜泉亭"。4根石柱上刻两副楹联："磨针井水渴堪饮；斜隘凉亭风可乘"，"野鸟有声留过客；山花无语送行人"。

喜泉亭 邱秀刚 摄影

**应龙亭** 位于湖南科举史上第一位状元李郃（808—873年）的故乡、宁远县湾井镇下灌村，湘粤古道上。清乾隆四十年（1775年）修建，嘉庆十八年（1814年）重修。

该亭为砖石结构，长16.5米，宽7米。砖石砌墙，黑瓦盖顶，南北开门，人字屋架硬山顶。凉亭东墙上，雕有石狮一对，经路人摩挲，光可鉴人。亭墙内嵌砌碑刻4块。凉亭南门外，立有石幢，上刻《应龙桥碑记》(《徐霞客游记》有载，桥已坍塌)。

应龙亭题诗碑刻：

"石亭云绕傍溪流，风景山河一望幽，憩息游人抒啸傲，千年歌颂姓名留。"（业儒李元茴题）

"应龙亭建耸溪边，鱼跃鸢飞契妙然。名利场中无限数，熙熙攘攘戴尧天。"（庠生李梦魁梅亭氏题）

"应龙亭竖潇江傍，秀接疑山让第乡。坐有南风薰解愠，同钦虞舜颂君王。"（庠生李北山东江氏题）

应龙亭 *尹珺君 摄影*

永乐亭

**永乐亭** 位于宁远县冷水镇下胡家东北，距泠道故城遗址约 500 米。始建于清乾隆五十七年（1792 年）。

该亭为砖石结构，硬山顶，马头墙。南北走向，西面另开一门，朝向萧韶峰和泠道故城。凉亭东墙上镶嵌九块石碑，其中两块为修亭记。

《永乐亭序》："宁东郊外有一山曰韶峰，岿然特出，耸然独秀，傍有源泉。幸生道左，行人至此，每叹无停骖避雨释渴乘凉之便，吾侪生斯长斯，常思□建于兹，但功浩费繁，爰募善姓仁人大展金囊，乐成事举，命匠鞭石造立一亭，名曰永乐，是举也，非为停骖乘凉之便，亦抑圣天子三亭五馆之溢泽也。工竣勒石，愿诸君之福如峰之秀，诸君之寿似泉之达，将与永乐亭并垂千古云尔，是为序。刘大昌撰。"

《永乐亭记》："孙叔埋蛇而尊居宰相，宋郊渡蚁而选中状元。自古登甲第而应显荣者，无非阴骘所致。况开通道路，本于月令除道成梁，垂之者（夏）书，则建亭修路宜急（讲）也。韶峰一溪，源出山口，灌会疑流。为州县之通衢，亦两粤之要路。春水泛溢，未免泥滑而险阻；秋冬雨雪，实属蹂躏而倾崩。悲举止之维艰，叹行人之莫慰然而修。因有自乐善同心首事，捐金砌桥途于两岸，同人功立竖凉亭于千秋，既往来之康庄亦憩息之有所。倡始于孟夏，告竣于季冬。从此服贾辇车不致临途而叹，诗人骚客且将问境是依，正道荡而玉道平敧，周道者咸乐，如砥之休。永载驰者，且有周行之示，既刊首事之经营，并勒各捐之银数凡百，君子流芳百世。超凡（刘）撰书乾隆五十六年（1792 年）辛亥仲冬月吉旦”

**乐仙亭** 位于江华县大路铺镇花地湾村，潇贺古道上，因亭东有古石梁桥神仙桥得名。亭建于清乾隆五十七年（1792 年）。

乐仙亭为石木结构，马头墙，墙顶有宝葫芦和翘尾鳌鱼，石拱门上直书“乐仙亭”。由于年久失修，木梁、青瓦脱落，唯青石墙体遗存。石柱镌刻两副楹联：“疏雨幽亭骚人有曲惊司马；亭环景岫旅客无心道沛公”、“劳心苦劳力苦苦中作乐暂哈哈；为民忙为利忙忙里偷闲且坐坐。”

2003 年，中央电视台曾到此亭拍摄专题片，在《走遍中国》栏目播出。

乐仙亭　邱秀刚 摄影

**皋陶亭** 位于道县乐福堂乡大莲塘村，横跨泷水河支流乐福堂河的皋陶古桥西岸。始建年代不详，重修于清嘉庆四年（1799 年）。

皋陶亭　杨雄心 摄影

《九嶷山志》载：“皋陶，唐虞士师，从虞帝南巡至此，有德于民，立庙祀之。”传说皋陶是虞舜时代执掌司法的最高审判官，他设的监狱没有牢房，就在地上画一个圆圈，把犯人放在里面反省，外面用两只狗看守，

所以“狱”字左右各有一只“犬”。这也是“皋陶造狱，画地为牢”典故的出处。

**大江洲凉亭** 位于道县桥头乡大江洲村田洞，跨越无名小溪。始建于清嘉庆四年（1799年）。为桥亭组合建筑，凉亭建于溪上，即有桥的功用，又有歇脚乘凉的功能；木石结构，4个石柱承托歇山顶。

大江洲凉亭 杨雄心 摄影

**环灵桥凉亭** 位于新田县龙泉镇环灵桥村村北田洞之中，建于清嘉庆二十四年（1819年）。

该亭为桥亭组合建筑，马头墙，硬山顶。亭长12米，宽4.5米，高7.15米。三面砌砖墙，一面立两根石柱支撑。亭柱刻有两副楹联：“劳人至此堪亭坐；过客来斯漫峰行”、“摸旧制神灵有感；承前谟士庶沾恩”。

环灵桥凉亭 何平尧 摄影

**塘家渡茶亭** 位于醴陵孙家湾乡西岸村，建于清道光二十二年（1842年）。

该亭为砖木结构，单间单层，亭门对开，灰瓦屋面。开门的两墙青砖砌筑，另外两面为垒土墙体。亭内立有汉白玉碑刻4方。茶亭主体结构基本保持原貌，梁架腐朽，土墙体已部分倒塌。

**中寨石凉亭** 又名培元亭，位于新晃中寨镇琴翰坡上。建于清咸丰十年（1860年），为当地侗、苗、汉族人民捐资兴建。2005年公布为新晃夜郎文化旅游资源保护单位。

该亭系单层石木结构，长10.8米，宽4.4米，高4米，占地面积47.52平方米。16根直

塘家渡茶亭　刘峰 摄影

径 0.25 米的八棱石柱，穿斗式梁架，柱上镌刻花草及对联，四周为青石板壁，顶覆小青瓦，大梁正中绘有太极图，两侧彩绘龙凤。亭正中为行人过道，左右两侧为憩息处，置有条凳。外壁依向刻："东衍新村"、"西耸岑翰"、"南峙黔峰"、"北撑楚岫"；内壁刻有"培元石亭记"、"培元石亭赋"、"培元石亭偶作"、"培元石亭四时乐趣词"、"石亭落成狂歌"及捐款人姓名和捐款数额等。亭柱上镌刻有对联 10 幅，其中联曰："不入我门，飘风弗弗，新溪左畔群宗峡；大启尔宇，维石岩岩，晃水南疆第一亭。"

中寨石凉亭　蒲师术 摄影

**松柏亭**　位于江华界牌乡蓬田源村，因此处多松柏而得名。亭建于清光绪二年（1876 年），民国 12 年（1923 年）修缮，2008 年村委会再度检修。

松柏亭南北走向，青石、青砖、木抬梁结构，小青瓦盖面。内有 4 根石柱支撑起 2 根横木抬梁。亭内西墙嵌有 6 方碑刻，亭内石柱上镌有两副行书对联："松有清风咸资怡乐；柏多劲节足表贞良"，"世路崎岖惟願当时息辙；风塵榎攘悉束此处托身"。

**节孝亭**　位于永州市区潇水河西柳子街口，湘桂古驿道上，是西出永州古城的重要驿亭。建于清光绪四年（1878 年），为翰林院诗诏邑人熊学礼奉旨为其母守节尽孝而建。2003 年公布为永州市级文物保护单位。

该亭为砖木结构，硬山顶，马头墙，东西长 11 米，南北宽 7 米。亭内 4 根八棱石柱，抬梁支撑屋面，高 4 米。石柱上刻两幅对联："憩片时沿溪寻柳迹；饮一勺放步到枫林。"、"古井流芳人怀六峒；圣泉此洁地经零陵"。两门上方分别刻有"奉旨旌表"、"节孝亭"，周围饰浮雕云龙图案。

松柏亭　邱秀刚 摄影

节孝亭　何军 蒋冬香 摄影

《奉母命鼎建茶亭碑记》：戊寅秋，节母熊张氏，流火月三日寿古稀开一。儿欲制锦以脩觞，入告母。“否。制锦壮观耳，于我失实，与人无济。”继请曾膺旌典，即树坊。母亦曰：“否。建坊扬名耳，荣于我，何利于人？儿善谋之。”余无对。既而，母自谓曰：“某为河西张富公季女，自幼生长其地，有饮茶亭名菴者，果何谓也哉？”儿于是揆母之意矣。母迨欲建长亭以利行人，施茶水以解渴烦乎？遂觅愚溪旋水湾。通粤西官途，前行数里方有亭，行者每苦之，亟为购地鸠工采木选石，附亭枕流并建茶舍。其间树竹阴翳，山水回环，饶有画图幽趣。告成日，迎舆请观之。母忻然曰：“儿可谓善体吾意矣。”遂援笔，书由以毕。母命岂在。光绪四年冬男翰林院诗诏学礼谨撰并书。

柏寿亭　李明云 摄影

**柏寿亭**　位于新田县枧头镇彭梓城村，湘粤古盐道上，清光绪八年（1882年）彭梓城村一户人家为祈求母亲长寿而建。

柏寿亭为砖木结构，马头墙，硬山顶，高约5米，东西向，拱门高2.53米，墙下部青石砌筑。凉亭三面砌有砖墙，一面立两根石柱支撑，建筑风格具有鲜明的地方特点。

亭北面墙内嵌碑刻《柏寿亭记》，亭柱上镌刻两副楹联："柏树永荣荫分慈竹；寿山独耸高并衡峰。""车殆马烦权留玉趾；雪来柳往稍慰渴思。"亭内墙楹联"志在千秋则学孔子也；明合日月其唯圣人乎"。

2010年，湖南省交通运输厅采纳中共新田县委、新田县人民政府《关于在S323线扩建工程中保护柏寿亭的建议》，使面临拆毁的"柏寿亭"得以原址保护。当地恢复改造了柏寿亭通往彭梓城村约1000米长的石板道，与村内古道相连，再现古代交通文化氛围。

**励志亭**　位于双牌县茶林乡廖家湾村，秦古驰道上，建于清光绪九年（1883年），是为旌表潘开茂之妻20岁丧夫终生不嫁而修建的凉亭。1983年公布为双牌县级文物保护单位。

励志亭呈长方形，长8米，宽5.6米，高4.3米，石墙、木梁、青瓦。亭两端砌封火墙，墙顶中立石雕葫芦，两侧为翘尾鳌鱼。墙中石拱门高2.5米，宽1.7米。门上阴刻"励志亭"，两端浮雕蟠龙双狮抢球，狮上方正中直书阴刻"奉旨旌表"，周围浮雕蟠龙。

励志亭　永州市交通局 供图

**清峻亭** 位于双峰县锁石镇群力村，杨洞坑古道龙颈坳上，建于清光绪二十三年（1897年）。亭东衡阳，亭西双峰。该亭是湘衡古道上唯一保存完整的凉亭，也是湖南境内唯一留存至今的亭殿组合建筑。

清峻亭　胡如庄 摄影

清峻亭规模宏大，风格雅致，亭长约30米，宽约6米。亭分五隔，中架四个大“人”字架，架、梁、柱皆雕龙画凤。亭门联曰：“清泉不出山毕竟能解人间渴；峻岭欲通汉到此皆为顶上材”。亭内青石板上刻清代衡阳举人邹志霖仿《岳阳楼记》而作的《清峻亭记》，落款为清光绪二十四年（1898年）。

清峻亭左边墙上开一圆形拱门，通往“介福宫”殿，门联云：“介乎湘水衡云兹为胜竟；福以和风甘露雅可宜人。”“介福”一词出于《易・晋》：“受兹介福于其王母。”殿左有一阁，放有两只大水缸，供客商解渴解暑；殿右有厢房数间，为守殿者的卧房和厨房；殿后有一四时不涸的清泉。

**惠泉亭** 位于江华东田镇泥井村，潇贺古道上，建于清光绪二十四年（1898年）。2011年3月，惠泉亭作为潇贺古道的组成部分，被公布为湖南省级文物保护单位。

该亭为石木结构，青石墙体，小青瓦覆盖。亭内石柱镌刻两副对联：“烟树晴岚留过客；廉

惠泉亭　邱秀刚 摄影

同善亭　邱秀刚 摄影

泉讓水荡行旌”，“鞅掌奔驰欣得止；枯肠滋润恰回甘”。

**同善亭**　位于江华桥头铺镇下蒋村。清光绪戊戌年（1898年）修建，2007年村委会再度维修。2011年3月，同善亭与安乐桥作为潇贺古道的一部分，被公布为湖南省重点文物保护单位。

该亭为砖石结构，高6米，宽5米，长12米，石柱门镌刻双龙戏珠石雕，上书“同善亭”，内有《新修安乐桥碑记》等3块碑刻，凉亭每边有3个亮窗，每个亮窗下面都有一块支起的长条青石板用作石凳，供过往行人休憩。两头出入口处各有一对做工精细的木雕喜鹊悬于上方，有“喜鹊叫，游人到”之意。潇贺古道穿亭而过，鹅卵石历经岁月磨砺，上端裸露部分光亮可鉴。左、右两侧各有一棵古樟，前有安乐桥。

同善亭由地方贤达志士、开明乡绅、富庶村民共同出资修建。凉亭里面立的一块功德碑上写有监生、贡生、廪生、庠生、总理等捐助人名50余个，从一个侧面可以看出此处人灵地杰、人才辈出。

**惠风亭**　位于江华大路铺镇牛角湾村，潇贺古道上，清光绪二十九年（1903年）修建。约1.5公里长的潇贺古道遗迹从亭内穿过，是该古道江华境内保存最长的路段之一。

该亭为青石结构，南北走向，有建亭序碑一块，石拱门上书“惠风亭”。亭内有排列整齐供人休息的石板。石柱镌刻两副楹联：“志奋前程须展骥；肩息此地好停骖”，“登程备应羊肠险；坐石权听鸪语安”。

惠风亭　邱秀刚 摄影

**回浪亭** 位于新田县新圩镇山水塘村村东约50米处。修建于清光绪二十九年（1903年）。

回浪亭长10米，宽8米，高约8米。3面墙体为青砖砌筑，抬梁结构，硬山顶，马头墙，檐眉粉白灰，小青瓦铺面。

回浪亭 李明云 摄影

思静亭 刘海剑 摄影

**思静亭** 位于炎陵霞阳镇黄沙龙村，修建于光绪三十年（1904年）。

该亭为麻石结构，硬山顶四角起翘，南北走向，南北开有半圆形的拱门，全长6.45米、宽4.9米、高4.1米，以前为通往沔渡、十都、江西等地主要道路之间的休息亭。

**济泉亭** 位于江华瑶族东田镇崩塘村，修建于清代。

该亭为木石结构，南北走向，亭东有井（已干涸）。亭内有对联两副“泉水澄清行人止渴；山花艳丽过客停观”。“胜地息肩问诶事业；忙中驻足且问程途。”

济泉亭 邱秀刚 摄影

万里亭　杨雄心 2007 年摄影

**万里亭**　位于道县东门乡下关村，修建于清代。2007年，道县杨雄心先生调查道州古亭时，抄录了该亭雕刻的"劳人释负暂停肩，旅客倦行聊驻足"等楹联。2009年，该亭倒塌。

**犀牛桥亭**　位于江华大圩镇犀牛桥村，潇贺古道上。修建于清，2008年4月毁于通村公路建设施工。

犀牛桥亭取名源于桥西岩洞深处有犀牛的传说。该桥亭建在岩洞出口的小溪上，为桥亭组合结构，亭下为3孔石拱桥，亭柱、梁均为大理石材质。6根石柱上刻有楹联，其中联曰："有此桥亭可称兼善；通粤

犀牛桥亭　莫伊摄于 2006 年 9 月

犀牛桥亭残迹　莫伊摄于 2008 年 4 月

达楚一以贯之”。

玉兔亭

**玉兔亭** 位于江永县城东太平山牛头坳，永明至道州的驿道上，修建于清。2011 年 3 月，玉兔亭作为潇贺古道的一部分，被公布为湖南省重点文物保护单位。

玉兔亭得名源于太平山“玉兔望月”一景，《永明县志》：“山下有兔石，其质白，形状如兔；山顶有空穹，圆明如月”。兔首向月作回顾状，名为玉兔望月，过其下者按步前行，则月愈圆，过中线后继续前行，则月愈缺，旧有“玉兔通灵”四字凿于壁间。玉兔亭置有公田等亭产，由佃家备办茶水，供过往行人止渴饮用。

**梅翠八角亭** 位于宁远县冷水镇梅翠村，始建于清代。1934 年 11 月，朱德长征途经此亭时，曾作《咏八角亭》：“八角三门四个孔，一梯直上两层楼。先公几费精神造，重新依赖后人修”。现亭已毁，遗迹尚存。

八角亭遗迹

**淳风亭** 位于宁远县湾井镇马脚洞村，宁（远）蓝（山）古道上，修建于清代。

该亭为南北向，砖石结构，马头墙，硬山顶，开三门，无门额。亭内墙嵌“新茶会碑”。亭西半里为东江，对岸为九嶷山九峰之一的朱明峰。

《新茶会碑记》：“淳风亭，古亭也，位居宁蓝边界，虽非通衢，亦往来要道，行人休息之处也。古有茶会安置茶水，供行人止渴，因当时人管理欠佳，以致该会消散，茶水缺乏。□

丙（戌）岁，蒙各界仁人君子大发善心，解囊相助，成立新茶会。爰将各会首芳名及所捐田亩法币勒石，以垂久远，是为序。中华民国三十七年戊子五月吉立”。

淳风亭

**福寿亭**　位于道县寿雁镇上李家村，道县通广西全州的古道上，民国9年（1920年）夏建。

该亭为石木结构，6根石柱承托屋架，亭内置石水缸、木条凳，小青瓦覆顶。亭柱上刻3副楹联：“过客闻风心便凉；游人见影身先爽”。“切莫附热趋炎；正好养精蓄锐”。“常容先进出风头；长替后来留地面”。

**三望亭**　位于茶陵县下东乡条心村，建于1923年。

该亭系砖木结构，硬山顶，南北走向。亭长6米、宽3.5米、高4米。

福寿亭　杨雄心 摄影

三望亭　李志鸿 摄影

**望衡亭** 位于湘潭市雨湖区湘江北岸石嘴垴，始建于晋，原名望岳亭。民国期间，国民革命军陆军中将王捷俊（1891—1930年）筹资重建。于1928年凿基，1932年建成。1982年公布为湘潭市级文物保护单位。

望衡亭麻石砌筑，亭分3层，每层高3.5米，一、二层间内有石梯，二、三层间内为铁梯。第二层照壁并排嵌有大理石碑两块，一块书《湘潭石嘴头碑记》，一块书《望衡亭记》。第三层照壁嵌有《建筑湘潭县望衡亭碑记》。亭上有楹联："地维天柱此孤石；岳色江声萃一亭"。"九面云山收眼底；满江风月落樽前。"

该亭碑文对中外城建规划特别是交通规划的比较研究，是记载我国城市交通发展历程的重要史料。

《建筑湘潭县望衡亭碑记》："亭以石为基，步石磴以登至亭楼。石栏周环，凭栏四顾，江干风景掩映眼中。自楼亭左旋，循铁梯而上，为亭之中层，再上则平台矗立。南望衡峰，朝阳碧色，隐约于烟云缥渺间；而大江环绕，逦迤以达于麓山。叠嶂层峦，出没于风沙望里。上下波光，帆鸟翔集，蓼渚芦汀，参差夕照。风景如斯，诚足乐也。每值四时佳日，游斯亭者，凭高远瞻，万里孤怀，触感兴亡，尘念俱寂，能不有江海无涯之慨乎，益令人不能忘情于斯亭者矣！"

望衡亭　张红　摄影

**楚粤亭** 位于湘桂古道要隘，永州市零陵区大庆坪乡近洞里村清塘坳上。亭北是湖南永州，亭南属广西全州。始建年代不详，民国17年（1928年）重修。

楚粤亭　李静 摄影

该亭为石木结构，石墙、木梁、青瓦，开有三门。南北长 9 米，东西宽 6 米，高 6 米，南北券门上刻“楚粤亭”。其石刻门联入选《中国亭台楼阁楹联精选》。北门联：“楚水在潇湘，此下清塘堪媲美；粤山壮风洞，斯中爽气可同休”。南门联：“楚江观北海，好润心田；粤岭壮南天，宜舒眼界”。

**留念亭**　位于邵阳县金称市乡溪田村。修建于 1936 年，为现代史学家吕振羽及弟吕持平为母寿辰所修的路亭。

留念亭残迹　姜子程 供图

该亭为砖木结构，长 20 米，宽 10 米，高近 10 米。门楣上撰刻的“留念亭”3 字为当时民国政府主席林森手书。南北亭柱皆有楹联，为吕振翊自撰并书。南柱楹联为：“留是有年，常怀亲恩耿耿；念非一日，勉尽子道殷殷”。北柱楹联为：“歇地非安闲，勿谓此地非佳境；凉亭解渴热，能许征途是休征”。

吕振羽撰《吕氏留念亭路碑序》：一九三六年寅历七月望六日，为吾母陈太夫人耳顺寿辰，三月念一日为吾父梦求先生五十八岁寿辰，振羽、持平仰奉慈意，停开觞庆，建此亭以为纪念，并便行旅。复于亭近置地斗升，土一块，茶山一块。招致居亭，备迷途之问讯，供过客以茶汤，义非同于生祠，意实符于大众。亭名“留念”，盖有二义：一为纪念两亲寿诞，一为纪念先祖鸿章公、祖母陈太夫人劳苦一生。然亦非敢为特殊夸张，诚以终生刻制生活。于其时物质水平下，更强支出其劳动，由辛勤而自耕，而富农，而小土地所有者。之先祖父母一生，足表徵其时吾乡农村生活之一面。而吾祖天资之高迈，个性之坚强，助弱锄强，援贫屈富之行事，尤足见其特性。此殆与入太平天国叛逆之先曾祖纪公一生有其直接影响欤！吾父卅二岁后，吾乡适入于军阀统治下，筹饷派捐年数十，至地方豪绅复相为狼狈，悉嫁其重荷于小康，吾父乃弃其半耕半读生活，专事家务劳动，以应官家需索，精神物质同被剥削，致屡萌弃家远徙之念，此足证其时农村小所有者生活之一般。而吾父个性尤类先祖，力疾豪强，同情愚弱，常为羽兄弟道农村黄暗至明白。而易晓于针识、纺纫、园艺诸劳动主要皆由吾母一力担任，此足证其时农村妇女过度劳动之一般。吾母生羽兄弟姊妹前后八人，率皆强慧，而夭亡者五，此足证封建农村卫生与生命之绝无保障。农家固多拂意事，吾于吾母从未闻嚣声，未见愠色，此殆所谓淑媛之典型，以视过渡时代妇女既乏此美德，又无新觉悟者于过渡家庭生活之利弊为何如耶！

振羽、持平谬负时誉，略有悟解，身同贫民，志切大众，岂敢张封建之余咏？聊以纪吾身之自来，兼以俾后之论我者如是如家庭背景而已。亭成并鸿砌道路，爰泐石之右。

**望嶷亭** 位于蓝山县所城镇黄泥铺村，因在这里能看到九嶷山主峰香炉石，故名。始建年代不详，重建于 1947 年。

望嶷亭 永州市交通局 供图

红军亭　李志鸿 摄影

该亭为桥亭组合建筑，砖木结构。长 7 米，宽 4.4 米。亭身青砖青瓦，硬山顶，马头墙。桥下水声淙淙，桥上青瓦飞挑，桥上为亭，亭中有桥。距亭 20 米开外的山坡上有一座陂阁庙，古朴庄重、典雅别致。

蓝山是舜帝晚年活动的主要地区，以其踪迹命名者有舜水、舜源峰、舜岩、舜庙、舜嶷乡等。传说舜帝就是从这里走上了九嶷山（当时叫苍梧山），后来他的两个妃子，也曾在这里伫望九嶷，寻觅舜帝的影踪。

**红军亭**　位于茶陵县严塘镇湾里村，茶陵至湾里的古道穿亭而过。始建年代不详，民国时期重修。

该亭为砖木结构，东西向，圆拱门，硬山顶，小青瓦覆盖。长 7.1 米、宽 5 米、高 4.5 米。

湾里村是我国第一个红色政权——茶陵县苏维埃政府诞生地，也是国务院、中宣部确定的全国第 8 条红色旅游精品线路重要景点之一。除红军亭外，湾里村尚有茶陵县苏维埃政府、中国工农红军独立师办事处、红军井、红军桥、红军战壕等红军时期的遗址。

**荫乐亭**　位于桃江县武潭镇卢家桥村，安化至马迹塘镇的古道上。始建于 1937 年，由抗日名将、第二十集团军总司令夏楚中将军之父夏荫槐捐建。2005 年公布为桃江县级文物保护单位，2011 年公布为益阳市级文物保护单位。

荫乐亭　唐鄂湘 摄影

该亭系单檐间墙式抬梁穿斗结构，面阔 3 间，坐北朝南，长 12.7 米，宽 8.3 米。南向内廊两头开门，廊内设木制条凳，脊檩处书有“夏荫槐民国 26 年建”。



# 第二节　古运河　古渡口　古堤台　古码头

## 一、古运河

**杜公运河**　今称华容河，长江调弦口江流入洞庭湖河道，位于华容县境内。

西晋太康元年（280 年），驻襄阳大将军杜预率师灭吴后，做平定江南的各项准备。杜预调查发现，洞庭湖北岸有一条小河夏水与长江干流十分接近，但不连通。如果将它与长江贯通，则可大大缩短自荆州入洞庭湖的路途，并且相对安全隐蔽且利于航行。于是，开凿了湖南境内的第一条运河——调弦河，同时疏浚夏水。《晋书·杜预传》载：“开扬口，起夏水，达巴陵千余里，内泻长江之险，外通零桂之漕”。

唐宋以前，荆江之水浩浩荡荡经调弦河进入洞庭湖，不仅缓解了水患，而且还给两岸百姓带来了航运灌溉之利。至南宋年间，偏居一隅的宋宁宗赵扩欲以江南之力抗御金兵中原之师，下令在荆楚之地挽湖建垸，并将湖区民田收归官府。为抑制水患，调弦穴口奉命堵塞。不料被堵塞的调弦河、华容河不仅没有为民众带来幸福和安宁，反而因为长江流水不畅，导致江水冲垮堤坝，席卷村庄。元大德七年（1303 年），重开调弦等 4 穴，以杀水势。明洪武年间（1368—1398 年），调弦穴口复被泥沙湮塞，两岸的堤防也百孔千疮。明隆庆年间（1567—1572 年），浚调弦口，复通华容河。清末至民国期间，变迁加剧，民国 20 年（1931 年）方城垸东堤溃决，华容河沿南堤拐至贯头尖成为现今主洪道，流入华容县境蟠龙山，经五田渡、万庾、华容县城（又分一支经麻涅泗、三叉河、鱼口、层山至贯头尖）猪头山、潘家渡至旗杆嘴（六门闸）汇入东洞庭湖。

1958 年，围垦钱粮湖，北堵调弦口，东堵旗杆嘴，兴建六门闸，截断华容河北通长江，东入洞庭的通道。至 1959 年冬，南下的长江水被调弦口闸封住，调弦河、华容河成为内河，河段严重淤塞，几乎失去了调水蓄水功能。1980 至 1982 年，修建六门闸船闸，恢复了华容河至东洞庭湖的直达运输，船闸一次可通过两艘 150 吨级分节驳，设计年通过能力 46 万吨。

## 二、古渡口

**碧津渡**　位于今益阳市大渡口。渡因“碧水萦洄，津头柳荫，位居要冲”而名。三国时期，吴、蜀隔江相峙，关羽经此渡与鲁肃会谈，后世传为“单刀赴会”。《益阳县志·卷七·人物十五·关羽》载：“孙权从刘备求荆州，备不予。权置长沙、零陵、桂阳三郡长吏。备至公安，遣羽争三郡。羽与鲁肃相拒于益阳，约次日诸将军单刀俱会，立马百步外，单刀之名盖以此也。今南门外碧津渡，即单刀赴会处也。”

自宋至清初，屡为“官渡”。清乾隆二十三年，因官船“勒索钱文，行人受掯”，里民乃集资造船建亭，另设义渡，且置有渡产。乾、嘉盛世，往来此渡者自晓至晚络绎不绝，“碧津晓渡”成为“益阳十景”之一，曾有“一江烟雾不见人，但听碧津晓渡声”的诗句。清代，邑人撰有《碧津义渡志》。

**朱张渡** 又名灵官渡，位于长沙市楚湘街，明《长沙府志》和清《善化县志》均有载。

宋乾道三年（1167年），理学家朱熹、张栻分别在岳麓书院和城南书院讲学，两书院夹江对峙，朱、张二人投契论文，赏景唱和，过往甚频，常往来于此渡，学府名流，冠绝一时。朱熹取东岸为“文津”，西岸名“道渡”。后人经其盛事，建议设渡亭于水陆洲，遂名“朱张渡”。邑人张先骏曾有诗：“二贤讲学当年事，古渡犹教胜迹传。两水平分帆影外，一亭孤峙渚花天。洲中细雨闻芳若，山有云深隐杜鹃。漫说文津和道岸，迄今遗绪几何肩”。明末清初，渡亭毁于兵祸。长沙划渡业于东岸建灵官庙，遂又名灵官渡。然朱张遗事仍传于世。湖南烈士方堆夏在第一师范就学时曾有诗：“风雨城南几十年，摩挲残碣恩依然。即今遥望朱张渡，犹是秋高月在天。”。

**松亭渡** 古渡俗称铜钱渡，以岸上有松林和凉亭而得名松亭渡。位于衡阳市蒸湘区呆鹰岭镇新民村，衡邵官道渡口。

松亭渡古为衡阳西行、北行的重要渡口，合古道、津渡、古桥于一体。清康熙九年（1670年）太守张奇勋倡修七拱松亭桥，旃檀林老僧藏之募化3年而桥成。亦名永兴桥，越数年，圮二拱，经西乡民易廷篚募修，刚修成，又圮其西拱之半。康熙五十九年（1720年），僧海岸、道士黄兴逸重募葺完，置茶亭。乾隆二十七年（1762年）知县陶易率乡民蒋绍禹、许继尧、褚总唐、肖九河、僧定衡等募资重修。

清同治《衡阳县志》录有罗泽南的《松亭旅舍》诗：“渐渐西风两岸葭，平桥隐隐散余霞。谁家玉笛操归雁，七二峰头月影斜。”

抗日战争期间松亭桥被炸毁，仍用船过渡。衡邵公路通车后，行人减少，但仍为一重要渡口。蒸水流域流传有“九渡”、“十八坡”地名民谣，松亭渡是第八渡。近人彭绍章感慨此地原天主堂已作中学，原有大石拱桥，抗战时炸毁只剩残墩，作《松亭渡》诗：“天主当日旧教堂，此时桃李斗芬芳。多情最是松亭月，总教平倭断石梁。”

**洞庭救生义渡** 清光绪三十一年（1905年），沅江窦安敦为首的当地绅商，租风网船两艘，往来沅江、草尾间，“宁时渡客，险时救生”，以意旨取渡名。其后十余年间，窦等募化四方，得现银5945元和渡产（包括垸田、山地、湖洲甩亩、鱼池等）近4000亩，岁收租谷1557担。民国6年（1917年），经湖南省政府案定为湖区公益事业，岁补银洋1500元。该局乃订造每艘可载200客并有救生设备的双桅大型风网船，分布于沅江、汉寿、华客、岳阳、南县各大渡口，承担湖区的渡运和救生任务。“洞庭风浪犯作，停泊南北两埠之渡船，皆应立即开往湖中巡回救生……每救得一人生还，奖银洋一元；检尸一具，奖银洋八角。不开航，渡工处以开除”。民国14年（1925年），由于历年战乱，省政当局库帑支绌，无所补贴；义渡田产

因水旱频仍，收获无几；加之军阀队伍经常掳船当差，义渡局债台高筑，难以为继。沅邑人士于民国 16 年（1927 年）8 月成立“洞庭救生义渡维持委员会”，经整理后复渡。抗日战争时期，救生义渡船遭敌机轰炸、扫射，毁损 7 艘，伤亡渡工和渡客共 183 名，渡事遂停。抗日战争胜利后复渡。民国 36 年（1947 年）新置机动渡船 2 艘。中华人民共和国成立后，义渡船归属于沅江运输处从事营运。

## 三、古堤台　古码头

**等伴洲堤台**　洞庭湖中人工修筑的停船避风港，又名泛洲、桔洲、冷饭洲，位于南县南洲镇，古为岳（阳）、常（德）、澧（县）水道必经之地。因波涛汹涌，浊浪排空，船只不敢单独航行，常在此等伴结队而行，故名。清康熙五十九年（1720 年），商民江敬和、张道源、雷正济、卢林贤等慷慨解囊倡建石台船坞于此。时常德郡赴省乡试生员徐昌彭等深为此义举感动，联名上禀请求朝廷拨款修建石港，以解往来舟楫常遭风浪之苦。雍正九年（1731 年），清廷拨银 20 万两，交由湖广总督迈柱和湖南巡抚赵宏恩派人督修等伴洲和舵杆洲石堤台。

等伴洲船坞用长约 3 米，宽约 1.7 米，厚约 0.17 米的条石垒砌而成，共砌 36 层。长 26.4 米，宽 19.8 米，高 6 米。条石两端凿以圆眼，注以铁水，安上铁环，以备停泊船只之用。洲上建有“仙官祠”，祠顶有桅杆，白昼悬旗，夜间张灯，旅行称便，商旅俱安。光绪初年，淤积增大，遂变洲为垸，即今美华垸。

**舵杆洲堤台**　洞庭湖中人工建造的停船避风工程，因形似舵杆而得名。位于南县芦苇场东洞庭湖西岸。《岳州府志》和《巴陵县志》载：“舵杆洲，在君山西六十里”。洲上沙碛弯长，向为行旅泊船之所。然洪水季节，沙洲淹没，白茫茫一片，上百里内难觅泊舟之处，每年总有上千人葬身鱼腹。清康熙中叶，民间开始在此修筑石台。雍正九年（1731 年），朝廷在营田水利捐纳项内拨银 20 万两，交湖广总督迈柱和湖南巡抚赵宏思，让其派人督工修筑舵杆洲、等伴洲两堤台。据《南县志》载，石台长 320 米，宽 100 米，高 20 米，台上建有神庙。台角铸有镇水铁牛。台北为弓背形，台南筑有偃月堤，台中为宽约 10 丈的泊船港湾。整个工程浩大，历 20 余年方竣工。当地歌谣“康熙起、雍正修、乾隆完、舵杆洲”。

1882 年重修时，失修乱石隐底，停泊舟船常有碰、搁之害。后因长期无人修葺，流沙积增，神庙塌陷，尤以藕池口溃决，加速淤积，至 20 世纪 40 年代末，逐渐与南洲连接成为陆地，仅存一座台基露出水面。1970 年，舵杆洲石台被拆毁。

**岳阳大矶头**　位于岳阳云溪区陆城镇新设村，传为寡妇陈氏募捐修筑，故称寡妇矶。2006 年公布为湖南省级文物保护单位。

大矶头建于清光绪初年，呈弧形伸出江面，长约 150 米，花岗石垒砌。自下而上依次建踏步三级，各级棱角均磨圆，近山脚处设排水沟。一级起于长江礁石，高 1.7 米，收坎宽 2.1 米；二级高 2.9 米，收坎 2.05 米；三级高 2.6 米，收坎直抵山腰，上竖石柱栏杆 108 根。坎壁凿有抓手或撑篙坑槽，供纤夫作撑篙拉纤之用。二级坎壁条石上有 1 米多长的浮雕蜈蚣 3 条，

大矶头全景

石壁上的蜈蚣浮雕

雕工精美，造型生动。矶头以东有宽大石级通道。矶东北沙窝古渡埠原为湘鄂水上交通要津，现建有长岭炼油厂的码头。

大矶头是长江中下游水道上唯一利用自然山体和礁石修筑起来的人工古矶头，它是研究长江航道和航运发展史的宝贵见证物和重要文化遗迹。

**花垣茶峒古码头** 位于花垣县茶峒镇湘渝黔边界酉水河边，始建于清末民国初年。2006年公布为湖南省级文物保护单位。

茶峒是一个有6000多人口的小镇，地理位置十分特殊，曾经是内地入川渝、进黔滇的必

花垣茶峒古码头 梧桐 摄影

犁头嘴水驿码头

犁头嘴远景

经通道，更因为酉水河的水利之便，在这里形成了一个湘川黔土特产、货运的水旱码头。沈从文的小说《边城》的背景就是这里。

**江口犁头嘴驿站** 位于溆浦县江口镇溆水入沅水的汇合处，是始设于明代的一个水路驿站。2007年公布为溆浦县级文物保护单位。

沅水自古就是连通洞庭、北接长江、西抵巴蜀的一条重要水路交通线，江口驿扼由沅水进入溆浦的唯一水路通道。这里曾留下了屈原、王昌龄、王阳明、向警予等历史名人的足迹。《溆浦县志》载:“江口驿，上迎滇（云南），下达辰（辰溪）、常（常德），西趋镇竿（凤凰）、铜仁亦所必经五杂处，水路要冲之地。”犁头嘴古驿站所在的青石板街道长约1000米，沿线尚保存明清时期的码头、城墙、城门、寺庙、店铺等30余处。

唐代诗人王昌龄途经该驿站曾作《别皇甫五》:“溆浦潭阳隔楚山，离尊不用去愁颜，明祠灵响期昭应，天泽俱从此路还”。明代文学家、哲学家王阳明《泊溆浦江口》诗:“溆浦江边泊，云中见驿楼，滩声回树远，崖影落江流，柳枝新年绿，入归隔岁舟，穷途时极目，天壮暮云愁。”

# 附　　录

**岳州开埠**　为外国资本主义经济侵入湖湘之始。咸丰八年（1858 年）冬，英、美、法等国胁迫清政府分别签订《通商章程善后条约》，长江航权逐渐丧失，其触角伸入三湘四水。咸丰十一年（1861 年）3 月 14 日，英驻华公使委参赞巴夏礼与海军监长阿伯具体办理“汉口开埠事宜”，借口“察看形势”，直至洞庭湖水域巡弋。同年 5 月 14 日，美国大小兵船各一艘，再度来岳察看水势。光绪二十四年（1898 年）初，英国驻汉领事以清政府颁布的《内港航行章程》为借口，要求开岳州为商埠。1899 年 11 月 13 日，岳州正式开埠设关，海关设城陵矶。原常岳澧道台张鸿顺任海关监督，英人马士掌税务司，照会各国驻汉领事，并令饬商民，凡往来船舶“所有验货征税均照关章办理”。从此，各帝国商船接踵而至。开埠后一个半月，来岳英轮达 14 艘，运至鸦片、洋货计 9744 吨；光绪二十六年（1900 年），由汉口转运进口的洋货为 7.89 万关平两，其中鸦片达 6.1 万关平两，占进口总值的 77.3％。

**长沙开埠**　光绪二十八年（1902 年）9 月 5 日，《中英续议通商行船条约》在上海签订，次年 7 月 8 日互换生效，其中第八款规定“开湖南之长沙为通商口岸”。同年 9 月 13 日，日本湖南汽船会社成立，插足湘鄂间航运，开辟汉口至湘潭航线；并强行改订原在岳州关缴纳的锑矿、锑砂与黑、白铅矿的出口正税为“湘砂应纳税项经江汉关估定……”。10 月，英国太古洋行和怡和洋行渗入长沙，经营长沙航运进出口商务。光绪二十九年（1903 年），日本海军衙门一小队测量岳州至常德、湘潭水道，著《湖南水运记》，绘制《湘江道图》，为时“最详细的行船指南”。光绪三十年（1904 年）7 月 1 日，长沙正式开埠，盐法道道台朱延熙兼任海关道道台，美人夏立士掌长沙海关税务司。开埠后，外商涌入，英、美、德、日等外商在大西门一带设有洋行 17 家，至民国 13 年（1924 年）增至 91 家，洋货充斥市场，经营范围极其广泛。开埠当年，入口 48．5 万关平两，后达 144.8 万关平两，煤油、纺织品、药材、化工产品、海味、鸦片等产品，均经长沙转销省内各城乡市场。

# 第三节　古　车　船

## 一、文献记载的古车船

**湘舸**　舸是古代湖南三船合一的大船。楚人发明了“屯三舟为一舿（舸）”的航行方式，即将三舟并为一舿，大江为舿，小河为舟。楚怀王六年（前 323 年）所制的《鄂君启节》铭文："屯三舟为一艕（舸），五十艕（舸），（岁）赢（赢）返"。汉扬雄《方言》卷九："南楚江湘，凡船大者谓之舸。"此种舸中间系一大船，两侧为小船，行船平稳，速度快，易拆开，也易连结。船上构件，有"楫"（短桨）、"桡"（小楫）；旁边有"棹"（即舵）、"桨"或"槽"。体形宽大，首尾高翘，船首绘画或装饰有鹢鸟的头。《淮南子·本经训》、《说苑·湘君》亦有记载。毛泽东在《沁园春　长沙》就有"漫江碧透，百舸争流"的描写。

**湘艑**　湖南古代大型货船，以其船体形似鳊鱼而名，始于南朝。《荆州风土记》、《藏质石城乐》均有载。船型扁而宽，俗称为"扁子"。因其载量大，吃水浅，可行驶于浅滩，故又叫"扁滩"。此种船出于湘水下游及洞庭湖区。其船首呈菱角形，类似现代的轮船船首，利于分水破浪；船身上宽下窄，自上而下缓斜；船底有三板、五板、七板之分；大舱有二，深达 2~3 丈。南北朝时期南朝大将臧质诗："大艑载三千，渐水丈五余。水高不得渡，与欢合生居"。《北堂书钞》引《荆州风土记》："湘州七郡，大艑所出，皆受万斛"。民国时湘艑尚有百余艘，抗日战争中悉毁。

**湘鳅**　又称"鳅船"，以船形似鳅而名，遍及湖南各水域，其在湘水流域有长沙鳅、浏阳鳅、醴陵鳅、平江鳅、耒阳鳅等，其在资水流域有武冈鳅、宝庆（邵阳）鳅、新化鳅、安化鳅、益阳鳅等，其在沅水流域有洪江鳅、辰溪鳅、沅陵鳅、桃源鳅、常德鳅等，其在澧水流域有石门鳅、大庸鳅、澧阳鳅、津市鳅等，其在湖区有湘阴鳅、岳阳鳅、龙阳（汉寿）鳅、安乡鳅等，均以船籍港而名。各地鳅船大同小异，载重 5~30 吨不等，净载 10 吨以上称甲鳅，5~10 吨称小鳅，5 吨以下称尖鳅。此种船首尾尖秃而翘，底平，隔舱多，结构坚固，吃水浅，稳性好，破浪性强，便于驶风。民国 30 年（1941 年）川湘间抗战运输紧迫，川湘联运处在沅陵县蓝溪口鲤鱼滩设造船厂，雇造船能工巧匠 400 余人，结合鳅船船型和长条船型的优点，造 5~22 吨木帆船千余艘，发展常德—沅陵—乾城以至川黔的水陆联运，为保障军需民用贡献甚大，时称此种船为"条鳅"。

**杨么车船**　车船是以明轮取代桨作为推进工具，连续转动明轮，让桨叶不断划水，连续做功的高速船舶。在同一根转轴上可因船宽的大小安装很多踏脚板，由很多人同时踏之，提高车船的推进效能和船速。

南宋初年，洞庭湖畔杨么率领的农民起义军，创造了一种作战用的车轮船，称为杨么车船。据南宋《杨么事迹》等文献记载，杨么车船不仅船的左右两侧装有能转动的桨轮，船尾也装有桨轮。船上水手齐力踩踏桨轮，轮周上的叶片，好像许多把划桨，接连不断地划水，使船前进。要使船后退，只要向相近方向踩踏就可以了。为了保护桨轮不受损伤，桨轮外面设有保护板，这样可以避免桨轮碰坏。还由于转轴装在船舱底部，水手又在舱里踩踏，所以车轮战船上的士兵不易被敌人兵器所伤害。

杨么车船大小不一，有大小德山船、大小夹山船、海鳅船、楼船等 10 余种型号。其中"大德山"有 22 个车轮，长 20 余丈，高数丈，三层，甲板宽大，可载千余人。底层是水手的作业场地；中层系弩楼，四周设护板，护板上开有射击孔，以便对敌射箭；上层置半人高的挡板栏杆，居高临下，以便近战时战士投掷石块、鱼叉、铙钩和"木乌鸦"袭击敌人。船的中央，专门设置高大如巨桅的柏杆，多的有6根，上悬巨石，由辘轳操纵，在迫近敌船时，拉动辘轳，顷刻间连杆带石顷向敌船，使之船毁人亡。杨么自用的大楼船，装有24个车轮，每个车轮由12人踩踏，犹如水上城堡。

**湘江倒扒** 为湘江水系分布最广、数量最多的一种优良木帆船，《中国水运技术辞典》有载。行滩河上水时，船头在前，扬帆、摇桨、背纤、撑篙而进；行下水时，则船尾在前，扬帆、摇桨直进，故名。相传倒扒为三国时诸葛孔明所造，赤壁之战中，“孔明借箭”就是草船受箭后倒扒回营。

湖南境内有有湘乡倒扒、湘潭倒扒、醴陵倒扒、宁乡倒扒等地方型，大同小异，以湘乡倒扒适应性最佳，航行性能最好。其船身狭长，长宽比达7∶2，横剖面呈棱形，首尾较窄而上翘，纵剖线倾角适当，尾倾角较首倾角小，故倒行时甚灵活，阻力小。倒扒大小不同，大者净载可达50余吨，双桅双篷，小者则仅5吨左右，单桅单篷。清光绪年间，湘潭曾造过载重百余吨的特大倒扒，行驶湘汉间。传统上，倒扒腰舱有隔舱板，用以加固船身板与船舱底板的结合联体，并防货物受水浸。20世纪50年代“大跃进”中，为扩大船舱载量，利于装卸，乃在“改良船型”中予以废除或拆除，在安全性能上实不如前。

**宝庆毛板** 为清代中期至20世纪50年代初，邵阳、新化直放武汉的运煤特种船。《中国实业志》有载。清道光初年宝庆（今邵阳）始产，以不刨光而吸水性稳的大松制造，故名。船长一般20~25米，宽3~4米，载重50~90吨不等。70~90吨称“大码子”，50~60吨称“小码子”。船舷、底板、身板以榫接，并用方寸钉锲紧，竹麻绒与桐油石灰捻缝，仅一麻一板而已。船造好后，留专用船工看守，谓之“长守”。春夏水涨，装好煤，由“舵师”主操，“大码子”配篙手8名，“小码子”配篙手6名，由邵阳顺流而下至益阳完成内河段航行，另雇舵师与橹手，直放武汉。抵目的港后连船带煤一起卖掉，或先卖煤再用退钉脱榫法卸船卖材木。此种船制造成本低，每艘用银不过千两，然获利2~3倍以上，故毛板船商皆富。然毛板仅适于盛水期，板薄钉稀，易出事故。民国20年（1931年）宝庆船商会统估，10艘毛板如有3艘到汉，仍可获利一成左右。清代所辟的“宝（庆）安（化）益路”，与资江呈“水弓陆弦”之势，主要是由毛板船商集资修筑，以利内河段民船船工由益返邵。

**长沙板驳** 湘江长沙一带的一种历史较久的木帆船，又名平板驳。以船舱平、宽，船头与船艄平翘、平水舵而名。船前为“八”字舱，装船用工具；中为“一”字舱，可供商客睡卧。其后为呈长方形的大货舱，货舱中间上部有悬梁横联两舷。货舱后又一平舱，可装细货，亦可供船工起居。最后即为舵舱。全船结构至为紧密，稳定性良好，包装重货可以甩抛。民国时，平板驳小者约3吨，大者可及30吨。

中华人民共和国成立后，湖南省航运局曾相继制造净载80~180吨的平板驳多艘，不择货种，以供拖轮拖挂，航区范围遍及四水主干流、湖区以至长江。

**宁乡乌舡** 又名“乌江子”，主要行驶于沩水流域，沩水分支流乌江最多，故名。宁乡船民相传系因楚霸王自刎于乌江而名，如“倒扒”船一样赋予历史色彩，乃水上民俗。乌舡大小不一，一般载重4~5吨，船体轻巧，长宽比大，身板下部外倾，载货后水线以上折角向内收

缩，形成六角形横断面。航行时以桨代舵，靠泊时以篙代锚，船桅在船首与船腰相接处，其帆一丈见方，后有篷舱，为船民所居。因其狭长，一般只行驶于内河支流，不入湘江干流下游与湖区，船民谚语有："乌江子，六只角，只在靖港里头恶，一出临资口，就要扳去两只角"。

**湘西歪尾鳅** 湘西凤凰、花垣、保靖、古丈、龙山等县，山高水险，急流回旋，故其船虽为鳅形，但其尾歪斜，以抗急浪拍击，其船体结构紧密，用料均为榆、樟、椆、楠、檀等坚实木材。舱板亦厚，一桅，前招后橹，稳性好，与贵州"歪尾"、湖北"谷城鳅"合称为中国古代三大歪尾船。

## 二、考古发掘的古车船

**湖湘马车** 出土文物，湖南古代四马驾辕的大型车辆。春秋战国时期，属于楚国的湖湘，造车技术已甚可观。《楚辞》有载："驾予车于玄石，驾予马于洞庭"，"玄石"即今华容县之墨山。中华人民共和国成立后，考古工作者在长沙、湘乡、临澧等地发掘的楚墓中均发现此种马车。长沙市浏城桥一号楚墓中出土的车马器有车伞盖 1 件，由伞帽、伞柄、盖弓组成；车辕 2 件，用木雕作龙头形；车兽 4 件，铜质；铜马衔 6 件。湘乡牛形山一、二号楚墓中的车马器，车由车轮、舆、辕、伞组成，其造工雕作已相当细巧。临澧九里大型楚墓中的车马坑，出土马车 4 辆，车辆幅距 1.6~2 米，轴长 3 米，铜车兽上有"君"字铭文。

**湘汉轺车** 出土文物，汉代贵族乘坐的马车。中华人民共和国成立后，从长沙伍家岭发掘的西汉墓葬中，在随葬物中有木车模型 4 辆，其中有大车 1 辆，轺车 2 辆，栈车 1 辆，车舆模型 1付。轺车两轮，两轮间有车轴，车厢座部由 7 根木条组成，车厢内有坐俑 1 件，轭车厢的前轼和两侧都有栏和小遮板。辕木、车衡、衡端有轮。还有残木马 1 匹，车厢上面有盖柄和盖弓，相当轻便。

**城头山古舟船** 城头山位于澧县车溪乡南岳村。1993 年 11 月，在二期环壕静水沉积层中，发掘出古舟船遗迹。时代为大溪文化二期，距今 5000 年左右。

艄，由具树皮和树疤的圆木棒砍削琢磨而成，各处粗细不一，头端和中间较长一段略细，着水的部位较粗，艄尾砍削打磨成叶片状。在较粗的部分保留有树皮，细处有刀削痕迹，杆上有人工磨削的纵向宽 3~5 厘米的条纹，艄尾有细绳捆扎的痕迹。此件器物长 191 厘米，出土时断为 9 节。

桨，系用整块木料加工制成，呈长柳叶形。一面可见细线条木纹，断面呈梭形。柄端呈盝顶形，柄部长 18、厚 2.7 厘米，断面呈椭圆形。柄侧面可见勒痕，疑为捆扎在桨桩上使用留下的痕迹。柄整体打磨极为光洁，与桨叶长度比为 1 ∶ 3.75。从叶柄断面年轮来看，树木年龄在 15 年以上。长 85.5 厘米，桨叶长 67.5、宽 7.6、厚 2.8 厘米。

凳面，系用整块木料加工制作而成。断面为圆角长条形，两面平整，两头和一侧平整，另侧中间稍外弧，  角残缺。四角有椭圆形穿孔，长径 3.2 厘米、短径 2.4 厘米，  孔残缺，推测是安装凳腿的榫眼。虽推断此件木制品为凳面，但也有可能是船上的部件。长 36.6 厘米、宽 16.6 厘米、厚 2 厘米。

**长沙汉墓木船**　位于长沙市伍家岭203号汉墓，为木船模型，船身用整木雕成，船底作圆弧形，全长154厘米，最宽处20厘米。船上有3个舱房，第一个舱房较小，呈长方形，有通盖，其位置似应在船的前部。第二个舱房较大，呈正方形，根据出土时的情况看来，其位置系在船的后部。第三个舱房最大，有二门，房盖上有较小的圆孔14个，平均分配在二侧，位置对称；右侧沿边又有较大的圆孔3个，左侧有一个正方形的孔，推测这个舱房之上另有小屋，即所谓“爵室”，可以断定其位置在船的中部。第三个舱房下托有覆在船身上的复板，复板两端有遮栏。前部两侧有两块舷板，上各有8个圆孔，应为设棹之孔。棹16根，大小一致，柄圆而长，叶扁平，其长较柄为短，中间起脊。船尾有舵，舵柄呈圆形，舵叶作刀形，背厚刃薄。

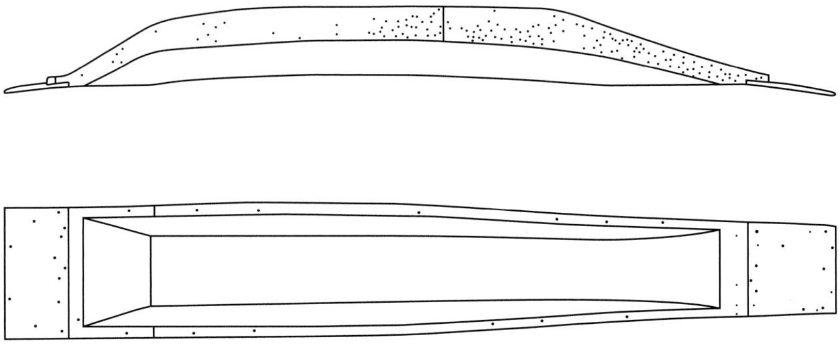

203号汉墓出土木船船身背视图（上）与俯视图（下）

Chapter 5

# 第五章 非物质交通文化遗产

湖湘文明底蕴深厚，数千年来，生活在三湘四水的古先民在改造自然的过程中创造了丰富多彩的非物质交通文化遗产，主要包括古亭联、古诗词、古赋记、古歌谣及船工号子、成规公约及告示、章程、故事、传说等。它们见证了中华文明发展的历史进程，蕴含着湖南人特有的价值观和文化意识，是湖湘文化的重要组成部分。其中，澧水船工号子和酉水船工号子相继入选国家级非物质文化遗产名录。

# 第一节 古 亭 联

亭是古时民间为便利行旅而修建的一种道路设施。亭的功用大同小异，亭联则反映了不同的乡俗民风。作为我国传统文化的精髓，楹联源远流长、体裁独特。古代楹联与建筑艺术密切相关，它把活力与风采凝固在建筑上，成为传统建筑不可或缺的组成部分。

亭联以其高度的概括性和启发性，有点染主题、强化意境的作用。这些雅俗共赏、风格各异、植根于厚重历史文化的亭联，按其内容大致分为 4 类：一是吟咏山川形胜，描述交通地形；一是抒萍水相逢之情，言人生之志趣；三是借亭联感时述怀，催人奋进；再就是谐趣联，它或褒扬、或鞭挞，诙谐逗趣、发人深省。

如江华憩行亭楹联：“一路山花迎过客；数声鸟语送归人。”

邵东界岭凉亭联：“界分湘邵；岭列东西。”

望城歇凉茶亭联：“为名忙为利忙忙里偷闲且到凉亭坐坐；劳心苦劳力苦苦中作乐漫将笑话谈谈。”

陈天华题湖南新化路亭：“莫谓草庐无俊杰；须知山泽起英雄。”勾勒出革命志士的志向与情怀。

清代萍洲书院唐炳霖撰写，零陵东门外古官道上的福寿亭联：“世路少闲人，春怅萍飘，夏惊瓜及，秋归客燕，冬赏宾鸿，慨仆仆长征，只赢得栉风沐雨，几经历红桥野店，紫塞边关，名利注心头，到处每从忙里过；郊原何限景，西流潇浦，南峙嵛峰，东卧金牛，北停石马，夸茫茫无际，都付诸远水遥山，只收拾翠竹香零，绿天息影，画图撑眼底，劝君盍向憩中看。”

该联构思精巧，把一年四季和东西南北，还有潇江水、嵛峰岭、金牛岭、石马凼（司马塘）、翠竹园、香零山、绿天庵、朝阳（息影）岩等多处永州名胜联系成章，《中国名胜楹联大观》录有此联。

## 一、路亭联

**华容归马亭联**

乘兴此登临，人好河山皆在望，

同舟须共济，莫教泾水再扬波。

——唐伯寅

注：该亭位于华容城东北塔市驿，古代邮传驿路到此而止，故建亭曰归马亭。唐伯寅（1897—1952 年），字剑椿，号剑湘，湘潭人，国民党抗日将领。

### 长沙回龙山义茶亭联

不费一文钱，过客莫嫌茶叶淡；

且停双脚履，劝君休说路途长。

注：义茶亭位于长沙市南门外回龙山下，今亭无存，留下“义茶亭”街名。

### 望城义茶亭联

为名忙为利忙忙里偷闲众生不妨坐坐；

劳力苦劳心苦苦中生乐大家打个哈哈。

注：义茶亭位于望城县茶亭镇，相传为清代当地乡官张子初捐建，内设义茶供过往行人饮用。今亭不存，留其地名。

### 浏阳牛皮岭小憩亭联

星沙有迹留鸿爪；

浏水多情送马啼。

注：牛皮岭位于浏阳、长沙县交界处。

### 浏阳文家市高升岭半山亭联

九峰擎日月；

一亭纳古今。

### 浏阳大布坳茶亭联

远通近达逍遥过；

进退连环运遇逢。

注：大布坳茶亭位于文家市镇与澄潭江镇交界处，后因修公路拆除。

### 宁乡沩山长香岭茶亭联

绝磴古沩峰，正宜茶活舒筋，天际行云同客憩；

孤亭老秋树，为爱松涛到耳，山深警夜有龙吟。

——岳障东

注：岳障东（1852—1921 年），字淑涵、蔗坡，号百川，湖南宁乡人，晚清举人。

### 宁乡堆子山茶亭联

古来除芳草美人，谁个怜才，请看蜀客尘衫，病渴同嘲司马赋；

公余造莲花君子，借他消暑，擎出沩山露叶，思家欲学季鹰归。

——岳障东

### 宁乡司徒岭茶亭联

野鸟啼风，絮语劝君姑且息；

山花媚目，点头笑客不须忙。

四在皆空，坐片刻无分尔我；

两头是路，吃一盏各自东西。

注：司徒岭位于宁乡县巷子口镇与安化县交界处。

### 宁乡南风亭联

南去北来，过客何妨聊坐坐；

风和日暖，劝君且莫急忙忙。

——龚稀星

注：南风亭位于宁乡县巷子口镇通往安化的古道上，修建于清同治年间。亭名出自舜帝《南风歌》：“南风之薰兮，可以解吾民之愠兮。”

龚稀星，长沙府宁乡人，清末秀才。

### 宁乡峡山茶亭联

峡水最清涟，邀过客煮茗谈心，莫嫌他水峡；

山河多破碎，望诸君匡时努力，誓还我河山。

——李元燮

注：此联作于抗日战争时期。李元燮，宁乡县人，曾任云山学校、甲种师范学校校长。

### 邵阳双清亭联

云带钟声穿树出；

月移塔影过江来。

双双对对皆然为江为塔为桥来人亦复如此；

清清白白所在是月是风是水此身其又云何。

把酒涤烦襟任天涯草绿世界尘红此心澄似双清水；
凭槛舒画眼看远浦帆樯夕阳城郭胜慨多于六岭春。

注：双清亭位于邵阳市北，始建于宋，因资、邵二水汇于其下，故名。此亭与屹立于资水之北的北塔隔江相峙。

### 邵阳双济亭联

楼阁宛在虚空，恰当面面疏栏，同坐清风明月我；
水石尚留寒翠，愿得家家团扇，添画青山白云人。

——曾伯隅

把酒涤烦襟，任天涯草绿，世界尘红，此心澄似双江水；
凭槛舒画眼，看远浦帆樯，夕阳城郭，胜慨多于六岭春。

双江荡漾金瓯月；
济世平兮玉湘春。

双塔六亭开眼界；
济人利物慰心期。

注：双济亭位于邵阳城北，建于乾隆年间，相传前清有两老者乐善好施，乡众集资建矩形路亭缅怀其德而得名。

曾伯隅，又名曾廉，字瓜蠡庵，湖南邵阳人，晚清名儒，14岁中秀才，40岁举京兆廉。

### 邵阳圹田留念亭

到此留行踪，莫辜负山清水秀；
前程念归宿，但忽忘任重途长。

——吕振羽

注：吕振羽（1900—1980年），湖南邵阳人，近代史学家。

### 隆回茅亭子界茶亭联

为名忙为利忙忙里偷闲吃杯茶去；
劳力苦劳心苦苦中作乐拿碗酒来。

古井煎茶留过客；
清风度岭送行人。

——萧光南

孤亭耸立人家远；

细草萦回岭路长。

——谭人凤

注：该亭又名“节孝亭”，位于隆回县羊古坳乡茅亭子界，为纪念楹联家魏寅（1922—2003年，隆回人）的姑母而建。

萧光南（1823—1898年），隆回人，清末举人，曾任宝庆濂溪书院和东山书院山长。

谭人凤（1860—1920年），隆回人，辛亥革命元勋，武昌首义后曾被推举为中央临时政府议长。

**隆回莫家坝亭联**

茶可沁脾，提壶以待；

亭堪驻足，小憩为佳。

**邵东金玉亭联**

金风大地吹看燕去雁来人间冷暖分南北；

玉辂前边促怅山遥水远世路崎岖遍西东。

注：该亭位于邵东县黑田铺乡金玉亭村。

**邵东康皋岭凉亭联**

上岭难平气，下岭气难平，暂坐数分钟，平平气；

抬夫欲息肩，挑夫肩欲息，缓行几步路，息息肩。

此间林石颇佳，且驻马衔环，暂洗征尘舒望眼；

自古关山难越，恰感时促物，好趁粉壁寄闲心。

注：该亭位于邵东县黑田铺乡康皋岭。

**邵东界岭凉亭联**

界分湘邵，岭列东西。

注：该联为嵌字联，点出此地乃湘乡与邵阳的分界处。

**为《邵阳市交通志》撰亭联**

歇地获安闲，勿谓此地类佳境；

凉亭解渴热，能许当途是休征。

——吕振羽

此去前程路不远，
但停片刻又如何?

到此便招凉，何须多竹；
欣然能止渴，殊胜望梅。

清风徐来，水波不兴；
群贤毕至，少长咸集。

出入无时，人影散乱；
往来莫定，鸟倦知还。

亭外建亭亭外亭；
月中有月月中月。

跋山涉水，到此何妨少歇；
任重道远，劝君莫误前程。

济水长流，竖看由斯飘玉带；
川门在望，独立皇城步梯云。

莫嫌狭小三间屋；
常备清凉一碗茶。

渠水一泓，甘露荣光微圣泽；
云峰万垒，浮岚泼翠耸神居。

**桃源水源亭联**

山若有灵应识我；
水如无意莫回头。

村舍俨然，笑渔人迷不得路；
水源宛在，偕太守常来问津。

注：水源亭始建于明嘉靖年间，清康熙四十八年（1709 年）重修，名伴霞亭；清光绪十八年（1892 年）继建，名水源亭。

**桃源问津亭联**

渔父不来，桃花何处；

空亭独坐，流水自闲。

村舍俨然，笑渔人迷不得路；

水源宛在，偕太守常来问津。

注：问津亭位于桃花溪口黄闻山麓，传为武陵渔郎问津之处。清光绪十八年（1892年）知县余良栋曾于此建亭，以陶渊明《桃花源记》“后遂无问津者”句命名。

**桃源探月亭联**

境辟太元年，看流水落花，洞口不生寄奴草；

地犹武陵郡，喜垂髫黄发，村中时见避秦人。

**桃源佳致碑亭联**

磨镌六代斯文在；

歌呼四山明月生。

奇迹隐五百，渊明秉笔开生面；

往事越千年，梦得书碑揭大观。

注：佳致碑亭位距桃花源500米处。碑刻原为唐代文学家刘禹锡所题，原碑字迹已被时光剥蚀无存。现碑为明万历三年（1575年）湖广巡抚赵贤补书，隶书3行，正文“桃源佳致”。

**双峰杏子铺憩息亭联**

岂非穷士乎，不远千里而来，势逼处此；

是乃仁术也，聊备一宿之栖，居无求安。

**双峰黄龙山清峻亭**

清泉不出山，毕竟能解人间渴；

峻岭欲通汉，到此皆为顶上材。

**涟源乐善亭祀关羽联**

刘为兄张为弟兄弟们分君分臣异姓结成亲骨肉；

吴之仇魏之恨仇恨中有忠有义单刀匹马汉江山。

——陈璟梅

注：乐善亭位于涟源伏口镇半牌上，涟源与安化交界处、宝（庆）安（化）益（阳）道上。

陈璟梅，字谔鲁，安化人。清光绪十七年（1891年）举人，曾任崇文书院山长。

1917年暑假，毛泽东与同学萧子升到涟源、安化等地“游学”，路过乐善亭，曾对该联颇为赞赏。

### 新化石泉亭联

石冷松涛，不须靖节消坐俗；

泉香水冽，可使相如解渴思。

注：靖节，指陶渊明（365—427年）名潜，字元亮，号靖节先生。

### 新化止渴亭联

止渴望无梅，喝杯茶水；

空亭煨有火，衔口烟行。

### 溆浦射水洞亭联

茶水清香，奚待杨梅止渴；

亭栏冷静，何求绸树遮荫。

### 湘潭稍息亭联

稍停步，到此已登峰造极；

息重担，远眺则放眼开怀。

——曾国藩

注：稍息亭位于湘潭县石鼓镇铜梁山顶峰村曹家坳，系晚清名臣曾国藩捐建。

### 湘潭弄子山亭联

未曾记鸟道行程，数十年劳人草草，三千客车马纷纷。想驿讯传鸿，家书寄鲤，问征夫以前路，却只为利锁名缰。世事莫须忙，且停鹤驾，且驻鸾骖，遇昔时旧雨良朋，与姜公论酒，偕陆书评茶，赶什么白石黄茅，何妨就弄里开怀，饮几杯竹叶；

即此是雄乡胜迹，八百里湖水茫茫，七二峰岳云霭霭。况塔堪题雁，桥可听莺，接孟氏之芳邻，亦足畅幽情逸兴。乡心犹可慰，或歌鹿鸣，或闻虎啸，趁今夕清风明月，喜王维作画，效杜甫吟诗，看不尽红酣绿战，最难得山高对面，拥九瓣莲花。

——赵恒

注：弄子山亭位于湘潭县石潭镇。

### 湘潭望衡亭联

四面云山皆在望；

一楼风月远迎衡。

九面云山收眼底；
满江风月落樽前。

——诸鼎庸

地维天柱此孤石；
岳色江声萃一亭。

——何特循

迫切惊漩涡，孤石长教湘水咽；
苍茫申默涛，清风静扫岳云开。

——李涤泉

注：望衡亭位于十八总壶山上的湘江之滨，湘江水东流至此遇石山阻挡而折向北流。亭用石条砌成，蔚为壮观。

### 耒阳驻马亭联

万山明月一亭影；
匹马当年百战功。

萧萧马在鸣，奋戈而起；
簌簌人空野，抗战而生。

注：驻马亭位于耒阳城北，传三国蜀汉庞统曾在此驻马，故名。

### 永兴塘市云山亭联

云淡风轻千秋不改；
山高月皎万载如初。

马走崎岖加鞭俯仰；
云行雨露少歇山亭。

——戴学士

注：云山亭位于永兴县塘门口镇马仰坪，旧为永（兴）耒（阳）大道之要冲。民国 11 年（1922 年），永兴戴学士“独立维持设置亭”于山顶。

### 嘉禾珠泉亭联

逢人便说斯泉好；
愧我无如此水清。

——（清） 嘉禾知县 达麟

注：珠泉亭位于嘉禾县城北门外，亭侧有珠泉，故名。始建于清道光二十四年（1844 年），“珠泉涌月”为昔嘉禾八景之一。

## 益阳樊家庙亭联

春夏秋冬，一岁川流不息；

东南西北，四方宾至如归。

## 益阳欧公店亭联

四面来客，坐片刻无分你我；

两头是路，吃一杯各自东西。

注：欧公店亭位于益阳欧公店，宝（庆）安（化）益（阳）古道上。清末，有夫妻二人在此建亭，四季供茶，常备草鞋、蒲扇、火炉，既利行人休息，亦利山货交易。抗日战争时期，亭遭毁。

## 桃江泉家岭亭联

人生若梦，何处归来，看鲁殿重光，到此有怀思旧雨；

世事如棋，为谁奔走，叹关山难越，停车小歇引清风。

注：该亭位于桃江县武潭镇莲花坪村，清代修建。

## 桃江穿天坳亭联

四面云山谁作主；

一亭风月最宜人。

炼石功深，好为煎茶添活水；

补天术幻，但看远岫起浮云。

注：桃江县浮邱山穿天坳，相传为女娲氏炼石补天之处，清末乡人刘寿昌倡议在这里捐资修建“炼补茶亭”。现亭已折毁，但仍存参天古树，当地人称：“穿天云树”，为桃江名胜之一。

## 桃江穿坳仑茶亭联

穿破名利关头，想只因富贵身家，过此尽属康庄道；

坳上清闲地位，看不上江山风月，少坐都是畅快人。

生计尽关心，长途辛苦，坐片刻稍息疲劳，那管春夏秋冬；

光阴同过客，逆旅奔波，喝一杯全消渴癖，任凭南北东西。

注：1928 年，桃江彭子仁在该县松木塘与杉树仑结合部的大道旁修筑了穿坳仑茶亭，并置田 31.5 亩、土 3 亩作为亭产。

上面两首亭联入选《中国亭联集锦》和《百业谐联大观》。

**安化桂岩亭联**

四大皆空，坐片刻，无分你我；

两头是路，吃一盏，各自东西。

**安化白茅亭联**

白云一曲，远望山城，暮鼓响咚咚，江上烟波谁是主；

茅屋数椽，丰供茶榻，晨鸡方喔喔，桥头霜迹过来人。

**安化段家坳指梅亭联**

指望征途赊，暂歇驹鞭留祖狄；

梅酸虽渴解，安排龙井待卢仝。

指日登程，从此路通衡岳；

梅城在望，于斯界划新安。

**安化百步亭联**

百折岂辞劳，攘往熙来，快到此间停马足；

步行多感慨，汗流口渴，何须他处问龙牙。

**安化又一亭联**

又添玉露消尘渴；

一路清风送客遥。

——（清）贺少亮

**安化西一亭联**

西山瑞气迎朝爽；

一路行人纳晚凉。

——（清）贺少亮

**安化寒婆坳茶亭联**

行李半肩，问南粤西黔，莫愁前路无知己；

寒婆一坳，看春花秋月，且喜如今有主人。

## 安化跫然亭联

青山问我，话十万年过客重经，曾记此间小住；

白水多情，向二千里大江流去，能否犹识旧交。

## 安化清风亭联

莽乾坤能得几人闲，看他车马长征，都为名缰利锁；

好风月不用一载负，到此茶烟小憩，自然心旷神怡。

——（民国） 陈长簇

君莫嗟行路难，憩迹休形，且试灵龟一滴水；

我最怜长途怨，披荆斩棘，为种芙山数亩茶。

剩清风一亭，复左环芙岭，右仰洞天，小住即神仙世界；

记驿程几日，纵君去昭陵，我来湘上，相逢有茶话因缘。

## 安化奉义亭联

奉命岂敢忘，建小亭数椽，献予先慈偿夙愿；

义心尽所表，烹清泉几盏，聊为过客洗尘劳。

茶后行者行，莫愁劳燕分飞，放前光明路正远；

亭前过客过，若访雪鸿遗迹，印心石屋景尤佳。

注：奉义亭位于安化小淹乡石门潭，1937年由邑人龚怡发遵母陈护英遗命所建。

## 安化钱凿岭亭联

人生如梦，何日归来，看鲁殿重光，到此有怀思旧雨；

世事如棋，为谁奔走，叹关山难越，停车小歇引清风。

## 安化胡家嘴亭联

来路非艰，得意莫忘回首处；

前程远大，偷闲敢作歇肩时。

## 安化白竹亭联

白水为泉，烹出龙牙雀舌；

竹前是箭，射过凫鸭山鸡。

## 安化梅子岭亭联

梅岭寒泉能止渴；长途有客可行车。

注：“梅岭寒泉”为梅山十景之一，位于安化梅城之南五华里处。据县志载：“石隙有寒泉，清冽异常，世所罕见。”民国6年（1917年）毛泽东到安化做社会调查时，曾登梅城北塔，极目远眺，于七层楼壁上曾挥笔写下四句话：“水拖蓝，紫云反照，铜钟滴水，梅岭寒泉。”这些都是写的安化名胜，最后一句即指此景。

## 祁阳八角亭联

白水涵湘碧；

紫霞①映地红。

——唐生智、刘兴、冯天柱②

注：八角亭在祁阳县八角岭，八角岭因山成八角而得名。相传八仙之一何仙姑在八角岭修道，洗脂粉于此。何仙姑得道后，八仙刚好凑成八角之数，各坐一角，一齐飞升。

①紫霞，即隔岸对峙的紫霞山，亦称紫罗峡、凤凰岭。

②唐生智、刘兴、冯天柱，皆为民国军政要人，1947年同游八角岭，唐生智题上联，刘兴、冯天柱接下联。

## 祁阳百子亭联

百舌催归常滞客；

子规唤起晓行人。

小坐只因来路陡；

息肩才觉此身轻。

注：百舌，鸟名。杜甫《百舌》诗：“百舌来何处，重重祇报春。”

## 祁阳保福亭联

深仁重爽垲；

遗泽沛甘霖。

劳人欢歇憩；

过客喜停车。

注：保福亭位于祁阳县下马渡镇横江枥甘棠坪。

## 祁阳秋月亭联

秋水长天融一色；

月华星影映双江。

**祁阳双清亭联**

万山来天际；

一石压江流。

注：双清亭位于祁阳县文富市镇。

**祁阳万福亭联**

处世图良，用忠用信还用忍；

居家务正，宜耕宜读更且勤。

注：万福亭位于祁阳县文富市镇白茅滩。

**祁阳粟山亭联**

前途赤日炎炎，试问能行几步；

这里凉风习习，何妨暂坐片刻。

注：粟山亭位于祁阳县文富市镇官山坪。

**祁阳惠风亭联**

来来来，休愁远道；

坐坐坐，各诉前程。

此地真能消夏日；

何人不可坐春风。

注：惠风亭位于祁阳县羧江岩塘冲。

**祁阳槐荫亭联**

敢集群贤来果报；

聊成半壁作槐荫。

注：槐荫亭位于祁阳县羧江。

**祁阳风月亭联**

四面风凉，正好谈天说地；

前途雨急，何妨住马停车。

吃几杯冷水热茶，亦云小快；

躲一阵狂风暴雨，然后大行。

注：风月亭位于祁阳县窑头铺。

**祁东石燕亭联**

峰峙湮江，众山独聚；
石形飞燕，千古称奇。

峰以秀称佳，且凭笔墨描图画；
石因形擅胜，莫让风霜蚀羽毛。

注：石燕亭位于祁东县黄土铺。

**祁阳慎得亭联**

尔为尔，我为我，泽及诸其人乎；
往者往，来者来，莫若由斯道也。

注：慎得亭位于祁阳县龚家坪窑头铺。

**祁阳复兴亭联**

且小坐喝口茶去；
莫匆忙放下担来。

注：复兴亭位于祁阳县文明铺镇。

**祁阳摩天岭亭联**

九级云梯才到顶；
一天星斗喜垂肩。

注：摩天岭亭位于祁阳县摩天岭。

**祁阳四通亭联**

东路行人暂止步；
凉亭气爽且偷闲。

南星奇峰小木口；
眼观胜地卢家坪。

注：四通亭位于祁阳县大忠桥镇。

**祁阳多义亭联**

天马回头瞧七里；
鸿鹄展翅过三门。

观音观三门，必有源沽；

寒婆走七里，岂无明塘。

注：多义亭位于祁阳县七里桥镇。

## 祁阳天马石山湾亭联

水从石边流去；

风从湾里过来。

注：该亭位于祁阳县浯溪镇天马石山湾。

## 祁阳放眼亭联

放眼天地宽，客路相逢，胝掌畅谈天下态；

回头关山远，征裳甫卸，倾杯共道故乡情。

注：放眼亭位于祁阳县十里坪农场。

胝掌：长满老茧的手，指劳苦百姓。

## 祁阳蛟龙岭亭联

芒鞋踏破三门路；

竹杖撑过七里桥。

注：蛟龙岭茶亭位于祁阳县七里桥镇蛟龙岭。

## 祁阳孙家坳亭联

好向此间思后路；

莫从这里误前程。

仰啸话从来，半是凄风苦雨；

知音相感遇，各传流水高山。

——易炳生

注：该亭位于祁阳县黄泥塘镇孙家坳，一条石板大道从亭中通过，东接常宁，过往人众。亭长12米，宽6米，高5米，砖木青瓦结构。

易炳生：饱学之士，耕读传家，终身未仕。

## 祁阳碧芝塘茶亭联

古井烹茶留过客；

清风明月送行人。

注：碧芝塘茶亭在祁阳县文明铺。

## 祁阳赶仙亭联

苦苦追人间名利；
忙忙赶天上神仙。

赶路终须由正路；
仙人见惯亦常人。

注：赶仙亭位于祁阳县下马渡镇枫林铺。

## 祁阳崇德亭联

捷足先登，履行大道；
苦心孤诣，竞走前程。

节励冰清，中热不须防井渫①；
庇承樾荫②，前程争共看云腾。

注：崇德亭位于祁阳县羊角塘镇雅塘冲。

①井渫：去秽浊，清洁之意。

②樾荫：树荫。

## 祁阳马鞍亭联

走正路一条，君子漫步；
看前程万里，豪杰急趋。

注：马鞍亭位于祁阳县黄泥塘镇。

## 祁阳石山亭联

为名忙为利忙，忙里偷闲且向凉亭坐坐；
劳心苦劳力苦，苦中作乐何妨笑语谈谈。

注：石山亭位于祁阳县梅溪镇。

## 祁阳聚仙亭联

酒美薰人催远路；
路远催人薰美酒。

亭凉坐客乐清风；
风清乐客坐凉亭。

注：聚仙亭位于祁阳县大村甸镇新铺子吊牛岭。

此亭联为回文联，正反可读。

## 祁阳望夫亭联

空闺寂寞卿思我；

湖海飘零我负卿。

注：望夫亭位于祁阳县大村甸镇凼桥。

## 祁阳高山亭联

十万里前程由此去；

五千年事业在人为。

——陶铸

注：高山亭位于祁阳县石洞源。陶铸投考黄埔军校前，为家乡高山亭撰联以明志。

陶铸（1908—1969年），原名际华，字剑寒，祁阳县石洞源人，黄埔军校五期生，中共党员，曾任国务院副总理、中央政治局常委等职。

## 祁阳驻马亭联

仆仆风尘南来北往；

融融笑语海阔天空。

途长未必难留脚；

任重何妨暂息肩。

注：驻马亭位于祁阳县浯溪镇孙市街。

## 祁阳揽月亭联

喘息获安闲，莫恋此地佳境；

宽衣解炎热，暂在斯处欢留。

浮沉换春秋，登临纵目，且莫寻佛祖禅袍，古庙龙涎，总不如香飘稻麦，江中渔火；

上下揽日月，把酒兴怀，遥想那冷泉白水、峻岭八角，召唤起乘风壮志，剑舞豪情。

注：揽月亭在祁阳县八角岭。

## 祁阳冷水亭联

来来来，我们都是同伴人，且坐；

走走走，前面还有许多路，莫捱。

注：冷水亭位于祁阳县挂榜山林场。

**祁阳十字亭联**

为己忙为人忙，忙里乘凉喝口水去；
劳心苦劳力苦，苦中求乐到小亭来。

注：十字亭位于祁阳县三口塘镇坝塘。

**祁阳白鹤亭联**

睡醒五百年，放眼试看今世界；
历经千万劫，论人原是古英雄。

注：白鹤亭位于祁阳县进宝塘镇。

**祁阳清安亭联**

清若深潭，更兼夕阳朝晖，长映溪流成画景；
安如磐石，从此熙来攘往，常怀仁爱到人民。

**祁阳培寿亭联**

樵吟参鸟语；
牧笛伴渔歌。

马坳回栏山愈秀；
云腾降雾水犹香。

注：培寿亭位于祁阳县七里桥镇马颈坳。

**祁阳狮吼亭联**

狮口开自何年，吞不完人间怨气；
兽腔藏着什物，想必是满腹牢骚。

——黄裔

注：狮吼亭位于祁阳县浯溪镇驿马门对岸。

**祁阳启善亭联**

茶煎含膏，行人且止；
亭名启善，过客暂留。

劝君不必争先步；
过客何妨暂息肩。

注：启善亭位于祁阳县长流铺。

## 祁阳熊罴岭半山亭联

今日之东，明日之西，青山叠叠，绿水悠悠，走不尽楚峡秦关，填不满心潭欲壑，力兮项羽，智兮曹操，赤壁乌江总是空，忙什么？请君静坐片刻，把寸心想后思前，得安闲处且安闲，莫教春秋佳日过；

这条路来，那条路去，风尘仆仆，驿站迢迢，带勿去黄金白璧，留勿住皓齿朱颜，富若石崇，贵若杨素，绿珠红拂终成梦，恨怎的？劝汝解下数文，沽一壶猜三道四，遇畅饮时须畅饮，最难风雨故人来。

——（清） 宋湘

注：熊罴岭位于祁阳县城东北15公里处，地势险峻，形如熊罴，为县城屏障。隘口古为中原通往桂粤等地的驿道，设有驿站。清咸丰年间，太平天国翼王石达开率众10万转战湖南，曾在此血战清兵3昼夜，不克。新中国成立后，解放军总参谋部将此地列为战略要地。

宋湘（1757—1826年），字焕襄，号芷湾，广东梅县人。清代中叶著名的诗人、书法家，嘉庆四年（1799年）中进士，嘉庆十年（1805年）授翰林院编修，被称为“岭南第一才子”。

## 祁阳下山亭

下邳有英雄，竣业曾从亭长始；

山亭留过客，骚民羡煞逸民幽。

——邑人 邓异寸

下马饮游人，六角欲穷争捷足；

山亭留过客，一声不得暂停骖。

注：下山亭位于祁阳县羊角塘镇下山村。

## 祁阳松月亭联

松间明月筛银彩；

石上清泉跳玉珠。

注：松月亭位于祁阳县大村甸镇。

## 祁阳延寿亭联

延客延宾延龄共庆；

寿身寿世寿域同堂。

延茶共仰神仙景；

寿亭长晖婺女星。

注：延寿亭位于祁阳县三口塘镇。

婺女星，天上星宿名，喻指长寿。

### 祁阳留念亭联

留是百年，常怀亲思耿耿；

念非一日，勉尽子道殷殷。

注：留念亭位于祁阳县七里桥镇。

### 祁阳益寿亭联

沥水烹茶堪止渴；

南风入座好乘凉。

注：益寿亭位于祁阳县观音滩镇。

### 祁阳花山亭联

行行行行行且止；

坐坐坐坐坐何妨。

注：花山亭位于祁阳县观音滩镇花山岭。

### 祁阳乾元亭联

乾坤浩荡留鸿爪；

元气氤氲印雪泥。

注：乾元亭位于祁阳县观音滩镇。

鸿爪雪泥语出苏轼《和子由渑池怀旧》：“人生到处知何似，应似飞鸿踏雪泥，雪上偶然留爪印，鸿飞那复计东西。”后用“鸿爪雪泥”比喻往事留下的痕迹。

### 祁阳望祁亭联

望眼欲穿，频年游子应滋梦；

祁城不远，一杯明月且谈心。

望族列千家，谁踏软红离大道；

祁山当半壁，饱看叠翠上重霄。

千古江山岁月我；

百年身世去来今。

注：望祁亭位于祁阳县城北面驿道上，俗谓“接官亭”。

## 祁阳清凉亭联

把酒涤凡尘，任天涯芳草，世界红尘，此心澄似湘江水；

凭栏舒望眼，看细雨帆樯，人间白眼，感慨多于八角风。

——黄裔

注：清凉亭位于祁阳县八角岭。

黄裔（1873—1951年），祁阳县浯溪镇人，矢志不仕，终身从教，著述颇丰，其六十大寿时，蒋介石曾送其“湘南一老”匾额。

## 祁阳望邑亭联

为名乎为利乎坐坐再走；

劳心者劳力者缓缓而行。

注：望邑亭位于祁阳县浯溪镇黄土岭。

## 祁阳山阴亭联

百代光阴留过客；

千秋风景送行人。

解渴休忘孤井竭；

消烦珍爱一山阴。

峻岭梁材培胜地；

斜峰道路过贤人。

注：山阴亭位于祁阳县羊角塘镇张阿塘村。

## 祁阳黄沙铺亭联

走马待来朝，尘净黄沙，栗木半塘清水秀；

停车游营岭，题诗红叶，枫林五里渡花香。

注：黄沙铺亭位于祁阳县下马渡镇云盘町黄沙铺。

## 东安福善亭联

福星一路；

善果同修。

守财奴，储财不放，千年田地八百主；

积善人，乐善慷慨，一分银钱万古名。

午眠石枕倦，遥听一声牧笛，借问解渴何处？山指杨梅；
日落暮云平，坐看十里烟村，不妨缓辔徐行，桥横鹿马。

注：福善亭位于东安县芦洪市镇杨柳村拔塘边，古时是芦洪市到鹿马桥必经之地。

## 东安三排岭茶亭联

山好好，水好好，开门一笑无烦恼；
来匆匆，去匆匆，饮茶几杯各西东。

注：三排岭茶亭位于东安县南桥镇三排岭。

## 东安界牌亭联

后会有期，此后莫忘今日语；
前途无限，向前须问过来人。

注：界牌亭位于东安县大盛镇界牌街，地跨东安、邵阳两县，过去东、邵两侧各建有凉亭，都叫“界牌亭”。

## 东安雷劈岭亭联

两脚不离大道，吃紧关头，须要认清岔路；
一亭俯视群山，占高地步，自然赶上前人。

注：雷劈岭亭位于东安县舜皇山，雷劈岭有一石板古道，昔是东安与新宁山区边民互通往来所经之路，山高路险，山岭的岔路口建此凉亭。

## 东安刘家亭联

祖师殿，阻水口，俎豆千秋；
刘家亭，留客坐，流芳百世。

注：刘家亭又名祖师殿，位于东安县花桥镇刘家亭村。

## 东安春晖亭联

飞雀未回，须小坐候瑶池王母；
骑牛而过，莫错认作老子函关。

笠戴车乘，几个敦班荆古谊；
雪来柳往，此间有寸草春晖。

——（清）庠生　云翼

婺焕中天，一路远瞻名利客；
恩垂世上，四时长荫往来人。

——（清）贡生　桑一枝

因树为亭，借老干新条，并垂慈荫；

当衢立柱，共来鸿去燕，竞祝遐龄。

注：春晖亭位于东安县石期市镇，古时东安通永州府的驿道上。

### 东安牛鼻岌亭联

过客向前行，水自逆流风自顺；

幽情泛地畅，石为狮子玉为麟。

到门就是息肩地；

入座即无暴气人。

老幼辈来堪住足；

利名客到亦停车。

注：牛鼻岌亭位于东安县紫溪市镇迎龙村。

### 东安龙口亭联

喜来者来往者往；

可止则止行则行。

说什么阴功，也不过节劳途中，差胜柳边分荫绿；

捐些须小饮，即无难解渴道左，何须竹里唤樵青。

当前便是息肩地；

过后应无渴口人。

注：龙口亭位于东安县紫溪市镇龙口村九组。

### 东安水岭亭联

峻岭急湍，兴怀犹昔；

旗亭画帜，高唱入云。

问山水清奇，可有醉翁来此；

唱云河远上，且看诗客是谁。

扩大胸怀，捷足快登绝顶上；
放开眼界，回头已见众山低。

注：水岭亭位于东安县水岭乡冷山。

**东安半岭亭联**

高蹬陂陀征脚力；
潺泉甘洌沁神经。

世路苦崎岖，是造物故作不平，我欲夷山堙大壑；
峰岚自今古，为行人聊谋小憩，客来倾盖话前程。

高高亭子山腰路；
远远人家屋顶檐。

注：半岭亭位于东安县白牙市镇虾塘村半山岭。

**东安仪善亭联**

大江口小江口是非只因多开口；
上界头下界头烦恼皆为强出头。

**东安半山亭联**

循道而登，攀到半山须努力；
贪心不远，欲登绝顶莫辞劳。

注：半山亭位于东安县舜皇山国家森林公园主峰半山腰。

**双牌上梧江凉亭联**

野鸟啼林，劝君莫便匆忙过；
山花映日，待我从容仔细看。

前路茫茫，坐片刻各奔南北；
炎阳冉冉，吃一盏不管温凉。

注：该亭位于双牌县上梧江通往道县的潇贺古道上，亭今不存。

**道县种福亭联**

尺寸有度，宜尺则尺，宜寸则寸；
祸福无门，种祸得祸，种福得福。

注：种福亭：俗称双巴凉亭，又名双屋亭，位于道县营江乡、万家庄乡、道江镇交界处，是秦始皇修筑五岭峤道之首站，湖南最古老的凉亭之一。

**道县万里亭联**

旅客倦行聊驻足；

劳人释负暂息肩。

注：该亭位于道县东门乡下关村。

**道县石马神凉亭联**

过客莫嫌茶味淡；

村居不逊市情浓。

注：该亭位于道县蚣坝镇石马神村。

**道县太极亭联**

至此为高，放眼四周皆胜境；

毋须更上，举头三尺是青天。

注：太极亭位于道县清塘镇楼田村。

**道县濯缨亭联**

豸岭峥嵘，圣脉泉流，缨斯濯矣；

龙山环绕，五星奎聚，仁者乐之。

注：濯缨亭在道县清塘镇楼田村。“濯缨”出自《楚辞》：“沧浪之水清兮，可以濯吾缨。”

**道县富子岭凉亭联**

月岩一望昭心德；

富岭千秋作口碑。

注：此亭位于道县营江乡富子岭村，亭已废。

**道县青木山亭联**

两足青云将直上；

一肩红雨暂栖迟。

注：此亭位于道县蚣坝镇长兴洞村之青木山，今已废。

**道县宜山半山亭**

中天悬明月；

半岭望清潇。

注：该亭位于道县梅花镇，今已废。

**零陵福寿亭联**

世路少闲人，春怅萍飘，夏惊瓜及[①]，秋归客燕，冬赏宾鸿，慨仆仆长征，只赢得栉风沐雨，几经历红桥野店，紫塞边关，名利注心头，到处每从忙里过；

郊原何限景，西流潇浦[②]，南峙嵛峰[③]，东卧金牛[④]，北停石马[⑤]，奈茫茫无际，都付诸远水遥山，止收拾翠竹香零[⑥]，绿天息影[⑦]，画图撑眼底，劝君盍向憩中看。

——唐炳霖[⑧]

城廓匪遥，此地堪为东道主；

关山难越，诸君谁是西都宾。

古蝶廻环行行且止；

长途汇悴息息相关。

有亭翼然，溪山竞秀；

我客戾止，风雨攸除。

注：福寿亭又叫永州东门亭，位于零陵城东茆江桥永连盐道上。

①瓜及：出自《左传》“及瓜而代”。即从今岁食瓜之时上任至明年食瓜之时期满后由他人接任，指来去匆忙。亦称瓜时、瓜期。

②潇浦：潇水边。

③嵛峰：嵛峰岭。

④金牛：金牛岭。

⑤石马：石马凼，现名司马塘。

⑥翠竹香零：指翠竹园、香零山。

⑦绿天息影：绿天．指绿天庵；息影，朝阳岩代称。

⑧唐炳霖，晚清禀生，湖南东安人氏，此联是他在零陵蘋洲书院读书时所作。

**零陵楚粤亭联**

楚水在潇湘，此下清塘堪媲美；

粤山壮风洞，斯中爽气可同休。

粤岭壮南天，宜舒眼界；

楚江观北海，好润心田。

注：该亭位于零陵大庆坪乡与广西交界处清塘坳上。其联入选《中国亭台楼阁楹联精选》。

### 零陵富家桥亭联

山影水中浮；

滩声天外落。

两岸翠屏山色远；

数楹图画水光寒。

注：此亭位于零陵区富家桥镇，今不存。

### 新田桂阳交界处凉亭联

前路赤炎炎，试问能行几步；

这里凉飕飕，何妨暂坐片时。

注：此凉亭位于新田与桂阳交界处，亭今不存。

### 新田竹风亭联

竹木广荫常蔽日；

风雨长年总庇人。

志在春秋，则学孔子也；

明合日月，其唯圣人乎。

注：竹风亭位于新田县枧头镇彭梓城东。

### 新田柏寿亭联

柏树永荣，荫分慈竹；

寿山独耸，高并衡峰。

车殆马烦，权留玉趾；

雪来柳往，稍慰渴思。

注：柏寿亭位于新田县枧头镇彭梓城村西。

**新田水打莲花亭联**

泽沃劳人功德远；
恩铭善眷颂歌长。

为逢甘雨来心急；
因爱和风去意迟。

注：水打莲花亭位于新田县石羊乡。

**新田七贤山亭联**

停车暂缓一时名利；
静坐略舒四体精神。

名著节全，耿耿丹心照日月；
才雄感壮，堂堂正气仰春秋。

石秀千秋暑可避；
泉流万古渴能疗。

注：七贤山亭位于新田县三井乡七贤山。

**新田普乐亭联**

普济爱斯亭，有酿水廉泉，渴烦顿解；
乐观祝过客，愿名场利薮，得意方归。

注：普乐亭位于新田县冷水井乡，民国25年（1936年）再缮凉亭时，陈柏屏先生为之撰联。

**新田寿山亭联**

寿比古柏春不老；
山映廉泉亭更清。

新亭无日不停车；
流水有情频送客。

注：寿山亭在新田县冷水井乡刘家山村。

**新田寿荫亭联**

望远直穷千里目；
披风恰对一棵松。

看他酷向红尘逐；
到此直同白日闲。

消除暑气添香液；
踏破云峰挹碧流。

喜有山色争迎送；
休管亭程话短长。

注：寿荫亭位于新田县毛里乡大冠岭十字路口。

**新田山下村亭联**

雨过林霏清石气；
秋将山翠入诗心。

试从平坦时观我；
直至最高处抬头。

注：山下村亭位于新田县三井乡山下村，今已毁。

**江永关口亭联**

去路少行人，去如秋燕，来似春鸿，百般利禄熏心，到处尽从忙里过；
山亭多美景，前有茂林，后垂修竹，四面画图撑眼，劝君盍趁憩中看。

——何中魁

行不尽路程，忙里偷闲，车殆马烦当随驾；
看无边光景，苦中作乐，莺飞鱼跃应关怀。

——何博元

注：关口亭位于江永县黄甲岭乡龙洋村西南的古驿道上。

**江永月波亭联**

江山凭指点；
风月任流连。

风月资吟啸；
烟波得性情。

——杨翰

注：月波亭位于江永县千年古村上甘棠，潇贺古驿道上。“月波”语出《汉书·礼乐志》：“月穆穆以金波。”

### 江永会缘亭联

为名忙为利忙，忙里偷闲且向凉亭坐坐；

劳心苦劳力苦，苦中作乐暂把笑语谈谈。

注：此亭位于江永县允山镇圣人山东北，因聚溪头之会缘庙而得名。

### 江永俸源岭亭联

瑶汉一家，坐下来畅谈衷曲；

阴晴两便，歇片刻攀越前程。

注：俸源岭亭位于江永县源口瑶族乡俸源岭。

### 江华同乐亭联

野鸟劝君权且息；

山花笑客不须忙。

且坐此中聊驻步；

何妨静里一迎凉；

注：同乐亭位于江华县何家村。

### 江华惠风亭联

志奋前程须展骥；

肩息此地好停骖。

登程备应羊肠险；

坐石权听鸽语安。

注：惠风亭位于江华县大路铺镇虾塘村，是江华古官道东大道的重要枢纽。

### 江华乐仙亭联

雨疏亭幽，骚人有曲惊司马；

亭环景岫，旅客无心道沛公。

为名忙为利忙，忙里偷闲且坐坐；

劳心苦劳力苦，苦中作乐暂哈哈。

注：乐仙亭位于江华县大路铺镇花地湾村。

## 江华松柏亭联

世路崎岖，唯愿当时息辙；
风尘扰攘，悉来此处托身。

松有清风，咸资怡乐；
柏多劲节，足表贞良。

注：松柏亭位于江华县蓬田源。

## 江华憩行亭联

一路山花迎过客；
数声鸟语送归人。

欲赴远程聊驻足；
既来中道暂停肩。

注：憩行亭位于江华县蚂蝗塘村。

## 江华清胜亭联

群木罗亭近；
众山列幛遥。

——何绍基

风月资吟，山水略同盘谷序①；
烟霞得趣，亭台浑似辋川图②。

注：清胜亭在江华县城南隔江，始建于唐代。

何绍基（1799—1873年），晚清诗人、画家、书法家。

①盘谷序：唐李愿隐于河南济源县北盘谷。韩愈有《送李愿归盘谷序》，描述其地绝佳风景。

②辋川图：唐王维作，笔墨造微入妙。

## 江华中兴亭联

自去自来行路苦；
求名求利为谁忙。

百代光阴如过客；
片时静坐即神仙。

注：中兴亭位于江华县沱江镇腊树脚村。

**江华乐善亭联**

黄尘长短驿；
浮世往来人。

香檀燃客意；
驿柳挂乡心。

欲坐则坐，何为是栖栖者；
要行就行，谓之又徐徐云。

山远秋泉白，溪路晚照红；
亭前山色翠，林里鸾风清。

天上日炎，旅客征商，正好息肩坐坐；
亭中风弱，文人学士，聊堪驻足谈谈。

注：乐善亭位于江华县河路口镇，潇贺古道上。

**江华济泉亭联**

泉水澄清，行人止渴；
山花艳丽，过客停观。

注：济泉亭位于江华县东田镇崩塘村。

**江华玉泉亭联**

一条坦道名金被；
四面青山镶玉泉。

注：玉泉亭位于江华县白芒营镇深塘铺村。

金被：金被坪（地名）。

**江华便宜亭联**

暑往寒来，随时方便；
南辕北辙，因地适宜。

便息征尘，勿悲失路；
宜思缓步，聊可当车。

注：便宜亭位于江华县大路铺镇花地湾村。

## 江华五里营亭联

野鸟有声，开口劝君暂且息；
山花无语，点头笑客不须忙。

来，予与言，尔且凉凉才去；
坐，我明语，子莫茫茫然归。

注：五里营亭位于江华县大路铺镇五里营村。

## 江华惠泉亭联

烟树晴岚留过客；
廉泉让水[①]荡行旌。

鞅[②]掌奔驰欣得止；
枯肠滋润恰回甘。

注：惠泉亭位于江华县东田镇泥井村。

①让水：水名，在陕西褒城县西南，又名逊水。

②鞅：古代用马拉车时安在马脖子上的皮套子。

## 江华豸山六阁亭联

此亭与豸山沱水并永；
斯阁乃酒仙诗伯所居。

——王谟

岂谓一亭，乾坤即逆旅；
纵观两岸，云山尽画图。

——舒云藻

来日大难，聊向长亭释担负；
民亦劳止，曷从此处觅棠荫[①]。

——李惠元[②]

注：豸山六阁亭位于江华县沱江镇豸山。

①棠荫：来自于典故，周时召伯南巡，曾在甘棠树下处理老百姓打官司的事情，受到了人们的好评，后用“棠荫"比喻良吏的政绩。

②李惠元：民国26年（1937年）建亭前后，李惠元时任江华县县长，此时国难当头，内政腐败，民生疾苦，故有此哀民之作。

**祁阳大营驿联**

蓬头垢面跪阶前，想想当年相国；
端冕凝旒临座上，看看此日将军。

静邀山风披经卷；
闲剪江云补衲衣。

——唐炳霖

注：宋高宗绍兴元年（1131 年），岳飞奉旨权湖南帅，统兵征讨邵阳曹成义军，驻军祁阳境内，并品字形扎下 3 座大营。翌年七月，岳飞题壁大营驿。

《岳飞大营驿题记》：权湖南帅岳飞，被旨讨曹成，自桂岭平荡巢穴，二广湖湘悉安，痛念二圣，远涉沙漠，天下靡宁。誓竭忠孝，赖社稷威灵，君相圣贤。他日扫清强虏，复归故国，迎两圣还朝，宽天子宵旰之忧，此所志也。顾蜂蚁之群，岂足为功？因留于壁。绍兴二年七月初七日。

## 二、古桥亭联

**浏阳沿溪桥联**

一轮明月，沿江千古照；
九曲拱桥，溪水四时通。

沿溪桥一桥七孔；
大光洞三洞八仙。

注：沿溪桥位于浏阳沿溪镇沿溪河上，始建于宋，现桥重建于清乾隆年间。

**长沙县跳马乡万古桥联**

一里三桥，万古千秋百世；
两年五仗，四邻十室九空。

注：长沙县跳马乡有万古、千秋、百世 3 桥，民国初年军阀在此混战，民间流传此联。

**浏阳长鳌江桥化字炉联**

翰墨流芳处；
文章入化时。

注：长鳌江桥位于浏阳市大围山镇鳌江与大溪河交汇处数百米远。桥西建高约 4 米的惜字塔（化字炉）。

## 浏阳跳石桥联

梳理河川，敢对洪峰言砥柱；

铺排琴键，乐为行客踏笙歌。

——徐和初

注：浏阳跳石桥位于浏阳大围山镇大溪河上游，建于明代。

## 浏阳万福桥联

桥修万福连吴楚；

水自千秋入洞庭。

——廖光汉

注：万福桥位于浏阳市大围山镇白沙集镇的大溪河上。

## 浏阳坪上古桥联

一桥飞架，如虹饮水，似月衔山，凭栏赏两岸稻菽，满溪烟波，何曾留念吹箫美人，题桥司马；

双舟竞发，破浪乘风，扬帆击楫，酹酒吊爱国诗豪，怀沙志士，更应顾及集体休戚，同舟安危。

——焦鸿吉

注：坪上古桥横跨于浏阳市龙伏镇坪上村的捞刀河上，始建于明代。

焦鸿吉，1916 年生，浏阳人，宿儒焦琴喈裔孙。

## 宁乡玉潭桥联

上通滇黔二省，商旅骈辏；

下极吴越两江，驰驱络绎。

注：玉潭桥位于宁乡县玉潭镇，横跨沩水下游，始建于明成化二十一年（1485 年），后屡毁屡建。清乾隆三十五年（1770 年）建成 26 墩石桥，1972 年改建为公路桥。

## 狮顾山、玉潭桥合联

云封狮顾寺（萧子升出句）；

桥锁玉潭舟（毛泽东对句）。

——萧子升　毛泽东

注：此联传为 1917 年暑假，在湖南一师求学的毛泽东，偕学友萧子升游宁乡时所作。

萧子升（1894—1976 年），长沙府湘乡人，毛泽东一师同学，新民学会总干事长，1952 年定居乌拉圭。

### 宁乡古南桥联

古国庆重光，试看一片降幡，屈膝竟无条件订；
南桥开盛会，对此三秋风物，新腔谱出太平歌。

——刘敦南

注：古南桥位于宁乡县洞庭桥乡。1945 年，宁乡军民曾在此举行庆祝抗日胜利大会。

刘敦南，宁乡县人，乡村教师。

### 宁乡文星桥联

文字光芒万丈；
星桥利济三湘。

注：文星桥位于宁乡、湘乡、湘潭三县交界处，为往来要津。

### 宁乡惠同桥亭联

一般春梦无痕，名利走红尘，劝过客喝些茶去；
今日海疆多故，神仙到黄石，看传书谁上圯来。

天开小画图，双流涧口泉声，断岸悬虹围柳絮；
客来好风景，一笠波心亭影，淡烟飞翠点茶瓯。

——岳障东

注：惠同桥位于宁乡县沙田乡，为清代石桥，桥上建廊亭。

### 宁乡新建桥亭联

此地是通衢，迁客骚人，莫道关山难越；
有亭临桥畔，英雄知己，岂无萍水相逢。

——朱人骥

注：新建桥位于宁乡、安化、涟源三县毗邻处。

关山、萍水语出唐王勃《滕王阁序》：“关山难越，谁悲失路之人；萍水相逢，尽是他乡之客。”

朱人骥，宁乡人，清末秀才。

### 桃源遇仙桥联

开口说神仙，是耶，非耶，其信然耶，难为外人言也；
源头寻古洞，秦欤，汉欤，将近代欤，欲呼樵子问之。

注：该桥原为横卧涧上的自然岩桥。明天启年间，桃源县主薄孙廷蕙修成石拱桥。清末，湖广提督俞益谟于桥上修遇仙亭。

**慈利顺水桥联**

英雄下马拜秋色；

古木归鸦乱夕阳。

——萧少白

**祁东状元桥联**

山光浮近水；

虹气亘遥空。

大桥刚合，从此通行，必吟诗作对，有所感，有所为，状元公有何想法；

小生新中，尔后为官，当报国效民，不图名，不图利，众父老不必担心。

注：状元桥亭位于祁东县归阳镇，始建于明万历年间，现桥是清同治年间重修。

传说桥竣工鸣炮时，恰逢新科状元打马经过。一老秀才拦马出上联，状元对答下联，后将此联刻于桥端石碑，桥因此而得名。第二联，秀才状元，一问一答，明白如话，流畅如歌。自然贴切，珠联璧合，如出一人之手，浅而不俗，耐人寻味。

**益阳衡龙桥桥联**

萍水相逢，见面如亲友；

停车暂歇，入亭似归家。

注：衡龙桥修建于清乾隆六十年（1795 年），原为石墩石梁廊桥。

**安化永镇桥联**

永招常有人题柱；

镇座应无客望梅。

注：该桥位于安化城关镇。

**安化乌龟桥亭联**

招待未遑寒夜客；

过来都是热心人。

一肩汗雨容留憩；

两腋清风好送行。

### 新邵石马桥联

目空天下万人敌；
身是吾家千里驹。

——石达开

临水钓鳌，以虹霓为线，明月作钩，世间无义丈夫，只堪充饵；
平原聘马，借芳草衬蹄，清风鼓鬣，吾党多才小子，尽可扶轮。

——石达开

注：石马桥跨越新邵境内的石马江。

石达开（1831—1863年），广西贵县客家人，太平天国名将。

### 新邵梅石桥联

梅开桥头，让踏雪老人，从容探赏；
石横江畔，笑纳履孺子，仓遽寻来。

注：该桥位于新邵县寸石镇梅市村。

### 江永秀峰桥亭联

左岩右塔，三不朽矣；
通粤达楚，一以贯之。

饮客何须茶当酒；
畅怀全藉水生风。

如斯山水，岂少知音；
有此硚亭，可称兼善。

注：秀峰亭位于江华县大圩镇兴仁村。

### 东安广利桥联

风月无边，东坡放鹤①；
山川如画，司马乘轩②。

广交游，到此闲谈风月；
利行旅，于斯补就江山。

注：广利桥亭在东安县紫溪市镇塘复，为清代修建的石拱廊桥。

①放鹤：宋苏轼游赤壁，有梦鹤故事，见《后赤壁赋》。

②乘轩：西汉司马相如，四川成都人。赴长安求取功名时，途经成都城北升仙桥，乃题其柱曰："大丈夫不乘驷马车，不复过此桥"。见《西京杂记》。

### 东安登瀛桥联

大江东去，砥柱其谁？趁紫溪流汇朝东，风平万里；

吾道南来，伊人宛在，看诸葛台崇射影，月映一弓。

注：登瀛桥亭建于东安县紫溪市镇登瀛桥上。

### 祁阳枫林铺桥联

晚景自堪娱，落日余晖，凭增枫叶三分艳；

时光无比好，生花妙笔，难写红林一色秋。

注：枫林铺桥亭位于祁阳县下马渡镇枫林铺，始建于明嘉靖年间，原为石拱廊桥，1977 年改建为公路桥。

### 祁阳小陂桥联

山送青来，夹道不妨留小憩；

水环绿绕，一亭直欲镇中流。

前程甚远，从今只管行行；

后路修长，到此何妨歇歇。

注：小陂桥亭位于祁阳县羊角塘镇，修建于清乾隆五十八年（1793 年），1978 年拆用桥亭建小学，桥身犹存。

### 祁阳十三板桥亭联

板板相连，环环相扣；

人人发迹，路路发财。

注：十三板桥亭位于祁阳县七里桥镇白竹塘。

### 祁阳长滩桥亭联

两岸静涵毛水绿；

一弓长抱竹山青。

注：长滩桥位于祁阳县浯溪镇苏油坪。

### 祁阳横江桥亭联

云横山岭家何在；

雾落桥亭望眼穿。

注：横江桥亭位于祁阳县下马渡锁江桥。

**祁阳沙滩桥亭联**

春到船唇流水绿；
人归渡口夕阳红。

欲泛仙槎向何处；
偶传红叶到人间。

注：沙滩桥亭位于祁阳县黎家坪镇沙滩桥。

**祁阳香花桥亭联**

过客那辞劳，问何事行路匆忙，使霜染马蹄，雪留鸿爪；
名亭堪选胜，到此间凭栏远眺，恰风回水面，月点波心。

——（清末）邑之举人　汪云霖

问何人支大厦津梁，待将来破浪长才，澄清世界；
愿若辈作中流砥柱，有几许回澜巨手，整顿江山。

——（清末）邑之秀才　桂名灏

注：香花桥亭位于祁阳文富市镇香花村祁水之上，为石墩木梁廊桥，始建年代失考。1965 年拆除桥面廊亭，在桥上铺设过水渡槽，桥槽两用。

**新田长富桥亭联**

长白望京华，万里河山通地脉；
富春怀胜境，一天星斗照江心。

天上好姻缘，看织女牵牛，无须唤渡；
人间大福命，乘高车驷马，方许还乡。

林下水光通画意；
风来钟韵落江心。

注：长富桥位于新田县大坪塘乡，原为石墩木廊桥，1949 年毁于火灾，后在原址建公路桥。

**新田洪城桥亭联**

为帝者师，幸老人传书夜半；
作仙人婿，携佳妇捣杵人间。

留婕迪前光[①]，圯上兵符传虎略；
季鹰[②]怀故里，江边云树忆鲈鱼。

注：洪城桥又称麻窝窑桥，位于新田县高山乡麻窝窑村，修建于清乾隆年间。清嘉庆《新田县志》有《洪城桥记》："洪城桥，在南乡，距城三十五里，桥上建亭，有记，详艺文"。现桥还在，桥亭已倒塌。

①留侯迪前光：留侯，汉代张良的封爵。张良时任刘邦谋士。迪：引导。前光：祖先的功德。

②季鹰：晋张翰，官至大司马东曹椽。后为避祸，托辞思故乡鲈鱼而辞官归隐。

### 新田塘下桥亭联

大雨将临，尽可停车庚止；

前程尚远，犹当快马加鞭。

莫言此处好乘凉，依依不舍；

但谓前途欲驻足，坐坐何妨。

注：下桥亭建在新田县田家乡塘下和周家洞两村之间的一小溪上。上两副对联刻在亭内石柱上，现保存完好。

### 新田环灵桥亭联

劳人至此堪亭坐；

过客来斯漫峰行。

模旧制神灵有感；

承前谟士庶沾息。

注：该桥位于新田县田家大洞的南面小河上，清嘉庆二十四年（1819年）建造。

### 新田山下洞桥亭联

远客颇相需，露添雀舌；

长亭无所赠，月送马蹄。

注：山下洞桥亭位于新田县三井乡山下洞，现桥尚在亭已毁。

雀舌，指嫩茶芽。宋沈括《梦溪笔谈》："茶芽，古人谓之雀舌、麦颗，言其至嫩也。"

### 大庸双溪桥亭联

双溪桥桥下生荞风吹荞动桥不动；

七甲坪坪上长萍水漫萍流坪不流。

注：该桥位于大庸双溪桥乡，修建于明天启五年（1625年），是商贾客旅西通川渝鄂、东至常醴的要津。因其在百步之内有两条小溪注入酉水和两座石拱廊桥飞架两溪之上而得名。

**益阳小河桥亭联**

两腋清风，诗句好寻行路后；

一炉活火，茶烟轻漾小桥西。

注：该桥位于益阳市赫山区泉交河镇小河桥村，亭联传为胡林翼（1812—1861 年，号润之，晚清中兴名臣之一，湘军重要首领）撰。

**桂阳乐善桥联**

乐地任遨游，来来去去皆自得；

善人无幸致，劳劳碌碌又何妨。

——（清）曹义胜

注：该桥位于桂阳县太和镇乐善村。

**桂阳车田桥联**

款款清风，上下影摇波底月；

滔滔白浪，往来人渡镜中桥。

注：该桥位于桂阳县清和乡车田村。

**桂阳官溪桥联**

十二栏杆堪系马；

三千巨浪不呼舟。

人夸司马乘轩过；

我爱东坡放鹤来。

——（清）李隆礼

**嘉禾仙人桥联**

天堑可填，一桥架就通南北；

地陇不断，两岸连成任往还。

——（清）庠生　黄由恭

注：该桥位于嘉禾县石桥乡罗家村，由两条天然石梁横跨钟水而成。

**嘉禾车头桥联**

五拱桥梁三载绩；

一方因果万人圆。

——（清）黄云汉

注：五拱桥即车头桥，位于嘉禾县车头镇车头村，跨越钟水。修建于清光绪二年（1876 年），建成于清光绪四年（1878 年）。

## 三、古渡亭联

### 长沙驿步门义渡亭联

义渡有亭，看湘江两岸风光，洪流滚滚千层浪；

慈航无主，济长沙全城商旅，人海茫茫百搭桥。

注：清嘉庆十三年（1808 年），长沙驿步门（今大西门）外始设湘江义渡，置亭供过渡行人休息。亭今不存。

### 望城铜官义渡亭联

黄花港在江边，战绩千秋，时事造成瞻太福；

紫云宫横眼底，长天一览，清风来自大微山。

注：义渡亭位于望城县铜官镇，始建于清光绪七年（1881 年）。

### 隆回冷水井亭联

君请息肩，老鹰坡上途犹远；

客来解蹬，洗马滩头水正清。

注：老鹰坡，又名老鹰界，通溆浦。

洗马滩，通新化、溆浦等地。

### 益阳裴公亭联

风物饯流年，资水滔滔，淘尽游人信息；

江山留胜迹，碧峰隐隐，飞扬志士襟怀。

——陶澍

注：陶澍（1779—1839 年），字子霖，号云汀，湖南安化人。嘉庆七年（1802 年）进士，改翰林院庶吉士。官至两江总督加太子少保，道光十九年（1839 年）卒，谥文毅。

得仙人之旧馆，感吾生之行休，何伸雅怀，未尝不临文嗟悼；

惟江上之清风，与山间之明月，每有会意，亦足以畅叙幽情。

——云中子

注：本联句子分别出自（唐）王勃《滕王阁序》、（晋）陶潜《归去来辞》（原句为“感吾生之行休”）、（唐）李白《春夜宴桃李园序》、（晋）王羲之《兰亭序》、（宋）苏轼《前赤壁赋》、（晋）陶潜《五柳先生传》、（晋）王羲之《兰亭序》。

如此好河山，岂容过客常称主；

特来问岁月，更有何人解听经。

——（清）罗德源

云树何缘，竟赢来唐相停车，明臣驻马；

亭桥新建，好领取山间明月，江上清风。

——（民国）陈翊荣

注：裴公亭位于益阳市南端资江畔，始建于唐，为纪念唐代名相裴休而建。古“资江十景”中，称之为“裴亭云树”。

### 桃江石人塘义渡亭

设舟在宝安益交通区，万人共济；

筑室于锡板罗汇合处，三水同朝。

注：石人塘义渡位于桃江县锡溪、板溪、罗溪三水汇合处，清嘉庆二十五年（1820年）修建，1958年改渡为桥。

### 安化黄沙坪官渡亭联

今日至东，明日至西，忙甚么？观不尽佳水名山，愁不尽情田欲海，智虽周瑜，勇虽项羽，赤壁乌江，到头来是梦。请君暂坐片刻，谈数言，思前想后，留些精神养自己；

这条路来，那条路去，叹咋的？止勿住红颜黑发，带不去白璧青蚨，贵如韩信，富如石崇，淮阴金谷，转眼便成空。与我丢下几文，沽半壶，测五猜三，让将辛苦付他人。

——（清）罗忠清

名忙利忙，何妨喝几杯茶去；

人急已急，趁早驾一叶舟来。

注：黄沙坪官渡位于安化县东坪镇，始建于宋代。

### 益阳西洲渡亭联

西下夕阳，鸟噪枝头催过客；

洲前古渡，人挑行李赶前程。

注：西洲渡位于益阳南县厂告镇西洲村。

### 祁阳安澜渡亭联

安步当车，暂息行踪怜远道；

澜观有术，别开眼界向中流。

安定沉浮无一日；

澜回沧海是何年。

注：安澜亭位于祁阳县进宝塘镇河埠塘渡口。

### 祁阳永乐亭联

匆匆而来，暂向凉亭小坐；

行行则止，何妨长途息肩。

风雨交加，何妨小坐片刻；

茶水至足，随便多饮几杯。

注：永乐亭位于祁阳县龚家坪镇高码头。

### 祁阳下七渡亭联

夜雪走楼船，千年古渡流高咏；

春江濡彩笔，百世苍松入壮怀。

注：下七渡亭位于祁阳县下七渡镇。

### 祁阳毛家埠亭联

走正路一条，谁肯甘心落后；

奔前程万里，我愿捷足登先。

注：毛家埠亭位于祁阳县潘市镇。

### 祁阳松林溘浪滩亭联

溘水惊天地；

浪涛幻古今。

注：松林溘浪滩亭位于祁阳县潘市镇。

### 祁阳水府亭联

游客常来，大好河山依旧，满圆月里看嫦娥，微微有影；

凭夷何去，空留楼阁翻新，半入石中寻故主，杳杳无踪。

注：祁水南岸入湘处水府亭，明代邑人黄俊首建，清乾隆二十八年（1763 年）重修。

### 东安仁寿亭联

小憩计前程，到如意处应知远；

骤驰疑险道，得息肩时且少休。

履险正如夷，莫骇言马迹成潭，虎头当道；
有心不怕远，且坐看象鼻卷水，龙口嘘云。

一曲鹧鸪，夜月晓岚添客思；
漫天风雨，马蹄车辐为谁忙。

注：仁寿亭位于东安县紫溪市镇龙口村。

### 祁阳九洲渡亭联

九洲出潇湘，纵观烟雨晴岚，流水行云堪娱目；
渡亭怀祖国，每值兵革变故，先忧后乐总关心。

——赵汝为

注：九洲渡亭位于祁阳县黄泥塘镇九洲渡口。

### 祁阳河埠塘渡亭联

四面青山环古寺；
一江绿水抱凉亭。

注：河埠塘是祁阳湘江边上的一个小镇，明清之际甚为兴旺。几百里内流传有“金归阳、银白水、财主出在河埠塘”歌谣。渡口亭建于明代。

### 祁阳乐善亭联

有水有茶，聊为解渴；
曰亭曰屋，气可小休。

芹岭江头，人来畏日；
竹山路口，坐引薰风。

注：乐善亭位于祁阳县茅竹镇竹山湾。

### 祁阳琵琶亭联

亭起我重来，犹觉梦中红泪，眼下青山，天涯萍迹同情处；
曲终人不见，独留岸山荻花，江心明月，水面烟波似旧时。

注：琵琶亭位于祁阳县茅竹镇琵琶洲。

### 祁阳翘首亭联

过客休谈行路远；
劝君小坐等船来。

一湾流水环庐寓；
四面清风作故人。

注：翘首亭位于祁阳县茅竹镇老山湾渡口。

**祁阳萍踪亭联**

到此留行踪，莫辜负山青水秀；
这里寻归宿，但勿忘任重途长。

注：萍踪亭位于祁阳县三江口。吕振羽先生为其家乡塘田市的留念亭（已圮毁不存）题联，有类似内容。

**祁阳望涛亭联**

白水如棉，不用弓弹花自现；
红霞似锦，何须机织天生成。

注：望涛亭位于祁阳县白水镇。

**祁阳烟波亭联**

愿向烟波藏姓字；
宁辞轩窗钓五湖。

注：烟波亭位于祁阳县潘市镇横塘。

**祁阳石坝江风亭联**

江阔天空宜放眼；
风清日朗好题诗。

江流不息帆樯动；
风月长存塔影清。

注：石坝江风亭位于祁阳县潘市镇石坝。

**祁阳阅江亭联**

淡水清茶聊止渴；
狂风骤雨暂停车。

看鸥江上斟山茗；
系马岸边唤渡船。

注：阅江亭位于祁阳县城驿马门对岸。明景泰三年（1452 年）始建此亭。后屡圮屡建，现亭为清代建筑。

### 祁阳下七渡亭联

夜雪走楼船，千年古渡流高咏；
春江濡彩笔，百世苍松入壮怀。

注：下七渡亭位于祁阳县下七渡镇。

### 江永水云亭联

水清堪濯足；
云散好观书。

——何绍基

基踞城南，一湾流水当亭绕；
山屏槛外，半郭荒烟拥岸来。

——何绍基

注：水云亭位于江永县城东南。

何绍基（1799—1873 年），道县人，晚清诗人、画家、书法家。

### 江华快行亭联

万里江山分月影；
九衢风土带花香。

过客不忙堪止步；
骖騑暂息且停车。

君意欲何之，且向江亭静坐；
客舟才去也，暂于渡口谈心。

野鸟有声多恋客；
幽亭触处自生春。

注：快行亭位于江华县沱江镇江渡村。

# 第二节　古诗词　古赋记

## 一、古诗词

**湘夫人**（战国）屈原

帝子降兮北渚，目眇眇兮愁予。袅袅兮秋风，洞庭波兮木叶下。白薠兮骋望，与佳期兮夕张。鸟萃兮苹中？罾何为兮木上？沅有芷兮澧有兰，思公子兮未敢言。荒忽兮远望，观流水兮潺湲。麋何食兮庭中？蛟何为兮水裔？朝驰余马兮江皋，夕济兮西澨。闻佳人兮召予，将腾驾兮偕逝。筑室兮水中，葺之兮荷盖。荪壁兮紫坛，匊芳椒兮成堂。桂栋兮兰橑，辛夷楣兮药房。罔薜荔兮为帷，薜蕙櫋兮既张。白玉兮为镇，疏石兰兮为芳。芷葺兮荷屋，缭之兮杜衡。合百草兮实庭，建芳馨兮庑门。九嶷缤兮并迎，灵之来兮如云。捐余袂兮江中，遗余褋兮澧浦。搴汀洲兮杜若，将以遗兮远者。时不可兮骤得，聊逍遥兮容与。

注：屈原（前340—前278年），号灵均，楚武王熊通之子屈瑕的后代，战国诗人。

**湘君**（战国）屈原

君不行兮夷犹，蹇谁留兮中洲？美要眇兮宜修，沛吾乘兮桂舟。令沅、湘兮无波，使江水兮安流。望夫君兮未来，吹参差兮谁思？驾飞龙兮北征，邅吾道兮洞庭。薜荔柏兮蕙绸，荪桡兮兰旌。望涔阳兮极浦，横大江兮扬灵。扬灵兮未极，女婵媛兮为余太息！横流涕兮潺湲，隐思君兮陫侧。桂棹兮兰枻，斫冰兮积雪。采薜荔兮水中，搴芙蓉兮木末。心不同兮媒劳，恩不甚兮轻绝。石濑兮浅浅，飞龙兮翩翩。交不忠兮怨长，期不信兮告余以不间。朝骋骛兮江皋，夕弭节兮北渚。鸟次兮屋上，水周兮堂下。捐余玦兮江中，遗余佩兮澧浦。采芳洲兮杜若，将以遗兮下女。时不可兮再得，聊逍遥兮容与。

**武溪深行**（汉）马援

滔滔武溪一何深，鸟飞不渡，兽不敢临。嗟哉，武溪多毒淫！

注：马援（前14—49年），字文渊，扶风茂陵（今陕西兴平）人，东汉著名的军事家，曾官拜伏波将军，封新息侯，世称“马伏波”。

**发武溪**（一作武陵行）（梁）刘峻

武溪深不测，水安舟复轻；
暂侣庄生钓，还滞鄂君行。
棹歌争后发，噪鼓逐前征；
秦上山川险，黔中木石并。

林壑秋濑急，猿哀夜月明；
澄源本千仞，回峰忽万荣。
昭潭让无底，太华推削成；
日落野通气，目极怅余情。
下流曾不浊，长迈寂无声；
羞学沧浪水，濯足复濯缨。

注：刘峻（462—521 年），字孝标，本名法武，平原（今属山东）人。南朝梁学者兼文学家，以注释刘义庆等编撰的《世说新语》而著闻于世。

**送吴十九往沅陵**（唐）王昌龄

沅江流水到辰阳，溪口逢君驿路长。
远谪唯知望雷雨，明年春水共还乡。

注：王昌龄（698—756 年）字少伯，山西太原人。唐代边塞诗人，后人誉为“七绝圣手”。

**闻王昌龄左迁龙标遥有此寄**（唐）李白

杨花落尽子规啼，闻道龙标过五溪。
我寄愁心与明月，随君直到夜郎西！

注：李白（701—762 年），字太白，号青莲居士，唐代诗人。
沧水驿在今益阳沧水铺。

**菩萨蛮　沧水驿**（唐）李白

平林漠漠烟如织，寒山一带伤心碧，暝色入高楼，有人楼上愁。
玉阶空伫立，宿鸟归飞急，何处是归程，长亭更短亭。

**游洞庭泊泗湖**（唐）李白

洞庭湖西秋月辉，潇湘江北早鸿飞。
醉客满船歌白苎，不知霜露入秋衣。

**陪族叔刑部侍郎晔及中书贾舍人至游洞庭**（唐）李白

帝子潇湘去不还，空余秋草洞庭间。
淡扫明湖开玉镜，丹青画山是君山。

**悲清秋赋**（唐）李白

登九疑兮望清川，见三湘之潺湲。水流寒以归海，云横秋而蔽天。余以鸟道行于故乡，今不知去荆吴之几千。于时夕阳半规，映岛欲没；澄湖练明，遥海上月。念佳期之浩荡。渺怀燕而望越。荷花落兮江色秋，风弱弱兮夜悠悠。临穷溟以有羡，思钓鳌于沧洲。无修竿以一举，抚洪波而增忧。归去来兮人间不可以托些，吾将采药于蓬丘。

**送王十五判官扶侍还黔中**（沅陵）（唐）杜甫

大家东征逐子回，风生洲渚锦帆开。
青青竹笋迎船出，日日江鱼入馔来。
离别不堪无穷意，艰危深仗济时才。
黔阳信使应稀疏，莫怪频频劝羽觞。

注：杜甫（712—770年），字子美，号少陵野老，唐代诗人。

**登岳阳楼** （唐）杜甫

昔闻洞庭水，今上岳阳楼。
吴楚东南坼，乾坤日夜浮。
亲朋无一字，老病有孤舟。
戎马关山北，凭轩涕泗流。

**宿沅江白沙驿** （唐）杜甫

水宿仍余照，人烟复此亭。
驿边沙旧白，湖外草新青。
万象皆春气，孤槎泊客星。
隋波无限日，的的近南溟。

**入乔口** （唐）杜甫

漠漠旧京远，迟迟归路赊。
残年傍水国，落日对春华。
树蜜早蜂乱，江泥轻燕斜。
贾生骨已朽，凄恻近长沙。

**铜官渚守风** （唐）杜甫

不夜楚帆落，避风湘渚间。
水耕先浸草，春火更烧山。
早泊云物晦，逆行波浪悭。
飞来双白鹤，过去杳难攀。

**武陵泛舟** （唐）孟浩然

武陵水路狭，首棹入花林。
莫测幽源里，仙家信几深。
川回青嶂合，云渡缘溪阴。
坐听闲猿啸，弥清尘外心。

注：孟浩然（689—740年）讳浩，字浩然，号鹿门处士，唐代诗人。

**临洞庭** （唐）孟浩然

八月湖水平，涵虚混太清。
气蒸云梦泽，波撼岳阳城。
欲济无舟楫，端居耻圣明。
坐观垂钓者，徒有羡鱼情。

**欸乃曲**（五首）（唐）元结

大历丁未中，漫叟结为道州刺史，以军事诣都使。还州，逢春水，舟行不进。作欸乃曲五首，令舟子唱之，盖以取适于道路耳。词曰：

偶存名迹在人间，顺俗与时未安闲。
来谒大官兼问政，扁舟却入九疑山。

湘江二月春水平，满月和风宜夜行。
唱棹欲过平阳戍，守吏相呼问姓名。

千里枫林烟雨深，无朝无暮有猿吟。
停桡静听曲中意，好似云山韶濩音。

零陵郡北湘水东，浯溪形胜满湘中。
溪口石巅堪自逸，谁能相伴作渔翁？

下泷船似入深渊，上泷船似欲升天。
泷南始到九疑郡，应绝高人乘兴船。

注：元结（719—772年），字次山，号漫郎、聱叟，唐代文学家。曾任道州刺史。

**赴柳州经九疑** （唐）戴叔伦

地尽江南戍，山分桂北林。
火云三月合，石路九疑深。

暗谷随风过，危桥共鸟寻。
羁魂已愁绝，不复待猿吟。

注：戴叔伦（732—789 年），字幼公，唐代诗人。

**登碧云峰** （宋）苏轼

放眼庐山上，襟怀迥不同。
水光千里外，人影万峰中。
瀑布流泉白，霜枫落叶红。
昔年曾到此，借寓寺厢东。

注：苏轼（1037—1101 年），字子瞻，号东坡居士，北宋文学家、诗人。

**过沅江** （宋）黄庭坚

雨过风林生夜清，坐邀明月正开情。
渔童醉后莫吹笛，要听一江秋浪声。

注：黄庭坚（1045—1105 年），字鲁直，号山谷道人，北宋诗人、词人、书法家。

**咏零陵** （宋）欧阳修

画图曾识零陵郡，今日方知画不如。
城郭恰临潇水上，山川犹是柳侯余。
驿亭幽绝堪垂钓，岩石虚明可读书。
欲买愚溪三亩地，手拈茅栋竟移居。

注：欧阳修（1007—1073 年），字永叔，号醉翁，北宋文学家。

**泛舟湘口** （宋）沈辽

潇水漫南来，湘川趣东下。
二水始合会，清濠不相藉。
山回石濑出，木老修烟架。
泛泛白苹洲，林风媚如画。
宿昔感骚坟，幽兴遥相借。
不谓垂老年，孤穷羁山舍。
潮来刺舟去，孤月临清夜。
安得跨鲸鱼，不复人间化。

注：沈辽（1032—1085 年），字睿达，杭州人。《梦溪笔谈》作者沈括的族侄。长于诗词歌赋，诗文自成一家。尤其精于书法。辑所录为《云巢集》，原有 20 卷，现存 10 卷。

**耒阳道中** （宋）游次公

山头磴石危梯险，山下荒田野草悲。

更著秋风吹两鬓，不消几日尽成丝。

注：游次公，字子明，号西池，福建建瓯人。宋乾道年间曾为安仁县令。著有《倡酬诗卷》，存词 5 首。

**题白雾驿**（现沅陵白雾坪）（宋）陶弼

一曲清溪一曲山，乌飞鱼跃白云间。

溪山且要行人到，自是行人到此间。

注：陶弼（1015—1078 年），字商翁，永州（今祁阳县）人，宋代诗人。宋庆历年间，湖南瑶民造反，陶弼率军征瑶，大获全胜，以军功获阳朔主簿。

**梅山歌**（安化）（宋）章淳

**开梅山歌** 开梅山，梅山万仞摩星缠。扪萝鸟道十步九曲折，时有僵木横岩巅。负岩直下视南岳，回首局曲犹平川。人家迤逦风版屋，火耕硗埆多畲田。穿堂之鼓当壁穿，两头击鼓歌声传。白巾裹髻衣错结，野花山果青垂肩。如今丁口渐繁息，世界虽异如桃源。熙宁天子圣虑远，命将传檄令开边。给牛贷种使开垦，植桑种稻输缗钱。人人欢呼愿归顺，裹头汉语淳风旋。不持寸刃得地一千里，王道荡荡尧为天。汉王黩武竟何益，性命百万涂戈。李广自杀马援死，寂寞铜柱并燕然。伊溪之源最沃壤，择地作邑民争先。大开庠序明礼乐，抚柔新俗威无专，小臣作诗谐乐府，梅山之岩诗可镌。此诗可勒不可泯，颂声万古长潺。

**出梅山歌** 出梅山，乘蓝舆，荒榛已舒岩已锄，来时绝壁今坦途。来时椎髻今黔乌，扶老抱婴遮路衢，为谢开禁争欢呼。田既使我耕，酒亦使我沽，吏既不我扰，徭酋岂愿长逃逋。开山之径谁为初，臣奕入奏陈地图，臣淳专持使命车，臣夙协力力有余。班班幕府授简书，不藉君山文二殳，徭酋三万争贡输。如神之速上之化，刻铭永在梅山隅。

注：章淳，字子厚，宋嘉佑四年（1059 年）进士。著有《熙宁新定孝赠式》、《元符敕令格》等，惜已不存。宋神宗熙宁五年（1072 年），章淳开梅山置安化县。

**武陵道中** （宋）唐庚

朝辞汉使节，暮作楚囚奔。

路入离骚国，江通款乃村。

垣樯知地湿，草木验冬温。

寂寞桃源路，行人只断魂。

注：唐庚（1070—1120 年），眉州丹棱（今四川丹棱）唐河乡人，宋代诗人。宋哲宗绍圣进士，徽宗大观中为宗子博士。

**重过长桥** （宋）张栻

西风吹短发，复此过长桥。
木落波空阔，亭孤影动摇。
徘徊念今昔，领略到渔樵。
矫首山中隐，凭谁为一招。

注：张栻（1133—1180年），字敬夫，号南轩，南宋理学家、教育家，湖湘学派集大成者。与朱熹、吕祖谦齐名，时称“东南三贤”。官至右文殿修撰。著有《南轩集》。

**夜坐听沅江水声** （宋）王庭圭

雨过风林夜气清，坐邀明月正关情；
渔童酒醒不吹笛，静听一江秋浪声。

注：王庭圭（1079—1171年），字民瞻，宋代诗人，政和八年（1118年）进士。曾为衡州茶陵县丞，后弃官隐居卢溪（今湖南泸溪），号卢溪真逸。

**离辰州** （宋）王庭圭

逐客休嗟行路难，归鸿心在杳冥间；
初惊草尾千重浪，险渡江头十八滩。

**湘江宿别** （宋）文天祥

潇湘一夜雨，江海十年云。
相见皆成老，重逢便作分。
啼鹃春浩荡，回雁晓殷勤。
江海人方健，月明思对君。

注：文天祥（1236—1283年），南宋民族英雄，宋宝祐四年（1256年）状元。

**念奴娇　过洞庭** （宋）张孝祥

洞庭青草，近中秋、更无一点风色。玉鉴琼田三万顷，着我扁舟一叶。素月分辉，明河共影，表里俱澄澈。悠然心会，妙处难与君说。

应念岭表经年，孤光自照，肝胆皆冰雪。短发萧骚襟袖冷，稳泛沧溟空阔。尽挹西江，细斟北斗，万象为宾客。扣舷独啸，不知今夕何夕。

注：张孝祥（1132—1170年），字安国，号于湖居士，宋绍兴二十四年（1154年）状元。宋代词人、书法家，曾任潭州（今长沙）知府。

**武陵道中** （明）张凤翥

孤城临古渡，斜日一舟横。

北渚离人目，西风远客程。

藤疏知树冷，棹响信江平。

不用分渔火，前村月已深。

注：张凤翥，安徽宿松人，明末崇祯进士，在与李自成的战斗中战死。

**长沙道中** （明）陈宗禹

山路萦回草树稠，午风轻度鸟声幽。

禾苗尽秀初逢雨，衫葛微凉早报秋。

旅店曲随流水转，戍楼高傍暮云浮。

更闻此地民淳朴，女织男耕夜不休。

**益阳道中** （明）鲁铎

益阳南下山岧峣，益阳道旁风物饶。

翠竹丹枫映茅屋，清泉白石临溪桥。

异禽时出语历历，寒花自任风萧萧。

诗中有画见眼底，右丞往矣谁能招。

注：鲁铎（1461—1527年），明代进士。

**题沅水驿** （明）何景明

小驿孤城外，阴深草树幽。

晚凉凭水榭，秋雨坐江楼。

绝域鸿难到，空山客独愁。

夜深归渡少，渔火照汀洲。

注：何景明（1483—1521年），字仲默，号大复山人，明朝弘治年间进士，文学家。曾任云南督学、陕西提学副使等职。

**渡沅水** （明）何景明

滩浅声如泻，人行助影流。

歇鞍休病马，掬水戏浮鸥。

古渡横西岸，江关截上游。

莫言乡国远，襟带在扁舟。

**宿马底驿** （明）杨慎

戴月冲寒行路难，霜花凋尽绿云鬟。

五更鼓角催行急，一枕乡思梦未残。

注：杨慎（1488—1559 年），字用修，号升菴，明代文学家。明正德六年状元，官授翰林院修撰。明嘉靖三年，因“大礼议”受廷杖、谪戍，终老于云南永昌卫。

**桥头驿** （清）姚鼐

杂树接行云，晨朝吐清气。

遥望西峰顶，已上丹霞蔚。

远山状一同，近岭形千汇。

涧雾忽成荫，岩萝密如衣。

冷风发空响，幽怆多恍□。

渐出深谷口，始纵秋泉沸。

湘帆转昭旷，深夷画经纬。

遄往凑舟车，趋来敦泾渭。

物象倏以迁，亭午待犹未。

缅忆独居情，将毋狗俗畏。

注：姚鼐（1731—1815 年），清代散文家。乾隆二十八年进士，曾任礼部主事、四库全书纂修官等。

**横岩塘歌**（安化）（清）王礼圻

横岩塘，塘中岩横高且长，起自地底逾中央。

石龙汹涌渡江去，砍断龙尾通桴航。

熊罴牛马举莫状，远近观者如堵墙。

资江到此一束缚，奔涛巨侵难披猖。

自来山水是锁钥，帝遣半壁为保障。

不然泰山溜穿石，何以终古成金汤。

我思海门巴峡当亦不过此，惜哉荒僻无游扬。

平生磊落抱奇癖，拜兄欲效元章狂。

停桡歇桨不肯去，划然一笑天苍茫。

**登官山谒韩张亭** 庠生 雷仁（邑人）

飞来灵鹫倚城荒，樵木犹能话李唐。

谏疏一封称愈署，山亭万古自韩张。

文钦斗比名齐柳，治媲周南爱在棠。

一瓣携来何处韦，满空云树乱残阳。

**洁爱泉亭**（十二首录四）

十里西湖万里天，风光长与梦相牵。
寄情楚水烟波外，窗槛依稀仿画船。

红蕖白鸟乱飞湍，雨歇凉侵玉蕹寒。
清梦欲邀香冉冉，月明移榻近栏杆。

楚骚吟罢忆江离，更唱菱歌理钓丝，
只此依然在衡泌，时人错比习家池。

消遣尤宜六月天，相过亦吏亦神山。
纤尘不染闲亭主，堪对空山一片泉。

注：洁爱泉亭位于安仁县城，“泉亭珠涌”为清代安仁八景之一，2006 年被安仁县人民政府公布为县级文物保护单位。

**大汴滩诗**（安化）（清）陶澍

茱萸江水天边落，五十三滩此最奇。
怪石当流蹲虎豹，乱峰趋岸下蛟螭。
险争一橹雷同迅，浪舞三篙雪欲吹。
为语春风挂帆客，回头记取上滩时。

**石门潭歌**（安化）（清）陶澍

群峰西来何崴巍，簇拥香炉干紫微。六时天半吼雷雨，
惊起山雷作石飞。凌空跌宕不得住，苍然直向江边渡。
古色如铁坚无伦，突兀横流锁烟雾。五丁之力不能开，
巨灵之掌何由来。划然一线豁神径，屹立双户真奇哉。
绝壁猿猱不可上，一时柱中砥尤壮。势接两岸森相向，
苍穹上极下窈渊。此中嵌空非一状，波浸琉璃千顷足。
四山摇影春烟绿。资水一千三百里，一一披猖归约束。
我家近距潭之湄，日汲水月浇心脾。只今扁舟又席里，
他乡还忆故乡水。作歌一笑酹江灵，闲声合有潜虬起。

**洞庭湖守风二首** （清）陶澎

昏黑舟难辨，风狂雨又多。
灵旗趋鬼怪，大响发笙匏。

野气謦苍鹘，江声泣老蛟。
卧吟输五两，竟夜和推敲。

但觉涛声壮，不闻人语喧。
势驱群马过，力掣六鳌掀。
气象万千迥，胸怀八九吞。
平生文字癖，始悟大波轩。

**入洣江二首**（炎陵）（清）进士　尹荣组

洣水千岩束，春舟一叶归。
波添新雨涨，山挟晚云飞。
客路羞弹铗，劳人愿息机。
故乡明月夜，樽酒挹清辉。

一路滩声接，春潮半夜生。
帆从云外出，人在画中行。
逸兴临流发，澄怀对水清。
迎舟劳问讯，多累是浮名。

**题《玉潭桥》**（宁乡）（清）易清照

山县苦荒僻，胜境少可传。
寻常偏走觅，芒屦空为穿。
玉潭有长桥，郁郁南城边。
横亘通古驿，逶迤跨清川。
洪流自震撼，巨石相钩联。
百丈平如砥，一界直若弦。
影动沙上日，根盘水中天。
晴疑长虹垂，雨讶苍龙悬。
等闲过此日，危险怀当年。
行客愁往来，黄昏唤渡船。
冲波荡小艇，出没如惊鸢。
煌煌刘县侯，见之心怃然。
凿石秃青山，倾囊出俸钱。
顿令成坦荡，至今歌安便。
伊余亦何营，来此信有缘。

明月如可招，清风自相延。

前人已尘土，后人复流连。

人生如汝寿，行乐须目前。

却顾身如寄，抚事百忧煎。

风月知我诚，亲故览此篇。

注：玉潭桥位于宁乡县城，始建于明隆庆六年（1572 年），清乾隆三十一年（1766 年）改建石桥，20 世纪 70 年代改建为钢筋混凝土公路桥。

**晚步夏紫桥眺望** （清）邑人　郑昭耀

乘暇探幽趣，纡回出竹丛。

溪澄波漾碧，树老叶飞红。

寓目宜无障，居心岂是蓬。

题桥怀往事，咄咄欲书空。

注：夏紫桥位于湘乡市境，修建于明洪武四年（1371 年），20 世纪 50 年代改建为公路桥。

## 二、古路记

**重修八面山路记** （乾隆二年）郴州知州　胡星

楚南多山，衡岳称最。此外有名不登于舆图，路实苦于行人者，如郴属宁桂之交八面山是也。余丁已岁，简命来楚宰耒，与郴遐迩，略闻其险状。既而调宜接守郴郡，备悉其详。然仅得之于耳，尤疑人言之过甚；山之险恶，未必至于此也。迨壬戌夏，因编甲务，巡历各属，由宁之桂，亲历其地。第见层峦叠嶂，密谷深林。藓苔积秽而离滑，藤萝蔓延而盘踞。上蹑近天，云雾块然；下临于地，冥迷惊心，不觉目眩胆裂。喟然叹曰："蜀道之难，难于上青天，此岂有异耶？偶涉且若此，嗟彼行人，其将奈何？"缘是，归而谋诸属吏，共结善缘。余捐薄俸以为之倡，各属亦欣然乐从。即令宁邑苏令纠工督匠，董率其事。因山之左有旧开小路，较为坦夷，重加修砌。披荆填石，务求宽稳；移置邮递，以增烟火；建造客房，以便憩息。至癸亥春，始得告竣。往来士民，莫不称便。余亦抚掌自快，是为记。

《兴宁县志》卷之十六《艺文志（中）》（光绪元年乙亥重修）

**新砌大路碑记** （宁远）

从来福善祸谣之说，自古昭然。好善者君子之心，而望报者世俗之见。盖人生斯世，苟力所能为，何妨善与人同，而乐取于人，以为善哉。如我处应龙亭，上远临武营路，一条两粤通衢，每遇春雨淋漓，往来载道，不无泞泥之苦，生斯地者，靡不目击心伤。因兹集我同人各处捐资，共勷盛举，功成告峻，用泐贞珉，以垂不朽，而福善祸谣之说，非余等之所敢望也。嘉庆二十年三月立。

## 三、古桥记

**开远桥记** （宋）安化知县　吴致尧

介于湖湘南北间，有两梅山焉。广谷深渊，高岩峻壁，绳桥栈道，猿猱上下，自五季弃而夷之。食则燎肉，饮则引藤，衣制斑烂，言语朱离，出操戈戟，居枕铠弩，刀耕火种，摘山为猎，不能自通于中华。我神考经武圣谟制，自庙幄乃遣中书检正章惇经略其地。惇以永诏使往大沩山，使刘次庄，因浮屠往谕其酋。酋长扶氏解发稽首，曰惟命是听，于是启禁焉。天辟山川，神相桴鼓，斩茅而嘉林秀，徙石而寒泉冽；旷野平林，可锄可耘，急泷清濑，可渔可钓。若有所待，以成太平，开远之功也。案两山皆为县，而下梅山独居形胜，溪徭凭以为固。惇辟宁乡令毛渐往莅之，度岩险，控隘处，建寺者五。意以为徭人畏罪，口福报应，因俗以教，使之瞻仰而默化。又即溪人祈祷之洞，请建观焉，赐名洞天。设学校联师儒，以作新之庶，所谓君子学道则爱人，小人学道则易使也。经略之初，观寺与学界之内府之钱三百五十万，给膏腴之田二千一百亩。迹夫圣意宏远，革夷以夏，俾知迁善远，罪责暂费，永宁之策将有在也。熙宁诏语，信如金石，两山赋税，永不折变。诏圣神武，均劳节役，计户输钱仅二百万，而移于湘潭以补其不足者共三百万。于戏新民被累，圣涵养宽恤之恩，何其幸与上方以善继善，述为达孝深仁厚泽，渗漉万有。则区区臣子之心，所以仰承上意者，可弗至与。爰为经营是桥，度木千章，乘流而下，民不知其劳也。远通迩趋，大小竭作，修梁横楹，隐然雄峙，虽溪潦涨流，无厉涉之病，使行旅之北襄汉、而南岭粤者，得通津焉。至是工未讫十之一，值移春陵弗克成。越明年冬，邑人重趼来春陵以请曰：桥告成矣。畴者之造诬夺邑者，天既大罚鉴之矣。不辨自直，某将还也，请名以记之，以慰远民之望。致尧应之曰：令人适然去来，初不系辛苦休戚也。虽然若等之甘其食，美其服，邑里相望，鸡犬之声相闻，联之有什伍，教之有师儒，陶陶然利仁乐义，以趋华风者，亦知出自熙丰时。启辟土宇天地革也，照临天外日月丽也，德教旁敷雷泽鲜也。方今率由旧章，以惠我新民岁丰人和，相与出力，以成是桥。开远之功不可以无记，乃书其事，以遣邑人而系以辞，倘遒人采而献之。庶江湖之远者，有葵藿之心加此云。

**济川桥记** （宋）许应隆

余自澧幕摄郡武冈，有进士李君友直者，白曰：“予家于石羊渡，司渡者以舟济往来人，而用输于官。窃思古人船危桥安之训，愿渡蠲额易舟而桥，予将力任此役，一毫弗以累众也。”余闻而义之，亟罢其额，且为之旌礼，既归道于李君之乡，则桥之柱已屹乎中流也，砻之琢之，李君触热董工，靡惮劳苦，然后知君出言不我诬。越明年，书来曰：“桥成矣，愿有以记。”余谓天下之多义事，患无力以成之；有力也，患无志以决之，人居乡邻，以气势相颉颃，硅步置畦町，若秦越不相及，若为此志，出此力以急乡谊者，寂乎不见。李君置家事于度外，惟乡井是急，非胸中卓然超乎流俗者能之乎！武冈地险而川激，雨下逾期，奔流澎湃，必及乎民居漂荡之忧，虽有舟其何能济？今君筑砥也深，甃石也密，可阅数百年不坏。是役也，岂惟彰

李氏父子之惠？凡为李氏子孙者，世守此义俾勿坠异。时李氏其昌行者，指为积善之报，愿不伟欤！事宜书以劝夫乡之好义着。君之父，名世辑、济川其字也。因以济川名其桥允

《道光宝庆府志》

## 佘市桥碑记 （元）（石葛） 曼硕

澧州西南七十五里，有镇曰佘市，市之南有溪曰道溪，溪之南有山曰浮山。按郡乘，昔浮邱子得道是山，浴丹是溪，故山以浮名，而溪以道名也。溪之源发于石门、慈利二县东西泉，曲折漫衍，而东流百里。与诸山峒岩谷之水合于道溪，又东入澧。溪为常澧二州往来之津。春夏淫雨，则溪水澒洞无涯，过者病涉。旧以浮渡，又曰佘渡，盖市以佘姓。而渡亦因焉。宋宝庆乙酉，僧人广海垒石为址，斫木为梁，以利涉者，实出一时草创，而后隳且坏。咸淳戊辰，里人屯田总辖李元佐、进义副尉梅兴祖复输力于众，垒三址，上为石杠，南不及堤，绩木续之。岁久，三址啮于湍而残缺，大水至，且漂桥木。巡徼官责居户游水取木，夜则举爝火，叫呼达旦。水杀，复布木以济人。或失木，则号召居户，责其立成。斯民甚苦之。刘君慨然曰："吾居此数世，见溪水病斯桥，雨桥又病斯民，卒元瘳也。苟一日二日元桥，往来者咨嗟，两岸有千万人弗济焉。鬻薪者不至于市，有数十家弗食焉；里居者受责于官，有百余家弗宁焉。其苦若是，吾倾吾资，以图永久，庶病有廖矣。"乃发帑，命工取石于浮山，葺旧增新，而为八址，甃两堤酾水一为九道，崇址二丈六尺，广二丈七尺，中为行，于广，皆石其面，延袤二十五丈有奇。上为屋二十六楹，中建阁四楹，以奉镇水之神。阁之下左右有轩，右署曰："江山有待"，左署曰"风月无边"。南北为门，以司阖辟。建浮石图二范，金犀三琢，石犀四座，以压水怪。居道人以备洒扫，听民贸易其上，晨合暮散，各得其所。是役也，为石计二十万三千，木计五千，瓦计十万，工计倍石之数，钱计二十万缗。始于至顺辛未十一月，成于丙子八月，题其桥曰"道溪"，以不忘是溪之名，与夫子在川之意一也。凡六年之间，君冒寒暑，忘饥渴，而身亲临之，心筹目视，口吟手画而不知疲至。一旦告成，合州之人与四方宾旅至者，顾望徘徊，啸歌徜徉而不忍去。倦者有以休，担者有以驰，钓者有以凭，出游者有以观眺。若浮沉鱼鸟之乐，远近山川之胜，风樯水楫之上下，烟林云壑之变态，可一日尽得，以荡人性情，释人愁思，遵和纳粹，神恬气清，而不知其然者，然后知其桥之功，其大者以济千人，其小者以快千人如此。呜呼，岂易哉！百有余年来，桥凡三建，而乃克成，在君独任之功耳。使君非独任，而筑室道谋，吾知其不成矣；虽成之，苟且如前人，不久远也必矣。而今而后，可以绵久远垂无穷者，君以家视桥，则百倍其固，以遗子孙，以遗其人民，此君独任之心之力为难能也。慷慨好义，敦尚儒道，尝建道溪书院，今翰林学士谢公记之矣。郡人欧阳所立又请余记其桥，今职在太史，且不辞，而成其命。君名世英，字茂卿，尝仕柿溪州蒙古学正，子南美西门巡捡，世为澧人云。

## 安济桥记（炎陵）（元）知县 李达

古人于川断土分渡涉维艰之处，必设舟楫或桥梁以济之，而后大则无冯河之忧，次亦免

□裳之苦。夫惟有以济之而后人赖以涉焉。鄗县治之西郭有溪河一带，发源山谷，汇流邃泽而濡滞盈盈，不必《禹贡》之所载，《水经》之所注。当雨盛泉涌，溪流澎湃之时，往来者苦之。先是邑人陈氏有都统字平宁者，乐善好施，目击病涉，慨然有济渡之志，乃于宋理宗绍定三年，蠲吉鸠工以成厥美，旋以疾殁而惜其不终。距今百余年来虽设榷为梁，间不乏人，然断续不常，永终知敝。平宁后裔有节妇陈门江氏，夫丙炎以仕梧州，卒于任，江氏守制抚孤，柏舟中河，堪媲古烈，乃追念先平宁之遗志，思有以继成之，爰是施财请工，凿石甃砌，阅数月而落成焉。桥既成更作亭于其上，荫人憩息，凡负者、担者，徒步肩舆，纷纶□□，肩摩毂击之众，不惟忘壑溪之险，而履平地之安，即日暮途穷咸得即次。百年之缺成于一旦，功存万祀，德载口碑，莫不啧啧颂节妇之德于不衰。夫古之为桥梁者，插天跨海，言则高矣，而未免近于誇；掷杖驾虹，事则奇矣，而或则涉于诞。孰若节妇之建兹石桥利涉行人，有以济人而人赖以安也。予为题其亭曰安济，允为名当其实云。尔节妇县郭望族，子二人俱一时俊髦，女三俱适名门。桥成于泰定元年，予遂为之记，岁次甲子仲冬月。

据林愈蕃撰《鄗县志》卷二十《艺文志·记》

## 苏仙桥记事 （明）崔岩

苏仙桥，跨郴江而若长虹，晋江庄壬春重建。

郴江绕郴山而下，去城东北五里许曰马岭者，汉苏耽修练之所。江与山遂以苏仙名。郡城东郭濒江，江外为永丰乡，裹几百里，近而属邑兴宁、桂阳、桂东，远而江西吉赣，往来必经之地。商旅辐辏，担负络绎，实孔道也。江源发自秀才乡黄岑岭，逶迤五十余里，诸溪合流，至是始大，淋涨则潢涝灭顶，冱寒则坚冰侵骨，涉者病焉。前代桥梁志不可考。入我朝来，有司琢石甃墩上跨以木，雨霖日炙，旋复腐败，迄今百五十年，未有经营为恒远图者，正德庚午冬，予奔太淑人丧还，已而谢政家居，民瘼满目，无可与语。癸酉春，湖臬宪副祁门程公时昭，督理湖南兵备，分司于郴，是秋九月，天朗气清，禾黍蔽野，予约为登高之游，于以探仙迹而涤尘襟，览疆域而询民隐，非无事也。肩舆涉水，颇觉□□，因请于公曰："是桥废圮，多历年所，今公驻临此地，数非有所待乎？公唯唯。薄暮言旋，郴民百余遮道，乞易木以石，庶克坚久，适戍事旁午，且无有良司以胜厥任。甲戌八月，咸宁卢君锐时进以进士来守是邦，视篆半载，政通人和。于时黄署正温和、杨知县汝和辈相与过之曰："桥废已久，方岳重臣，贤能太守相踵而至，且年谷颇登，边境亦谧，修举其时也。"予往谋程公曰："可"。时进慨然以为己任，遂择日祭告，鸠工集石；且以事体重大，工费不赀，州中则遴委谨愿，属邑则移文令佐，俾各劝募以助不给。曾未旬月，有鲁藩左长史之擢，乃与予议，捐俸金，规措白粲若干以为众倡。居无何，程公亦以行边远出，人遂懈弛，乡人闻之踵予曰："公不从臾成之，是无益而有害也！"因叮咛典术曹均礼辈，遍谕郴人暨肆市商贾，复折简二三有司，用申前议，均礼辈惟日督视，予亦时往调度。匠卒趋事惟谨，桥得以渐就绪，适时昭迁江西大参，丙子冬太谷陈公德如来代，先期佥宪濮阳高公德章、既而京口王公汝楫相继分巡此土。兼以是桥为济人首务。维时同知余姚鲁君，共图成事，规助为多，遂臻完美。桥峙而为墩者陆，拱而为门

者五，崇二十余尺，亘二百五十余尺，广一十六尺有奇。东西立石以纪创建，构亭以蔽风雨，高耸绵亘。望之隐若长虹，亦吾郴之胜渠也。用石以块计者，七千六百五十；材木以根计者，八百六十；石灰以担计者，一百三十；工费以两计者，四百五十；饩廪以斛计者。三百七十各有奇，其他供役之人不与焉！经始于乙亥正月初九日，讫工于丁丑五月十有二日，募金则典史周冕，阴阳典术曹均礼，义官唐渊、高崇文、唐仕源、张淳，耆民张久端，道士吴元阳，僧人明浩，董役则均礼、唐渊、唐仕源、张淳、高崇文、王球，往来提督则千户胡勋、王福续，至而综理落成则知州嘉定沈君焰文明也。呜呼！徒杠舆梁时成，先贤以为王政，修葺桥梁道路，国典具载刑书，是固藉众人财力以成，抑所以利乎众也。兴废之壳，则有司存。凡宦兹土者，遇一木一石之蔽，即思有以葺之！勿坐视日□。此桥脱或与山川相为悠久，是郴人无穷之利，亦有司惠民之心。予与二三子究心弹力，相与成事者，亦得以讬名于不朽也。予不文，直述颠末以告，若夫施财多寡，名第先后，则具别石，兹不复赘云。

注：崔岩，郴州人，明成化十七年（1481 年）进士，曾任陕西巡抚、工部左侍郎。

摘自明《万历郴州志》卷之九

## 桂阳七拱桥碑记　陈尚伊

桂阳州北三十里为斗下渡，其水发源九疑。经蓝山至州北境，流势日盛。春涨夏潦，舟不时济；即秋冬水落，一苇争渡，人马杂蹂，亦往往有覆溺之患。万历中，罗公来守桂阳，休养生息，年丰人乐，因民请俸银三百，以倡乐助者众。复偕同寅孙君豹、周君王进告虔于川神，进耆者犒之。以吏目任君远董其役，乡官秦便、罗邦应、齐民邓显分督之。重念民困，里甲不扰，铁石并用，以敌水怒。盖虑于民者，深则谋其始者，周也。将观厥成，侯与任君以报行政。孙君周君以侯所委，诸程督皆有条，会道宪。孙公衡府丞刘公因公至州，见桥叹曰：罗守贤哉，复以百金助之。民益趋事恐后。桥成，侯归自京师，童叟迎者，集桥上，莫不欢欣鼓舞，以颂侯功。桥洞有七，长四十丈，广三丈，高五丈有奇。两栏翼然，辉映山川。经始于甲申正月，告成于丙戌十月。衡以南，桥壮丽无比。尚伊曰：先王经理天下，徒杠舆梁之成，弗敢后时后世，视民事如胡越久矣。孙刘二公，视民溺犹己溺。罗侯能休之。罗侯以兴作利民为己任，二公能知之，使上下相孚。皆如是，政事将莫不底绩，矧兹区区一桥。虽然，桥于州，大工也。况承诸大府贤使君美政，宜告于后。其始终有勤者，西蓬许公梅庭、尤公萃洪、顾公谊得，并书。

注：陈尚伊，桂阳人　明万历年间进士　曾任云南和江西参政、中宪大夫。

## 道县龙江桥碑记

州东南一十里，宁远官路旧有石桥，为洪水崩。康熙二十四年，秦人白龙标、浙人欧乾侃捐金谷工石为桥，极其坚壮，行旅便之。

国朝州牧吴大熔记云，由道州至宁远县凡程七十里，达临蓝、通豫章、交广地界，中途爰有龙江涓涓，一衣带水，而汛溢之靡常，古有石桥，行者便之。岁在龙蛇，忽感风雷之变，没人河伯之宫，此有天数。延三十年来，支危圮于一木，如峻坂之九折，恻然心悸，谁克胜任而愉快哉。今之继起而图者，则居奇之子。秦商白龙标越商欧乾侃毅然负有大为之志，捐资鸠工，一倡百和，甃石为梁，高与岸齐，凡四丈余，衡一丈余，经始于乙丑之冬，落成于丙寅之秋，约费三百余金而工始成。会监司朱公巡行下邑，予例陪骖乘。获履兹地，监司解橐犒工，予亦割俸助焉，厥工既峻，问记于予，予谓桥梁道路，系王政之大者，乘舆济人，国子犹讥，而况委于波臣而费之顾者乎！且宁远一邑为重华遗弓之地，代有命祀，皇华作赋，酉酋轩所经，匪惟行迈悠悠，履道坦坦，而节使无望洋之虞，其裨益亦非鲜浅矣。第予治道八载，善政无闻。何幸商旅皆悦，而且匡之于不逮也，予其何德，以堪此哉？谨书其捐助之姓氏于贞珉，以为好义之士说项于元既云尔。康熙丙寅十二月朔记。

### 衡阳青草桥记

青草桥在城北一里跨蒸水，经数寻地即与湘会流。宋淳熙三年四月，郡守薛伯瑄始建。费八百缗有奇，米七十石。排去积沙，布以横木，累石为六墩。南北为大堤，架木为梁，上覆以小屋。明永乐十四年七月，霪雨水溢，桥圮墩仆，自后官编竹筏效浮梁以济往来，每淋潦暴溢亘弱弗支，筏数败散。正统初郡守李显建言重修请于朝，许之。然未有成功。及乐安邹良来守衡，乃修复旧墩，费千金，米五百石。石墩高一丈二尺，上架以大木，纵横五层，上履厚板，板上起贯屋，五年始成。教授方珏记之。嘉靖二十四年火灾，桥板及横木俱烬。时分巡道姜仪、太守林允宗、知县郭文习大集工匠尽易以石为七隧，长四十五丈逾年乃讫工。更名曰永济。历百年来，桥皆夹道为厘，列四十馀间。岁输桥店银八两零。雍正癸未庠生马可骅重修。又查河墩陷石刻记云系正统元年知府张葵创修，万历四十四年四月初六日，水大涨倾北头第一第二两拱，四十五年三月初六日，起工重修，至四十六年告成，与旧志不合。查秩官志，无太守张葵。姑阙以俟考。康熙五十年四月二十四日，大水又倾北头第一第二两拱，官民谋修未遂。初设两渡，济者丛拥不便，编木为桥。每遇春涨，摇摇欲坠。邵僧海岸，初修西渡桥，既落成，於五十七年九月来衡募修，经始而僧寂，嘱延寿庵僧圆本踵修。五十八年九月起工，六十年三月告竣。共费银二千七百六十四两。又募修桥亭置铺地六间，供住持香火费。雍正二年甲辰十月十三，夜失火尽毁桥上厘肆。太守孙元以桥上列肆易致桥坏，因禁民建屋。捐资两旁立石栏杆共二百五十三柱，尽设石扇。桥面石上加铁锭。北头建文昌阁，共费七百馀缗。

清乾隆二十六年陶易撰《衡阳县志》卷二《桥梁》中文

### 多安桥碑记 （清）多赉

语有三尺童子，耳熟而成万古不易之至论者。曰见义必为，曰有志竟成是也。人情可与乐成，难与虑始。由君子视之，审民情利病之不容缓，度所乘时势之毋庸需，辄毅然行之而不疑，复以真实笃挚之心，贯注于事之始终，而一一如人意中所欲出，则无虑乎专欲而难成。澧东郭外之有桥也，为南北要津。方夏涨时波涛震荡，一棹如叶，行旅患之。且邮传利速，而兹

则三渡而后达，且甚险，遑论速，其病涉也实甚。乾隆间，一再建于州绅彭宗亮，志非不壮，然始以谋之不藏而旋圮，继以力之不赡而中辍，卒至志以殁。论者哀其志，又未尝不叹其事之难而以不量力为之惜。何也？凡工之难，不第在于能成，而在于可久，久则一劳而永逸。其为之也。不第资乎力，而兼之乎势，势在则事权归一，如百体之从心；又不第恃夫势，而必乘夫时，时丰则商民随力□资，而不以为累。今斯桥之修，一迫于民望之甚切，一乘乎时势之不必需。故予与州牧挟必成之志，而倡导于前。州牧矢公矢慎，一以真诚笃挚之心。而鼓舞振作其际。所以人心争奋，众志成城。计所捐输，遂共得若干缗，而余力且可以兼及涔河之桥，此岂复虑专欲难成哉！由是易平桥而为拱桥，水势杀，而磐石永奠矣。所倚籍者，皆公正精勤之人，而费无虚糜矣。公余即以时躬亲稽复，则工役胥凛然于精明，元异身使臂，臂使指矣。且幸天降屡丰，若以助贤牧之政通人和，使百废俱兴者。子舆氏所谓天时、地利、人和，殆不期而兼之，斯亦千载一时哉！语云：非常之原，黎民惧焉，及臻厥成，天下晏如也。即工役何独不然！往予与牧纵谈今古事业，不外见得真，行得定，奚不可即，是为嚆矢也哉。至其始终经营之不易，己详于牧序中，予不赘。桥原名澧江，继名绣水，今舆论取予与州牧之姓以名桥，予亦喜其有永奠之义，故无以易之。

**多安桥碑记**（清）安佩莲

多安桥即昔初建未成之澧江桥，继建未成之绣水桥也。澧水发源于桑植。至澧城西分而为三。一则绕郭东，注至津市，而三水合，复合涔、澹、道、茹、溇、渫诸水，趋汇口，入洞庭。绕东郭之南岸，即古兰江驿，原济以舟达驲所。出驲，分两路：折而东者，赴津市、安乡；直而南者为驲道，行四里许至宝塔湾，再渡黄沙河而通海汊铺，赴清化，入常德，达滇黔。此水实南北要津，冬涸夏涨，涨则湍汹船簸，渡者惴惴，更不便于邮传。乾隆丙午，州绅彭宗亮倡建平桥，桥名澧江，方成而水圮焉，又独改建之，更名绣水，即今址，乃甫成九墩，墩高八尺，力竭，而工遂寝。由郭东赴乡市者，仍设旧渡，惟驲递恐滞，遂改渡于上游，凡三渡而始至海汊渡。既数而中，有伍家洼渡为尤险，病涉者垂三十年。丁丑，余莅澧，思竟厥功，遵驲故道，进绅士而谋之。谓："澧有三大工：志也、塔也、桥也。志阅八十年而未续，塔经二百载而未成，士民望修尤亟。桥固宜修，现有渡，可从缓，且费巨，而工难兼营。请先修志、塔，而后及于桥。"余允之。旋有澧典诸商，谓桥关利济，今幸议修，则工莫可缓，缓恐歇，请先捐三千缗以为倡。余喜甚，即饬将捐资捞石购灰，先示以必成之志，俟志、塔竣而决计续修之。及志、塔成，随集绅议，谓宜由旧墩加高，再添三墩，重砌码头，而仍建平桥，工较便。忽有老成者作而曰：昔因桥身低，不足杀水势，故易圮。

兹照前式而加数尺，约费万有余金。自可□事，恐仍与水为敌，终不固耳。应由旧墩起拱，拱高须一丈五六尺，出两岸外，逐拱渐加，至中拱约高二丈许，复渐杀之。势如长虹，斯能容流顺溜，而桥始坚。惟计费则数倍于平桥，虽现有三千金，然欲于修志、塔后，再劝加捐，恐大不易。众默然，而韪其说。余悚听之，命退再计，方窃虑其难以观厥成也。迨己卯夏，介堂观察履任，询此桥何以欲修未果。余举前说对。观察毅然曰："民望既殷，议修久定，捐资己倡，何可犹豫！谁不乐善，但令得人妥办，则有志竟成。费即巨，吾当与子共成之。”因嘱进诸绅再议。诸绅见宪意切舆情孚，即相率以兴修请。余喜而谕之曰：“凡集众资以兴大工，务须精勤廉正。分文出入，众所共知；纤细工程，众所共见，非廉正则人心滋疑，非精勤则匠工作弊。滋疑作弊，则物议腾而人情散，迄于无成。前之修塔、修桥，可为车鉴。吾方与诸君重修志与塔矣，惟诸君能精勤廉正，取信州人，故其成工也速。今试问诸君，亦能如修志、塔时之夙夜勤敏，纤微必察，丝毫不苟乎？苟能一德一心，照前规而共赞之，工虽巨，仍易举也。诸君其果能如是乎？”曰：“夙奉教矣，敢不勉！”于是共矢神明，派执事，定章程，计工定价，分路劝捐，各备资斧，轮流赴局，矢公矢慎，各勤乃职。州之人莫不乐输恐后焉。而余与观察随时核其工程，稽其出纳，钱不经手，事必经心，奖劝董率，毫不敢懈。经始于巳卯之腊，起拱于庚辰之秋，至辛巳仲夏而大工己竣，吁，不可谓非速矣！桥十一拱，长六十六丈，宽二丈四尺，高连旧墩共三丈二尺，两傍卫以石栏。桥头各竖石坊，又各竖二十碑，以记倡首官绅及乐捐姓氏；中立一亭，共费三万六千余金。于是崇闳巩固，匪特利行旅。尤足壮观瞻。登桥一览，山环水绕，气象万千，更足培风水而锺灵秀；亦堪报观察命，慰士庶心，且毕彭君愿矣。桥成，毋事招招舟子，即修旧驲道，复设黄沙渡，重建涔河桥，来往咸安，康庄多庆。士民于是颂观察督修之仁，念予监修之力，请易澧江、绣水旧名，而名曰多安。余笑而谓之曰：“名固吉，但合观察与余之姓以名桥，则不可。观察与余不过尽守土责耳，观察岂自多乎哉！余亦惶然不敢安也。”众复合词进曰：“桥固创自前民，兹亦成于众姓，然非二公督率之善，指示之详，岂易至是？且前人之建桥也，始名澧江，继名绣水，究之两修未就，厥名宜易，先是有以桥成何时而祷于乩者，判曰：‘乱石森森积水隈，经营两次半虺聩；欲知巩固题桥日，连夜加冠待汝来。’夫乩所云‘连夜’者，“二夕”也。二夕非观察姓乎？曰‘加冠’，俗说‘字’之宝盖头也，曰‘待汝’，汝去水为‘女’，合之非刺史姓乎？待二公来，而桥始成。神早己告我澧人矣，岂偶然哉！吾侪故欲表姓以志感，合姓以征祥。谓桥千古，二公亦千古，天然巧凑，确不可易。”竟翕然坚持其说。余复述于观察。观察曰：“善！舆论也，听之。”

## 重建夏紫桥碑记 （清）简能

治之北有水一泓，绕东北而入江。横临大路，襟带城郭，使轺之所必经，官府军民所必历，其有桥也旧矣。肇于胜国之初，名曰“夏紫”，存其名而遗其义。嗣修于弘治，再修于嘉靖，三修于万历。莅斯事者董其事，爰更其名曰“迎恩”，以为百岁千秋不复知谁之力，故更张使相睹记，以无忘其姓氏。然而土人相传至今，仍复“夏紫”，未谓“迎恩”也。康熙壬寅，陈君拱照守是邦，颇信堪舆家言：“桥此，于地不利，且路冲衙署之后，未足升擢”，而君纷然多事矣。乃圮旧桥，鸠工运石，徙于治之东。倚岸傍河，一泓所会，若窒其口而扼其吭。遂大书特书，曰陈功桥。磋乎！陈君假此遂足志不朽哉！而土俗相呼，仍谓“夏紫”，终不谓“陈功”也。逾年，陈君以他事坐废，邑之病噎哽瘠瘵者，疑桥有窒口扼吭之形，咸归罪焉。群欲废之，而无其力。夫天下之多噎哽瘠瘵也，非尽若湘之桥也，固非此桥之足以噎哽瘠瘵人也。

然而昔咸寡，今咸多；昔之升擢者垒，今且寥寥；以是知由旧之足以致富，而终更之足以滋弊也明矣。丁卯秋杪 ，当除道成梁之际，邑侯王君其始土功，耆老遮道曰：侯治此九年矣，政简刑清，民和庶附，兴废举坠，罔不厘然。顾此桥殊未便，愿易之。侯雅不喜纷更，而坚于从请，乃捐资百金。余家大人乃故旧耆老，董其力而共襄厥事。越二月而功竣，仍正其名曰："夏紫"。夫民之抚今思昔，睹物而兴怀者，不自今日始也。前之人为其劳，后之人守其逸，虽百世可以元弊。乃始也易其名，继而易其地，而舆情众志终不改其名，而复其地，夫乃征作者之谓圣，喜事之繁，不如由旧之安也。士人居官理物，不无因革而议，因者什之九，议革者什之一，革之而善，则民易于从；革之而不善，则民易于疑。恩与俱洽，则存之惟恐不固；怨与俱深，则去之恐不速，兹桥其明验也。有志者其亦守先由旧，慎毋为无益之事也哉！

## **祁阳县驷马桥碑记** （清） 邑令 罗守学

驷马桥距城东十里，邑人向称下马渡者是也。考《周礼》掌固，掌修城廓、沟池、树渠之固。而遂人以土地之图经田野，言畛涂道路，独不及桥梁，非义有所遗也。古者五沟五涂皆有梁，故《尔雅》曰：□□□谓之梁，夏令日十月成梁。而子舆氏亦以十一月徒杆，十二月舆梁为王政之一。助梁之设，自古得赖之，而以为经世久远之计，则石梁之一劳永逸，又非木梁比也。据邑志，下马渡石桥创于顺治十有七年，乾隆十有五年圮，既圮，复修加扩焉。五十九年甲寅稍倾倚，越二年丙巳，水骤涨桥崩，河两岸绝隔，行旅苦之。邑绅士刘普、廖夔飏等首倡义举、议修复，适余之视篆斯土也，为捐廉怂恿其事，每公余躬亲，董率工匠之勤者、怠者、巧者、拙者、醇而谨者、刁悍不用命者，劝之、惩之、再三鼓舞而策励之。计八越月而功成，摩肩击毂，遐迩皆称便焉。顾余独怪下马渡之旧有石桥，至今尚相沿从渡称也。夫渡与桥异，渡者所以济桥之所不及，往往于无桥处所不得已而用之。余每恨渡夫，满载苛索，乘人之急，故意留难，甚且风波交作时，荡至波心，停篙歇浆，以饱其欲，而操纵人命于一呼吸间，此薛广德所以慎重于从舟之危不如从桥之安也。此地车马络绎，自顺治七年以至于今，积五朝一百四十有六年，桥之由来久矣，而里人尚沿其称曰渡，殊于名实不符。即何异永州铁炉步之独有其号冒而存焉者乎！其司马长卿过升仙桥，援笔歇柱有高车驷马之说，今之经斯桥者平平荡荡，如矢如砥，虽驷马球并辔可也，何以下马为哉？爰仿长卿题桥之例，改题曰驷马桥，循名考实，不知诸君子以为于义何如也，桥既成，邑首事以题石请，因推论桥与渡名实之不可混，而书以归之。

## **重修宁远凤桥碑记** （清嘉庆十六年） 知县 曾钰

出治南门数武，有桥一，道冷水之所经也。两旁怪石耸立，洄流激湍，怒号澎湃。春夏水生，舟子不能下楫，行者艰之。旧有桥，不知建自何代，久毁。乾隆二十有七年，邑人陈、黄、刘、何、关五姓倡修之，累石为柱五，杀其端以缓水势，架梁甃石，翼以扶阑，上覆以亭如其桥，于是往来憩息，无复往日之艰矣。夫舆梁之成，王政之所尚也；草茀不除，陈之所以衰也。宁邑通津，僻壤由乡达邑，由邑达郡，道路桥梁罔弗整理，行旅载途，如履周道，虽戎地方殷庶，有暇及此，亦乡人士乐善好施，不悭于财，用能废坠克修，咸成美举。岁已巳秋，水骤涨，波涛恣肆，冲击石柱，桥将圮焉。五姓后人恐前绩遂湮也，谋之于众，鸠工庇材，刻期举事。经始于庚午之春，期年而工毕，制由旧而壮丽过之，雁齿鸟革，焕燃聿新，为一邑之巨观。尝秋望夜，步□其上，江深月朗，气象万殊，雉堞亭槛，隐映于波光月色中；临江楼阁灯火薄射，而隔岸渔歌断续时起，与水声相酬答，四顾悠然，如身在龟背上也。工成而未有以记，适余□兹土，请为记，因序其颠末，勒诸石。桥之命名未详，俗传大舜南巡，凤凰木妻□此，故名曰：“凤桥”，其说无稽。或曰“斯桥”也，其兴废关邑文运之盛衰。刘勰有言：藻耀高翔，乃文中之鸣凤。然则无所取诸，盍取诸此。

### 应龙桥碑记（宁远）

原夫山川□而水土斯平，道路通而津梁多阻，只因过涉常忧灭顶之凶言，念近灾更深□□之痛，若巨川作有舟楫，何用不臧，倘涉水，其无津涯则罔攸济，而况一朝失足便葬鱼腹之中，瞬息沉渊□，莫傍鹦洲而上，虽非溺由己溺，实恨援无人援，如灌溪里许，桥名应龙，水出东涧上，既通乎两广，下达于三湘，客商所经，络绎不绝，当日长虹排岸，咸欣鹰齿横来，此时断桥卧波，徒见鸭头，涨处常惊儒子，入井莫念征人，济川窃忆卅年前，河道如常，曾经走马廿载，后江心顿改，未见续貂，隔一水兮盈盈，望千尺而渺渺，临河莫渡，终赊一苇之杭，刊济无由，曷胜穷途之哭，何处前呼舟子，几时进问邛须，岂若鹧鸪徒怨湘江太阔，同精卫漫嗟海水难填。只凭砌石多墩，乃为久远之计，必俟捐金千数，足备修复之需，但愿寸楮裁来，将拟沿门托钵，余赀好丐，定看取物探囊，由是卓而指捐，惠贻仁人之粟，欣然鲜橐，珍入处士之钱，从此一条碧玉，期万古似常新，两岸翠屏，异千秋而罔圮，纵然寒威溧烈，无须就浅就深，甚至洪水沸腾，不必为后为揭，功成告竣，各勒真珉，是为序。邑增生李鼎臣撰并书，同治八年岁次己巳腊月上浣之吉日立。

### 重修应龙桥碑记（宁远）

应龙桥，往来不绝之要津也。前岁众善人捐金数伯，修整完善，奈洪涛不时冲没石墩，两岸复倾，若不及时续修，将前功尽弃。行人不且，具望洋兴叹乎，所愿同志复开金囊，续成盛举，则功垂以远传不朽矣，是为记。大清嘉庆一十八年。

### 大福桥碑序（清）周重文

安邑之北，地名大福坪者，其市后冻青树塘有渡口焉。通新益宁乡等处，实水陆要地，往来通衢也。访古用楫，后易以杠。溪水泛涨，屡修屡圮，民之病涉非朝夕矣。是岁，首事等心殷利济，欲倡议更砌石桥，持簿以请予。因询其源委，稽其形势，以为工程浩大，金非数万不能足厥用也，工非亿万不能胜厥劳也，时非累岁不能告厥成也。且任大责重，苟非谙练有素，经理有方，廉洁有品，慎终惟始，协力以图之，其何以济事，而成济人之举也。诸君子其勉之，众唯唯而退。本年五月，余因公出，道经其地，则见制度巍峨，□梁特起，规

模巩固，雁齿排连，功程已十之八九矣。诣其局，览其簿，知捐输踊跃，条件井然，兼悉诸公自备资斧，几历寒暑，不辞况瘁，是诚不负余言克襄乃事矣。不数月工竣，乞文于余，勒贞珉以垂不朽。余心甚韪之、嘉之。乃叹其德之宏，功之大；乘天之时，得地之利，而卒归于人和也。因题其桥曰：功侔宝筏。都人士将必有展题桥之志，乘驷马高车而过者，是以乐为之记。

## 大福桥十八首事合传

十八首事先生者，吾乡前清耆旧也。余生晚，未获目睹其人。然时耳其姓名，吾知其品行、学识与夫性情、道德，自难强之。使同类磊磊落落，高尚其志，清逸其身，盘错其节，恂恂然有吉贤士风，非仅乡党自好者然也。故其嘉言懿行，往往散见于族谱或登诸县志，以示不忘。姑勿具论专论其修桥一事，泥溪之上游，地名冻青树塘。为宝、益、新、宁往来之要道。旧设义渡，冬易徒杠。先生等嫌其不便，议改建石桥，以资利济。其志愿可谓宏远矣！桥埠渡口，今昔殊地，当桥基卜地时，晓起出视，有雾浮水面，凝成四巩，显示桥象，后就地成之，果得石底，藉坚桥脚，一劳永固，其择地可谓奇妙矣！桥功开始，期底如成。茹素三年，溪无巨漫。今读其誓言：凡我同志，一日不得卸肩，有无事故，日日必集，经营七载，始告成功，其往事可谓勤劳矣！监督工匠，朝饔而出，晚归退食，奔走募捐，不辞跋涉，自备资斧，因人谅其诚，此竭力赴公，解囊相助，其持已可谓廉明矣！桥成之后，道光丙戌，上游洪水暴涨，缘溪竹木和奔涛骇浪以飞流，又有连根巨木横触桥墩，水益湍激，桥身震栗欲动。尔时，先生等跪立桥上，热檀焚楮，默祷上苍，愿以身殉。俄顷树中断奔放而出，梭墩受伤，而桥身无恙，其至诚可谓感神矣！凡此遗爱，皆吾乡父老啧啧称道于不衰者。昔有十八学士，共登瀛洲，驰名后世，先生等其继启者。与！己巳冬，后嗣拟续桥志，以传属全。余因采其轶事以传之。

原载《大福桥志》

## 锡潭桥碑序（安化）

中梅山水最秀，溪潭亦多险，其不便舟楫者，悉通以桥。细则略彴，巨则舆梁，固不仅七星耀彩，夸昔贤利济之怀。亦何殊十月成杠，开盛世荡平之路也。麻溪水出辰山东北，顺流数十里，而碧溪水入焉，又数里，而海南溪、天河山水合焉，过山门，经洞口，波涛汹涌，下达锡潭湾，石壁嵯峨，两岸隔绝，而又为南北往来之要津。行者病涉，每叹望洋，昔人曾舟之柳荫深处，唤渡茫茫，今而后无穷问津矣。然春夏之交大雨时集，山谷水溢，助势奔腾，水石相撞如雷吼电击，挽舟而乱，往往蹈公无渡河之怨。里中义士目击心惊，毅然以造桥为急务。先解囊相倡，后广募多金。土工、木工、石工一时并举，其基址若关天造地设，其师匠各挟鬼斧神斤，拟其固于铁柱金堤，壮其观于风亭水榭。自丙子至辛巳，六历寒暑，始告成功。诸君子酌酒相庆，颜曰永锡相与。徘徊其上，第见景物一新，山川生色。□岈大壑，化为坦途。可以美嘉号于千秋，可以通遥情于万里。行人至此夹道胪欢，谓非有志者事竟成乎。然而诸君子未尝任功也。但愿□□永驾，乌鹊长填。创于前者，不避艰辛；守于后者，时加修葺。将浅涨层波之候，稳踏虹腰。即洪涛浊浪之来，难摧雁齿。万古之溪山不改，中流之砥柱长存。固诸君子所深幸，尤亿万姓久长之福也。予当髦年，目此创举，惊喜异常。特述始终，道扬盛美。至于乘驷马、驾高车，大丈夫得志天，当复有兆于题柱，都是义予所厚望也。夫是为序。

八秩老人　贺浩如　口授　三男联珍敬撰

## 蓝溪桥碑记　（清）太子少保　兵部尚书　两江总督　陶澍

蓝田在邑南百二十里。其水自新、邵交界之处滥殇而来，经安化境至湘乡界，入涟归湘，其在境内颇长。而蓝田市为大都会，有桥曰柳江，通往来，资舟楫，商旅辐辏，占利涉焉。历年久，遭泛滥，遂倾陨。道光五年乙酉，乡人出谋，可以舍旧图新，创集义举。复择地立桥，改名蓝溪。并于河之北岸建祠，曰镇江，以祀关忠义。工竣时，值余假归，省松楸，请记于余。余固乐其众志之诚，而嘉其鸠工之固，走疾书，略叙颠末，以为慕义而向善者劝。道光十六年作。

## 福安桥碑记　（清）安化知县　吴兆庆

邑治东南隅，建桥以通往来者有三焉：一为洢水所经地，一为大梅溪之所出，而其一则跨东华山之西麓，即昔之严东桥也。三桥俱架木所成，鼎峙溪畔，行旅便之。惟是东华西麓，适当洛阳湾之冲，为大梅、洢溪诸水所汇注。每值梅雨泛滥，水势漂急，桥辄随流而去。旋构旋流，迄无虚岁。越甲子，余尝捐费为倡，募众纠工，而邑绅傅正道、吴奇佐等，易木为石，名曰东华桥。自谓一劳可以永逸，旋遭洪水冲圮。因仍为木桥，漂流如故。噫！斯桥之成毁，岂真有限于地势耶。抑人事之未尽，工力之不齐使然耳。今康熙戊辰，邑人何士章乐善捐资，购石改筑于数十步之外。余尝适星沙，过斯桥焉。睹其筑址甃石。诚坚桥梁，比旧高峙两旁，走水得法，不省工，不惜费，非粉饰以完事者。遂不觉为之讶，讶之者何？讶其独力而成；复不觉为之喜，喜之者何？喜其民无病涉。时，士章之子祥雯、祥云二生来请于余，以名斯桥。余览其形势，按其地理，而知是桥也：内接北门锁钥，外迎东华紫气，将来风水攸隆，科第蝉联，其造福于安邑者不浅，因名之曰福安桥。猗欤休哉！夫以斯地也，而有斯人，以斯人而有斯桥。宜勒石以垂不朽。

## 浏阳老女桥碑记　（清道光十七年）浏阳知县　刘名锋（嘉庆举人）

老女桥，明甘氏女名金贞，纺绩奉养葬亲，后以供养馀资而建者也。桥砖镌正德十五年甘氏金贞立。

锋尤喜甘族之女媛有同心也。一女倡修，众女乐捐，顿使前人遗迹，不沉沦于蔓草荒烟。金姑贞心亮节，固与天地无终极，合族之女之表扬盛德，亦复人世所稀有。宜乎！自金姑后，甘族德义节孝，相望不绝也！

### 惠同桥碑记 （清）宁乡 岳衡

邑治西北六十里六寨坑，高峦倚云表，其麓袤延，右折西湖朗山冲，左折侧大冲坳，水皆汇田庄湾，盖邑居之上游，赴省会通安湘之要冲也。旧架木为桥，曰会龙，水潦冲啮不时圮。岁戊戌三月，众人募资，鸠工伐石累两岸。溪水阔可六丈，二丈为一墩，施以长磴，上覆栋宇，中设长座，旁为之楹，溪畔卫以崇墉，守者岁给以租，俾煮茗待行人。越十月桥成。明年五月，亭亦□事，费金一千五百有奇，诸父老谓当刊碑志不朽。余观斯桥，长虹亘拱，如履康庄，凡四方出其涂者皆曰便，惠一也；有亭以憩行者，炎熇渴饮，开畅烦襟，惠二也；地当冲要，门者居之，有司险守川泽，修闾氏守里门之遗意，宵小知警，行路无虞，惠三也；桥以上平畴开旷，居氓错杂，至此而山川之气翕然完固，一方关键，莫要于此，惠四也。遂易惠龙之名而额曰惠同。董斯役者何君开周等。

### 修复《玉潭桥》碑记（宁乡）（民国） 廖基棫

宁乡南关外之桥，乾隆时建，桥长六十有三丈，宽一丈，高二丈有奇，累石为柱，分水为二十四道，架巨石其上，其平如砥，左右翼以扶栏，栏外有石亭一，铁牛二。同治壬戌，蛟水为患，栏石尽毁，桥亦敧仄，铁牛亦随波而去。甲子秋，前知县郭庆飏劝县人募捐重修。阅六十年，为民国甲子，山洪暴发，为数百年所仅见，乌江两岸受祸尤惨，庐舍人畜漂没者以数千计，桥遂中断，存者无几，而行旅往来或比木为杠，或驾小舟以济，人皆苦之。岁乙丑，县人倡议复修，而经费无从出，遂议将前年货赈款收回，暂供支用。众皆曰善，於是鸠工庀（匹）材，即以其年七月经始，十二月讫工，桥之修广，一仍旧制，唯增高二尺许，使水无越桥横溢之患。当建址之初，昔年铁牛竟于石砾中复得其一，遂仿其形再冶一牛副之，桥之旧观自是悉复矣，行者莫不称便利焉。是役也，縻番银三万五千元，用工凡五阅月，职其事者唐寅清、廖基朴、庞卓武、唐云栋，筹款则有陶鼎勋、王泽洪、刘宗向、齐璜、朱友谅等十人。至于率先匠役，不避劳苦，则庸君寅清之力为多，匠人李金海等亦勤谨无误，可并书之。

## 四、古亭记

### 洁爱泉亭记（安仁）（清）湖南督学使 岳宏誉

安仁据衡岳上游，当郴桂孔道，熊冈凤岭，环翠耸秀，清溪白沙，萦回映带。余驱车过之，见其山高而水驶，土沃而民淳，沟塍绣错，林木丰茂，农力耕而士恬习，心窃尝之。入城廓，憩客馆，雨阻留。信宿。邑宰陈君相见，问士俗询士风外，为予道：城北里许，近熊耳山麓，有泉冷然，向没于芜蔓，人无知者。辛未春，邑宰巡陌课农，息阴田畔，但见激湍喷薄，腾涌如珠，且淙淙作声，急往视之，泉在草间。如是披荆越莽，循流溯源，不过数武，一泓澄然，酌而尝之，味洌且甘。因相与建亭于上，砌栏甃石，轮如翼如，额曰："洁爱"，取其泉之洁而可爱也。每公余多暇，天朗气清，辄与僚属，徜徉泉际，遂为一邑胜游之最云。余闻而益嘉之。春初按星沙，即聆衡属安令有循誉，及按衡，令名益噪，今过其地而睹境内之气象与夫民物之安阜，其长吏之拊育，尚待问乎！斯泉也，湮没几何年矣，邑宰无心得之，作亭以表章之。其视民如赤子，疾痛□□，靡不洞悉而振刷焉。更可知矣，且天下事，失于不知者，其过小；知之而不能成，其过大。所谓见义不为，见不善而不能去。龌龊委□，因循苟且，往往皆是。以视陈宰之周章区画，事无不知，知无不行，不大相迳庭乎。然则斯泉也，或亦待其人而后出耶？时康熙三十四年岁次乙亥。

## **第一泉亭记**（安化）（清）何茂椿

梅岭当宝，永之冲，其腰有泉出石穴，曰“梅岭寒泉”。昔人筑亭于侧，以待行旅，今已墟矣。余夙有卢仝癖，又居岭之南阳，过斯岭之日多。每折苇小憩，掬泉漱齿，未尝不叹亭之久废，而修复之宜急也。谋于龙君桂垣，桂垣谋于南桥汇诸君子，而佥有同心。于是购龙姓铺屋基址以为亭，又购龙姓山土以植茶，又公酌定章，岁拨桥租谷八担，以缮守亭人。亭成，余又过，适斜日欲沉，薰风时至，披襟啜茗，万山在目，余心乐甚，想蜂午之众亦必同此乐也。诸君子问亭名于余，余曰泉擅梅山之胜，又出城南行，即饮此泉。亭距泉特百武（步）耳，以第一泉名，诸君子曰善。遂署其额曰：第一泉亭。

## **应龙亭记**（宁远）

事有创制一时而垂之千百世者。武阳得山溪之胜，汾亭传中子之游，便行人舒啸傲，诚胜概也。余□境内之由江旧有应龙亭，路通两粤，控九疑，盼萧韶，清江绕其侧，但垣基待圮，卑隘堪虞，游人宦达憩息其间，不无不足之憾。有善士等倡首，遍募得百余金，□易以石石坚，以磐下阔，址基上重陶（瓦），较旧制而高大之，猗欤盛哉。爽垲宏敞之模，焕然一新矣，是举也。故有不容辞其责者，兹亭落成，高广能容，实实（枚枚）欺风傲雪，任过客之遨游，赋山光，题江濑，听鸣嘤上下，斯聚斯歌，不将与武阳汾亭诸名胜争光于不朽哉？功竣勒石因为之记其盛云。皇清乾隆四十年。

## **云山亭记**（永兴）

尝思当道之险阻，需开世路之崎岖。地势陡避，荆棘丛生，沟槽小径，泥土泞滑。自黄草曾落铺户，下至马仰方有住家。雨霖无遮身之处，日曝无歇凉之区，过往行人无不嗟叹。吾窃思之，蒙天佑之，颇得粥食之荣幸，盛叨兰桂之芬芳。于是独立维持设立亭焉。其亭何名？远望南岭斯山层层可数，近看观音龙山历历在目，衡郡耒邑，山峰连天，云霞及地，故名《云山亭》焉。戴学士撰。

## **四自亭赋**（道县） **并序：道过南地行利西东为韵**

为五里之名区，系四方之达道；叹客途之多艰，让家居而独好。中途彳亍，愁看雪雁飞迟；两鬓萧骚，怕听霜鸡叫早。每遇斜风送雨，不尽凄凉；时当赤日炎空，无边焦躁。

则有轻财义士，东善名公，虑息肩之无所，致远道之难通，经之营之，筑幽亭于中路，高

也明也。类筑阁之盘空，五六月茶煮清泉，念过路嗟兴鲋辙，亿万年椽遮碧瓦，免行人因等鹅笼尔。

其为亭也，辉腾径北翠耸村南，四檐风透四壁烟涵，四面之遥山入画，四围之远树如簪。利薮名场，便四民之税驾，朝来暮往，供四路之停骖，当头呈四座之奇观，留人小住，到眼备四时佳趣，引客闲探，第见夫旅舍纷纭，行装整饬，经古驿之迢迢，来长亭而得得，标题细认如古帝之广辟，夫四门担荷，遥临疑方物之分呈于四国，快饮一箪之茗，溽暑全消，清谈两扇之风，尘氛顿息，无冬无夏，咸欣厦之遮，曰秋曰春，共乐春台之陟，最爱霜风红醉，停车于斜照之西，恰当烟柳青笼，系马于层楼之北，少焉，双旌乱拥，四境分行，四野流泉，如斟别酒，四山啼鸟，齐送欢声。其自亭而西也，叠西关之曲而得意；其自亭而东也，谱东门之韵而移情；其自亭而南也，南浦之新腔共唱；其自亭而北，北郭之雅调。同赓不复惰其四肢，千峰远度，管教放乎四海，万里长征；彼夫旗亭画壁，徒有较胜之心，兰亭泛杯，仅有祓除之意，是何如基辟五里之衢亭，建四达之地，东西南北任伊往者往，而来者来，士农工商，无不乐其乐，而利其利，其利也哉，歌曰：客亭长短路东西，满径飘飘滑滑泥。频唤哥哥行不得，山南山北鹧鸪啼。又歌曰：自南自北自西东，四面鹂歌唱晚风，最是征途堪画处，竦林斜挂夕阳红。

清道光二十七年岁次一天孟冬月南垣郭绕岚撰书。

杨雄心 整理

## 五、古船渡记

**东山书院捐修渡船碑记**（郴州）（清）陈昭课

昔子产相郑，以乘舆济人，孔子谓其爱而弗能教，孟子谓其惠而不知为政。岂真济人者非欤？盖谓执政有体，除道成梁，国有令典，因时举事，岁有常经，原不沾沾在此小惠间也。而要其一念之仁慈，已足令千百世后感激流涕于不置。迄今过溱洧之区，遗爱犹存，碑喝如在，虽妇人孺子，无不爱慕歌思焉！然则利济之念，岂非仁人君子所宜出也哉？我郴沿河一街，上设牙石渡，下设司马渡。乡间服贾牵车，络绎不绝，至便也。迨连遭水患，两渡冲没，上捐修桥，下未设渡。至乾隆甲午年，建立书院于东山，生童日众，其下居民日多，住往临流兴叹，欲渡无由。民之不便，莫此为甚。岁乙丑，余主讲东山。其下居民人等，以捐修渡船请曰："民之病斯涉也，久矣！况迩来肆业滋多，虽闭户鲜出，而伙夫五六辈，朝夕薪蔬，奔走不便，至有涉水而溺毙者！吾侪悲之。乡党有益之举，非君莫为。倡之以义，自易易耳？"余虽心然之，犹恐工钜费繁而难垂久远也。适潘君定魁、曹君义正、胡军忠义至，曰："此义举也，不特便民，亦且便士，我等俱愿附骥，以襄兹役！"遂各告知亲友，慷慨乐输，不匝月而集，乃□材鸠工而举事焉。又虑渡岸未立，船多冗滞，告如刺史汪司马出示晓谕，仍于司马堤处，设立渡岸。嗣是应刺史回任，又讯断上南隅瓦铺一间，充入书院渡船，以补工食所不足。至是往来行人，交口称便，士民两利，远近攸宜，遂莫不籍籍道使君之德而称诸君之功不衰。余思：一命之士，苟存心于济物，于物必有所济。无如今世好事者，往往为所不当为，而于利济之事，概置漠然者，比比然也。如诸君之存心济物，虽未能如子产之惠泽旁敷，要其好善乐施之念，非仁人君子，能如是乎？讵可利济小事而少之哉？是役也，计捐费一百三十余金，除造船、砌岸、立碑外，尚余钱一百千，交典生息，以为逐年工食、打油、换船之资。爰勒诸石，以志不朽云。嘉庆十二年冬月立。

摘自清《郴县县志》卷之三十五

**重建**（长沙）**灵官古渡碑记** （清）明英

湘波殷险，秋水漩湍。落叶萧萧，细雨洒征夫之泪；寒流淼淼，断槎迟过客之踪。芳草黄昏，白鹭洲边人行；鹧鸪渡口，黄陵溪畔月黄昏。杜宇催归，何处烟芜小艇；芦花逆旅，谁来野渡舟横。岂徒贾傅泪尽长沙，奚只少陵心怀剑阁。纵有成规而莫举，畴废古渡；空存故迹之依然，孰贻利涉。

兹逢钦命侍郎署大中丞阿、御史胡，停旌楚泽，念切庥民，泊驾昭潭，欣解清俸；继以大中丞蒋宏襄盛事，力济巨川。因行路之多艰，庆安澜于此日。环迹建往来之渡，半汀憩风雨之亭。慈云蔼蔼，枯水皆春；朗日辉辉，洪涛亦福。鸾和隔岸，不同溱洧乘舆；鸿爪印泥，永快西东襆被。厉揭何需陋，杜预泻长江之闸；潺流无恙迈，张伦固巨石之堤。一苇可杭，不滞伊人于带水；三门汲浪，欢呼我友之□须。第见岚村入幕，靡忧小径羊肠，飓母号风，宛似卧江虹影。洞庭桔柚，鹢头稳下桅樯；岳岫烟霞，懈舍不惊杯渡。瘦马走山城之驿，乍看破浪齐归；舣乌释游子之情，耐可担囊待客。夕阳古道，高柳啸蝉；秋阴衣杵，河干归燕，雕梁社雨，士民感激于浩荡恩漪；诗删匏叶，学子泳游于澄清化日。峰峰传弦诵之声，此日中流自在；派派绘文章之状，今朝济腾何多。惟有载道口碑，如拜陆宣公万家之渡；庶几缕镌心版，长铭颜师鲁漳南之口。云尔。时乾隆癸亥冬月。

**龙湾义渡碑记**（常德）

龙湾古渡，鼎郡名区。自北而南，倏来忽往，洵水陆之通衢，实滇黔之孔道。远指□□兮，不易至，常虞野渡稽延，近寻溪洞兮，何处边，恒苦要津阻隔。余等邀集南北居人，募修义渡，劝结福缘，乐善者多解囊不吝。捐田亩以收租，渡子有饲，化钱文而生息，渡船可补。涉惟乘木，济不用匏。行水一如夫行地，岂濡首灭顶之可危；过船更易于过桥，宛徒杠舆梁之最利。有其举之，莫能废矣。第公事要秉公心，善终总缘善始。派无私者主计无弊，乃高倡仁风，凭有品者掌文有余，则另行善举。阅五寒暑而告成，此日勒碑志美，经万春秋以垂久，他时追迹蒙休。道光二十七年丁未岁郡庠生陈有耀撰文。

**龙湾上公义渡志节录**（常德）（清）陈鼎熙

武陵龙湾，为枉渚上游，属郡治西关外。方志计载，二十许里。近往辰溆，远达滇黔，为其途路所必经。顾由郡陆行，待舟南渡。一苇无杭，相向诟病。兼之沿江两岸，攘往熙来，不便于一水者，多濡滞之憾，何其甚也！道光年间，海宇稍未靖，羽檄驿警，间以此为捷径。吾先君同村中诸老辈，禀请邑侯熊锦峰、谢橘霖两先生，劝捐造舟，而熊君首自蠲廉，为地方好义者倡。一时踊跃乐输，不数载成于是。吾先君为立规经久，且撰

文记盛，被之金石而碑阴例，仅备书名姓，虽久，或颇称充裕，而其弊每缘利生。先兄又屡次公同条约，禀请前升宪李公阑生，核定义规在案，而司事久者，簿籍独握，犹于人不尽通晓之处，消沮闭藏，阴自攫蚀，图肥一己，往往有也。独是听其义举堕坏，固负前贤，而况今日，沧海横流，滔滔皆是，苟得留此区区于不敝，庸非幸与！然则外间有寻秦时桃窟者，其尚于斯，而即无从问津耶！乡人发愤，因汲汲于义志之修，搜征原委，而属纂辑，于蒙俾方来者，户晓家喻，蕲共维系于有永。光绪二十七年辛丑岁夏六月朔日陈鼎熙谨序。

**重建瓮子洞虎子矶铁索碑记** （清）刘应中

楚之水大于洞庭，而险于辰河，河之源发自夜郎，经数千里抵桃源，历武陵而下与洞庭汇，其险与瞿塘、滟滪相伯仲，而沅陵、桃源接壤之间，有所谓瓮子洞、虎子矶者，其险尤甚，崇岸峭壁，兀立如削，为舟之所必经，既无仄径可施牵缆，又无岩罅可用钩挽，遇春夏泛涨，水高石怒，舟必停泊以俟其平，稍触之未有不漂流而倾覆者，甲申春、余策马山游，访之故老，知其处旧有铁索，为善士廖翰文所施，凿石平挂半崖，舟至此以钩逆挽而前，足不劳而随舟以进，其法甚善，游宦商旅之食德亦已旧矣。既而岁久，馀其半，复值变乱，有恐其利舟楫者尽去之。余守是邦，慨然思复其制。未几，督运黔疆，奔走未遑也；及辛酉春暮归，自贵州顺流下武陵，过瓮洞，见穿石挂索迹宛然存，于是决意修举。遍告诸大吏，咸许为可。回途复值霖雨泛滥，舟泊洞下累日以俟其平。及解缆，舟与水争，而长年三老目骇神摇，身历之益悚然惧。抵郡后，遂力成之。乃诚召铁工计费，约需千余金，余捐五百金为倡，而文武诸君子咸乐施，以成其事，用是鸠工庀材，始于是年仲秋，越明年季夏而成。铁索凡一百二十有七丈，计铁三万余斤，合资一千四十两有奇，盖以重大而期悠久也。其穿挂之法，则于瓮子洞之平崖、狮子崖、走船溪、腰眼溪、长湾头以及上虎子矶、下虎子矶与沙湾，各在其崖之广狭平险以施索之长短，其法较昔更为详密，复令近崖里民随时守护，而操舟溯流者，可无停滞颠覆之虑，而忘其为险矣！事竣，谨志其颠末，并文武诸君子姓名于石，以垂不朽。

注：作者系清康熙年间辰州知府。

## 六、古驿记

**重修兰江驿记** （清）魏式曾

昔先王怀抚区夏，百辟群后，悉主悉臣，于是有正朔宪典之颁，有锡命采风之事，甸候五服，各恭厥职，报政于上，使节简书，交错涂道。其或王命急宣，征卒发旅，牙璋虎符，昼夜千里，四马双轮，力殚不给，乃为驿邮传舍，达于四表，然后朝廷训命，邦国谟告，下逮上达，无有失时，外薄海隅，罔敢或遏。驿之为政，亦重矣哉！成周之世，左氏所记，若晋侯以传召伯宗，子产乘遽入国，楚子以驲至于临品，至于罗、汭，皆传车也。秦置乘传副车食厨，汉初承秦不改，后汉以费繁省车置骑，是为舍车用骑之始。秦汉之驿相去皆三十里。《唐书·百官志》：凡驿三十里一置，犹古者一舍之数。故其马力有余，行速而不疲弊；后世节用，稍从省并，往往合数驿为一驿，马劳困倍于前代。然则刍秣之洁，厩庑之安，所以爱护而调习之者，不可以不亟讲也。澧之为州，据荆楚，腹缄封，旌节往来相缉，有驿三，相去皆六十里。附于城东隅者，曰兰江，马四十有五，馆舍闲枥毕具。阅岁既久，圮败不完，刍秣无所，夫以事繁责重之地，而颓坏不饬，至于如此，欲其马不，事毋壅滞，盖亦难矣。余刺是州，谋亟新之，徒以乏财未果。昔汉薛宣之子令彭城，邮驿不修，宣以为无能。用是滋惧，乃节廪禄所入以资工，缮葺而完治之。堂室厩枥，皆如旧制。今受代将行，爰略述驿政之所系，闲枥之宜修，为来者告；犹望以时补治，弗使摧折朽败如前日也，幸甚。

# 第三节　歌谣　船工号子

## 一、歌谣

### 1. 道途歌

道途歌又名“道图歌”、“路单歌”，是古代军人、商人、船工、轿夫、挑夫们的歌。记载了沿途的山水、物产、风土、人情，以及何处可住宿，何处可弯船，何处可进货，何处可寻欢取乐……，如一幅地图，故名之“道图歌”。

**三丁抽一上云南**

明洪武十四年（1381年）秋，明太祖朱元璋以傅友德为征南将军，蓝玉、沐英（蓝、沐均为今城步丹口人）为左右副将军，率兵30万，征讨元朝残余势力梁王于云南，取道宝庆经辰沅入黔滇，沿途三丁抽一，五丁抽二，分兵由都督胡海率领，经永宁趋乌撒。事定后沐英留镇云南，宝庆卫兵有许多留普安、普定一带屯田。

祖籍原是湖广省，原是湖广宝庆人。
洪武十四登龙位，三丁抽一上云南。
抽走十万人和马，征剿夷蛮造反人。
选定良辰并吉日，盔甲龙枪紧随身。
初一收拾初二走，初三初四别六亲。
诸亲齐送含珠泪，番身上马似飞腾。
平溪一位高沙田，□溪巡检要官钱。
大湾不住瓦屋堂，西坡滚马上天堂。
天边日出江边见，六十里路到黔阳。
黔阳过来双江口，七十五里到沅州。

沅州过来到晃州，晃州巡检好愁人。
百里来官镇远府，横板架桥偏桥人。
大河涨水兴隆卫，瓜瓢舀水清平人。
八人抬轿平原地，风吹灯蒿清浪人。
上坡下岭平阳地，独山龙里贵阳城。
威青平坝无柴草，普定安庄好寄身。
西进平阳是安顺，行步弯曲过镇宁。
鸡公背上安索岭，石头磊磊路难行。
抬头一见马跑过，关帝坐在天上边。
山口对着安隆箐，一层山水一层人。
顶站过来江西坡，转弯抹角杨家河。
盘江河中有瘴气，金殿铺里瘴气多。
沙尘缠在半天上，半天下雨半天晴。
半坡岭下四棵松，盘江河内两艄公。
顶站下来是盘江，沙家夷蛮在龙场。
行行七七四十九[1]，行军总督到安南。
果然廿四城垛口，酉时初刻到西门。
驻扎安南西门外，凉水营里暂栖身。
辞别安南就行走，部兵部马过长牛。
马场城中开酒店，酒醉门前槿菁边。
大田本是鸡各地[2]，走到戛猛得安身。
麻布装水莲花现[3]，寸步难行马鞍山。
走到大峒小响午，点起灯龙过黑山。
祖公如今由这里，子孙代代记前程。
到达长牛从此始，分支各处莫忘恩。

注：①从宝庆行军至安南 49 天。

②“鸡各”，新化、隆回、洞口一带称鸡蛋为“鸡各”。在此形容屯垦地瘠薄似蛋壳。

③“麻布装水莲花现”为宝庆方言歇后语，意即假话讲得活灵活现。

**宝庆至湘乡路途歌**

宝庆城墙四四方，两脚忙忙走湘乡。
鸡叫三遍呷早饭，走出东门没天光。
青龙桥上打一望，十井栏杆到山塘。
洪桥田凼打中伙，两脚忙忙走秋塘。
行到黑田天将黑，刘家老店饭菜香。

金钱银钱起眼见，路够长来人够行。
界岭听见油榨响，双脚跳到蟆蝈塘。
青树坪里打中伙，行到永丰见灯光。
永丰辣酱好口味，九里开口十里香。
永丰下去四十里，抬头一望到虞塘。
虞塘好个桃花杏，家家都有好姑娘。
可惜身边钱财少，家中妻子饿肚肠。
虞塘过去是山枣，洙津渡口在前方。
渡口有座万福桥，提起此桥有名堂。
当年过渡徐公明，驴子下粪污船舱。
艄公怒骂徐公明，赔礼道歉难了当。
横下心来打一算，修座长桥利四方。
吃饭石匠九十九，做工石匠五十双。
中间一个是鲁班，鲁班下凡修桥梁。
走过桥梁过个坳，一路平阳到湘乡。
人到家乡水也甜，一家大小喜安康。
三十吃了年关饭，明年依旧走邵阳。

**郴州至资兴九十里大道民谣**（其一）

十里郴州到石泉，二十菱角一浪田，
三十石灰高万丈，四十野鸡不见天，
五十雷溪水渺渺，六十东江闹沉沉，
七十鱼岭背上过，八十水井在路遥，
九十界碑打一望，康庄百里到县城。

注：石泉，在郴县与资兴市交界处；菱角，在桥口乡排塘村处；浪田，一片梯田；石灰，石灰岭在雷溪坝处地势险峻；野鸡，野鸡岭靠近东江地区；雷溪，雷溪坝；水渺渺，很大的水面；东江，现资兴市；鱼岭，在资兴市境内；背上过，走在山背上意思；水井，在资兴境内路边的水井；路遥，很远的意思；界碑，资兴城附近有一处地名界碑；打一望，回头一望；康庄，宽阔的意思。

**郴州至资兴九十里大道民谣**（其二）

十里宜章到瑶坡，二十里路起风波，
三十摺岭高万丈，四十两路叉平窝，
五十良田屋还响，六十万岁封八角，
七十韩公走马岭，八十叶桥乱石窝，
九十南关回头望，折回南关三个坡。

注：瑶坡，宜章遥田；风波，风波亭；搯岭，湘粤交界的京广线隧道处；两路，在邓家塘；平窝，宜章平窝乡；良田，郴州良田镇；还响，村民在屋里摆弄炊具的响声；万岁，郴州坳上的万岁桥；八角，八角亭在万岁桥对面；韩公，韩愈；走马岭，黄泥坳前面；叶桥，在槐树下；乱石窝，此地石头很多意思；南关，裕后街南关上；三个坡，文化路、东街、南关上的山坡。

### 2. 湘水歌谣

**永州至祁阳水路行船歌**

永州开船望潇湘，迴龙塔上一支枪。
贺家码头撒大网，广西河口种高梁。
老埠石马夹角口，蔡家木家曲河滩。
宋家洲上好流水，一流流到牙门岩。
冷水湾湾一把弓，观音坐莲挡北风。
青龙白龙高溪市，火烧罐子阴山岩。
敲敲打打沅江口，鹞子翻身大花滩。
左边一个龙塘湾，右边一个鸭婆江。
铜锣一下黄阳司，二十四节摆刀枪。
苋州滴水媳妇凼，牛皮老山蒋暖滩。
浯溪河上风光好，过了定滩到祁阳。
祁阳开船观音滩，多买钱纸少买香。
跪在船上拜观音，保佑弟子过横滩。

**驾船水路站头歌**（祁阳—衡阳）

祁阳开船荔枝塘，多买钱纸敬凤凰。
凤凰头上拜三拜，保佑弟子过横塘。
白水开船河埠塘，见水黄泥下归阳。
上仙九州观大堡，五家河洲有二塘。
粮船本是三搭界，江口鲤鱼柏坊卖。
柏坊开船大渔湾，松柏街上打酒尝。
茭河月堡抬头望，崇洲滩上水茫茫。
新塘打网云集过，两个新塘对车江。
车江开船茅叶滩，磨坊滩上立府场。
衡州弯弯像把弓，弓尾便是回雁峰。
莫说衡阳无景致，耒河蒸水草桥畔。
东洲头上立卡站，十字街上闹洋洋。

## 湘江水路歌（衡阳—长沙）

耒河涨水捺横冲，衡州弯弯像把弓。
莫道衡阳无景致，石鼓船山回雁峰。
衡州开船到石潭，樟木七里鸡公潭。
大浦萱洲霞流市，斗米雷溪到衡山。
衡山自古称南岳，七十二峰多奇观。
道观佛寺满圣地，骚人墨客赞名山。
衡州景致多留恋，七层宝塔到石湾。
流水滔滔鳌洲景，三樟油麻王十万。
玩石宛州朱亭过，花石龙盘交连滩。
三门渌口蒋水寺，株洲上湾对下湾。
向家堂前马家河，曾修开到易俗河。
易俗河下双河口，摇头一路到湘潭。
湘潭开船文昌阁，鹞子崖前打酒喝。
湘水滔滔望昭山，泥鳅湾湾芭蕉山。
猴子石上打一望，西湖桥上石栏杆。
一路迢迢酒介花，收篙顺水到长沙。
长沙有个岳麓山，爱晚亭畔好风光。
七十二峰多雄壮，湖南风物不等闲。

## 耒河水路歌

郴州开船放清河，浔江永兴滩又多。
大河滩，小河滩，陶洲下面谭家湾。
上堡街，出白石；黄泥岗，四季庵。
清清白白矮乐坪，踢烂脚佬石嘴上。
洗了衣衫清水铺，石灰闹死蚂蝗塘。
爬山过坳马颈塘，好呷死懒耍湘江。
雷公洲上养仙鹅，四娩出在零洲坪。
菜园里，划子多；耒阳县，淡酒多。
石埠湾，卡古佬多，许家桥，癞子多。
高层滩，钉古佬多；新市街，娘子多。
肥回府，糍粑多。耒河有个小江口。
一双鳖鱼当江走，一对狮子把水口。

陆堡茶市泉溪市，船行河中乐悠悠。
扳一舵，推一舵，顺水滔滔出来耒河。

**一路行船到省城**（祁阳—长沙）

白水开船到祁阳，祁阳是个好地方。
浯溪河边风光美，宝塔边上立庙堂。
祁阳停船敬水堂，你化钱纸我点香。
凤凰面前拜三拜，一路行船无风浪。
浯溪船下黄泥塘，黄泥岸边好村庄。
十亩大丘种甘蔗，收下甘蔗好榨糖。
一路顺风到归阳，归阳镇上闹洋洋。
敲锣打鼓划龙船，大河小河比赛忙。
河洲船到粮市乡，是街是市细端详。
田庄虽小山冲大，打柴织布养蚕桑。
粮市开船到柏坊，千年岸山有宝藏。
煤多焦多铅锌多，船装车拖运输忙。
柏坊开船到松柏，靠岸抛锚歇一夜。
岸上琴声伴歌声，无意挑逗过路客。
松柏开船到衡阳，衡阳是个大地方。
衡阳街头好热闹，车水马龙生意旺。
衡阳转湾到大浦，大浦是个小街墟。
离墟不远有个矿，矿里珍宝用车装。
一路行船到省城，长沙街头车马腾。
沿江湾船千万只，装货起锚转回程。

**涟水行船歌**（蓝田—湘潭）

蓝田开船石马山，八坝乌鸡奔长滩。
撞钟打鼓支福寺，墨墨巴黑包围山。
管子坝来出河口，秤石滩上挂桨走。
下了秤石放了心，光中潭内吃点心。
娄底高车黑石边，好比矮子爬楼梯。
西洋有个难爬湾，死牛难下老君滩。
过了大边又小边，六月吃新早禾边。

（注：吃新是农民当年收割新稻谷的第一餐新米饭。）

牛婆凼来菜油滩，请问老板湾不湾。
谷水不是湾船埠，下面湾到古稀渡。
七里塘来八里坝，七八十五猫公坝。
羊古寺来皂角滩，起眼看见观音山。
雪家渡口鸬鹚滩，来到溪口湾不湾。
风伏湖广响如雷，好比神仙下凡来。
带好帽子穿好衣，水府庙内还神鸡。
还了神鸡放了心，斗盐潭中吃点心。
吃了点心滔滔过，起眼看见杏子铺。
杏子铺来大码头，花家窑内烧石灰。
石灰烧鸡白又白，下面就是观音石。

（注：双峰方言白 =pa，与怕同音；石 =she，与射同音。）

观音石来水又流，下去就是王沙洲。
王沙洲来水又陡，剃掉胡子往江口。
江口有个鲶鱼滩，斧头凿子木皮滩。
鲤鱼滩边有柴买，称肉打酒到洋谭。
会打官司何家埠，篾织缆子邓司渡。
油萝倒在滑石滩，六月口干奔茶湾。
潭市有个观音阁，买米买盐要上坡。
装好米来包好盐，一把浆来到西天。
西天脑上打口泥，老板架的抽底船。
新打剪刀叉子口，腊月开花梅子湾。
挖烂耙头是山枣，人字一直下大滩。
朱桥渡来鹞子岩，芭蕉港内出松柴。
载起松柴摇一摇，下面就是杨家桥。
杨家桥内出灯笼，同心合力一条心。
莫说湘乡无景致，有个定石照孤洲。
学门前来唐家滩，七里三分铜钱湾。
乌鸦鸟来啄一嘴，太白杨泗在石潭。
石潭下面南北塘，姜畲街上好姑娘。
落笔渡来寻笔港，袁家河上听碓响。
左一湾来右一湾，湾出河口是湘潭。
湘潭有个杨梅洲，斧头凿子不停休。

湘潭有个十八总，一座宝塔像支笋。
湘潭好似小南京，码头湾船乱纷纷。

收集整理杨建平　李朝华

3. 资水歌谣

**洛滩泥滩歌**（安化）

泥滩短，洛滩长，雷霆奔霹谁敢当。
洛滩直，泥滩曲，刀箭弯环不可触。
资滩三十六此居中，其余视此犹儿童。
两滩相距无数里，后滩首接前滩尾。
舟人努力过后滩，遥望前滩心胆寒。
一鼓作气复努力，比过前滩尽休息。
急水滩头上水船，笑同姚泊差安便。
闻道邵河滩更险，好语舟人加黾勉。

摘自《清同治安化县志·卷八》

**资 水 滩 歌**

新化开船莫河滩，宝塔修在他山湾，
袁家山里出萝卜，对河就是天子山，
老师吹得牛角叫，良增滩下游家湾，
黄牛滩下齐风转，白沙洲下便湖滩，
冷溪街上好过渡，单滩转弯是汴滩，
神滩小洋贵鱼池，车畲下面心河滩，
贵州淹里黄雀坳，游溪有个实行山，
三个石匠争石骨，钟家庄下红岩山，
鹅公滩上鹅公叫，白溪脚下曲尺滩，
西边有个杉木溪，香港有个铜锣湾，
石连没有连花坝，千篙滩下石竹山，
天府岩前齐弯转，对河就是鳊鱼山，
浬溪有个成进士，潘洋有个御史官，
浬滩本是槽船地，龙溪有个青树滩，
瑯塘有个厘金局，送婆鸡嘴枞树滩，
千边洲上抬头看，苏溪从前要过关，
吹起号子摇起橹，提转舵来放瓦滩，
金鸭银鸭是润溪，将义赶落猪屎滩，

洋桥本是神山置，黄金堆在猪婆滩，
指倒横岩是玛瑙，抛打绣球是沂滩，
坪口本是花花地，来往客官把船湾，
上街湾到下街转，只见枣树生得弯，
婆婆就把鹅来赶，一赶落在担柴滩，
洛滩有个杨公庙，鸡婆塘里排难扳，
阿石岩前紧扳舵，野猪赶落排子山，
排子山前出美女，童子脚下泉水湾，
莫家溪上买柴火，孟公山下斗笠湾，
粗滩有个钥匙口，高龙古子有神湾，
探溪牵牛来下水，鲇鱼装在过水湾，
哑牛拴在螺丝上，对马磨槽是烟滩，
碗米煮粥南坪卖，只见鲤鱼跳上山，
黄牛怕了勾刀子，花园脚下伍家湾，
毗塘无有牛皮卖，观音岩下白杆滩，
方石面前紧扳舵，姚家庄下排难扳，
指到竹山庄羊垴，杉木塘下青龙滩，
陀子基下马缮市，龙栖滩下柳杨滩，
狗屎落在菖蒲上，黄泥洞里第一关，
潺口有个观音阁，大水湾船是沙湾，
飞牛蚂蚁请走路，奇官对马婚姻滩，
猴子撞破漏罐子，大溶塘下杨沙湾，
一门二门中间走，鲤鱼穿腮是柘滩，
指到横岩丢坛子，神仙下界一担担，
大婆溪下柴缚滩，枳木架下双洲滩，
纸钱下地争八卦，松木矶下大酉滩，
太子囗洲对金竹。大鱼小鱼不是滩，
蜈公晒羞唐家观，庙子脚下宾王滩，
摸脑便是剪刀口，江南江北磨子滩，
好个边江对麻溪，百花滩下老屋湾，
螃蟹翻水好眼色，狮子口内把招扳，
黄缎晒在白沙上，只见螃蟹把水翻，
禾草矶上抬头望，望见陶澍好坟山，
陶澍当时满了贯，小淹立起红茶关，
石门潭中争老鼠，下面有个猫儿山，

杉树滩下金豹口，梅子塘下是庙湾，
一路二路三路走，讨米养鸡大汴滩，
袍补放在方石上，螃蟹打下丁家湾，
当路猫儿生贵子，昼夜啼哭没有完，
哭得爹娘无主意，带下敷溪干娘滩，
三个营盘并善溪，扫尾马脚是塘湾，
蓑衣不怕天河雨，白鹤飞下巩迹滩，
汪家酒店出萝卜，桂鱼装在泥补湾，
好朵莲花不结子，马迹塘下是句滩，
碑楼下面手巾卷，鲊埠下去五羊滩，
猪婆关在栗山地，捉猪容易放猪难，
梅子出在大栗港，棉被盖下王婆滩，
王婆脚下一龙子，百花树下把花攀，
蓑衣放在方石上，吊脚塘下相公滩，
十里河来九里长，新开泓下茄子湾，
九峰竹叶是澹溪，梅子塘下十洞滩，
茶亭底下出美女，荷塘舒塘鹞子滩，
初三初四娥眉月，芒芒插在蜜蜂湾，
横口有个泉峰洞，中岳庙里把香还，
泥鳅怕了良尖坝，横口担过七星滩，
打马游街桃花港，邹家河下五步滩，
牛栏马坑少子坝，新桥河下把灰担，
小子莫愁前路远，遥遥已见龙尾滩，
瑶湾本是益阳地，一路福星把船湾。

摘自《安化县交通志》

4. 沅水歌谣

**武 陵 船 歌**

常德府来武陵源，四方古景保安全，
上有犀牛来把口，下有老龙来镇潭，
前有锦鸡来报喜，后有靠背是凉山，
犀牛把口犀牛湾，老龙镇潭到德山，
锦鸡报晓金鸡坪，背靠凉山远望清，
甲格寺外[illegible]声吼，娘滩脱水大溪山，
大溪口外水激流，纤夫上滩神鬼愁，
自古美女出桃源，桃花源内可耕田，

世外桃源秦人村，秦人住在画中间，
撑架岩在锅不见，凌津滩上夸父山，
柳林汊对明阳围，明月山下明月潭，
明月山上有座庙，儿为母立顺母桥，
母在儿孝顺母意，母死儿把父仇报，
麻伊伏里府无官，清浪高坪陈家滩，
私溶溪又朱红溪，北溶上到深溪口，
大河涨水向东流，一对鸳鸯顺水游，
一对鸳鸯苦又苦，一翅飞到辰州府，
辰州府叫沅陵县，黔中古城景色秀，
沅陵三塔成一线，绿溪凤凰河涨洲，
河涨洲涨河涨洲，四面流水洲不流，
沅陵人爱想家园，只怪生坏奶子山，
城外八景内八景，九头二尾三鸟音，
三桥无水在哪里，三府无官何处寻，
若不知道这些事，不算真正沅陵人，
二酉藏书洞有名，石桥牌楼排中心，
白田映雪深溪潭，酉水拖蓝河中间，
美女梳头梳头岩，鲢鱼吐涎鲢鱼滩，
黄草发芽城中外，凉水变酒也卖钱，
铜壶滴漏龙头井，金盆养鱼鹤鸣山，
昔日龙泉庙兴旺，燕子扑进浅水滩，
龙兴讲寺越千年，虎溪书院把经传，
九头名字说来由，洲头窑头驿码头，
老码头修新码头，陡码头前团码头，
官码头又菜码头，岩砌头来排最后，
城东门外鸭子尾，萝卜白菜黄草尾，
三鸟音指凤凰山，燕子滩对老鸦溪，
府堂高来县堂低，对门就是犁头嘴，
县堂低来府堂高，生意买卖通河桥，
船儿靠拢北关上，称肉打酒铁炉巷，
东关豆腐西关酒，叫花子住溪子口，
买炭卖柴下南门，中南门上来去走，
上南门上好靠船，听戏喝茶自悠闲，
沅水酉水两河分，大路朝天各走边，

落仙铺落仙得名，做砖烧瓦传后人，
有情有义赵氏女，无情无义蔡白介，
大石门前小石门，一对鲤鱼跳龙门，
跳得过洋洋得意，跳不过缓缓而归，
象鼻山象鼻子长，鼻子吸水河中央，
蛤蟆岩前乌宿滩，堂门前对二酉山，
乌宿滩上乌宿潭，乌宿滩浅潭转弯，
乌宿街上好热闹，逢一逢七把场赶，
一碗水呀水一碗，千年万年水不干，
洪水坪上胡葱滩，白泡围前出大仙，
白泡周公恶又恶，一纤牵到斗其角，
四方坪转一字湾，庙前看见是碣滩，
跌马骝走一边水，船儿上滩爬半天，
落鹤坪上落鹤潭，道士尽出老师湾，
鲢鱼溪前岩砌头，画眉飞到活龙口，
王家坪上小高滩，四十八浪高砌头，
高砌头座一坪乡，尤滩脱水凤溪口，
印字岩都不算岩，明溪有个錾字岩，
錾字岩上錾有字，文武百官认不来，
若有哪个认明白，金船银船浮出来，
野猪岩上小明滩，张家滩上麻子潭，
牛角岩边吹牛角，吹响牛角能应山，
黄秧坪下那岔滩，三枪岩门把船湾，
那岔有把神福秤，许家提酒酒又香，
唐家称肉秤又旺，麻子豆腐卖揣糖，
鲁王试炮打三枪，观音正坐河中央，
竹林淇上七丈湾，最最危险是凤滩，
镇溪靠船吃中饭，十里顺潭歇歇肩，
小次滩来大次滩，鲁王正坐石马潭，
红岩淇又樟木溪，船儿到了石明滩，
公洋坪上顺巷滩，观音坐阵普陀山，
施溶驿前施溶洞，莫送虾子不好弄，
虾子头上一点红，双溶有个绕淇龙，
绕淇龙是最出名，麻溪脱水惠溪坪，
铜柱溪边春鱼潭，前面就是罗依滩，

罗依滩上一声吼，花滩脱水建潭口，
王村潭儿长又长，酒船爱停河中央。
王村码头高又高，老板称肉光称脬，
吃一半还留一半，响水洞才吃中饭，
吃了中饭套草鞋，求儿求女老师岩，
老师岩上吹牛角，烈穴脱水牛渡河，
牛渡河上拉一纤，泥朝上去排溪关，
排溪关上打一仗，兵马难过铁城墙，
觅水孔又三转弯，生坏三门一根滩，
柳树湾又高竹汊，十个老板九个怕，
教场坪前教场滩，对门有座狮子庵，
接驾嘴前螺蛳滩，保靖码头靠了船，
老板只给两斤米，打发船工回家转，
别人形容船工苦，脸朝黄土背朝天，
撑篙如同猴爬树，拉纤就像牛耕田，
上岸喝上两斤酒，下河攒劲来行船。

### 沅 水 纤 谣

面朝河沙背朝天，手攀脚登爬向前。
急流险滩逆水上，饿断肝肠不离纤。

### 沅水行船谚

船进百曳滩，如进鬼门关，船出瓮子洞，出了刺蓬笼。过了三洲莫称雄，下面还有黑岩溶。艄公眼不强，一命见阎王。只见寡妇泪汪汪，不知船工坟墓在何方。

### 沅水行船埠头歌

常德河洑桃源县，剪市界首清浪滩，
北溶沅陵泸溪县，浦市江口到铜湾，
安江洪江黔阳县，四十八寨到镇远。

## 5. 澧水歌谣

### 澧 水 船 歌

娄澧河哟不安全，湾又多来滩又险，
江垭开船东门滩，扁担岩横在河中间，
吊起胆子忍口气，左边撑篙船过滩，

滕家湾哟岩壳多，岩壳下面是漩涡，
板棹不碰岩尖上，大船就从右边过，
船行象市樟树湾，一湾走过连三湾，
湾水下面是深潭，还有岩崮伸两边，
进到湾里要小心，放下篙子把棹扳，
平心静气看水下，莫让暗石碰到船，
顺湾行船莫笑谈哟，前面就是牛屎滩，
牛屎滩啦常打船，眼尖手快可避险，
篙子点在牛屎上，船头朝左就安全，
平水摇橹好快活，不远就是市场河，
市场河的包子香，河边的女人乖巧多，
见到女人别看痴，当心水下回旋涡，
回旋涡往下扯哟，往内板棹就摆脱，
船过饭甑山啦，看了慈利县，
绕过笔架是茶林河，茶林河下油榨滩，
水急滩浅要小心，艄工快站船头边，
左边拨开尖岩头，右边避开横江岩，
船头对齐正航道，波浪难挡平安船。

6. 洞庭歌谣

**洞庭湖防风歌**

正月里来倒春寒，闪电雷鸣不等闲，
玉皇风暴从天降，航行路上要提防。
二月里来是花朝，土地生日有风暴，
十九发的观音暴，前三后四要记牢。
三月里来是清明，初三十五有大风，
逆龙探母掀恶浪，廿九狂风不留情。
四月里来四月八，注意洞庭把怒发，
行船靠埠要细心，防止前后鱼苗风。
五月里来是端阳，龙舟水发恶浪狂，
关公要降磨刀水，随风逐浪行船难。
六月里来六月六，杨泗节日风雨骤，
十九狂风来得凶，谨防出事莫放松。
七月里来是中元，牛郎相会织女仙，
热风卷起冰雹雨，江河出现浪滔天。

八月里来是中秋，朝拜南岳上路途，
秋风飒飒细细雨，风浪一般较温柔。
九月里来是重阳，观音风暴即将来，
三月三来九月九，无事莫到江边走。
十月里来小阳春，风向无定来得凶，
行船自有三分险，翻船死人最担心。
十一月里来是寒冬，时时注意顶头风，
滩干水浅易出事，江湖航行要小心。
腊月里来飞雪花，鱼奔深潭客奔家，
过好年来停好船，扫江风暴祭终年。

**新市（岳阳）至南津港行船歌**

新市开船问古亭（石鼓无），
窑洲归义五不城（码头曾叫五不城），
金鸡报喜河家当（河市街），
船到非滩龙现身（船到了非滩河就看见龙窝，即磊石山），
洞庭湖里波浪响（波浪响表示起大南风），
有风船靠南津港（岳阳南津港是避风港）。

**益阳至湘阴芦林潭段行船歌**

益阳开船清水潭，
沙头镇上把兵搬，
毛角先生算八字（毛角是毛角口和八字哨两地名），
姑嫂二人问关公（有两根古树称姑嫂树，关公潭），
包公老爷骑白马（包公庙以下白马寺），
阳雀一叫到芦林（阳雀潭下去到芦林潭）。

**资水行船埠头歌**（益阳—汉口）

益阳开船望刘公，清水潭下走顺风。
沙头羊角抬头看，茅角先生八字灵。
姑嫂二人拜关公，白马头上抿虱子。
铃子（临资）一响到芦林，船到芦林往前看。
芦林底下百花滩，百花滩上走不远。
青竹营田磊石山，鹿角城陵矶下水。

上头毛伍石头关，嘉鱼桃林荆口湖。
黄鹤楼中玉笛吹得乐呵呵。

**湘潭至汉口行船歌**

湘潭开船往昭山（昭山庙地名），
泥鳅下河芭蕉湖（泥鳅滩、芭蕉滩）。
枯石靳江猴子石（三个地名），
船到长沙湾不湾？
冇得湾船埠，一站到铜官。
青竹、营田、磊石山，
鹿角城陵矶下水。
鸭栏、茅埠、石头矶，
嘉鱼牌洲金口邑（三地名），
黄鹤楼中吹玉笛（汉口黄鹤楼）。

**道州至汉口行船歌**

道州发水慢悠悠，七日七夜到潭州。
长沙霞凝至铜官，青竹营田磊石山。
鹿角城陵矶下水，亚蓝茅坪石头滩。
嘉鱼排洲津口驿，到汉停泊鹦鹉洲。
黄鹤楼中吹玉笛，同乡会上话千秋。

**湘潭至上海行船歌**

湘潭开船望昭山，泥鳅弯弯芭蕉滩。
枯石靳江猴子石，问客长沙湾不湾？
长沙一站到铜官，青竹营田磊石山。
鹿角城陵矶下水，鸭澜茅埠石头关。
嘉鱼排洲金口驿，黄鹤楼中吹玉笛。
汉口开船青山望，请问赤壁湾不湾。
赤壁不湾调直走，轻舟不日上海关。

**沅江至上海行船歌**

沅江开船新挖口，挖口子对面江渚岛。
完成拐弯把舵收，草尾遥望紫红洲。
三码头下四码头，下首就是黄茅洲。

新河口去幸福港，前面就是鲇鱼坎。
下塞湖有五花滩，鲇鱼对面鹿角山。
六门闸下流水响，对面岳阳南津港。
城陵矶，道林矶，螺山一去到新堤。
嘉鱼之下过排洲，前面金口黄鹤楼。
汉口三十望青山，请问阳罗湾不湾。
阳罗不湾调直走，团风保住双江口。
双江口过黄岗到，一路顺风武昌套。
巴河一去到水沙，兰溪堰下望无涯。
道上洑下是韦原，坝口祈春堰相连。
马口盘塘富池进，武穴龙坪陈子镇。
阳潭二口九江到，八里江中浪飘渺。
横坝头前金光亮，彭潭小姑高声唱。
跳过马当飞金鸡，华阳吉阳黄石矶。
安庆对岸铁锑藏，李阳真人过重阳。
池洲水下大通矶，板子矶头扬红旗。
樊城一下阳县到，举眼望见风景套。
芦席夹里看三江，芜湖热闹非寻常。
马鞍山上望南京，草鞋夹里奔前程。
燕子矶上修筑巢，泗源沟里浪滔滔。
七里河，八里河，远望蕉山笑呵呵。
千里行船上海到，行船安全把船靠。

**驾排歌**（湖南—鹦鹉洲）

湘资沅澧四条河，两岸青山树木多。
家乡山河抚育我，从小学会驾排活。
行江鼓响催开头，排歌号子收家伙。
妹子堤上送阿哥，托福平安去汉口。
满河淌水了好滩，横牵矶头扭牵湾。
提锚下账过好江，枯水行排走抱湾。
洞庭无风三尺浪，王爷脾气不好摸。
当用铜板花几个，只图顺风回家啰。
青山绿水不想看，桃花江边没人窝。
姑娘不找驾排汉，险滩恶浪忧烦多。
新河桥边水急流，猫子山下有暗礁。

提心吊胆排过去，汗水湿衣往回瞄。
青龙摆尾望刘公，沙头羊角青草坪。
犀牛湾里把排靠，宝塔山有读书声。
毛角矶头摆八字，白马台上排莫停。
行江前面蛤蟆咀，千家洲下有险情。
晚上行排关梢灯，大水小水要留神。
人到老来学到老，送排越多心越灵。
青水潭前甘溪港，十八垸过杨家洲。
姑嫂树上八字哨，关公潭里白马渡。
临资一响到芦林，青竹营田磊石头。
抓钩底下老米台，高山望上瞧鹿角。
下新河里烂泥阻，太平矶前王爷庙。
眼望君山风光好，纯阳醉卧岳阳楼。
城陵矶下花旗港，擂鼓台上飞白鹤。
道人矶前南鸭洲，罗山新堤谷泡河。
鸭子关上茅草埠，石头矶过三条河。
排到赤壁古战场，火烧曹军八十三万多。
大溪口走锅底湾，江水波涛宝塔河。
龙口前面嘉鱼峡，芦苇林里篙子窝。
千里行江小花口，和风驶过大排洲。
新滩口下牌洲镇，前站就到姚头沟。
大咀矶下赤家咀，纱帽山前水东流。
武昌有名金口镇，扬子江出好鲤鱼。
大小军山擂战鼓，石咀沌口头对头。
黄鹤矶上孔明灯，木排靠稳鹦鹉洲。
鹦鹉洲上木头多，日晒黄金夜不收。

## 二、船工号子

### 1. 澧水船工号子

澧水属湖南湘、资、沅、澧四大水系之一。源于桑植一带，上游有娄水、溇水两大支流，下游又有荆沙水系注入，总长约1000多公里，由西向东贯穿澧县进入洞庭湖，再经岳阳与长江汇合，历史上是湘西北水路交通的大动脉。在长期的行船拉纤过程中，为了集中力量，振奋精神，统一步调，形成了一种独特的劳动号子，即“澧水船工号子”。

澧水船工号子以反映船工生活和劳动场面为主题，没有固定的唱本和唱词，也不需要专门从师，全凭先辈口授，代代相传。这些号子大多因时因地因人即兴而起，脱口而出，虽然比较通俗，但豪气冲天，充满了艺术魅力。其句式分七字、五字两种，一般是由一人领唱，众人合唱，气势磅礴，浑厚有力。另外，也有专门唱给船老板和旁观者听的号子，如“高山乌云即刻到，拉纤好比过天桥，泥烂路滑难行走，汗水雨水流成槽”。“风儿吹来河儿弯，情哥搭信要鞋穿”等等。由于地域不同，澧水船工号子可分为上河腔和下河腔两种。上河腔在石门以上、桑植以下的区间唱。这里山高水急、河面狭窄，滩头礁石较多，行船运货十分艰险，故船工号子高吭有力、节奏明快且衬词多于唱词。如《澧水船夫曲》(朱铁蓉回忆韩罕明整理)：

哦，哦哦，哦，嗨哦嗨！哦哦嗨！

哦嗨！哦哦哦哩嗬，嘿嘿！嘿嘿！

活计们啊，嘿嘿！加把劲哪，嘿嘿！

用力摇哇，嘿嘿！往前赶哪，哦，嗨哦嗨！

嘿嘿！嘿嘿！摇起哪个橹来，鼓起哪劲哪，嗨！哦嗨！哦嗨！哦嗨！

嘿嘿！嘿嘿！伙计们哪，嘿嘿！要用劲哪，嘿嘿！板劲抬哇，嘿嘿！

向前冲呵，哦嗨！哦嗨！不怕那个水急，哦嗬哦嗬！滩又哎陡哇，哦嗬哦嗬！

嗨嗨嗨嗨嗨，嗨嗨嗨嗨嗨，嗨嗨嗨嗨嗨，嗨嗨嗨嗨嗨，哦嗨！

哦，嘿嘿！嘿嘿！嗨哦，嘿！嘿！嘿！嘿！嘿！

下河腔由澧县至津市、安乡一带，这里地势平坦、河面宽阔，虽时有大风大浪，但较之上河流域平缓了很多，故船工号子优雅舒畅、节奏稍慢。

1956年，中央民间音乐收集小组曾来澧县专门收集“澧水船工号子”，湖南省歌舞团上京演唱《澧水船工号子》获全国民间音乐一等奖，后由国家歌舞团到匈牙利演唱《澧水船工号子》又获得国际民乐大奖。1980年再次由中央人民广播电台播放，1981年编入《湖南民歌选集》。

明清时候，澧水流域商船初起，是“澧水船工号子”的萌发阶段，清末民初木制帆船盛行时期，是澧水船工号子的中兴阶段。中华人民共和国成立后，尤其是20世纪80年代以来，随着木制帆船改换机械动力船，“澧水船工号子”便由盛转衰。

2006年5月，“澧水船工号子”列入第一批国家级非物质文化遗产名录。

**2. 酉水船工号子**

酉水是沅水的支流，其主源出于湖北宣恩和鹤峰之间，曲折流经重庆酉阳，贯穿湘西土家族苗族自治州全境，至沅陵汇于沅水，经常德注入洞庭。

酉水自古就是上游重庆酉阳和湘西龙山、中游保靖、下游永顺和古丈等地通往外界的主要通道。《禹贡南条水道考异注》上记载酉水：“上下皆大川，通舟楫。”夏商时期即有船在河中摆渡和进行短途运输。到了秦汉时期，酉水的航道已臻完善，船只运输已很普遍了。

酉水河谷狭窄水深，水势湍急，险滩频生。在20世纪70年代以前，船舶主要靠水流和风力推进，靠人力牵引。船工们在撑篙、拉纤、摇橹时要发出沉重的呻吟，在搏激流、闯险滩时要吆喝着统一节奏，集中力量。千百年来，逐渐形成了一种粗犷雄浑、高吭激昂、呼喊夹着歌唱的调子——“酉水船工号子”。

“酉水船工号子”内容丰富，涉及船工生活、河流、险滩、深潭，悬崖、高峰、名胜古迹、民间传说、民俗信仰等。比如号子中的“婆婆浪滩路难行，吴家滩陡急坏人；船儿拢了里耶坪，撑船哥哥才算人……”短短几句话就唱出了船工生活的苦难与艰辛。

“酉水船工号子”又分为橹号子、桨号子、纤号子、滩号子四大类，特别是纤夫号子船行险滩时，号子具翻江倒海之势，其浑厚的曲调动人心弦。船工们运用对比、夸张的手法演唱历史典故，描绘自然地貌，叙述民族风情，刻画众生百态，反映船工生活等等。

“酉水船工号子”的唱词短促，节奏铿锵豪迈。一般由一人领唱，众人以衬词帮腔。演唱时与劳动节奏紧密配合，协调船工动作，振奋船工精神。

（领）伙计们啦，（众）哎荷！

（领）篙上浪啦，（众）哎荷！

（领）哎荷！（众）哎荷哎荷荷！

滩号子与纤号子喊到极致时，已没有了具体的唱词，只有时而激越、时而低昂的吆喝与呼应声。这是酉水号子最本真最动人的地方所在。

橹号子与桨号子也是由一人领唱，众人在齐心协力摇橹或划桨的同时，以“咳哈”或“咳咳哈”的衬音来伴唱。这种号子旋律轻松悠扬，跌宕起伏，富于浓郁的诗情画意，是“酉水船工号子”中最具文采和史料价值的部分。

（领）洞庭溪，（众）咳哈！

（领）壶头山，（众）咳哈！

（领）伏波难过青浪滩，（众）咳咳哈！

（领）艨艟溪，（众）咳哈！

（领）拜一拜，（众）咳哈！

（领）抗倭子弟包去来，（众）咳咳哈！

上面两段号子，歌颂了东汉伏波将军马援因征五溪蛮被困死于壶头山的旧事及明代湘西土兵出酉水赴江浙剿倭的历史。

船工们还把沿途的险滩暗礁编成号子，做为“导航图”世世传唱。唱词中间又杂以趣闻轶事，使得整个号子显得生动活泼，具有很高的艺术价值。

水深不过龙泉山，
水浅不过燕子滩，
杉木溪，放长缆，
颗颗汗水摔八瓣……

姊妹修行姊妹山，
敲经念佛明月庵。
兄弟相争麻叶湖，

船儿拢了青浪滩。
遍地落雪是白溶，
文司九碛有一凶……

洗车河，河口宽，踩水背纤卵不干。
上陡滩，实在难，庙溪烧香进龙潭。
凉风洞，拉家比，黄连洲过上黄泥。
龙洞湾，猫脑壳，拽纤杀牛考手脚。
猫儿滩，大坝坪，西兰卡普盖有名……
2008年6月，“酉水船工号子”入选第二批国家级非物质文化遗产名录。

# 第四节　成规公约　告示章程

## 一、成规公约

**大汴滩《救助成规》**（安化）

斯碑之建有甚不得已为者，盖我地大汴滩其势甚为陡险，闻者莫不禁心，见者悉为除目。又况来往客商，其每年损坏舡只及竹排、木排指不胜屈，是则大汴之为害诚巨矣哉。因念受斯害者，大则命死须臾，次则货为水吞，置斯时所赖以救济者，唯有两岸船只而已。顾人心多有不古，驳货者或不以客货为重，企图利己肥私，将货物遗失者有之。而受浅者亦或以恶滩推诿，驳后水脚不给于子，彼此争论，渐以酿成祸端者从此起矣。本年来福建有陈君锡者在此被浅，有驳近小舡不采，客货多有失遗，以致激投鸣申邻。我等从场斥赔，令出银两，订立成规。嗣后恐滩有被浅者，先则救人，后则救货。救货之后又必同伴驳舡总归一处，如浅在上则必同归上处，□或中或下亦必□□，如再有驳近□本排，无论沿河两岸必一一如数交客，不得擅行抽撤，令客重出赎钱。凡此皆济人利己之事，所当奉行。不违者也倘或不然。□祝客货昧已瞒心私行隐匿者，若同伴人报知，公同鸣乡，送官理处。若或通同作弊，徇行不报，后经察觉，一并严惩。兹□□□□□，永乘鉴戒道人，奉行不替，则我地获至美之名，而人迹得以有救全矣。

乾隆四十三年戊戌岁季冬月
地邻地主罗为恒、生员丁如贲书撰公立
石匠：罗克云刊

**龙湾上公义渡公议十规**（常德）

一、义渡两船，村里、村面各认一只。原以便行人，尽可横渡。如装运货物，捡拾木柴，

无论上下远近，一驾直水，即以误公论。且来渡者，如不遇船，隔岸呼之，即应，且南岸人自城黑夜赶回，而腊底尤甚，既归心之孔亟，亦寒气之莫胜，更宜应之速，而接之亦宜速也！总之，无论严寒酷暑，渡夫务在船寝食，每逢黑夜，南北两岸各泊一船，如北来者多，两船都到南岸，南无人渡，渡夫一力难以过江，亦须张耳闻风，北岸一呼，随即高声响应，两夫邀同速驾一船去接。倘置若罔闻，两船一岸稳宿，甚至与渔划私地商通，受其小贿，念其微情，停义船不渡，任彼勒索钱文，尤敢上坡擅宿人家，不顾船只风打水飘，种种弊端在所不免，殊失济急之心，若经查觉，或被报鸣，一并屏除更换。

二、义船原取快便，有人荡桨即开头，头开便不转后，有赶船不及者，不得妄行怒叱。船用篙一桨三，若涨水时，头添一篙，腰添一篙，踏板面平，头桨安好，钉桩搭条均须齐备，渣泥随时扫洗，如有缺失，俱惟渡夫是问。

三、每逢度岁过节，暨猪牛骡马等物，渡夫概不取钱。公局每年给钱二串：除夕五百，元宵五百，端午五百，中秋五百。外又篙头、桨绾，包钱四百文，亦四次交，均不得趸给。此规一立，如再兴钱，除罚渡夫外，与者亦并罚处。

四、渡夫不得用近渡人，恐有过犯，碍其情面，难以驱逐。换渡夫亦不得由近渡人荐引，因向有阘船之子，结纳鄙贿之徒，甚至出其酒食、钱文，而鄙贿者不问其人之可否，专主入船，一至有失，若不护庇，遂宜其弊，后来不无把持、包揽，故立此规。且渡夫一名，每月按定望日，不先不后，饲以石谷，如徇情早发，或利己迟延，均非办公之意，许该村坊人等责惩。

五、首事恋久弊生，务须三年一换，每届换首不准阘充。举殷实之家端正者四人，正首一，副首三，编立两簿帐，载两笔，一存正首，一存副首，一人秉笔，一人盖押，以杜私弊。

六、钱谷存总，正首不得一人擅发，每发钱谷，务派一人写票，一人盖押，总首见信票，方可如数发支。且钱谷有余，囤贱卖贵，每年夏至后粜，白露前籴，如夏至后不能售去，陈谷出场，副首过斗、车晒，仍量入仓。公项可余三年用费，辄日苟完，更有赀余，即使另行善举过多，恐有人觊觎耳！

七、义田文契、油票、捐簿、零单，一并存总。责有攸归，不得散放，各处派一副首完粮当差。每油票纸背，随批“上义渡公完”五字，随归总首，以免盗券重徵之累。又派一副首照管田亩，催收租项。总上出值，雇工限日催齐，不得任其玩延，亦不得有所推诿。

八、义田不准擅变，或弃远就近，或归零成趸，总要合理。更不准擅置、擅当、擅佃、擅兴筑，钱谷亦不准擅借，恐生营私之弊。且捐户之田，不准本家佃插，如佃，立即退捐，毋稍徇纵。

九、公项每年新正望日一清算，迟亦不过二月、三月，不惜酒食、小费，帖请地境正人，将零帐、总帐逐一彻底细查，用去若干，存剩若干，另派一人落笔，笔下注名。

十、义船多则七年一更，少则五年一换。每秋收后，或练、或油，村里、村面两船依次上岸，着速派一副首督理，务求朴实、浑坚，不准耽延时日，如稍失误，惟所派副首一面认责。

以上十条，愚等不揣固陋，公同议立，无非为义渡图久远，间有虑不周密者，还祈高明调酌。时咸丰二年壬子岁二月十五日，陈有耀主稿，会同药王溪西南路暨本境东北路绅耆同订。

## 毛板行规（宝庆）

### 一

我毛板帮先年间经董事议定章程，洵为美举。兹因年久日远，规条废弛，致令帮中工人等幻生弊窦，若不乘时整顿，将见窥觊成风。是以公同商议，复整前规，所议各项事宜，于宝郡、新安二化、益阳等埠刊石立碑，以资久远，以戒将来。所议各条开列于左：

——议船拢益阳，舵工、水手不许需索盐米等项，如违公同议罚议革。

——议外河舵工、水手等，务以船本为重，毋得擅行夜放，偷漏走关，违者禀究。

——议船经岳阳，完纳厘金，钱必预备，以免水急船弃，以延误走关之虞贻船主，违者公同禀究。

——议船拢益阳，开给水手身价，即在益交给，钱以通用为度，毋得斟换争闹，如违，大则禀究，小则议罚。

——议炭①戽向经校准公戽，以火印为凭，近以私刑制戽，假盖火印，哄骗客商，如再擅用者，公同禀究。

——议船工人等，毋得呼朋引类，在船开场聚赌，致干法究，包月水手务须管束。

——议船工人等，倘有船失事，有命被滋毙者，或有抱病身亡者，赏给收敛费，照依旧章，此系关乎天定，毋得借端生枝，违者公同禀究。

——议舵司所领客船②，资本为重，务须送至边鱼山靠稳交接，方可起坡。倘有妄行之徒，不惜客船，在桃花港起坡，将船嘱交水手送益，只图赶快，后有蹈前辙者，查出除无舵司钱外，另行重罚。

——议毛板船原为运炭，毋得夹带杂货，近有贪利之徒每多夹带，嗣后如有此弊，议究。

以上各条，船工舵司人等，务须遵依，如违，公同禀究，决不徇情。

光绪二十一年二月　宝庆府毛板阖帮刊石特白

### 二

盖闻章程不严，则弃弛难张。客商资本为重，兼我等性命攸关，岂可玩忽。近来人心不一，诈虞成风，去岁因何晚秀、周吉祥抢放互争，经控劝息。旋我郡五属郑绍仰等会议曾以悬赏示禁，计粘原定条规核准在案，卷稽不琐，合行出示我郡船户舵工知悉。嗣后各宜遵照定章，毋得抢夺，整顿划一，以免窥觊，如有违规抢夺争闹起衅者，许该船户人等指名具禀，惩究不徇。谨遵，特此规列于后，计开：

——放船即以捆舵为定，又撑架上船为定，如有恃强放者，以钱八千演戏不贷。

——船至益阳如有失误发漏，此系包月①怠忽之咎，不与舵工相涉。

——桨手②在府，凭客面定身价若干，到益阳如数交给，不得争多论少。

——号客请舵工放船者，不论长短水，面议为定，如违罚钱六千演戏不贷。

——在府开头，倘遇风失、浅船，船工均要尽力救整。俟毕，恐日久难候，需请老成船工护送至妥靠地，救整需费均归号客承用无违。

——大小船只恐在沿河带浅失漏，有上雇舵工乘逃者，罚更加倍。

——舵工在号，须支定多少钱文，倘遇水发，号客另请他人舵者，其兑领之钱无退。

光绪二十一年二月　宝庆五属舵工立

## 二、告示章程

### 长江水师告示

奏明剔除长江水师利弊示谕百条，业经通饬遵照在案。查阅条例，固为水师立法，然其中关涉地方商民事宜亦复不少。章程新定，各色人等，势难周知，非疑水师越职干预，不服稽查，即谓汛官坐视无闻，致生怨言，互相猜忌，转至酿成事端。爱民信法，未便不戒视成，合行抄录示谕十条，先行晓喻，使咸知水师汛官于地方事宜应理与否，皆有权衡，不容紊乱。为此示仰商民人等一体知悉。自示之后，其各凛遵新例，兵民相安。倘有不法之徒，胆敢藐抗，定即照例从严究办，决不姑宽，其各凛旃无违。特示。奏定条议，开列于左：

一、江水涨落不时，汛船驻扎不可拘守一处，自当随时移扎民船集泊之处，夜间再驾舢板出巡上下，务使贼划不能乘间而出，自然无失事处分。

二、沿江有洋烟流娼小划，大为商民之害，自应严饬汛官禁革。各禁各汛，不准沿江逗留，致生事故。

三、江面过渡小划，应责成汛官随时稽查，如风平浪静时，大划准载几人，小划准载几人，并议明船钱若干。必须先行出示，在江边晓谕，如船户违示多索，即行严办。倘风狂浪涌，即禁止不准渡人，不独江舟少覆溺之患，亦且积有阴德。

四、江面民船如有滋事案件，喊禀来汛，该汛官自当设法弹压，勿得擅用刑讯，致酿事端。如案情重大，可由领哨就近送州县官处断，随即禀知营官。如无关紧要，尽可妥为调处办理，以息争讼而免送县，致干拖累。此亦爱民息讼之一道也。如不干江面案件，毋得擅收民词，违者参办不贷。

五、江面如有各项船只遭风遇浅，该地汛官即当开船往救，不准民划渔划抢夺货物，一面将该船遭风遇浅情形递报到营备查，以免该船客民另生事故。至炮船往救之时，救人不救货，以别嫌疑。如风浪过大，宜自保炮船，勿得冒险往救。倘此项船只离炮船泊处过远，则不必往救，亦不必报查。

六、渔船所领营官执照，限每年正月缴换一次。如改图歇业、失去未缴者，逾期概不为凭，以免贼船蒙混。倘此汛渔船入他汛为业而未归者，次年即在他汛请领执照，亦可为凭。总以充当渔长者为问。

七、河下私盐、私钱、私磺、私硝及一切犯禁之物，均系水师应拿案件。如果该汛官拿获，应即随时将人船赃证一并解送上司，听候核办。不但将汛官记功，可以抵消公罪。其所获之物，分别应归公者归分，应变价者变价充赏，以示鼓励。倘汛官兵丁私自卖放肥囊，或毁词砌案，一经查出，照例加等治罪不贷。

八、客船行江，必须出示严切晓谕，令其辰开酉泊，立法甚严。我水师各汛自当于每日酉刻驾驶舢板，拦阻客船湾泊本汛码头，不准贪风夜行。次日辰刻方准开船，免致疏防失事，有干参处。

九、江面近有劫杀案件，船户以石灰布袋闭塞客民之口，死后缚石沉尸水底。此项贼船行劫在昼而不在夜，在行江之会而不在泊岸之时，此乃私行谋杀，炮船最难稽查，年来破案缉拿正法者甚多。查行此劫案，均系二三人所驾行船，并非大船，亦非会匪之流。各该镇饬各营将官责成各口岸船行，带同此项船户出具甘保备件存案，给发执票，以辨匪类。如有雇船客民，仍应凭行说明水脚给与，交单存留底簿，以便稽查。倘通过各汛湾泊，亦宜验明放行，庶几死灰不复燃矣。

十、夜晚巡江，必须汛官督同兵丁驾驶舢板，前往所辖上下江面巡查一二次，虽孤洲野岸，亦宜巡到。恐有奸船挟制客船立意湾泊彼处，以便行劫。应即登船验明，毋得徒差兵丁奉行故事。如遇黑夜，须开放大炮，以惊盗划。否则风雨昏暗，恐盗划乘间出劫。

同治十三年　月　日示

**岳州总镇告示**

夏令水势泛涨，江湖港汊纷歧，偏僻防偶不及，奸宄即易乘机，
汛官加意巡辑，兵丁更鼓勤支，商船趁早湾泊，务与炮艇相依，
彼此守望兼顾，宵小无隙可窥，高兴贪风夜驶，能得几许便宜，
倘遇孤洲失事，尔时后悔难追，本镇谆谆诰诫，其各凛慎毋违。

**奉宪永定**（安化）

钦力汉宣习□衔署湖南长沙府安化县事既补县正堂加五级记录钦五次舒为出示晓谕事案据安化县：

贡生丁义溥，职员陶崧，监生谌秩齐、曾毓文、杨鼎禹、杨定厚，生员黄政、谌耀、丁如翼，邵阳县戎员禹锡奎，新化县举人陈能璋，千总谢县泽，监生欧静山、李芳馨、刘开堂，益阳县生员罗洪春、丁普忠，湘乡县监生戴富涟、朱□，职员凌昌期，江西戎员郑懋初，监生聂表莘等以公恳出示勒石永全事禀。称资江一带，上通宝庆，下抵益阳，其中一千余里，恶滩统计五十有三，安邑之尤险者唯灵（沂）滩、恶（洛）滩、瓦滩、猪屎滩、大柳洋、曲尺滩、滨王滩、黄固滩、沙巨（杉树）滩、小汴滩、大汴滩等处。生等每见往来官商船只多被覆溺，因集同人将滩内巨石雇匠凿平，于大汴滩设立救生小舟，雇夫守望。凡遇船只遭伤，立即捞救。并妥议沿河两岸小划救货章程。经禀请长沙府宪孙、宝庆府宪邵、暨益阳县宪陆各于地方出示晓谕外，又奉长沙府宪批示，令生等禀请宪天出示晓谕，定规勒石，以垂久远。庶往来官商倘逢水滩，以便照示遵行，两无异议。兹生等仅将议定章程及各府宪、益阳县宪等批示，缕录呈明，乞恳鸿恩核察施行等情，到县据此除禀批示外，合行出示晓谕。为此示仰该处救生船、水手及沿河两岸小划暨客商居民人等知悉。嗣后如遇客船有难，先由救生船赶紧救人，次则代捞行李，不得延缓、索谢。其未经设立救生船之外，倘遇

商船击破，即着沿河小划公同捞救，不许拥挤跳闪，乘机轮抢。既救之后应即共泊一处，听候客商船户随时认领查照后，开章程给发水力，不得争滋索，私自隐匿。至沿河梁带跳船□坝，久禁革毋论，复设致不碍船排。自示之后，务须一体遵照章程办理，倘敢故违，一经访闻或被告发，定即拿照例究办，决不稍宽，其各懔遵毋违。特示。

计开议定救生救货章程八条：

——议救生船□务时时插标防危救溺，不准别用，非救生公事，即局首豪贵无得擅驾渡河，违者重罚。

——议凡担任救生船夫者，必请保举来局亲书甘结存案，务宜日夜静守，毋得擅动。如遇客船有难，赶紧拯人，次则找捞行李，不得延缓索谢。如有违犯，向保举究问。

——议救货小舟无论本地外地，务须踊跃同心，毋得拥挤闪跳，乘机抢掠。既救之后共泊一处，请凭船户、客商，跟同地邻，验看货物有无多寡，方准归埠口，以免私匿。违者核商禀究。

——议商船击破货物浮沉之际，两岸小划救货水力：红茶每箱湿者给钱一百二十文，干者给钱一百四十文，黑茶、棕卷，每卷湿者给钱八十文，干者给钱九十文，套箱照例；小花卷每卷湿者给钱六文，干者给钱八文；□茶大皮包，每包湿者给钱二百六十文，干者给钱二百八十文；小皮包，每包湿者给钱一百八十文，干者给钱二百文；茶梗每包湿者给钱八十文，干者给钱一百文；如有船遭伤，驳取者每吨给水力钱二十文。

——议纸□顶，大块湿者每块给钱二百八十文，干者给钱三百文；中块每块湿者给钱一百四十文，干者给钱一百六十文。炮纸每担湿者给钱一百文，干者给钱一百二十文。夹块纸每块湿者给钱六文，干者给钱八文。其余各色纸张概照以上所给水力轻重加减，无得异议。

——议谷每担湿者给钱八十文，干者给钱一百文；米每担湿者给钱一百六十文，干者给钱一百八十文。豆麦杂粮概照米例。其余炭、铁凭公拟处。

——议以上各色水力章程，概为击破船只，货物漂流捞折者照例给取。倘船搁石上，小划驳递各色水力概照例减半，其船已抵岸，小划驳取者照例三分减二取值，两无异议。

——议梁带船□坝，迭奉□大宪禁革在案，近因地民刁狡，时毁时设，殊属大塞上官商，再行禁革，如敢故违，准该商等砍伐烧毁勿论。

告示　右仰通知

同治六年七月二十三日示

九年秋月吉日勒石晓谕

### 永定滩河救货章程（安化）

钦加同知衔尝戴花翔特授湖南长沙府安化县正堂加三级记录五次李……为出示严禁事照得县属滩河上……有隐匿货物，勒索赎资，明为捞救，暗图抢劫，殊属有害商旅，深□疼恨，叠经本县出示严禁在案，诚恐日久玩□生，划舡等仍蹈……为此示仰。船排搁浅，各宜激发天良，驶往援拯，并遵照后例条规，帮同捞救，听候分别给资酬谢。毋得擅行登舟，乘危抢劫、勒索以及隐匿货物，致于查究，□严拿究追惩办，决不姑宽。其各懔遵毋违，特计开示条规如左：

一、行舡搁浅，经呼救起拨，两岸划舡立即驶往，其起拨货物多寡仍由本行舡□□，勿得踏沉货舡，乘危抢掠，有害行商，如违即以拦河抢劫论罪。

二、在马家（迹）塘、莲花滩、龙公（拱）滩左近被险捞救，干货送至小淹酬资庄，大箱每口……如系湿货，议定四个时辰送到，照干货给资……逾时按干货六折算给。送至□洲、黄沙坪干货□庄……如系湿货，议定七个时辰送到照干货给资，逾时按干货六折算给。送至东坪干货□庄……如系湿货，议定七个时辰送到，照干货给资，逾时按干货六折算给。

三、在大汴滩、敷溪口左近被险捞救，干货送至小淹酬资□庄……送至江南干货□庄……送至雅雀坪干货□庄……送至□洲、黄沙坪干货□庄……

四、在江南左近喳哩滩、寺门前、宾王滩被险捞救，干货送至雅雀坪干货□庄……送至□洲、黄沙坪干货□庄……

五、上自东坪，下至小淹，所有捞救各货酬资数目已定章程，如被险在定章之外，各号各酌酬资。

六、货舟浅搁，划舡起□（橹）……泊舡所达后，挨次拨运，不得恃强争先。

七、划舡□货，次第泊岸，俟本舟收拾，仍将货运回本船。其可送号即赶送至。如有乘危逃走者，既以一舡浅搁，除茶号分别定议酬资外，其余百货往来船只被险捞救，酌量酬谢该划舡，不得争强勒索滋事。

光绪十四年戊子岁七月二十六日

实仰贴右通知

注：本碑刻系删节摘录。

# *Appendix* 附录

# 附录一　列入世界遗产名录的交通遗存

列入世界遗产名录的桥梁（包括水道桥、立交桥）已有 9 项，分属法国、西班牙、英国及．北爱尔兰、波斯尼亚和黑塞哥威维那、意大利（1 项是水道桥）。古道一项，位于墨西哥。

### 加德水道桥（Pont du Gard Aqueduct）法国 公元 1 世纪

是现存古罗马水道桥中最高的桥。该桥共 3 层，高约 8.8 米，最长处 275 米，桥宽底部是 9 米，顶部是 3 米。

### 阿维尼翁桥（Avignon Bridge）法国 1171—1185 年

该古迹是 14 世纪罗马教皇阿维尼翁的住所，其实是一个城堡，城堡外面是隆河（Rhone River），阿维尼翁桥是跨越隆河的桥。桥梁原长 900 米，经过多次水毁和修复，最终于 1668 年被一次特大洪水冲毁后，再没有修建。目前只剩下 4 孔拱桥（原桥 22 孔）保存下来。

加德水道桥

阿维尼翁桥

### 维斯盖亚桥（Vizcaya Bridge）西班牙 1898 年

该桥位于西班牙巴斯克自治区毕尔巴鄂市，横跨伊拜萨巴河口。桥高 45 米，跨径 160 米，融合了 19 世纪的钢铁传统和当时新兴的螺纹钢筋轻质技术，是世界上第一座能够同时在吊篮内运送人员和车辆的桥梁，也是目前世界上唯一一座仍在使用的此类桥梁。它被世界遗产委员会誉为是功能性和建筑美学的完美结合。

维斯盖亚桥

### 塞哥维亚古城及其输水道（Old Town of Segovia and its Aqueduct）西班牙

塞哥维亚坐落在卡斯蒂利亚省中部，马德里西北方大约 100 公里的地方。塞哥维亚古罗马输水道，建于公元 50 年前后，迄今完好，令人称奇。这一建筑以双层拱洞为特点，成为塞哥维亚古城一道亮丽的风景线。该水道桥长 28.5 米，基础深度 6 米，由 75 个单拱，44 个双拱再接着 4 个单拱组成，总共 167 拱。

塞哥维亚古城及其输水道

### 乔治铁桥（Ironbridge Gorge）英国 1805 年

乔治铁桥是世界上第一座用金属制成的桥梁，它大大推动了科学技术和建筑学的发展。结构为铸铁的桁架式拱桥，跨径为 30 米，高度约 18 米，建于 1805 年。

### 蓬考赛特水道桥及运河（Pontcysyllte Aqueduct and Canal）英国

蓬考赛特水道桥建于 1805 年，距河道水面有 38 米高，跨径 16 米，水道共有 18 公里长，采用拱式铸铁梁架设于圬工桥墩之上，是英国最高的水道桥。

乔治铁桥

蓬考赛特水道桥及运河

## 莫斯塔尔古桥（Old Bridge Area of the Old City of Mostar）

莫斯塔尔古桥（塞尔维亚－克罗地亚语：Stari most，又译莫斯塔尔老桥）是波斯尼亚和黑塞哥维那莫斯塔尔的一座建于16世纪的桥梁，横跨内雷特瓦河。该桥4米宽，30米长，高24米，是一座石拱桥。古桥矗立了427年后于1993年11月9日波斯尼亚战争期间被摧毁。之后开始重建项目，并于2004年7月23日重新开放。2005年，莫斯塔尔古城的古桥地区被联合国教科文组织列为世界文化遗产。

莫斯塔尔古桥

迈赫迈德・巴什・科索罗维奇的古桥

**迈赫迈德・巴什・科索罗维奇的古桥　土耳其**

该桥建于16世纪末，跨越德里那（Drina River）河，迈赫迈德・巴什・科索罗维奇是人名，是当时土耳其帝国的首相，是他下令建造的这座桥。桥梁是石拱桥，有11孔，每孔跨径11~15米，桥长179.5米。是土耳其帝国纪念性建筑和当时土木工程的巅峰之作。

万维特里水道桥

**万维特里水道桥　意大利　1753年**

该水道桥始建于1753年，建成于1762年，是一座3层拱结构的水道桥，最高点55.8米。

皇家内陆大干线

**皇家内陆大干线（Camino Real de Tierra Adentro）墨西哥**

皇家内陆大道是一条全长2560公里的贸易路线，由墨西哥的墨西哥城通往美国新墨西哥州的圣胡安普韦布洛。1598年至1882年，这条干线上的白银、水银运输贸易十分繁荣，因而又被称为“白银大道”。尽管建设及加固这条道路主要是为了满足采矿业的需要，但实际上它也促进了各地之间，特别是西班牙与美洲之间社会、文化与宗教的联系。2010年，这条线路墨西哥境内的路段被列入世界文化遗产名录。

# 附录二　列入全国重点文物保护单位名录的交通遗存

我国幅员辽阔，河道纵横，留下了不少珍贵的交通遗存。截止 2006 年，全国重点文物保护单位中以“桥”为独立登记对象的有 40 处，以古驿道为独立登记对象的有两处；其它的世界遗产及国家保护单位，也有很多交通古遗存，如泰山封禅古道、故宫金水桥、颐和园十七孔桥、晋祠鱼沼飞梁等。

**第一批（1961 年）：四川甘孜泸定桥 、北京丰台卢沟桥、河北赵县安济桥、福建晋江安平桥和河北赵县永通桥**

**泸定桥**　位于四川省甘孜州泸定县城大渡河上，始建于清康熙四十四年，建成于四十五年（1706 年）。康熙御笔题“泸定桥”，并立御碑于桥头。

泸定桥桥长 103 米，宽 3 米，13 根铁链固定在两岸桥台落井里，9 根作底链，4 根分两侧作扶手，共有 12164 个铁环相扣，全桥铁件重 40 余吨。两岸桥头堡为木结构古建筑，风貌独特，为国内独有。

自桥成以来，该桥为四川入藏的重要通道和军事要津。1935 年 5 月 29 日，中国工农红军长征途经这里，飞夺泸定桥而使该桥闻名中外。

**卢沟桥**　位于北京市丰台区。始建于金大定二十九年（1189 年），建成于金章宗明昌三年（1192 年）。

泸定桥

该桥全长266.5米，宽7.5米，最宽处可达9.3米。有桥墩10座，共11个桥孔，在桥墩、拱圈等关键部位，以及石与石之间，都用银锭锁连接，以互相拉联固牢。桥身全部由白石建成，两侧石雕护栏各有望柱140根，柱头刻着莲花座，座下为荷叶墩。望柱中间嵌有279块栏板，栏板内侧与桥面外侧均雕有宝瓶、云纹等图案。每根望柱上有历代雕刻的石狮，神态各异，栩栩如生。由于桥上石狮多得叫人难以数清楚，因而北京地区流传着一句歇后语："卢沟桥上的石狮子——数不清"。1984年，经文物工作者核查，确定桥上的石狮数量489头。桥东的碑亭内立有清乾隆皇帝题写的"卢沟晓月"汉白玉碑，为燕京八景之一。

1937年7月7日，震惊中外的"卢沟桥事变"在此地发生，卢沟桥更为著名。

卢沟桥

安济桥

**安济桥** 位于河北赵县城南洨河之上，又称赵州桥。建于隋代开皇十五年至大业元年（595—605年），由匠师李春监造。1991年，美国土木工程师学会将安济桥选定为第12个国际历史土木工程的里程碑。

赵州桥全长64.4米，拱顶宽9米，拱脚宽9.6米，跨径37.02米，拱矢7.23米。该桥创造了"敞肩拱"结构，在大拱的两肩，砌有4个并列的小拱，既增大流水通道，又利于小拱对大拱的被动压力，增强了桥身的稳定性。

安平桥

永通桥

**安平桥** 位于福建省晋江市安海镇和南安市水头镇之间的海湾上。始建于南宋绍兴八年（1138年），历时14年告成。明清两代曾多次重修。该桥是中古时代世界最长的梁式石桥，也是我国现存最长的海港大石桥。

安平桥全长2255米，桥面宽3~3.8米，共361墩。桥面用5~8条大石板铺架。石板长5~11米，宽0.6~1米，厚0.5~1米，重4~5吨，最大的重25吨。

**永通桥** 位于河北赵县县城西门外清水河上。建于唐代宗永泰元年（765年），金、明、清期间曾多次维修。

与安济桥结构相似，永通桥亦为单跨敞肩拱。全桥由21道纵向并列的拱圈石构成，跨度长约26米，弧矢约5.2米，桥宽约6.3米，大拱肩上设有4个敞肩拱券。

程阳桥

**第二批（1982年）：广西三江侗族自治县程阳桥**

**程阳桥** 又叫永济桥，位于广西三江侗族自治县古宜镇的北面20公里处，建于1916年，是侗寨风雨桥的代表作。该桥桥长64.4米，宽3.4米，高10.6米。

**第三批（1988 年）：江西星子县观音桥、福建泉州洛阳桥和广东潮州广济桥**

观音桥

**观音桥** 又名栖贤桥或三峡桥，位于江西星子县境内，庐山南麓的栖贤大峡谷中，建于北宋大中祥符七年（1014 年）。

该桥是江西境内现存最早的单孔并列券石拱桥。长 24.4 米，宽 4 米，两侧砌有石栏，桥孔内圈由七行长方形石首尾相衔，凹凸榫结，渐弯呈弓形。宋代诗人王十朋游观音桥曾挥笔写下“三峡桥边杖履游，此身疑已到夔州；题诗欲比真三峡，深愧词源不倒流”的诗句。

**洛阳桥** 位于福建泉州鲤城区与惠安县交界处，横跨洛阳江的入海口，是古代粤、闽北上京城的陆路交通孔道。宋代泉州太守蔡襄主持建桥工程。从北宋皇佑五年（1053 年）至嘉佑四年（1059 年），耗银 1400 万两，建成了这座跨江接海的大石桥。

据史料记载，初建时桥长 360 丈，宽 1 丈 5 尺。现存桥长 731.29 米、宽 4.5 米、高 7.3 米，有 44 座船形桥墩、645 个扶栏、104 只石狮、1 座石亭、7 座石塔。该桥是我国现存年代最早的跨海梁式大石桥。建造过程中采用的“种蛎固基法”，是世界上第一个把生物学运用于桥梁工程的创举。

洛阳桥

**广济桥** 又称湘子桥，位于广东省潮安县潮州镇东，横跨韩江。始建于南宋乾道六年（1170年）。

该桥长515米，中段用18艘梭船联成浮桥，能开能合，当大船、木排通过时，可以将浮桥中的浮船解开，让船只、木排通过。是世界上最早的一座开关活动式大石桥。广济桥上有望楼，为我国桥梁史上所仅见。

广济桥

**第四批（1996年）：四川泸县明代龙脑桥**

**龙脑桥** 位于四川泸州泸县大田乡龙华村的九曲河上。明洪武年间（1368—1398年）建。

该桥为石墩石梁桥，长54米，宽1.9米，高5.3米。中部8座桥墩分别以巨石雕凿成吉祥走兽，计有四龙、二麒麟、一象、一狮，造型别致、栩栩如生。

龙脑桥

**第五批（2001 年）：江苏苏州宝带桥、浙江义乌古月桥、浙江庆元如龙桥、浙江绍兴八字桥、福建漳州江东桥、河南临颍小商桥、广西三江芭团桥和贵州黎平地坪风雨桥**

**宝带桥** 位于江苏苏州市东南葑门外 3 公里处，傍运河西侧。始建于唐元和十一年至十四年（816—819 年）。后经历代多次重修，明代建成 53 孔石拱桥，现存桥为清同治十一年（1872 年）重建，1956 年修葺恢复旧观。

该桥是中国古代多孔薄墩联拱石桥的代表作。桥长 317 米，宽 4 米。

宝带桥

**古月桥** 位于浙江省义乌市赤岸镇雅治街村西侧的龙溪，修建于南宋嘉定六年（1213 年）。

古月桥

该桥为折边形单拱石桥，桥长 31.2 米，高 4.95 米，宽 4.5 米，底拱长 15 米，两侧引桥各为 8.10 米，矢高 4.15 米。桥拱由 6 组五边形条石砌筑，折边之间以横锁石连固，每组拱圈石间用块石填筑，采用单拱纵联分节并列砌置法建造。其石拱形式与《清明上河图》中的虹桥相类似，是研究我国古代石拱桥的重要实物资料。

**如龙桥** 位于浙江省庆元县举水乡月山村，横跨于举溪。修建于明天启五年（1625 年）。

该桥长 28.2 米，净跨 19.5 米，矢高 6.8 米，面阔 6 米，是国内迄今有确切纪年、现在寿命最长的木拱桥。如龙桥造型美观、结构复杂、工艺精湛、功能完备，具有较高的历史、艺术、科学价值。

**八字桥** 位于浙江省绍兴市东区一条丁字形河道上，平面如同古建筑中的八字门一样，故称“八字桥”。始建于宋嘉泰年间（1201—1204 年），清乾隆四十八年（1783 年）重修。

石桥造型与环境密切结合，桥形别致。长 4.85 米，桥高 5 米，净跨 4.5 米；桥面宽 3.2 米，桥东西长 27 米；桥东的南北向落坡各为 12.4 米、17.4 米，桥西的南向落坡为 14 米，西南落坡 17 米。

如龙桥

**江东桥** 古称虎渡桥，又名通济桥，位于福建漳州龙文区与龙海市交界处，横跨于九龙江北溪下游。南宋嘉定七年（1214 年）始建石墩木桥，嘉熙元年（1237 年）木桥毁于火，重修建成梁式石桥。

八字桥

江东桥的石梁每条长 22~23 米、宽 1.15 至 1.5 米、厚 1.3 至 1.6 米，重达近 200 吨。1962 年 4 月 3 日，桥梁专家茅以升在《人民日报》发表的《中国石拱桥》一文中说：“我国劳动人民在建筑技术上有很多创造，在起重吊装方面更有意想不到的办法，如福建漳州的江东桥，修建于八百年前，有的石梁一块就有二百来吨重，究竟是怎样安装上去的，至今还不完全知道。”

江东桥

**小商桥** 位于河南省临颍县黄帝庙乡的小商河（颍河故道）上。为敞肩单孔石拱桥，始建于隋开皇四年（584），现桥主体结构属北宋建筑风格，元、明、清历代均有修葺。

小商桥

该桥长20.87米，宽6.67米。大拱净跨11.6米，矢高2.13米，小拱净跨2.13米，矢高1.2米，两岸小拱脚间距20.2米，主拱和小拱均由20道拱石并列砌筑而成，主孔每块拱石间均由咬铁连接。该桥因宋代抗金名将岳飞部下杨再兴牺牲于此而闻名。

芭团桥

**芭团桥** 位于广西三江县独洞乡芭团寨旁的孟江河上，建于清宣统二年（1910年）。

该桥长50米，桥台间距为30.4米，2台1墩，2孔3亭，结构形式与程阳桥相似，独特之处在于走人的长廊边另设畜行道小桥，成为双层木桥，两层高差为1.5米。人畜分道，使人行道上清洁安全，也利于延长桥梁的使用时间。

**地坪风雨桥** 位于贵州黎平县地坪乡，始建于清光绪八年（1882年），1959年毁于火灾，1964年冬重修。

地坪风雨桥

该桥长50.6米，宽4.5米，高距正常水位10.75米。桥上建3座桥楼，中楼形似鼓楼，五重檐四角攒尖顶，被称为桥上鼓楼，高10.2米。两端桥楼为三重檐四角歇山顶，高5.8米。桥廊屋脊上泥塑鳌鱼、双龙抢宝、双凤朝阳，中楼四柱绘青龙和凤凰，栩栩如生。壁板穿枋上绘有民族风情、历史人物故事彩画和卷草花纹、楹联等。1997年，邮电部将此桥设计为邮票发行。

第六批（2006 年）：河北涿州永济桥、河北献县单桥、河北永年弘济桥、河北安国伍仁桥、江苏太仓石拱桥、浙江温岭新河闸桥群、浙江德清寿昌桥、浙江苍南赤溪五洞桥、浙江泰顺廊桥、福建闽东北廊桥、江西樟树鸣水桥、江西婺源清华彩虹桥、山东泗水卞桥、湖南通道坪坦风雨桥（见本书第三章）、四川新龙波日桥、贵州福泉葛镜桥、云南丽江金龙桥、云南建水双龙桥、浙江杭州钱塘江大桥、云南屏边五家寨铁路桥、甘肃兰州黄河铁桥、甘肃渭源灞陵桥、河北井陉古驿道、浙江独松关古驿道

**永济桥**　位于河北涿州市北的拒马河上。始建于明万历二年（1574 年），后因河道南移，清乾隆二十五年（1760 年）在旧桥南建 9 孔新桥，并仍在桥南北两端延砌石堤，使其成为堤形引桥。其旧桥按涵洞形制改砌，桥之南北共有涵洞 43 孔。清帝乾隆为其赐名“永济”，并御制重修涿州石桥碑记。

永济桥

永济桥已探明总长 627.65 米。桥体分 3 部分，即主桥及南北堤形引桥。主桥为 9 孔石拱桥，长 151.15 米，宽 10.7 米，由分水至桥面最高点高 6.3 米。南北堤形引桥因年久被河沙淤埋，未能全部展露。南引桥现已探明桥长 271.5 米，已清理展露 142.5 米，发现大小涵洞 25 孔。北引桥现已探明桥长 205 米，已清理展露 105 米，发现小型涵洞 4 孔。同时发现清代御碑亭平台遗迹。

**单桥**　位于河北献县乐寿镇单桥村，建于明崇祯五年（1632 年）。

该桥长 69 米，宽 9.6 米，高 8 米，桥孔跨径约 9.8 米。桥身料石砌筑，表面用铁榫，中间用木柱穿心连结加固，使整个大桥连成一体。大小 9 个拱顶的两端，雕饰着 18 个龙头，在栏板、栏柱上雕刻着不同的动物图案。当地对单桥有“三千狮子，六百猴，七十二统蛟龙碑”的传颂。

单桥

弘济桥

**弘济桥** 俗称东桥，位于河北永年县广府镇东桥村，明万历年间建造。

该桥长48.9米，宽6.82米，主孔跨径31.88米，矢高6.02米。弘济桥和赵州桥都属于单孔敞肩石拱桥，结构形制基本相同，规模上略小于赵州桥。桥面两边各有18根方形望柱，17块栏板，上刻狮子、猴、鹿、麒麟、石榴、桃和武松打虎等图案，精工细雕，形象逼真，有很高的艺术价值。

**伍仁桥** 原名万寿桥，又名贵妃桥，位于河北省安国县伍仁桥村南，建于明万历二十六年（1598年）。

该桥系5孔联拱石桥，桥面、拱圈和桥墩之间都有铁腰和铁仲联接。桥长65米，宽6.7米。桥基为山炭、柏木桩、石板筑成。桥面两旁26对望柱上雕有栩栩如生的石狮子，云朵花纹栏板。桥南口紧接包鼓石处雕有大型石狮各一，通高1.8米；北口两侧雕石像各一，长1.4米，高0.85米，底座0.6米。石狮子是该桥的重要雕刻艺术品，远近驰名。

伍仁桥

**太仓石拱桥** （含周泾桥、州桥、臯桥）位于江苏省太仓市区致和塘上。其中周泾桥与州桥为3孔石桥，臯桥为单孔石桥。

周泾桥建于元至顺元年（1330年），桥长17.26米，宽4.7米，高5.18米。桥正中地幅石上刻有“海门第一桥”。

州桥建于元天历二年（1329年），原名为安福桥，因桥正对州署衙门，俗称州桥。州桥长16.2米，中孔高4.23米，跨度8.05米。

臯桥建于元统二年（1334年），本名兴福桥。桥长15.05米，宽4.23米，高4.4米。臯桥的正中刻有八卦图案，桥身上长有枸杞等多种小树。

周泾桥

州桥

皋桥

**新河闸桥群** 位于浙江省温岭市新河镇，始建于宋代，后历代都有修建。现存4座闸桥，分别为中闸、麻糍闸、北闸、下卢闸。

新河闸桥群中的麻糍闸

新河闸桥群除中闸为3孔外，其余均为2孔。形制为闸正中开两闸槽，闸墩下部做成分水尖，分水尖上叠砌石台，石台之上采用叠梁，其挑出的叠梁头做成插拱状。其中麻糍桥，其建筑手法深受木结构建筑的影响，与宋代《营造法式》的形制非常吻合，显得规整古朴。

**寿昌桥** 位于浙江省湖州市二都村上渚河上，建于南宋咸淳年间。是浙北杭嘉湖乃至长三角地区迄今发现的形制最大、保存最完整的宋代单孔石拱桥。为单孔弧边石拱桥，全长40余米，高8.10米，净跨17.4米，矢高7.16米。

寿昌桥

**赤溪五洞桥** 位于浙江苍南县赤溪镇过溪村，始建于宋元佑（1086—1094年）年间。宋咸淳三年（1267年）、清雍正十三年（1735年）均有重建，仍保持宋代形制。

五洞桥为石墩石梁桥，长25米，宽1.7米，4墩5孔。该桥保存完整，造型古朴，有确凿纪年，是研究古代桥梁的重要资源。

赤溪五洞桥

**浙江泰顺廊桥** 浙江省泰顺县境内现存古代廊桥数量较多，类型有木拱廊桥、八字撑木拱廊桥、木伸臂梁廊桥、木平梁廊桥、石拱木廊桥等。以三条桥、文兴桥、永庆桥等 17 座廊桥为代表，其造型独特、环境优美。木拱廊桥木拱架为单孔八字形，比较适用于山区溪流经常暴涨的实际情况，其“三折边”、“五折边”及“剪刀撑”的木撑拱构架已趋成熟，最大跨径达 34.50 米，比较科学地解决了木拱廊桥力学上的诸多问题。廊屋造型优美，通体鳞叠铺钉“风雨板”，梁架多用九檩四柱，五架抬梁式，较为简素，出檐较为深远，颇具宋风，桥廊两边多设桥凳。

泰顺廊桥的始建年代可追溯至明中期，现存廊桥的修建年代多为清代。数量较多，有一定的群体优势。特别是其中的木拱廊桥仅存于浙、闽交界的山区，有较典型的地域特殊性及较高的历史、科学、艺术价值。为研究木拱廊桥的起源与发展提供了重要实物例证。位于泰顺县泗溪镇的北涧桥、溪东桥是其中最著名的两座木拱廊桥。

**北涧桥** 位于泰顺县泗溪镇下桥村。建于清康熙十三年（1671 年），嘉庆八年（1803 年）重建。该桥为叠梁式木拱廊桥，桥长 51.7 多米，宽近 6 米，高 11.22 米。桥面呈曲拱状，上建桥屋数十间，正中三间突起成二重叠檐，四翼高翘呈大鹏展翅之状；桥头两侧各建有厢房数间。整座大桥青砖碧瓦，雕梁画栋，漆色丹朱。

北涧桥

**溪东桥** 位于泰顺县泗溪镇下桥村。始建于明隆庆四年（1570 年），清乾隆十年（1745 年）、道光七年（1827 年）重修。该桥系木拱廊桥结构，桥长 42 米，廊屋高 10 米，净跨 31 米。桥由二层共骨相贯而成，由九节拱骨并排与另一层八节拱骨贯穿搭置，自成稳固的梁架。在拱内又置三

溪东桥

鸾峰桥

杨梅州桥

角形木架，加强横向力的作用。为了保护拱骨和梁柱，防止风雨侵蚀，两侧都装有风板。梁架上建长廊式桥屋 15 间，当中 3 间高起为楼阁，两头翼角飞挑。是泰顺造型最佳的木拱廊桥之一。

**廊桥**　木拱廊桥的建造始于宋代，是中国传统木桥中技术含量最高的一类结构形式。据考证，全国现存木拱廊桥不到 110 座，绝大部分分布于闽东北和浙西南两地。寿宁是现已发掘的全国木拱廊桥数量最多的县，仍保护完整的就有 19 座。2005 年 11 月，木拱廊桥造桥工艺入选福建省首批非物质文化遗产代表作名录。

**鸾峰桥**　位于福建寿宁县下党乡下党村，明代始建，清嘉庆五年（1800 年）重建。桥长 47.6 米，宽 4.9 米，拱跨 37.6 米，是目前国内已知单拱跨径最大的贯木拱廊屋桥。

**杨梅州桥**　位于福建寿宁县坑底乡杨梅州村。清乾隆五十六年（1791 年）、道光二十一年（1841 年）、同治十七年（1869 年）曾 3 次修建，现桥为 1937 年重建。桥长 42.5 米，宽 4.2 米，拱跨 35.7 米。

**登云桥** 又称杨梅桥，位于福建寿宁县鳌阳镇杨梅桥村，修建于清乾隆三十八年（1773 年）。桥长 33.8 米，宽 4.2 米，拱跨 30.8 米。

**千乘桥** 位于福建屏南县棠口村。该桥始建于宋，清嘉庆二十五年（1820 年）再次重建。桥长 62.7 米，宽 4.9 米，桥面距水面高度 9.7 米，一墩二孔，单孔跨径 27 米，墩呈船形，墩尖端雕刻成鸡喙形状。

登云桥

千乘桥

**万安桥** 俗称长桥、虹桥，是国内现存最长的木拱廊桥，位于福建屏南县长桥镇长桥村。宋代始建，清乾隆七年（1742 年）重建，以后又多次重建。

该桥为 5 墩 6 孔木拱廊屋桥，桥长 98.2 米，宽 4.7 米，舟形墩，不等跨，最长拱跨为 15.3 米，最小拱跨为 10.6 米。

万安桥

**鸣水桥**　位于江西樟树市，跨越阁皂山凌云峰山口。建于北宋政和元年（1111 年）。

鸣水桥

该桥建于峡山口悬崖之上。桥长 7.3 米，宽 6.8 米，跨径 2.6 米。凿崖为基，以长条石砌桥座，用长 0.58 米、宽 0.44 米、高 0.34 米方石 7 块，自左至右砌为单拱，自上游纵向并列砌 17 道拱圈，联为单瓮，桥面系用等边方石成对角菱形铺砌。桥上两侧设栏杆，由望柱、栏额、华板、地袱相构。望柱雕刻莲花瓣头，栏额、华板、地袱均为素面。

**清华彩虹桥**　位于江西省婺源县，建于南宋。全长 140 米，由 6 亭，5 廊构成长廊式人行桥。每墩上建一个亭，墩之间的跨度部分称为廊，因此，也叫廊亭桥。

清华彩虹桥

**卞桥**　位于山东省泗水县泉林镇卞桥村，该桥跨泗河之上，因为泉林一带古为卞国，故名“卞桥”。据《古代经济专题史话·古代桥梁史话》记载，卞桥“可能是全国罕见的晚唐建筑”。 金大定二十一年（1181 年）重修，明万历九年（1581 年）曾对部分栏板、望柱进行补配。

该桥 3 孔联拱圈砌。桥长 25 米，宽 7 米，3 孔拱形石桥洞中间大孔高约 5 米，东西两个小孔高约 4 米，中孔跨径 4.5 米，拱脚厚 0.5 米，拱顶厚 0.4 米。桥头各有一对大型石狮，相向蹲

卞桥

波日桥

踞于须弥莲花座上。两端各有引桥 35 米。中孔拱圈顶撰刻“卞桥镇重修石桥，自（金）大定二十一年八月一日起工，至二十二年四月八日讫，谨记”字样。

**波日桥** 位于四川甘孜藏族自治州新龙县乐安乡境内，横跨雅砻江。建于元末明初，由藏区著名建筑师汤东杰布负责设计建筑。1936 年，王宏坤率领中国工农红军红四方面军一部经过此桥，当地群众又称它为“红军桥”。

波日桥是康巴地区年代久远、跨径最大、保存最完整的伸臂木质结构桥，素有“康巴第一桥”美誉。桥长 125 米，宽 3 米，孔径跨度 60 米，由桥身、桥墩、桥亭 3 部分构成。桥墩远看形如两个坚固的碉堡，全部用圆杉木、卵石、片石相间叠砌而成。两个桥墩中部，用 4~6 根圆木撑成拱形，圆木长度自下而上，逐步递增，形成两个悬挑臂，然后在悬臂上架梁、铺上桥板，再装上栏杆，构成桥身。桥墩上用石片叠的“伞”形结构，便是桥亭。

葛镜桥

**葛镜桥** 位于贵州省福泉市城东南2.5公里处，明万历年间邑人葛镜耗时30年所建。

该桥长52米，宽5.5米，高30米，在麻哈江两岸绝壁之上起拱，借江心一礁石下脚，设计绝妙。我国著名桥梁专家茅以升在其主编的《中国桥梁技术史》中评价其为“工程艰巨，雄伟壮观，为西南桥梁之冠。”

金龙桥

**金龙桥** 又名悻里江桥，位于云南丽江七河乡下金安村，跨越金沙江。始建于清光绪六年（1880年）。曾有“万里长江只一桥”的称喻。

金龙桥净跨92.3米，引桥（含桥亭）丽江岸长24.2米，永胜岸长15.1米，全长为131.6米；桥宽为3.5米（木板面）。其主体结构是由18根手工锻制的大铁链悬系两岸，其中16根为承重底链，上横铺木板，再直铺行步木板、横行钉木档成为桥面。其余2根铁链为两侧护栏，高出底链80厘米，以扁钢条作等距支撑。

**双龙桥** 位于云南建水城西3公里处，是一座三阁17孔大石拱桥，横亘于南盘江支流的泸江河，塌冲河交汇点上，因两河犹如双龙婉蜒盘曲而得名。始建于清乾隆年间，当时只建成3孔，道光初年又续建14孔，与原建三孔“雁齿蝉联”，故又名十七孔桥。

双龙桥

建水双龙桥全长 148 米，桥面宽 3~5 米。桥上建有亭阁 3 座，造型别致，工艺精湛，布局得体。是云南古桥中规模最大和艺术价值最高的一座桥梁，在我国桥梁史上占有重要地位。

**钱塘江大桥** 位于浙江省杭州市六和塔附近的钱塘江上，1937 年建成。桥长 1,453 米。桥分两层。下层为铁路桥，单线通行。上层为公路桥，宽 6.1 米。正桥 15 墩，16 孔。这是由中国人自己设计和施工建造的第一座双层公路、铁路两用桥。

钱塘江大桥

**五家寨人字桥** 位于云南省屏边苗族自治县度箐站与倮姑站之间，1907 年 3 月 10 日动工，1908 年 12 月 6 日建成。被称为滇越铁路第一桥。

该桥横跨于两山悬崖峭壁之间，是滇越铁路上（昆明至越南河内）的巨型钢架桥，全用钢板、槽、角钢、铆钉联接而成。采用人字形钢架稳固支撑桥面，历经百年风雨，至今仍然通车。桥长 71.7 米，宽 4.2 米，距谷底 102 米，由法国女工程师鲍尔·波丁设计，因形似“人”字而得名。

**兰州黄河铁桥** 又称中山桥，位于兰州城北的白塔山下，建于 1909 年 8 月。由来自比利时、德国、美国等国的设计师和工程师以及兰州的建设者共同建造。

兰州在明初设有浮桥横渡黄河，清光绪三十三年（1907 年），改浮桥为铁桥，兰州黄河铁桥的竣工通车，改写了黄河上没有永久性桥梁的历史。

五家寨人字桥

**灞陵桥** 又名卧桥，在渭源县城南门外的清源河上。始建于明洪武年间1368—1398年），“既济行人，复通车马”，后被洪水冲毁。1919年仿兰州卧桥改建，被称为“渭水长虹”。

黄河铁桥

该桥为纯木悬臂拱桥，桥全长40米，高15.4米，宽4.8米，共13间，64柱，桥面底部以每排10根粗壮圆木并列成11组，由于桥身拱起，宛如长虹，因此有“渭水长虹”的美誉。桥两端有历代名人左宗棠、孙科、杨虎城、于右任、蒋介石的诗、词、联和题字。

灞陵桥

**金水桥** 分为内外金水桥，建于明永乐年间。内金水桥位于故宫内太和门前广场内金水河上，系5座并列单孔拱圈式汉白玉石桥；横亘在天安门前外金水河上的3孔拱圈式汉白玉石桥为外金水桥，重建于清康熙二十九年（1690年）。

金水桥的蓝本，出自元皇城的周桥。而周桥的设计师和主持建造者，是河北曲阳的杨琼。他的石雕“每出自新意，天巧层出，人莫能及焉”。《故宫遗录》记载：周桥“皆琢龙凤祥云，明莹如玉，桥下有四百石龙，擎戴水中，甚壮”，为皇城增色不少。

内金水桥是紫禁城内最大，也是最壮观，最华美的一组石桥。这5座桥随着弯曲如弓的金水河河道也成弧形排列。桥的规格制式和外金水桥相同。正中的一座是御路桥。桥长23.15米，宽6米。汉白玉望柱上雕刻蟠龙祥云。此桥供皇帝专用。御路桥东西两侧为王公桥，长21米，宽5.4米，供皇室成员，亲王大臣通行。再两侧为品级桥，长19.5米，宽4.8米，供三品以上官员行走。整个功能和天安门前的外金水桥是一样的。

故宫又称紫禁城，是世界上现存规模最大最完整的古代木结构建筑群，为我国现存最大最完整的古建筑群。它始建于明永乐四年（1406 年），历时 14 年才完工，共有 24 位明清皇帝先后在此登基。1987 年，故宫被联合国教科文组织列入世界文化遗产名录。

外金水桥

**十七孔桥**　位于北京颐和园，东连廓如亭，西接南湖岛，堪称中国园林中最大的桥梁。建于清乾隆年间（1736—1795 年）。

十七孔桥是一座联拱石桥，长 150 米，桥面下宽 14.6 米，桥面上宽 6.56 米，高 7 米。在 17 个桥孔中，第九孔最大，由中间向两端逐渐小下来，对称排列。十七孔桥上所有匾联，均为清乾隆皇帝所撰写。

内金水桥

颐和园坐落于北京西郊，是世界上最大的皇家园林之一，总面积约 290 公顷。其亭台、长廊、殿堂、庙宇和小桥等人工景观与自然山峦和开阔的湖面相互和谐、艺术地融为一体，堪称中国风景园林设计中的杰作。1998 年，颐和园被联合国教科文组织列入世界文化遗产名录。

**玉带桥**　位于北京颐和园昆明湖长堤上，建于清乾隆年间（1736—1795 年）。该桥单孔净跨 11.38 米，矢高约 7.5 米。玉带桥全部用汉白玉石琢成，造型具有我国长江三角洲地区石拱

十七孔桥

桥的风格，桥面是双反向曲线，组成波形线桥型，配有精制白石栏板，显得格外富丽堂皇。蛋尖形桥拱，特别高耸，好似玉带。

玉带桥

**井陉古驿道** 位于河北省井陉县。陉即山脉中断的地方，陉口一般设有关隘，是历代兵家必争之地。“太行八陉”就是横断太行山，可穿越太行山脊的8条天然通道。井陉关是著名的“太行八陉”之第五陉。

井陉古驿道

井陉口东天门关城是“燕晋通衢”的要冲。关城下有两条长达18米，最深处达尺余的车辙，路基岩石面明显低于两侧。公元前229年，秦将王翦伐赵之战；公元前204年，汉将刘邦以少胜多的背水之战；公元756年，唐将郭子仪、李光弼歼灭叛将史思明，平定安史之乱；1900年，清将刘光才抵抗八国联军的庚子大战都发生在这里。

**独松关及古驿道** 地处苏浙皖交界的安吉与杭州交接部独松岭。同治《安吉县志·古迹》载："独松关，宋建炎间（1127—1130年）兵起，垒石为关，名曰独松关。"古驿道为古代临安经广德通建康（今江苏南京）陆路捷径之要道。《新唐书·地理志》载："唐宝历二年余杭县令珧筑甬道，通西北大路，高广径直百余里，行旅无山水之患"。《元和郡县图志》载，杭宣驿道从杭州北至宣州共496里，明代前设有驿站。独松关即为宋、元时期的驿站之一。

现存独松关及古驿道递铺镇双溪口关上村至余杭区百丈镇独松村段约1200余米。古驿道风韵犹存，景色秀丽，较好地保存了历史原貌。

独松关

古驿道